RESPONSABILIDADE CIVIL NA INCORPORAÇÃO IMOBILIÁRIA

Diretora de Conteúdo e Operações Editoriais
Juliana Mayumi Ono

Gerente de Conteúdo
Milisa Cristine Romera

Editorial: Aline Marchesi da Silva, Diego Garcia Mendonça, Karolina de Albuquerque Araújo Martino e Quenia Becker

Gerente de Conteúdo Tax: Vanessa Miranda de M. Pereira

Direitos Autorais: Viviane M. C. Carmezim

Assistente de Conteúdo Editorial: Juliana Menezes Drumond

Analista de Operações Editoriais: Alana Fagundes Valério

Analista de Conteúdo Editorial Júnior: Bárbara Baraldi

Estagiárias: Ana Amalia Strojnowski e Mirna Adel Nasser

Produção Editorial
Coordenação
Andréia R. Schneider Nunes Carvalhaes

Especialistas Editoriais: Gabriele Lais Sant'Anna dos Santos e Maria Angélica Leite

Analista de Projetos: Larissa Gonçalves de Moura

Analistas de Operações Editoriais: Caroline Vieira, Damares Regina Felício, Danielle Castro de Morais, Mariana Plastino Andrade, Mayara Macioni Pinto, Patrícia Melhado Navarra e Vanessa Mafra

Analistas de Qualidade Editorial: Ana Paula Cavalcanti, Fernanda Lessa, Thaís Pereira e Victória Menezes Pereira

Estagiárias: Bianca Satie Abduch, Maria Carolina Ferreira e Sofia Mattos

Capa: Linotec

Líder de Inovações de Conteúdo para Print
Camilla Furegato da Silva

Equipe de Conteúdo Digital
Coordenação
Marcello Antonio Mastrorosa Pedro

Analistas: Gabriel George Martins, Jonatan Souza, Maria Cristina Lopes Araujo e Rodrigo Araujo

Gerente de Operações e Produção Gráfica
Mauricio Alves Monte

Analistas de Produção Gráfica: Aline Ferrarezi Regis e Jéssica Maria Ferreira Bueno

Assistente de Produção Gráfica: Ana Paula de Araújo Evangelista

Dados Internacionais de Catalogação na Publicação (CIP)
(Câmara Brasileira do Livro, SP, Brasil)

Cambler, Everaldo Augusto

Responsabilidade civil na incorporação imobiliária / Everaldo Augusto Cambler. -- 3. ed. rev., atual. e ampl. -- São Paulo : Thomson Reuters Brasil, 2021.

Bibliografia.

ISBN 978-65-5991-696-2

1. Direito imobiliário - Brasil 2. Incorporação imobiliária - Brasil 3. Responsabilidade (Direito) - Brasil I. Título.

21-79070 CDU-347.235(81)

Índices para catálogo sistemático:

1. Brasil : Direito imobiliário 347.235(81)

Cibele Maria Dias - Bibliotecária - CRB-8/9427

EVERALDO AUGUSTO CAMBLER

RESPONSABILIDADE CIVIL NA INCORPORAÇÃO IMOBILIÁRIA

3.ª EDIÇÃO

REVISTA, ATUALIZADA E AMPLIADA

THOMSON REUTERS
REVISTA DOS TRIBUNAIS™

RESPONSABILIDADE CIVIL NA INCORPORAÇÃO IMOBILIÁRIA

Everaldo Augusto Cambler

3.ª edição revista, atualizada e ampliada

1.ª edição: 1998*; 2.ª edição:* 2014

Thomson Reuters Brasil Conteúdo e Tecnologia Ltda.

Juliana Mayumi Ono
Diretora Responsável

Av. Dr. Cardoso de Melo, 1855 – 13º andar – Vila Olímpia
CEP 04548-005, São Paulo, SP, Brasil

Central de Relacionamento Thomson Reuters Selo Revista dos Tribunais

(atendimento, em dias úteis, das 09h às 18h)

Tel. 0800-702-2433

e-mail de atendimento ao consumidor: sacrt@thomsonreuters.com

e-mail para submissão dos originais: aval.livro@thomsonreuters.com

Conheça mais sobre Thomson Reuters: www.thomsonreuters.com.br

Acesse o nosso *eComm*

www.livrariart.com.br

Impresso no Brasil [10-2021]

Profissional

Fechamento desta edição [20.08.2021]

EDITORA AFILIADA

ISBN 978-65-5991-696-2

À minha esposa, Silvia Bottacin Cambler
e ao meu filho, Arthur Bottacin Cambler.

Ao estimado Mestre e Amigo, in Memoriam,
Dr. José Manoel de Arruda Alvim Netto,
pelo apoio, estímulo e orientação
na elaboração deste trabalho.

"Homem, conhece-te a ti mesmo
e conhecerás o Universo e os Deuses"
Tales de Mileto

Abreviaturas Utilizadas

AASP	–	Boletim da Associação dos Advogados de São Paulo
ADCOAS	–	Boletim – Advogados e Consultores Associados
ampl.	–	ampliada
art./arts.	–	artigo/artigos
atual.	–	atualizada
BDI	–	*Boletim de Direito Imobiliário*
BGB	–	Código Civil alemão de 18.08.1896
CA	–	Código de Águas (Dec. nº 24.643, de 10.07.1934)
c/c	–	combinado com
CC/1916	–	Código Civil revogado (Lei nº 3.071, de 01.01.1916)
CC;CC/2002	–	Código Civil em vigor (Lei nº 10.406, de 10 de janeiro de 2002)
CCo	–	Código Comercial (Lei nº 556, de 25.06.1850 – Livro I revogado)
CCarg	–	Código Civil argentino de 08.10.2014
CCesp	–	Código Civil espanhol de 24.07.1889
CCfr	–	Código Civil francês de 21.03.1804
CCit.	–	Código Civil italiano de 16.03.1942
CCpor	–	Código Civil português de 25.11.1966
cf.	–	confronte com, conforme
CF	–	Constituição Federal de 05.10.1988
CP	–	Código Penal (Dec.-lei nº 2.848, de 07.12.1940)
CPC/1973	–	Código de Processo Civil revogado (Lei nº 5.869, de 11.01.1973)

CPC;CPC/2015 –	Código de Processo Civil em vigor (Lei nº 13.105, de 16.03.2015)
CDC –	Código de Defesa do Consumidor (Lei nº 8.078, de 11.09.1990)
Dec. –	Decreto
EC –	Estatuto da Cidade (Lei nº 10.257, de 10.07.2001)
EFB –	Estatuto Fundiário Brasileiro (Lei nº 13.465, de 11.07.2017)
ed. –	edição
et al. –	e outros
i.e. –	*id est* – isto é
LCI –	Lei de Condomínio e Incorporação Imobiliária (Lei nº 4.591, de 16.12.1964)
LINDB –	Lei de Introdução às normas do Direito brasileiro – antiga Lei de Introdução ao Código Civil (Dec.-lei nº 4.657, de 04.09.1942)
LLE –	Lei da Liberdade Econômica (Lei nº 13.874, de 20.09.2019)
LRP –	Lei dos Registros Públicos (Lei nº 6.015, de 31.12.1973)
LSFI –	Lei do Sistema Financeiro Imobiliário e da alienação fiduciária de coisa imóvel (Lei nº 9.514, de 20.11.1997)
MedProv –	Medida Provisória
nº –	número
NSC/SP –	Normas de Serviço da Corregedoria-Geral de Justiça de São Paulo
p. –	página, páginas
par. ún. –	parágrafo único
§ –	parágrafo
RDC –	*Revista de Direito do Consumidor*
RDCiv –	*Revista de Direito Civil*
RDI –	*Revista de Direito Imobiliário*
RePro –	*Revista de Processo*
rev. –	revista
RF –	*Revista Forense*
RJTJESP –	*Revista de Jurisprudência do Tribunal de Justiça do Estado de São Paulo*
RT –	*Revista dos Tribunais*
et al –	*e outros*

et seq. – e seguintes
STF – Supremo Tribunal Federal
STJ – Superior Tribunal de Justiça
tb. – também
trad. – traduzido por
v.g. – *verbi gratia* – por exemplo
vol. – volume

Prefácio à Primeira Edição

Muitos já o disseram: sem dúvida nenhuma, o estudo do tema "responsabilidade civil", pela sua complexidade e extensão, constitui um dos desafios mais árduos para aquele que se propõe a escrever sobre ele. Seria verdadeiramente impossível abranger, num trabalho do gênero, que ora se apresenta, todas as facetas desse assunto tão palpitante. Assim, resolvemos restringi-lo aos aspectos que nos são mais familiares e imergir no exame da atividade incorporativa e da responsabilidade dela proveniente, tema este perfunctoriamente tratado em anterior trabalho de nossa lavra: *Incorporação imobiliária – ensaio de uma teoria geral*.[1]

Ocupando um lugar de destaque dentre os instrumentos jurídicos de uso mais corrente nas grandes metrópoles, o contrato de incorporação imobiliária tende a ganhar cada vez mais espaço dentro de uma realidade social carente de soluções para o problema habitacional, em que a moradia constitui elemento básico para o exercício da cidadania. Logo, a importância da incorporação imobiliária no contexto da vida moderna, como importante alavanca do desenvolvimento econômico e social do nosso país, faz com que a responsabilidade civil do incorporador e a do adquirente da unidade condominial mereçam ser pesquisadas e reunidas em um tema de grande atualidade e oportunidade: a *responsabilidade civil na incorporação imobiliária*.

Mesmo centrando esforços em um campo específico da responsabilidade civil, temos plena consciência de que não seremos capazes de abranger toda a problemática que envolve a teoria da responsabilidade na incorporação imobiliária. Contudo, na tentativa de fazê-lo, primeiro teceremos alguns comentários genéricos a respeito de como estão posicionados, no universo jurídico brasileiro, os institutos da *incorporação imobiliária* e da *responsabilidade civil*, analisando os aspectos estáticos, assim denominados os que dão fundamento às especulações

1. Cf. tópico 19, p. 243-254.

posteriormente desenvolvidas – elementos delineadores dos institutos e atinentes à legislação especial e à codificada.

Em seguida, discorreremos sobre o amálgama formado pela conjunção desses dois institutos, tratando de seus aspectos dinâmicos, assim considerados os que constituem o conteúdo da *responsabilidade incorporativa* – as influências recíprocas que os elementos ocasionam, em face da legislação posta, dos arestos jurisprudenciais e da ótica ambivalente existente nos polos das relações jurídicas incorporativas.[2]

Como primeiro desafio, buscamos escolher um título para o presente trabalho que efetivamente espelhasse o seu conteúdo. No entanto, defrontamo-nos com uma aparente contradição entre o nome escolhido e o contido sob essa designação.

Tivemos a oportunidade de afirmar que, com o advento do Código de Proteção ao Consumidor, a tradicional divisão do direito em público e privado mostrou-se ainda mais esmaecida, por força da introdução em nossa sistemática jurídica de uma terceira espécie de relação: a relação jurídica de consumo.[3]

Entendida a relação jurídica de consumo como um *tertius genus*, mostra-se aparentemente contraditório incluí-la em um estudo cujo rótulo indica uma abordagem a um dos aspectos concernentes ao direito privado comum, regulado pelo Código Civil. Deveras, a nomenclatura "responsabilidade civil" foi empregada para arredar do âmbito de sua abrangência a responsabilidade criminal e a das pessoas jurídicas de direito público. Utilizado dessa maneira, o termo "responsabilidade civil" abarca, inclusive, as relações de consumo, além daquelas derivadas do direito privado, motivo pelo qual nos animamos a usá-lo nesta oportunidade.

Escolhido o título, como próximo passo, pretendemos eleger os recursos da metodologia científica mais adequados à confecção de uma tese de doutoramento. Para a realização do nosso trabalho *Incorporação imobiliária – ensaio de uma teoria geral* preocupamo-nos, desde o início de sua preparação, com a localização do tema no seio da ciência jurídica, analisando as figuras que compõem a atividade incorporativa como um todo, separando-as e especificando-as em suas partes, distinguindo-as e classificando-as. Agora, para a execução deste trabalho, procuramos concluir a sistematização anteriormente ensaiada, aproximando, ligando e articulando os elementos analisados, estabelecendo entre eles um liame que possibilite a resolução dos problemas postos, especificamente vinculados à questão da responsabilidade civil, de maneira a definir critérios de união sistemática e estabelecer um encadeamento de proposições que viabilize soluções.

2. Sobre a natureza do fundamento de validade dos sistemas de normas e os tipos estático e dinâmico, veja-se Hans Kelsen, *Teoria pura do direito*, n. 34, p. 269 *et seq.*
3. Cf. tópico 6.1, p. 45, do nosso trabalho *Incorporação imobiliária – ensaio de uma teoria geral.*

Dentre as funções da ciência jurídica – garantidora da decidibilidade, hermenêutica, decisória –, a função sistemática exsurge como característica marcante de um pensamento tecnológico, ligado ao fazer e à realização de uma proposta de solução para os problemas sociais. A solução desses problemas tem por origem a análise das figuras jurídicas, encadeando-as num sistema e propiciando um saber sistemático, capaz de criar um quadro coerente do direito como conexão de normas e dos elementos típicos que o compõe. Não constituindo o sistema uma realidade, mas o nexo de união das coisas e dos elementos e o método[4] um instrumento de análise pelo qual é possível estudá-lo, pretendemos, através dele, ordenar logicamente a realidade incorporativa, demonstrando sua coesão, para, depois, cotejando seus objetos, atributos e regras, propor soluções específicas às indagações feitas dentro do tema da responsabilidade civil.[5]

Destarte, apresentamos a responsabilidade civil na incorporação imobiliária sob uma forma ordenada, desenvolvendo o conhecimento da matéria e auxiliando o aperfeiçoamento da exegese incorporativa, mormente na árdua tarefa de viabilizar a aplicabilidade das normas ao caso concreto, fixando as consequências que delas derivam. O trabalho encetado, azado à área científica em que se situa, esforça-se por demonstrar os problemas do setor e propor soluções para os mesmos, com fulcro nas posições doutrinárias e jurisprudenciais mais correntes e na coerência do raciocínio lógico, de maneira a contribuir para o desenvolvimento da ciência jurídica como um todo.

---

4. Sobre o método básico de especulação científica proposto por Descartes, veja-se o *Discurso sobre o método*: "(...) julguei, por isso, que, em lugar dos numerosos preceitos de que se compõe a lógica, me seriam bastantes os quatro seguintes, desde que tomasse a firme e constante resolução de não deixar de observá-los nenhuma vez. O primeiro consistia em nunca aceitar como verdadeira nenhuma coisa que eu não conhecesse evidentemente como tal, (...); o segundo, em dividir cada uma das dificuldades que devesse examinar em tantas partes quanto possível e necessário para resolvê-las; o terceiro, em pôr ordem nos meus pensamentos, a começar pelos objetos mais simples e mais fáceis de conhecer, para chegar, aos poucos, gradativamente, ao conhecimento dos mais complexos, e supondo também, naturalmente, uma ordem de precedência de uns em relação aos outros; e o último, em fazer, para cada caso, enumerações tão complexas e revisões tão gerais que tivesse a certeza de não ter omitido nada. (...) logo depois, observei que, enquanto pretendia assim considerar tudo como falso, era forçoso que eu, ao pensar, fosse alguma coisa. Notei, então, que a verdade, penso, logo existo, era tão sólida e tão certa que nem mesmo as mais extravagantes suposições dos cépticos poderiam abalá-la" (p. 29-30, 46).
5. Cf. Maria Helena Diniz, *Compêndio de introdução à ciência do direito*, p. 199-204 ("Do exposto pode-se concluir que o direito não é um sistema jurídico, mas uma realidade que pode ser estudada de modo sistemático pela ciência do direito. É indubitável que a tarefa mais importante do jurista consiste em apresentar o direito sob uma forma ordenada e 'sistemática', através da qual se tende a facilitar o seu conhecimento, bem como o seu manejo por parte dos indivíduos que estão submetidos a ele, especialmente pelos que o aplicam" – p. 203) e Tercio Sampaio Ferraz Jr., *A ciência do direito*, p. 50-55.

O resultado é alcançado a partir de uma maneira nova de ler e entender os textos escritos a respeito da responsabilidade civil, alguns já clássicos entre nós, bem como da reorganização e releitura de estudos precedentes, aplicando-os à atividade incorporativa e sistematizando as ideias que se encontravam dispersas em outros trabalhos.

Envolvidos numa gama muito ampla de ideias e fenômenos jurídicos, aduzimos a vários deles perfeitamente cônscios de que diversas facetas da responsabilidade civil e da própria incorporação imobiliária serão examinadas de uma maneira direta, importando, muitas vezes, antes o feitio de como as várias partes estão integradas no todo que a profundidade conceitual que cada parte permitiria, apresentando-se a contribuição científica como fruto das intercombinações e interdependências entre os numerosos conceitos, em que o resultado no seu todo é mais importante que a representação de seus elementos.

Fornecida a base informativa, aquele que busca o conhecimento deve adotar uma atitude analítica e crítica diante das questões apresentadas, mediante um trabalho de reflexão e comparação, apreendendo-se o objeto cognoscível e produzindo-se, no sujeito cognoscente, um juízo de valor sobre ele, correspondente à dualidade de pensamento e objeto, modelizado pelo sistema de referência daquele que conhece, o que evidencia a relatividade do próprio conhecimento, científico ou não.[6]

São Paulo, abril de 1997.

6. Sobre a dependência do conhecimento verdadeiro do sistema de referência a que está associado, veja-se Goffredo Telles Júnior, *O direito quântico,* p. 284-285: "A significação de cada todo depende do todo maior ao qual o primeiro se associa. Isto nos leva à conclusão de que os conhecimentos pressupõem, afinal, uma visão do Universo. Cada cousa e cada todo há de ser sempre parte de um Universo, do qual levamos em nós as estruturas fundamentais. Em última instância, a percepção do Universo é o que dá sentido a nossas percepções. O conceito que fazemos das cousas há de depender do conceito que temos do Cosmos. Ora, cada homem tem o seu próprio Universo. (...)" (p. 284).

Prefácio à Segunda Edição

O lançamento a público da primeira edição deste trabalho aconteceu em 1997, após a defesa, perante a Douta banca examinadora da Pontifícia Universidade Católica de São Paulo, da tese denominada "Responsabilidade civil na incorporação imobiliária", com a qual obtive o título de Doutor em Relações Sociais por aquela universidade.

Desde então, transcorridos mais de 15 anos, diversas foram as solicitações recebidas para a atualização do presente estudo, especialmente em face das diversas inovações trazidas pelo Código Civil de 2002 e pela legislação superveniente reguladora da alienação fiduciária de bens imóveis.

Destarte, lancei-me à tarefa de rever a obra realizada, ampliando-a e a ela integrando as novas expressões legislativas, doutrinárias e jurisprudenciais, de maneira a dar maior amplitude aos assuntos tratados e inovando naqueles aspectos não desenvolvidos por ocasião da sustentação da tese.

Contudo, não obstante a miríade de inovações introduzidas, pareceu desnecessária a modificação da estrutura lógica idealizada na gênese do texto, razão pela qual, na nova edição, o *Livro I*, dedicado a aspectos gerais da Incorporação Imobiliária e da Responsabilidade Civil, permanece dividido em *duas partes*: a primeira, subdividida em *três capítulos*, dedicada ao estudo da atividade e negócio incorporativos; a segunda, subdividida em *cinco capítulos*, à análise dos aspectos fundamentais da responsabilidade civil.

O *Livro II*, por sua vez, cuida da responsabilidade civil na incorporação imobiliária, igualmente permanecendo dividido em *quatro partes*: a primeira, subdividida em *três capítulos*, traz a responsabilidade civil do incorporador; a segunda, subdividida em *dois capítulos*, está voltada para o risco e a responsabilidade do incorporador como produtor; a terceira, subdividida em *três capítulos*, cogita das modalidades de responsabilidade do incorporador, passando pela responsabilidade construtiva, pela responsabilidade por danos ao meio ambiente e pela responsabilidade pelo dano moral. Por último, discorre a quarta parte, em *capítulo único*, sobre a responsabilidade civil do adquirente.

Espero que a revisão e a atualização do presente trabalho contribuam para o contínuo desenvolvimento de temas tão densos e complexos como a responsabilidade civil e suas implicações na incorporação imobiliária, ainda mais quando se percebe o nítido destaque que a atividade incorporativa e o negócio jurídico incorporativo conservaram ao longo dos anos, encerrados num contexto social sempre carente de soluções para o problema habitacional.

São Paulo, outubro de 2014.

Prefácio à Terceira Edição

Agora, sete anos após o lançamento da segunda edição do presente trabalho, o Brasil se situa em um contexto internacional muitíssimo desafiador, exigindo de seus cidadãos o máximo de empenho e patriotismo para a superação das dificuldades econômicas resultantes das circunstâncias.

Nesse contexto, a busca pela segurança jurídica e a preservação do sistema normativo que compõe nosso ordenamento constituem metas vitais, de maneira a possibilitar ao operador do Direito um trilhar eficaz na senda da recuperação da melhor condição de vida para o povo brasileiro.

Esse caminho passa, necessariamente, pela preservação dos negócios jurídicos e das relações econômicas, no justo equilíbrio entre os empreendedores e os consumidores, estes beneficiados pelos produtos e serviços produzidos por aqueles, agentes da livre concorrência, todos incumbidos de sustentar os Poderes da União (art. 2º da Constituição Federal), mas protegidos pela Declaração de Direitos da Liberdade Econômica (art. 3º da Lei nº 13.874/2019).

A Constituição Federal encerra a opção da sociedade brasileira pelos valores sociais do trabalho e pela livre iniciativa como ícones da prosperidade e fundamentos do Estado Democrático de Direito (art. 1º, inciso IV, da CF) e devemos prestigiar esses fundamentos caso queiramos alcançar outro: a preservação da dignidade da pessoa humana (art. 1º, inciso III, da CF).

Para além disso, a atualização do presente trabalho nos conduz à apreciação de novas figuras jurídicas, introduzidas no ordenamento pela legislação superveniente, como, v.g., o condomínio de lotes, o condomínio urbano simples (Lei nº 13.465/2017); o condomínio em multipropriedade (Lei nº 13.777/2018); o fundo de investimento (Lei nº 13.874/2019).

Guardo a expectativa de que a revisão e ampliação do texto concorram para o cumprimento desses desideratos, na certeza de que a incorporação imobiliária e a responsabilidade civil, dela decorrente, transitam por seguimentos fundamentais de nossa sociedade.

São Paulo, setembro de 2021.

Sumário

Livro I

Incorporação Imobiliária e Responsabilidade Civil

Parte I
Atividade e negócio incorporativos

1
Definição Legal e Elementos Essenciais

1.1 Definição legal[1]

O parágrafo único, do art. 28, da Lei nº 4.591, de 16.12.1964, assim define a incorporação imobiliária: "(...) Considera-se incorporação imobiliária a atividade exercida com o intuito de promover e realizar a construção, para alienação total ou parcial, de edificações, ou conjunto de edificações compostas de unidades autônomas (Vetado)".

Em sentido geral e amplo, incorporação significa aquela atividade humana exercida no sentido de incluir, unir, introduzir ou ligar uma coisa ao corpo da outra, a que ficará pertencendo, geralmente com a finalidade de obtenção de ganho econômico. É o edifício que se constrói no imóvel para dele fazer parte, resultando a referida atividade humana da reunião de manifestações de vontade, exprimíveis em contratos, que mantêm uma relação de unidade entre si. A essa atividade denominamos incorporação imobiliária *lato sensu*.

Como atividade humana, a incorporação imobiliária pressupoe a coexistencia de diversos relacionamentos entre pessoas físicas e jurídicas. Podemos dizer que, além do incorporador, diferentes sujeitos compartilham o universo do empreendimento imobiliário, *v.g.*, o proprietário do terreno (quando o próprio incorporador não é o titular do domínio), o projetista, o construtor, o agente financeiro, o corretor de imóveis, o adquirente.

Contudo, em meio a toda essa atividade, exercida com o intuito de promover e realizar a construção de edificações ou conjunto de edificações compostas de unidades autônomas, podemos distinguir o núcleo da atividade incorporativa. Se é certo que a atividade incorporativa é realizada com o objetivo de promover e

1. Cf. tópicos 1 e 2, p. 17 a 22 do nosso trabalho *Incorporação imobiliária – Ensaio de uma teoria geral.*

realizar a construção, é certo também que o fator econômico constitui a razão de ser de todo o empreendimento. Sem dúvida, salvo raras exceções, o incorporador pretende alienar, total ou parcialmente, as unidades autônomas, objetivando ganhos pecuniários, e esta é, em última instância, a razão de todos os seus esforços.

O núcleo da atividade incorporativa resume-se, a partir disso, em um negócio jurídico, denominado "contrato de incorporação imobiliária", por intermédio do qual, basicamente, alguém (o incorporador) obriga-se a promover a construção do edifício, a instituir o condomínio edilício e a transferir a propriedade das unidades autônomas resultantes dessa instituição, cabendo à outra parte (o candidato a proprietário ou adquirente) pagar o preço previamente ajustado (construção por empreitada) ou suportar o custo integral da obra (construção por administração). A esse negócio jurídico denominamos incorporação imobiliária *stricto sensu*.

1.1.1 Evolução legislativa[2]

No Brasil, a admissibilidade do condomínio edilício (propriedade em planos horizontais, condomínio horizontal)[3] remonta às Ordenações Filipinas que, no livro primeiro, título 68, § 34, estabelecia: "E se huma casa for de dous senhorios, de maneira que de hum delles seja o sótão, e de outro o sobrado, não poderá aquelle cujo for sobrado fazer janella sobre o portal daquelle, cujo for o sótão, ou lógea, nem outro edificio algum".

Esse dispositivo foi consolidado por Teixeira de Freitas com a seguinte redação: "Se uma casa for de dois donos, pertencendo a um as lojas e ao outro o sobrado, não poderá o dono do sobrado fazer janela, ou outra obra, sobre o portal das lojas".[4]

O Código Civil brasileiro de 1916 não regulou o condomínio edilício (por planos horizontais), repetindo os conceitos da propriedade romana, de acordo com a qual a ideia de propriedade deveria se manifestar em todos os planos, ou seja, no plano vertical e no horizontal (*ad astra, ad inferus*). Assim, o condomínio

---

2. Cf. nosso *Incorporação imobiliária*... cit., p. 84-88; Condomínio edilício. *Estudos em homenagem ao Acadêmico Ministro Moreira Alves*, p. 173-189; Condomínio edilício, *10 anos do Código Civil – Desafios e perspectivas*, n. 1.2, p. 602-604.

3. A denominação "condomínio edilício" foi introduzida em nosso ordenamento jurídico pelo Código Civil de 2002, muito provavelmente inspirada no Código Civil italiano, que trata "*Del condominio negli edifici*" (arts. 1.117 *et seq*). O Código Civil argentino de 2014 assim define a propriedade horizontal: "*Articulo 2037.- Concepto. La propiedad horizontal es el derecho real que se ejerce sobre un inmueble propio que otorga a su titular facultades de uso, goce y disposición material y jurídica que se ejercen sobre partes privativas y sobre partes comunes de un edificio, de conformidad con lo que establece este Título y el respectivo reglamento de propiedad horizontal. Las diversas partes del inmueble así como las facultades que sobre ellas se tienen son interdependientes y conforman un todo no escindible*".

4. Teixeira de Freitas, *Consolidação das leis civis*, art. 946.

em edifícios somente recebeu regulamento em norma especial com a entrada em vigor do Dec. 5.481, de 25.06.1928 [revogado pela Lei 4.591/1964].

No contexto desse Decreto, o legislador admitiu a propriedade fracionada, desde que o edifício possuísse mais de cinco andares[5] divididos em unidades autônomas, suscetíveis de serem alienadas e gravadas, transcrevendo-se o respectivo negócio jurídico no Registro de Imóveis, constituindo domínio comum de todos os titulares o terreno e as partes de uso comum. A propriedade, dessa maneira, apresenta composição mista: individual e exclusiva, quanto a cada unidade autônoma, considerado apenas sobre o espaço delimitado pelas paredes da unidade; coletiva, quanto ao resto do edifício, o terreno e instalações de uso comum do prédio (arts. 1º, 2º e 4º do Dec. nº 5.481/1928).[6]

Observa Faria Motta[7] que, ao estabelecer o condomínio do terreno em que assentam o edifício e suas instalações e dependências, de fim proveitoso e uso comum dos condôminos e ocupantes, o art. 2.º do Dec. nº 5.481/1928 instituiu a sua inalienabilidade e indivisibilidade, abrindo uma exceção ao princípio contido no art. 629 do CC/1916, correspondente ao atual art. 1.320 do CC/2002, que prescreve a possibilidade do condômino, a todo tempo, exigir a divisão da coisa comum.

Caso a lei não prescrevesse de modo expresso essa inalienabilidade e indivisibilidade, hoje expressamente reconhecida no art. 1.331, §§ 2º e 3º, do CC,[8] ocorreria uma situação anômala, como explica Pimentel Duarte: "O proprietário de um apartamento reúne dois direitos: a) um direito singularmente exercido sobre o apartamento; b) outro, representado por uma parte ideal e indivisa do terreno, nas instalações e nas dependências necessárias ao uso comum de todos os moradores, parte essa proporcional ao valor do seu apartamento, se outro não tiver sido fixado no contrato. Estabelecida a plena liberdade de alienação desses dois direitos, haveria a possibilidade do solo e das coisas comuns pertencerem a proprietários diferentes".[9]

Por outro lado, a impossibilidade de usucapião de áreas comuns do condomínio edilício deriva da impropriedade do objeto (coisa juridicamente inapropriável

---

5. Em 08.02.1943, foi promulgado o Dec-lei. nº 5.234, que permitiu a propriedade plena de apartamentos isolados em prédios de três pavimentos. Hoje, o art. 1.331 do CC/2002 não impõe qualquer restrição quanto ao número de pavimentos, acompanhando o art. 1º da Lei 4.591/1964, que previa a instituição do condomínio horizontal em edificações ou conjunto de edificações de um ou mais pavimentos.
6. Veja-se o inteiro teor do Dec. nº 5.481/1928 no Anexo I – Legislação, letra G, desta obra.
7. Faria Motta, *Condomínio e vizinhança: direito e ações*, n. 450, p. 356.
8. Da mesma forma, na expressão do art. 1.119 do CCit.: "*Art. 1119 Indivisibilità – Le parti comuni dell'edificio non sono soggette a divisione, a meno che la divisione possa farsi senza rendere piu incomodo l'uso della cosa a ciascun condômino*".
9. Pimentel Duarte, *Edifício de apartamentos*, p. 13.

ou inusucapível), na medida em que a lei expressamente reconhece como inseparáveis essas áreas da propriedade exclusiva e das frações ideais (art. 1.339, *caput*, do CC/2002: "*Os direitos de cada condômino às partes comuns* ***são inseparáveis*** *de sua propriedade exclusiva;* ***são também inseparáveis*** *das frações ideais correspondentes as unidades imobiliárias, com as suas partes acessórias*" – destaques nossos).[10]

Com o advento da Lei nº 4.591/1964, várias inovações foram introduzidas na sistemática do condomínio edilício (propriedade horizontal), principalmente no que diz respeito à proteção aos futuros condôminos, por ocasião da aquisição e recebimento das unidades autônomas a serem incorporadas.

Advinda do Anteprojeto nº 19/1964, apresentado pelo então Ministro da Justiça Caio Mário da Silva Pereira, a Lei nº 4.591/1964 unificou a disciplina do Condomínio e da Incorporação de imóveis, em razão da evidente dependência fenomenológica entre a criação do edifício e o regime condominial.[11]

Entre as novidades ali expressas, destacam-se: a atribuição do caráter *propter rem* aos encargos condominiais, isto é, os débitos do alienante, inclusive multas e juros moratórios, com o condomínio passaram a acompanhar a coisa e a ser por ela garantidas, respondendo por elas o adquirente (art. 4º, parágrafo único, da LCI, atual art. 1.345 do CC/2002); a previsão de uma convenção de condomínio, desde logo obrigatória para os titulares de direitos sobre as unidades (art. 9º, atual art. 1.333 do CC/2002), cuja minuta deverá ser registrada no cartório competente antes do início do lançamento do condomínio pelo incorporador (art. 32, *j*, da Lei nº 4.591/1964); a escolha de um síndico por assembleia dos condôminos, cabendo a ele administrar o Condomínio (art. 22 da Lei nº 4.591/1964, atual art. 1.347 do CC/2002).

A Lei nº 4.591/1964 trouxe, portanto, maior segurança às relações jurídicas provenientes da instituição da comunhão especial, determinando a sua natureza jurídica, o complexo de faculdades, direitos e deveres dos comunheiros e, principalmente, a figura jurídica que, por excelência, determina a existência do condomínio por andares: o negócio jurídico incorporativo (art. 29 da Lei 4.591/1964). O conceito do incorporador imobiliário, anteriormente fruto do costume comercial, passou a receber tratamento legislativo, sendo responsável pelo lançamento, venda e entrega das unidades condominiais.[12]

---

10. Nesse mesmo sentido a doutrina de Haroldo Guilherme Vieira Fazano: "*Portanto, seja por força de lei, seja pelo entendimento de estar fora do comércio, salvo disposição em sentido contrário dos próprios condôminos, as partes comuns estão fora do comércio, por não poderem ser apropriadas e por serem inalienáveis*" (*Da propriedade horizontal e vertical*, p. 65).
11. Interessante notar que Caio Mário da Silva Pereira, ao escrever sua obra *Propriedade horizontal*, em 1961, de *lege ferenda*, já apresentava proposta de regulamentação do hoje denominado condomínio edilício.
12. Observem-se as passagens da Lei nº 4.591/1964 no Anexo I – Legislação, letra B, desta obra.

1.1.2 A questão da derrogação da Lei 4.591/1964 pelo Código Civil de 2002[13]

Com a entrada em vigor do Código Civil de 2002, ainda permanece atual o dissenso a respeito do alcance da derrogação da primeira parte da Lei nº 4.591/1964 em face das disposições constantes no diploma civil.

Não há dúvida quanto aos artigos que tiveram seu conteúdo inteiramente regulado pelas respectivas normas codificadas, como o § 3º do art. 12 da Lei nº 4.591/1964, passando a multa moratória a atingir 2% sobre o débito (art. 1.336, § 1º, CC/2002).

Contudo, quando as normas não são pontualmente identificadas, surge a dúvida. A nosso sentir, a revogação dos artigos da Lei 4.591/1964 aconteceu de forma específica, de maneira a preservar o tratamento da lei especial a aspectos não regulados pelo Código Civil de 2002, como, *v. g.*, o § 1º do art. 1.331, que faz referência às partes suscetíveis de utilização independente, tais como apartamentos, escritórios, salas, lojas, sobrelojas ou abrigos para veículos, mas não faz menção às casas térreas ou assobradadas, reguladas no art. 8º, *a*, da Lei nº 4.591/1964.[14]

Deveras, quando se lê o art. 1.331, § 1º, do CC/2002, tem-se a impressão de que não seria mais possível criar o condomínio edilício sobre casas térreas ou assobradadas (referência específica do art. 8º, *a*, da Lei nº 4.591/1964), quando sabemos que isso não condiz com a realidade.

Outro exemplo, o do art. 5º da Lei nº 4.591/1964, não reproduzido no Código Civil de 2002, indica que a meação de paredes, soalhos e tetos das unidades isoladas regular-se-á pelo disposto no Código Civil. Essa referência é importante para garantir a divisão, em partes iguais, das despesas de conservação (art. 1.297, § 1º, CC/2002), bem como a utilização até ao meio da espessura (art. 1.306 do CC/2002).

1.1.3 Os denominados "loteamentos fechados"[15]

Os regimes jurídicos da incorporação imobiliária e do condomínio edilício não se confundem com aquele estabelecido para o parcelamento do solo. O

13. Cf. nosso Condomínio edilício, incorporação imobiliária e loteamento, *Revista Autônoma de Direito Privado*, vol. II, p. 278-279; Condomínio edilício, *10 anos do Código Civil*... cit., n. 1.1, p. 601. Examinem-se as passagens do Código Civil no Anexo I – Legislação, letra A, desta obra.

14. No mesmo sentido, entendendo como preservada a primeira parte da Lei 4.591/1964 nos aspectos não regulados pelo Código Civil de 2002, Kioitsi Chicuta, *Condomínio de casas térreas ou assobradadas*, n. 12, p. 146.

15. Cf. nosso Condomínio edilício, incorporação imobiliária e loteamento, p. 282-283; Condomínio edilício, *10 anos do Código Civil*... cit., nº 1.4, p. 606-607. Quanto à distinção entre loteamento irregular e loteamento clandestino, podemos dizer que loteamento irregular é aquele precedido de regular registro, mas executado de modo não condizente com o

Dec.-lei nº 58/1937 vigorou até dezembro de 1979, regulando as atividades conducentes ao parcelamento do solo urbano e rural. Com a entrada em vigor da Lei nº 6.766, de 19.12.1979, o parcelamento do solo urbano passou a ser regido por esse diploma legal, permanecendo o parcelamento do solo rural subordinado àquele Decreto-lei.

O parcelamento do solo urbano pode se dar sob duas modalidades, o loteamento e o desmembramento. Caracteriza-se o loteamento pela subdivisão da gleba em lotes com a abertura de novas vias de circulação, de logradouros públicos ou prolongamento, modificação ou ampliação das vias existentes.

O loteamento pressupõe, portanto, a criação de áreas públicas internas (à gleba original) destinadas a vias de circulação, áreas verdes e institucionais nos percentuais e localizações previstas em lei municipal. Com isso, perder-se-á em favor da Municipalidade determinada metragem quadrada da gleba, reduzindo-se, na mesma proporção, a área construída aprovável pela Municipalidade, resultante de um coeficiente de aproveitamento sobre a área de propriedade particular. As vias públicas e as áreas verdes e institucionais passam ao domínio da Municipalidade com o simples registro do memorial de loteamento e se classificam como bem de uso comum do povo; consequência prática: o empreendimento será aberto ao público.

Existe a possibilidade de, mediante o registro do título correspondente e a constituição de direito real resolúvel, com fulcro no art. 7º do Dec.-lei nº 271, de 28.02.1967, se conferir ao loteamento a característica de "loteamento fechado", que poderá ser contratada, por instrumento público ou particular, ou por simples termo administrativo (§ 1º) com a Associação de Moradores ou entidade assemelhada.[16]

Portanto, "loteamento fechado" é aquele em que as vias de circulação e praças e, eventualmente, áreas verdes são objeto de concessão de direito real de uso, conferido pela Municipalidade à Associação de Moradores ou entidade assemelhada, razão pela qual, apesar de serem bens públicos de uso comum do povo, sua utilização passa a ser, durante determinado lapso de tempo, restrita e exclusiva dos moradores do loteamento.[17]

---

projeto aprovado; enquanto o loteamento clandestino é aquele apartado de qualquer tipo de regular registro.

16. O teor do art. 7º, *caput*, do Dec.-lei nº 271, de 28.02.1967, com a redação pela Lei nº 11.481, de 2007, é o seguinte: "*É instituída a concessão de uso de terrenos públicos ou particulares remunerada ou gratuita, por tempo certo ou indeterminado, como direito real resolúvel, para fins específicos de regularização fundiária de interesse social, urbanização, industrialização, edificação, cultivo da terra, aproveitamento sustentável das várzeas, preservação das comunidades tradicionais e seus meios de subsistência ou outras modalidades de interesse social em áreas urbanas*".

17. Kioitsi Chicuta (*Condomínio de casas térreas ou assobradadas*, nº 3, p. 131) anota que o Ministério Público vem contestando essa restrição ao acesso do bem de uso comum,

Cumpre notar que, de modo diverso do que acontece com o loteamento, no desmembramento, que também é espécie do parcelamento do solo, acontece a subdivisão total ou parcial da gleba em lotes destinados à edificação com o aproveitamento do sistema viário existente, não implicando a abertura de novas vias e logradouros públicos, nem o prolongamento, modificação ou ampliação destes.

1.1.4 O Condomínio de Lotes

O condomínio de lotes foi introduzido no sistema jurídico brasileiro pela Lei nº 13.465/17 (art. 1.358-A do CC).[18] Diante da opção legislativa pela inclusão deste como espécie de condomínio edilício, pensamos que o regime jurídico a ser aplicado ao condomínio de lotes (como espécie) é aquele que permeia o do condomínio edilício (como gênero), não sendo juridicamente sustentável a existência de um regime jurídico "hibrido", que misture o tratamento dado ao parcelamento do solo urbano com o previsto nos artigos 1.331 e seguintes do Código Civil, combinados com os artigos da Lei nº 4.591/64.[19]

Nessa linha de pensar, confira-se a ponderação feita por Rubens Carmo Elias Filho: "*Como se aplicam as regras do condomínio edilício ao condomínio de lotes, para efeito da própria idealização do empreendimento, serão aplicáveis as normas da incorporação imobiliária previstas nos artigos 27 e seguintes da Lei 4.591/64 (...)*".[20]

---

mediante a interposição de ações diretas de inconstitucionalidade de leis municipais, que permitem o "fechamento" do loteamento.

18. Como tivemos a oportunidade de evidenciar em anterior trabalho de nossa lavra (*Impossibilidade de registro da alienação fiduciária superveniente ou condicionada (2º grau)*, nº 2.1, p. 113, *in Alienação fiduciária de bem imóvel – 20 anos da Lei nº 9.514/1997*), o princípio da taxatividade estabelece a necessidade de reconhecimento legislativo do direito real, seja ele um direito subjetivo ou corroborador de uma garantia, de maneira que somente é reconhecido como direito real aquele expressamente previsto na norma, esteja ela contida no Código Civil ou em legislação especial. Logo, antes do advento da Lei nº 13.465/17, não era possível reconhecer o condomínio de lotes entre as expressões da propriedade no Direito brasileiro.

19. Cf. trabalho de nossa lavra: *A resolução por inadimplemento e a alienação fiduciária em garantia de bens imóveis*, nº 1.2, p. 343-344, *in Alienação fiduciária de bem imóvel e outras garantias*. De modo particularmente didático, a Lei nº 13.786/18 prevê, em seu art. 2º, a inclusão dos arts. 35-A, 43-A e 67-A na Lei nº 4.591/64 e, em seu art. 3º, o acréscimo dos arts. 26-A e 32-A e as alterações nos arts. 34 e 35 da Lei nº 6.766/79, a demonstrar que os regimes jurídicos, estabelecidos por esses diplomas legais, são absolutamente distintos e não podem ser aplicados de maneira arbitrária e "híbrida".

20. Rubens Carmo Elias Filho, *Condomínio de lotes, após a vigência da Lei 13.465/2017*, p. 504, *in Estatuto Fundiário Brasileiro – Comentários à Lei nº 13.465/17*. No mesmo sentido, o escólio de Marinho Dembinski Kern: "*Em sendo assim, aplicar-se-iam a tais empreendimentos as regras de condomínio edilício previstas no Código Civil (arts. 1.331 a 1.358) e na Lei nº 4.591/1964. O legislador adotou expressamente esse ponto de vista, como se pode ver*

A definição do regime jurídico aplicável ao condomínio de lotes, contudo, não significa que a legislação não possa estabelecer limitações administrativas a essa especial forma de condomínio edilício, como, aliás, expressamente prevê o § 2º, do art. 1.358-A, do CC, e o atual § 4º, do art. 4º, da Lei nº 6.766/79, incluído pela Lei nº 13.465/17: "*No caso de lotes integrantes de condomínio de lotes, poderão ser instituídas limitações administrativas e direitos reais sobre coisa alheia em benefício do poder público, da população em geral e da proteção da paisagem urbana, tais como servidões de passagem, usufrutos e restrições à construção de muros*".

Destarte, deverá, como é próprio ao condomínio edilício, para cada unidade autônoma "lote" corresponder as áreas privativa e comum, bem como uma fração ideal, que "*poderá ser proporcional à área do solo de cada unidade autônoma, ao respectivo potencial construtivo ou a outros critérios indicados no ato de instituição*" (art. 1.358-A, § 1º, do CC). Quanto à vinculação da fração ideal no solo e de partes comuns a uma construção, podemos equiparar a implantação da infraestrutura como o aspecto construtivo correspondente, sobre ele se responsabilizando o incorporador imobiliário (art. 1.358-A, § 3º, do CC: "Para fins de incorporação imobiliária, a implantação de toda a infraestrutura ficará a cargo do empreendedor").[21]

1.1.5 Do condomínio edilício em multipropriedade

A Lei nº 13.777, de 20 de dezembro de 2018, alterou o Código Civil e a Lei nº 6.015, de 31 de dezembro de 1973 (Lei dos Registros Públicos), para dispor sobre o regime jurídico da multipropriedade e seu registro, consistente no "*regime de condomínio em que cada um dos proprietários de um mesmo imóvel é titular de uma fração de tempo, à qual corresponde a faculdade de uso e gozo, com exclusividade, da totalidade do imóvel, a ser exercida pelos proprietários de forma alternada*" (art. 1.358-C do CC).[22]

O imóvel, objeto da multipropriedade, poderá ser ou não uma unidade condominial autônoma. Para tanto, a multipropriedade deverá ser instituída "(...) *por ato entre vivos ou testamento, registrado no competente cartório de registro de imóveis, devendo constar daquele ato a duração dos períodos correspondentes a cada fração de*

---

do disposto no art. 1.358-A, § 2º, do Código Civil, que determina a aplicação do regime do condomínio edilício no que couber" (*Condomínio de lotes e loteamentos fechados*, nº 2.2, p. 26).

21. Na expressão de Haroldo Guilherme Vieira Fazano (*Da propriedade horizontal e vertical*, p. 68), "*o elemento objetivo [do condomínio edilício] é a existência de um prédio*".

22. A propósito da multipropriedade, confira-se a já clássica obra de Gustavo Tepedino (*Multipropriedade imobiliária*), escrita na década de noventa do século XX. Sustentando a possibilidade de utilização do condomínio edilício como suporte jurídico para a multipropriedade mesmo antes do advento da Lei nº 13.777, de 20 de dezembro de 2018, vejam-se Marcelo Augusto Santana de Melo, *Multipropriedade imobiliária, RDI 70/19* e ss.; *Doutrinas Essenciais de Direito Registral*, vol. 3, nº 19, p. 421 e ss.; Flauzilino Araújo dos Santos, *Condomínios e incorporações no registro de imóveis – Teoria e prática*, nº 18.4, p. 158.

tempo" (art. 1.358-F do CC), servindo o instrumento de instituição para estabelecer o limite máximo de frações de tempo, no mesmo imóvel, que poderão ser tituladas pela mesma pessoa natural ou jurídica.

Caso o condomínio edilício adote o regime de multipropriedade, em parte ou na totalidade de suas unidades autônomas, disposições específicas deverão ser obedecidas, conforme previsto nos arts. 1.358-O a 1.358-U do Código Civil. Na hipótese de estar prevista no instrumento de instituição do condomínio, a iniciativa e a responsabilidade para a instituição do regime da multipropriedade serão atribuídas ao incorporador, observados os requisitos indicados nas alíneas "a", "b" e "c" e no § 1º, do art. 31, da LCI.

Destinando-se o imóvel à multipropriedade, além da sua matrícula, haverá uma matrícula para cada fração de tempo, na qual se registrarão e averbarão os atos referentes à respectiva fração de tempo (art. 167, § 10, LRP).

Na legislação portuguesa, encontramos o correspondente direito real de habitação periódica,[23] voltado para unidades de alojamento integradas em empreendimentos turísticos,[24] hoje regulado pelo Decreto-Lei nº 275/93, de 5 de Agosto (alterado pelos Decretos-Leis nº 180/99, 22/2002, 76-A/2006, 116/2008), que revogou o Decreto-Lei nº 130/89, de 18 de Abril (antes, Decreto-Lei nº 355/81, de 31 de Dezembro), que prevê, em seu art. 1º: "*Sobre as unidades de alojamento integradas em empreendimentos turísticos qualificados como hotéis-apartamentos, aldeamentos turísticos, conjuntos turísticos e apartamentos turísticos podem constituir-se direitos reais de habitação limitados a um período certo de tempo de cada ano*".

1.1.6 Dos condomínios especiais

Caso a multipropriedade não incida sobre unidades condominiais, será regida por regime condominial próprio (especial – arts. 1.358-B a N do CC),

---

23. Comparando o Direito real de habitação periodica e a multipropriedade, atente-se para o trabalho, no prelo, de Heitor Ronaldo de Freitas (*Direito real de habitação periódica e multipropriedade: comparativos entre os sistemas português e brasileiro*), apresentado no âmbito do Curso de Pós-Graduação em Direito Notarial e Registral da Faculdade de Direito da Universidade de Coimbra.

24. José de Oliveira Ascensão considera o Direito real de habitação, também por esse motivo, um "direito real menor" (*Direito civil – reais*, nº 258, III, p. 514). No Direito italiano, sobre a multipropriedade (*proprietà spazio-temporale*) como forma especial de propriedade, veja-se Grasselli Giorgio, *La proprietà immobiliare*, nº 4.3, p. 103-104; o Direito espanhol, por sua vez, no art. 23, da Lei nº 4/2012, de 6 de julho, assim especifica as atribuições do titular do direito de aproveitamento, por turno, de imóveis: "*(...) disfrutar, con carácter exclusivo, durante un período específico de cada año, consecutivo o alterno, un alojamiento susceptible de utilización independiente por tener salida propia a la vía pública o a un elemento común del edificio en el que estuviera integrado y que esté dotado, de modo permanente, con el mobiliario adecuado al efecto, así como del derecho a la prestación de los servicios complementários*".

de maneira que o imóvel, por ela objetivado, é considerado indivisível, não se sujeitando à ação de divisão ou de extinção de condomínio; inclui as instalações, os equipamentos e o mobiliário destinados a seu uso e gozo; cada fração de tempo é indivisível; o período correspondente a cada fração de tempo será de, no mínimo, 7 (sete) dias, seguidos ou intercalados, e poderá ser fixo e determinado, flutuante ou misto; todos os multiproprietários terão direito a uma mesma quantidade mínima de dias seguidos durante o ano, podendo haver a aquisição de frações maiores que a mínima, com o correspondente direito ao uso por períodos também maiores.

Na opinião de Rafael Villar Gagliardi, também não é possível aplicar o regime jurídico do condomínio edilício ao condomínio especial resultante da usucapião coletiva, prevista no art. 10 da Lei nº 10.257/2001 (Estatuto da Cidade), pois: "*Tanto o condomínio previsto no Código Civil quanto aquele da Lei 4.591/1964 estão fundados na estrutura de uma área de uso comum e outra destinada a unidades autônomas. (...) o que torna impróprios [para a realidade fática de um núcleo habitacional], em grande medida, os regimes jurídicos mencionados*".[25]

Outro condomínio especial, agora previsto em nosso sistema jurídico, é o denominado "Condomínio urbano simples", regido pelos arts. 61 a 63 da Lei nº 13.465/17 (Lei da regularização fundiária), que poderá ser instituído, inclusive para fins de Regularização Fundiária Urbana – Reurb, quando um mesmo imóvel contiver construções de casas ou cômodos, respeitados os parâmetros urbanísticos locais, sendo discriminadas, na matrícula, a parte do terreno ocupada pelas edificações, as partes de utilização exclusiva e as áreas que constituem passagem para as vias públicas ou para as unidades entre si. Nos termos do parágrafo único do art. 61: "*O condomínio urbano simples será regido por esta Lei, aplicando-se, no que couber, o disposto na legislação civil, tal como os arts. 1.331 a 1.358 da Lei nº 10.406, de 10 de janeiro de 2002 (Código Civil)*".[26]

1.1.7 Do fundo de investimento

O fundo de investimento foi incluído na codificação civil por força do art. 7º da Lei nº 13.874/2019, a denominada "Lei da Liberdade Econômica", como uma comunhão de recursos, constituído sob a forma de condomínio de natureza especial, destinado à aplicação em ativos financeiros, bens e direitos de qualquer natureza (art. 1.368-C do CC).

---

25. Rafael Villar Gagliardi, *Usucapião administrativa e usucapião coletiva*, nº 6.1.4, p. 156, *in Estatuto da Cidade*. No mesmo sentido, Francisco Eduardo Loureiro, *Usucapião coletivo e habitação popular*, nº 5.5, p. 1.227, *in Doutrinas Essenciais de Direito Registral*.

26. Tratando do Condomínio urbano simples, Juliana Pesqueira Gonzalez, *Condomínio urbano simples*, p. 265-286, *in Estatuto fundiário brasileiro: comentários à Lei nº 13.465/17*.

Assim considerado, esse "condomínio de natureza especial" não se adequa ao regime jurídico quer do condomínio voluntário, quer do condomínio edilício (art. 1.368-C, § 1º, do CC), ou mesmo aos princípios normativos que regem o livro do Direito das Coisas, no qual agora aparece inserido, porquanto compete à Comissão de Valores Mobiliários, não à lei, disciplinar o "condomínio de natureza especial" (§ 2º), cabendo a ela, igualmente, não ao serviço de Registros Públicos, o registro dos regulamentos dos fundos de investimentos, condição suficiente para garantir a sua publicidade e a oponibilidade de efeitos em relação a terceiros (§ 3º).

Essas inadequações já haviam sido identificadas no âmbito da Lei nº 8.668/93, que dispõe sobre a constituição dos Fundos de Investimentos Imobiliários, constituição essa levada a efeito sob a forma de "condomínio fechado" (art. 2º da Lei nº 8.668/93), "sem personalidade jurídica" (art. 1º), cujas quotas representam valores mobiliários sujeitos ao regime da Lei nº 6.385, de 7 de dezembro de 1976 (reguladora do mercado desses valores – art. 3º da Lei nº 8.668/93). Isso porque o investidor, que fará a aquisição das cotas do fundo, representativas de frações ideais do patrimônio do fundo, é tratado como cotista (titular de valores mobiliários), não como condômino.

Na expressão de Fernando Smith Filho, o chamado "condomínio fechado" correspondente ao fundo de investimento imobiliário possui, na verdade, caráter associativo "Ou seja, não obstante o *nomen juris, não há um vínculo jurídico do FII exclusivamente com o instituto do condomínio geral (voluntário ou necessário) ou edilício, tal como tratado no Código Civil. Note-se que o próprio legislador, ao retirar do investidor a denominação de condômino – tratando-o como cotista –, aponta para o afastamento do conceito tradicional de condomínio e reserva a expressão 'condomínio fechado' apenas para destacar que as quotas não podem ser resgatadas – por isso, 'fechado'*".[27]

1.2 Elementos essenciais[28]

O instituto jurídico da incorporação imobiliária pode ser estudado mediante a especificação dos seguintes elementos essenciais:

a) elemento objetivo – representado por partes de propriedade exclusiva – unidades condominiais autônomas, em edificações, de um ou mais pavimentos, a serem construídas ou em construção sob o regime condominial (art. 29 da LCI) – conjugadas com partes de propriedade comum dos condôminos e vinculadas a frações ideais no solo (art. 1.331 do CC/2002);

27. Fernando Smith Filho, *Fundo de investimento imobiliário*, p. 171-172, in *Moderno Direito Imobiliário, Notarial e Registral*.

28. Cf. tópico 2.1, p. 22-24 do nosso trabalho *Incorporação imobiliária*... cit.

b) elemento subjetivo – identificado, em última análise, pela existência de pelo menos uma pessoa: o incorporador, seja pessoa física ou jurídica, comerciante ou não (art. 29 da LCI);

c) elemento negocial – a atividade do incorporador é toda ela exercida com a finalidade de realizar a alienação, total ou parcial, das edificações ou conjunto de edificações compostas de unidades autônomas, antes e durante a construção das unidades autônomas; promover a construção dessas edificações e instituir o condomínio edilício.

d) elemento formal – o registro e a averbação, no cartório de registro de imóveis competente, de toda a documentação envolvida na incorporação imobiliária, especialmente o registro daquela relacionada no art. 32 da LCI, sem o que não poderá ocorrer licitamente a negociação das unidades condominiais.[29]

1.2.1 Especificação do elemento objetivo[30]

O condomínio edilício resulta da combinação de propriedade comum e de propriedade exclusiva, formando um todo incindível: as unidades autônomas do edifício, de propriedade exclusiva, somente podem existir quando conjugadas às partes comuns a todos os condôminos e às frações ideais de terreno e vice-versa.

Sem a presença do elemento objetivo – edificação sob o regime de condomínio edilício – fica descaracterizado o contrato de incorporação imobiliária, de tal modo que, se uma edificação é adquirida por várias pessoas sem a designação autônoma das unidades condominiais, passam os coproprietários a ter, cada qual, domínio sobre a parte ideal do bem comum, nos moldes do condomínio voluntário.

A unidade autônoma, concebida sob a forma de edifício ou casa – apartamentos, escritórios, salas, lojas e sobrelojas (§ 1º, do art. 1.331, do CC/2002), casas térreas ou assobradadas (art. 8º, *a*, da LCI), ou casas situadas em áreas rurais (art. 68 da LCI) –, constitui o bem sobre o qual o domínio é exercido em sua plenitude.[31]

---

29. Cf. o Anexo II do presente trabalho: Parecer – Publicidade, lançamento e venda de unidades de edifícios sem registro da incorporação. Contrato de incorporação imobiliária. Lei nº 4.591/1964 (dispõe sobre o condomínio em edificação e incorporações imobiliárias). Código de Defesa do Consumidor.

30. Cf. tópico 13.3.2, letra *b*, p. 109-113, do nosso trabalho *Incorporação imobiliária*... cit. No mesmo sentido, Rodrigo Fernandes Rebouças, *Direitos reais no Código Civil de 2002: inovações*, *RDI* 71/155.

31. Como anota J. Nascimento Franco (Incorporações imobiliárias II, *Enciclopédia Saraiva do Direito*, vol. 43, p. 347-348), o objeto material da relação jurídica incorporativa pode ser tanto um apartamento situado em um edifício de um ou mais andares, como uma casa térrea ou assobradada, situadas ou não em áreas rurais.

Contudo, naquelas dependências, instalações ou construções necessárias à utilização econômica da unidade, tais como o solo, a estrutura do prédio, o telhado, a rede geral de distribuição de água, esgoto, gás e eletricidade, a calefação e refrigeração centrais etc. (§ 2º do art. 1.331 do CC/2002), estabelece-se um estado de comunhão, do qual devem participar todos os proprietários singulares das unidades, fundindo-se, assim, o singular e o coletivo numa só situação jurídica.

Além disso, a cada unidade imobiliária caberá, como parte inseparável, uma fração ideal no solo e nas outras partes comuns, que será identificada em forma decimal ou ordinária no instrumento de instituição do condomínio (§ 3º, do art. 1.331, do CC/2002). Com a inclusão no Código Civil do condomínio em multipropriedade (Lei nº 13.777/18) e adotado esse regime jurídico no condomínio edilício em parte ou na totalidade de suas unidades autônomas (art. 1.358-O do Código Civil), a estas corresponderão frações de tempo, sendo certo que as convenções dos condomínios edilícios poderão limitar ou impedir a instituição da multipropriedade nos respectivos imóveis, vedação que somente poderá ser alterada no mínimo pela maioria absoluta dos condôminos (art. 1.358-U do CC).

Esse amalgama de estados de propriedade levou Edmundo Gatti à seguinte definição de propriedade horizontal: "*El derecho de propriedad horizontal puede ser definido como el derecho real de uso, goce y disposición jurídica sobre una cosa propia consistente en una unidad funcional de un inmueble edificado, que está integrada por una parte privativa consistente en una fracción del edificio y por una cuota parte indivisa sobre el terreno y sobre todas las partes o cosas comunes del edificio*".[32]

Por sua vez, para Guilhermo Allende, a agregação de propriedade privativa com a comum conduziria a um instituto jurídico independente, próprio, não podendo ser equacionado à luz dos princípios do condomínio tradicional: "*Desde el punto de vista de su naturaleza juridica entiendo que la propiedad horizontal constituye un derecho autónomo, independiente del dominio y del condominio y también independientes de ambos conjuntamente. Dentro de esta concepción defino a la propriedade horizontal así: Es el derecho real de propiedad de dos o más personas sobre un inmueble edificado, por el cual cada uno tiene un derecho exclusivo sobre determinados sectores independientes y un derecho común, establecido al solo efecto de hacer posible el primeiro, sobre las restantes partes*".[33]

1.2.1.1 *Propriedade exclusiva*[34]

As unidades autônomas ou condominiais nas quais se subdivide(m) o edifício ou edifícios são os bens sobre os quais o domínio é exercido em sua plenitude, o

32. Edmundo Gatti, *Teoria general de los derechos reales*, p. 141.
33. Guilhermo Allende, *Panorama de derechos reales*, p. 124.
34. Cf. nosso Condomínio edilício, *10 anos do Código Civil*... cit., nº 2.1, p. 607-609.

que permite sua livre alienação ou oneração por seus titulares, garantido seu acesso ao logradouro público (§ 4º do art. 1.331 do CC/2002), podendo ser residenciais ou não residenciais e devendo ser assinaladas por designação especial, numérica ou alfabética, de maneira que fiquem discriminadas e individualizadas de outras unidades de propriedade exclusiva e das áreas comuns (art. 1.332, I, do CC/2002).

Além dos apartamentos, escritórios, salas, lojas, sobrelojas, são consideradas unidades autônomas as vagas de garagem, designadas no diploma civil "abrigos para veículos", desde que sejam a elas vinculadas as respectivas frações ideais no solo e as partes comuns (art. 1.331, § 1º, do CC/2002).[35]

O Código Civil de 2002 admite que o condômino possa, igualmente, alienar parte acessória de sua unidade imobiliária a outro condômino, só podendo fazê-lo a terceiro se essa faculdade constar do ato constitutivo do condomínio, e se a ela não se opuser a respectiva assembleia geral (art. 1.339, § 2º, do CC/2002).[36]

Contudo, levando-se em conta que o diploma codificado considera acessório o bem cuja existência supõe a do principal (art. 92, *in fine*, do CC/2002), o limite de desmembramento da unidade imobiliária não poderá ultrapassar o da existência concreta da própria unidade. Estariam excluídas da regra, portanto, as vagas de garagem e os depósitos, os quais, ou constituem unidades autônomas, caso vinculados a frações ideais de terreno (não constituem parte acessória da unidade, mas a própria unidade autônoma), ou pertencem às áreas comuns, o que impossibilitaria ao condômino alienar algo que não é de sua titulação.

Nada impede a existência de condomínios voluntário e necessário sobre a mesma unidade autônoma, hipótese em que o condomínio por parte ideal de mais de uma pessoa sobre a mesma unidade, bem como o condomínio por meação de parede, soalhos e tetos das unidades isoladas, regular-se-ão, no que for aplicável, pelas disposições do condomínio geral (arts. 5º e 6º da Lei nº 4.591/1964 c/c arts. 1.314 a 1.330 do CC).

Ao contrário do que ocorre no condomínio voluntário, não existe direito de preferência, dos demais condôminos, para a alienação ou locação das unidades autônomas, assim como para a transferência de direitos pertinentes à sua aquisição ou constituição de direitos reais sobre elas (art. 1.335, I, CC), estabelecendo-se,

---

35. Na redação dada pela Lei 12.607/2012, as vagas de garagem, ainda que consideradas como de propriedade exclusiva, não poderão ser alienadas ou alugadas a pessoas estranhas ao condomínio, salvo autorização expressa na convenção de condomínio. Em sendo localizada na área comum, resolvendo o condômino alugar área no abrigo para veículos, preferir-se-á, em condições iguais, qualquer dos condôminos a estranhos, e, entre todos, os possuidores (art. 1.338 do CC/2002).

36. "*É permitido ao condômino alienar parte acessória de sua unidade imobiliária a outro condômino, só podendo fazê-lo a terceiro se essa faculdade constar do ato constitutivo do condomínio, e se a ela não se opuser a respectiva assembleia geral*" (§ 2º, do art. 1.339, do CC/2002).

ademais, uma obrigação *propter rem*, respondendo o adquirente pelos débitos do alienante, em relação ao condomínio (art. 1.345 do CC/2002).

Por outro lado, é imprescindível para a configuração jurídica da incorporação imobiliária que o elemento objetivo, ao ser comercializado, ainda esteja em construção ou apenas projetado, prevalecendo a noção de coisa futura, assim entendido aquele bem que não existe no momento da negociação.[37]

Muito embora o bem incorporável não tenha existência atual, a unidade condominial, mesmo antes de existir concretamente, é objeto de uma relação obrigacional com efeitos reais, excepcionando a noção tradicional, de acordo com a qual somente poderia ser considerada objeto de um direito real a coisa presente e com realidade atual.[38]

Como doutrina Nascimento Franco,[39] existe a possibilidade jurídica de ser contratada a permuta de coisa futura (a construção), por coisa atual (o terreno), de maneira que é factível a promessa de permuta de parte ideal do terreno por unidades a serem construídas para seu proprietário. Deveras, o art. 39 da LCI confirma essa possibilidade, ao fazer referência às incorporações em que a aquisição do terreno se dá com pagamento, total ou parcial, em unidades a serem construídas.

Podemos inferir que as coisas incorporáveis, ao tempo em que é firmado o contrato incorporativo, não existem, constituindo-se em imóveis por acessão física mediante acessão ao solo dos edifícios e construções, como consequência do trabalho do homem. Formam-se os prédios, imóveis por acessão física artificial, resultado da reunião de coisas simples que a ação do homem une, efetuando a sua

---

37. O Código Civil português assim dispõe a respeito: "Art. 211 (coisas futuras). São coisas futuras as que não estão em poder do disponente, ou a que este não tem direito, ao tempo da declaração negocial".

38. Miguel Maria de Serpa Lopes (*Curso de direito civil*, vol. III, n. 39, letra *d*, p. 57), por exemplo, afirma que, no que tange aos bens imóveis e em razão da peculiar organização do sistema registrário, constitui hipótese singular a de constituir objeto de contrato uma coisa futura. Isso porque a formalidade dos contratos, que envolvem a criação de um direito real e consequente registro no Registro de Imóveis, não se coaduna com uma coisa futura que, por ainda não existir, não é passível de ingressar naquele órgão de publicidade, de maneira que o contrato envolvendo a venda de uma casa a ser construída geraria um efeito meramente pessoal. Sobre a eficácia real conferida às promessas de compra e venda, ver tópico n. 15.3.2, p. 137-139, do nosso trabalho *Incorporação imobiliária*... cit.

39. Nascimento Franco e Nisske Gondo, *Incorporações imobiliárias*, n. 11, p. 16. Sobre o contrato de permuta imobiliária, vejam-se Frederico Henrique Viegas de Lima, *Sobre o contrato de promessa de permuta imobiliária*, p. 229-247, *in Doutrinas Essenciais de Direito Registral – registro imobiliário: aquisição da propriedade.*; Marcelo Terra, *Permuta de terreno por area construida (art. 39 da Lei 4.591/1964)*, p. 483-515, *in Doutrinas Essenciais de Direito Registral – registro imobiliário: aquisição da propriedade.*

fusão com outras, como o cimento empregado na construção de uma casa (construção – art. 1.248, V, CC).[40]

1.2.1.2 Propriedade comum[41]

Quanto às partes de propriedade comum, o art. 1.331, § 2º, do CC/2002 faz uma enumeração exemplificativa das áreas onde a propriedade é comum a todos os proprietários. De acordo com o texto legal, o solo, a estrutura do prédio, o telhado, o terraço de cobertura (salvo disposição contrária do instrumento de instituição – art. 1.331, § 5º, do CC/2002), a rede geral de distribuição de água, esgoto, gás e eletricidade, a calefação e refrigeração centrais, e as demais partes comuns, inclusive o acesso ao logradouro público, são utilizados em comum pelos condôminos, não podendo ser alienados separadamente, ou divididos.[42]

Além dessas áreas comuns, logramos citar os elevadores, as escadas, os corredores, os átrios, as portas e janelas de uso comum, outras instalações de utilidade comum (instalações de telefone, TV a cabo etc.), portaria e apartamento do zelador, as colunas, os pilares, os muros de arrimo, as pertenças e quaisquer obras que sejam ligadas à estrutura essencial do edifício.

A lei civil garante ao condômino a utilização das partes comuns, conforme a sua destinação, contanto que não exclua a utilização dos demais compossuidores

40. Em trabalho de nossa lavra, tivemos a oportunidade de observar que: "*Da união da construção ao solo surge uma coisa nova para o proprietário que, no caso da atuação incorporativa, servirá de base fática ao aparecimento do condomínio. Na realidade moderna, no mais das vezes, a acessão realizada sobre o terreno, tomando a forma de um edifício, prepondera, pelo seu valor, sobre o da coisa principal*" (*Incorporação imobiliária – ensaio de uma teoria geral*, nº 12, p. 81).

41. Cf. nosso Condomínio edilício, *10 anos do Código Civil*... cit., n. 2.2, p. 609-610. O condomínio por meação de parede, soalhos e tetos das unidades isoladas regula-se, de acordo com o art. 5º da LCI, pelo disposto no Código Civil (arts. 1.327 a 1.330), no que lhe for aplicável.

42. Como consequência imediata da inalienabilidade das partes comuns do edifício, o 1º Tribunal de Alçada Civil de São Paulo considerou nula penhora de elevador de edifício em condomínio, por se tratar de bem inalienável por força de lei (ac. un. da 3ª Câmara, Ap. 205.728, de São Paulo, *Boletim da AASP* 839/159). O art. 1.117 do CCit. assim identifica as partes comuns do edifício: "*1) o terreno em que o edifício fica, as fundações, as paredes principais, os telhados e os telhados planos, as escadas, as portas de entrada, os vestíbulos, as passagens, as arcadas, os pátios e, em geral, todas as partes do edifício necessárias para uso comum; 2) salas para* concierge *e acomodação de* concierge, *lavanderia, aquecimento central, estendais e outros serviços compartilhados similares; 3) obras, instalações, artefatos de qualquer tipo utilizados para uso comum, como elevadores, poços, cisternas, aquedutos e também esgotos e canais de drenagem, sistemas de água, para gás, eletricidade, aquecimento e similares, do ponto de ramificação das usinas até as instalações pertencentes exclusivamente aos condomínios individuais*" (tradução livre).

(art. 1.335, II, CC). Essa garantia, todavia, não exclui a possibilidade da convenção de condomínio ou a assembleia de condôminos reservarem partes comuns ao uso exclusivo de um dos condôminos ou de alguns deles.[43]

Consistindo em uma inovação em face do Código Civil de 1916, o art. 1.340 do CC/02, não somente admite a possibilidade da utilização exclusiva de partes comuns do condomínio edilício, como a ele(s) atribui o pagamento das despesas a elas relativas.[44] Esse entendimento, no entanto, já encontrava respaldo na doutrina anterior ao Código Civil de 2002, como em Carlos Maximiliano: "*Cada qual contribui para o que é feito no interesse da comunhão, ou, por causa da comunhão, no interesse do condômino. Entretanto, quando uma zona ou serviço é comum apenas a algumas frações autônomas do prédio, só os donos destas contribuem; as despesas devem ser correlativas a um direito próprio de gozo; portanto, se o uso é suscetível de divisão, proporcional ao mesmo será o concurso pecuniário de cada coproprietário*".[45]

Cumpre notar que a Tese nº 16 sobre Condomínio, do Superior Tribunal de Justiça – "*É possível a reforma ou a utilização exclusiva de área comum de condomínio desde que exista autorização da assembleia geral*" –, encontra pleno respaldo na inovação trazida pelo Código Civil de 2002, motivo pelo qual, a título de conclusão aos nossos comentários, asseveramos: "*Um condômino ou alguns deles poderão utilizar com exclusividade partes comuns do condomínio edilício, desde que essa utilização exclusiva receba o respaldo da assembleia de condôminos ou da Convenção de condomínio*".[46]

Na hipótese de não ser atribuída fração ideal específica de terreno, correspondente à vaga de garagem, esta integrará as áreas comuns, podendo ou não ficar o direito de uso à vaga de garagem vinculado a uma unidade condominial específica.

---

43. Julgado do Superior Tribunal de Justiça observa que a atribuição do uso exclusivo de área comum não assume feições de direito real, *in verbis*: "*2. A destinação da área comum, em princípio, é definida necessariamente pela convenção condominial, de modo a refletir, naquele momento, a vontade dos condôminos. Tal destinação, é certo, pode ser eventualmente alterada por meio de assembleia, denotando, assim, além da transitoriedade de tal estipulação, a necessária atuação dos demais envolvidos de modo a viabilizar o exercício do direito (artigos 1.351 do Código Civil e 9º da Lei nº 4.591/61). Assim, não se afigura possível atribuir feições de direito real ao uso exclusivo de área comum*" (REsp 1.035.778 – 4ª Turma do STJ – Ministro Relator Marco Buzzi – j. 05.12.2013).

44. Norma correspondente pode ser observada no Código Civil italiano que, em seu art. 1.123 (repartição das despesas), segunda frase, prevê: "*Quando for o caso de coisas destinadas a servir aos condôminos em medida diferente, serão as despesas repartidas na proporção do uso que cada um possa fazer delas*" (tradução de Souza Diniz, *Biblioteca de legislação estrangeira – Código Civil italiano*, art. 1.123).

45. Carlos Maximiliano, *Condomínio: terras, apartamentos e andares perante o direito*, nº 152, p. 196.

46. Everaldo Augusto Cambler, *Comentários à Tese: É possível a reforma ou a utilização exclusiva de área comum de condomínio desde que exista autorização da assembleia geral*, p. 1.014, *in Teses jurídicas dos Tribunais Superiores*.

Logo, levando-se em conta que os direitos de cada condômino às partes comuns e às frações ideais são inseparáveis de sua propriedade exclusiva (art. 1.339 do CC/2002), não poderão as vagas de garagens, localizadas nessas áreas, ser alienadas ou gravadas em separado (art. 1.339, § 1º, do CC/2002).[47]

A proibição de alienação ou oneração, contudo, não impede que o condômino alugue (ceda) a vaga de garagem a outrem, hipótese em que preferir-se-á, em condições iguais, qualquer dos condôminos a estranhos, e, entre todos, os possuidores (art. 1.338 do CC/2002).

Cumpre observar que a realização de obras, em partes comuns, em acréscimo às já existentes, a fim de lhes facilitar ou aumentar a utilização, depende da aprovação de 2/3 dos votos dos condôminos, não sendo permitidas construções, nas partes comuns, suscetíveis de prejudicar a utilização, por qualquer dos condôminos, das partes próprias, ou comuns (art. 1.342 do CC/2002), o mesmo quórum exigido para a alteração da convenção de condomínio (art. 1.351). A aprovação pela unanimidade dos condôminos somente é exigida pela lei para a mudança da destinação do edifício ou da unidade autônoma e para a construção de outro pavimento, ou, no solo comum, de outro edifício, destinado a conter novas unidades imobiliárias (arts. 1.351 e 1.343 do CC/2002).

1.2.1.3 Fração ideal de terreno[48]

Nos termos do § 3º do art. 1.331 do CC/2002, como terceiro elemento configurador do condomínio edilício, ao lado das áreas privativa e comum, a cada unidade imobiliária caberá, como parte inseparável, uma *fração ideal* no solo e nas outras partes comuns, que será identificada em forma decimal ou ordinária no instrumento de instituição do condomínio. Inicialmente, esse parágrafo estabelecia que a fração ideal de terreno deveria ser proporcional ao valor da unidade imobiliária, calculado em relação ao conjunto da edificação.[49]

---

47. Veja-se a Súmula 449 do STJ, editada em junho de 2010, sobre possibilidade de penhora de vagas de garagem autônomas: "*A vaga de garagem que possui matrícula própria no registro de imóveis não constitui bem de família para efeito de penhora*". Sem a atribuição de fração ideal de terreno e a especificação de área privativa, o que permitiria o reconhecimento da vaga de garagem como unidade autônoma, a pretensão reivindicatória não prosperará: "*3. A via da ação reivindicatória não é franqueada àquele que pretende obter direito exclusivo de vaga no estacionamento, quando este, na verdade, configura direito acessório da unidade autônoma ou área de uso comum, uma vez que, nessas hipóteses, inexiste requisito essencial ao seu ajuizamento, qual seja, a individualização do bem reivindicando*" (REsp 1.152.148 – 4ª Turma do STJ – Ministro Relator Luís Felipe Salomão – j. 13.08.2013).

48. Cf. nosso Condomínio edilício, *10 anos do Código Civil*... cit., n. 2.3, p. 610-611.

49. A redação inicial do § 3º do art. 1.331 do CC/2002 era a seguinte: "A fração ideal no solo e nas outras partes comuns é proporcional ao valor da unidade imobiliária, o qual se calcula em relação ao conjunto da edificação".

No entanto, efetivamente não pareceu razoável vincular o cálculo da fração ideal de terreno à ideia de "valor da unidade imobiliária", sujeito a variações constantes e que exigiriam uma modificação incessante do percentual da fração ideal de terreno, razão pela qual a redação desse parágrafo foi posteriormente alterada pela Lei nº 10.931/2004, permitindo que o valor da fração ideal fosse quantificada por um valor econômico, atribuída pelo incorporador ou instituidor do condomínio, que leva em conta a área construída (critério objetivo) ou outros fatores econômicos particulares (critério subjetivo), atributivos de maior ou menor valoração.[50]

Caio Mário da Silva Pereira[51] sublinha a utilidade do fracionamento ideal do terreno: este é o meio pelo qual é possível estabelecer o índice de rateio das despesas e contribuições necessárias para o atendimento aos orçamentos normais e extraordinários,[52] bem como serviria de elemento atributivo da quantia correspondente a cada apartamento, na partilha do preço da desapropriação ou valor do seguro, em que se sub-rogue o condômino em uma ou outra hipótese.

Além dessas serventias, podemos acrescentar a utilização das frações ideais do terreno como critério de apuração das deliberações em assembleia, seja o quórum simples ou qualificado, cujos votos dos condôminos serão a elas proporcionais, salvo disposição diversa da convenção de constituição do condomínio (art. 1.352, parágrafo único, do CC).

1.2.1.4 *Fração de tempo*

Com o acréscimo, no Código Civil, da possibilidade de instituição da multipropriedade (Lei nº 13.777/18) em parte ou na totalidade de unidades autônomas (arts. 1.358-O a 1.358-U do Código Civil), além dos seus tradicionais elementos

50. Sobre os critérios objetivo e subjetivo de cálculo das frações ideais e sua relevância para a vida comunitária, veja-se Marcelo Terra e Rodrigo Cury Bicalho, *A fração ideal de terreno na incorporação imobiliária, in Temas jurídicos nos negócios imobiliários*, p. 59-67; bem como nossos comentários à Tese nº 17 do Superior Tribunal de Justiça (*Comentários à Tese: A loja térrea, com acesso próprio à via pública, não concorre com gastos relacionados a serviços que não lhe sejam úteis, salvo disposição condominial em contrário*, p. 1.020-1.029, *in Teses jurídicas dos Tribunais Superiores*).

51. Caio Mário da Silva Pereira, *Condomínio e incorporações*, n. 45, p. 72-73. A forma de rateio, entre os multiproprietários de uma mesma unidade autônoma, das contribuições condominiais relativas à unidade, salvo se disciplinada de forma diversa no instrumento de instituição ou na convenção de condomínio em multipropriedade, será proporcional à fração de tempo de cada multiproprietário (art. 1.358-P, III, do CC).

52. Vejam-se nossos comentários à Tese nº 9 do Superior Tribunal de Justiça (*Comentários à Tese: A convenção do condomínio pode fixar o rateio das contribuições condominiais de maneira diversa da regra da fração ideal pertencente a cada unidade, p. 937-946, in Teses jurídicas dos Tribunais Superiores*).

configuradores – áreas privativa, comum e da fração ideal no solo –, agregou-se um quarto: a fração de tempo.

Destarte, a cada um dos proprietários de uma mesma unidade imobiliária caberá, nos moldes estabelecidos na instituição, na convenção e no regimento interno, a titulação de uma fração de tempo, à qual corresponde a faculdade de uso e gozo, com exclusividade, da totalidade do imóvel, a ser exercida pelos proprietários de forma alternada (arts. 1.358-C c/c 1.358-O do CC).

Cada fração de tempo é indivisível, correspondendo, no mínimo, a 7 (sete) dias, seguidos ou intercalados, e poderá ser: fixa e determinada, no mesmo período de cada ano; flutuante, caso em que a determinação do período será realizada de forma periódica, mediante procedimento objetivo que respeite, em relação a todos os multiproprietários, o princípio da isonomia, devendo ser previamente divulgado; ou misto, combinando os sistemas fixo e flutuante (art. 1.358-E do CC).

Essas espécies de fração de tempo certamente consistirão em um desafio para a implementação da dimensão temporal no contexto registrário, considerando-se que, nos termos do § 10°, do art. 176, da LRP, "*Quando o imóvel se destinar ao regime da multipropriedade, além da matrícula do imóvel, haverá uma matrícula para cada fração de tempo, na qual se registrarão e averbarão os atos referentes à respectiva fração de tempo, ressalvado o disposto no § 11 deste artigo*". Em outras, palavras, havendo uma matrícula para cada fração de tempo, além da matrícula do imóvel, indaga-se como será possível a implementação do registro imobiliário quando a fração de tempo for flutuante ou mista.[53]

1.2.1.5 Patrimônio de afetação

Inovação à Lei n° 4.591/1964, com a inclusão dos arts. 31-A a 31-F, pela Lei n° 10.931/2004, o Capítulo I-A, "Do patrimônio de Afetação", traz o regulamento específico dessa figura jurídica em relação à incorporação imobiliária,[54] de acordo com a qual o incorporador mantém a titularidade do patrimônio afetado, mas sua disponibilidade passa a ser relativa e condicionada.

---

53. Verifiquem-se, a propósito do regime de multipropriedade, os comentários ao art. 176 da LRP de Francisco José Rezende dos Santos (*Lei de registros públicos comentada – Lei n° 6.015/73*, p. 998-999).

54. Sobre o patrimônio de afetação como instrumento de proteção contratual e patrimonial, confira-se Melhim Namem Chalhub, *Trust – Perspectivas do direito contemporâneo na transmissão da propriedade para administração de investimentos e garantia*, n. 6.3, p. 117 e ss.; sobre a teoria da afetação e sua aplicação às incorporações imobiliárias, vejam-se Melhim Namem Chalhub, *Da incorporação imobiliária*, n. 3.1 a 3.5.6.2, p. 76 e ss.; Mauro Antônio Rocha, *O regime de afetação patrimonial na incorporação imobiliária – uma visão crítica da lei*, p. 513-527, in *Doutrinas Essenciais de Direito Registral*.

Destarte, com o objetivo de dar consecução à incorporação e garantir a entrega das unidades condominiais aos respectivos adquirentes, o incorporador, a seu critério[55] – e com a anuência/ciência da instituição financeira, nas incorporações objeto de financiamento –, poderá submeter a incorporação ao regime de afetação, de maneira a manter apartados de seu patrimônio o terreno, acessões, bens e direitos vinculados à incorporação, constituindo patrimônio afetado (art. 31-A da LCI).

A afetação do patrimônio significa exceção à regra de que os bens do sujeito respondem pelas obrigações por ele assumidas, bem como pela ofensa ou violação do direito de outrem, na medida em que o patrimônio afetado responde por dívidas e obrigações vinculadas à incorporação respectiva, não se comunicando com o patrimônio geral do incorporador ou com outros patrimônios de afetação por ele constituídos.[56]

Não integram o patrimônio de afetação incorporativo os recursos financeiros que excederem a importância necessária à conclusão da obra, bem como o valor referente ao preço de alienação da fração ideal de terreno de cada unidade vendida (§ 8º, do art. 31-A, da LCI).

A constituição do patrimônio de afetação dar-se-á por averbação, realizada a qualquer tempo pelo incorporador e pelos titulares de direitos reais de aquisição sobre o terreno, junto ao Registro de Imóveis competente, que não será obstada pela existência de ônus reais (art. 31-B da LCI). A fiscalização e o acompanhamento do patrimônio de afetação poderão ser feitos por pessoa física ou jurídica indicada e custeada pela Comissão de Representantes e/ou pela instituição financiadora da construção.

Como aspecto mais proeminente do patrimônio de afetação, temos que os efeitos da decretação da falência ou da insolvência civil nele não se fazem sentir, deixando de fazer parte da massa concursal. Nessa hipótese, a Comissão de Representantes terá atuação decisiva, inclusive recebendo da lei mandato irrevogável para firmar com os adquirentes das unidades autônomas o contrato definitivo a que estiverem obrigados o incorporador, o titular do domínio e o titular dos direitos aquisitivos do imóvel objeto da incorporação em decorrência de contratos preliminares ou, se for o caso, realizar os atos necessários para a liquidação do patrimônio de afetação (art. 31-F, *caput* e § 3º, da LCI).

---

55. A instituição do regime de afetação pelo incorporador sofre natural resistência na medida em que é tratado pela lei como mero administrador de recursos de terceiros, permanecendo, no entanto, como responsável pelo insucesso do empreendimento.

56. Somente poderão ser objeto de garantia real os bens e direitos integrantes do patrimônio de afetação caso o financiamento contratado seja integralmente destinado à consecução da edificação (§ 3º, do art. 31-A, da LCI).

Ainda no cenário de falência ou insolvência do incorporador, caso os adquirentes decidam pela continuidade das obras, ficarão sub-rogados nos direitos, nas obrigações e nos encargos relativos à incorporação, inclusive aqueles relativos ao contrato de financiamento da obra, se houver, respondendo individualmente pelo saldo porventura existente entre as receitas do empreendimento e o custo da conclusão da incorporação.

Com a conclusão da construção, outorga dos títulos de domínio, extinção das obrigações do incorporador perante a instituição financeira, denúncia da incorporação, entre outras hipóteses, o patrimônio de afetação extinguir-se-á mediante a realização dos atos registrários correspondentes (art. 31-E da LCI).

1.2.1.6 Possibilidade do desdobramento da incorporação em várias incorporações e a implantação por etapas

O denominado "supercondomínio" (desdobramento ou desmembramento da incorporação) encontra previsão legal específica no art. 6º, da Lei nº 4.864/1965, nos seguintes termos: "*No caso de um conjunto de edificações a que se refere o artigo 8º da Lei nº 4.591, de 16 de dezembro de 1964, poder-se-á estipular o desdobramento da incorporação em várias incorporações, fixando a convenção de condomínio ou contrato prévio, quando a incorporação ainda estiver subordinada a períodos de carência, os direitos e as relações de propriedade entre condôminos de várias edificações*". Nessa hipótese, a convenção de condomínio fixará os direitos e as relações de propriedade entre os condôminos das várias edificações, podendo estipular formas pelas quais se possam desmembrar e alienar porções do terreno, inclusive as edificadas (art. 9º, § 4º, da LCI).

Marcelo Terra salienta que "*(...) eventual implantação ou construção por etapas não significa necessariamente o desmembramento da incorporação imobiliária. Vale dizer, a incorporação pode ser uma e indivisível e mesmo objeto de construção por etapas. Ou, ao reverso, a incorporação do conjunto ser desmembrada, mas com todas as fases construídas e implantadas simultaneamente (...)*".[57]

Destarte, o "supercondomínio" (incorporação desmembrada) não se confunde com a implantação por etapas de um único condomínio (incorporação não desmembrada e implementada por etapas). Essa implantação por etapas permite uma grande flexibilidade no lançamento, comercialização e construção dos conjuntos de

57. Marcelo Terra, *Supercondomínio (uma tentativa de delineamento do conceito e da sistemática registraria do "desdobramento da incorporação imobiliária")*, p. 359, *in Registro de imóveis – Estudos de Direito Registral Imobiliário*. Explanando sobre temas relevantes, que merecem destaque nas convenções de condomínio desses empreendimentos, veja-se Rubens Carmo Elias Filho, *Os megacondomínios e as convenções de condomínio*, p. 235-252, *in Direito imobiliário – questões contemporâneas*.

edificação, divididos em várias torres e/ou diversas casas, e deverá, a implantação por etapas, da mesma forma como ocorre com o "supercondomínio", estar prevista no memorial de incorporação do empreendimento.

Quando da conclusão da primeira etapa, averbar-se-á a construção (mediante a apresentação do "habite-se" parcial), registrar-se-ão a instituição parcial de condomínio e a convenção condominial integral do empreendimento, dela constando as regras de convivência e utilização das áreas comuns durante a promoção da construção das próximas etapas, bem como as normas administrativas de cada subcondomínio, objeto da etapa concluída. Nas palavras de J. Nascimento Franco: "*Nesse caso, a convenção de cada edifício regulará somente a sua própria utilização e administração, bem como a forma de previsão, rateio e cobrança das despesas das respectivas unidades autônomas*".[58]

1.2.2 *Especificação do elemento subjetivo*[59]

1.2.2.1 *Qualificação normativa do incorporador imobiliário*

Elemento subjetivo primordial da atividade incorporativa, a configuração normativa do incorporador é fornecida pelo *caput* do art. 29 da Lei nº 4.591/1964:

a) pessoa física ou jurídica;

b) comerciante ou não;

c) construtor ou não das unidades condominiais (casas ou apartamentos) – muito embora fique o incorporador obrigado a promover a construção do edifício, a legislação não exige sua pré-qualificação como construtor civil, porquanto a noção de "promoção da incorporação" distingue-se da noção de "construção do imóvel incorporado", a primeira vinculada a uma obrigação de entregar coisa certa, a segunda atinente a uma obrigação de fazer. Não exigida a pré-qualificação do incorporador como construtor, a lei regulamenta a realização da construção por terceiros, seja pelo sistema por empreitada (preço fechado) ou pelo sistema por administração (preço de custo);[60]

---

58. J. Nascimento Franco, *Condomínio*, nº 3, p. 19. Saliente-se que a obtenção do "habite-se" parcial, para cada fase do todo, depende das regras integrantes da legislação de cada município.

59. Cf. tópico 18, p. 230-241, do nosso trabalho *Incorporação imobiliária*... cit.

60. "A simples reunião dos coproprietários para a construção do edifício, sob a orientação de um técnico (constituindo uma sociedade de fato), ou mesmo a alienação do imóvel em construção como um todo, a uma ou mais pessoas, sem discriminação das unidades condominiais, constituem exemplos de copropriedade regida pelo Código Civil, não pela Lei 4.591/1964, possuindo os condôminos simples frações ideais da totalidade do edifício, independendo a venda das exigências contidas na lei. Isso se explica em razão da exigência legal, que somente considera caracterizada a incorporação quando a alienação

d) proprietário ou não do imóvel incorporado – mero representante do proprietário, que aceita propostas para a efetivação das transações; e

e) responsável pela entrega das obras concluídas, no prazo, preço e condições convencionadas.

Observa-se, de pronto, que o incorporador tem por característica a sua atividade, ou seja, independentemente de sua profissão anterior, o que torna alguém incorporador é o exercício da atividade de promover a construção de edificações divididas em unidades condominiais autônomas, o que abrange, inclusive, a mera aceitação de propostas dos interessados na aquisição do imóvel em construção ou a ser construído (art. 29, 2ª parte).

Essa atividade é fundamental para a realização do empreendimento, motivo pelo qual, seja em decorrência do contrato, seja por força de lei, o incorporador está vinculado àquele em caráter permanente, suportando seus ônus e respondendo pelos danos que possam resultar da inexecução ou má execução da obrigação pactuada no negócio jurídico (*v.g.*, entrega retardada, construção defeituosa), não podendo se escusar sob a justificativa de ser mero intermediário, pois, como parte da relação jurídica incorporativa, tem a obrigação e o dever de movimentar a obra e manter a construção em ritmo normal (ressalvada a hipótese da incorporação contratada "a preço de custo"), cumprindo o cronograma traçado, excetuadas as circunstâncias que possam justificar o retardamento ou a paralisação.[61]

1.2.2.2 Identificação dos principais sujeitos incorporativos

Pode-se afirmar que as partes principais, na incorporação imobiliária em sentido estrito, são o incorporador e os adquirentes das unidades autônomas[62] – assim considerados os titulares de direitos a elas, tenham ou não subscrito as escrituras definitivas de compra e venda. Porém, tomada em seu sentido mais amplo, a complexa atividade incorporativa reúne, além das partes principais, um

---

tem por objeto unidades autônomas em fase de construção" (cf. J. Nascimento Franco e Nisske Gondo, op. cit., n. 2 e nota de rodapé n. 6, p. 3, citando, ainda, sentença exarada pelo juízo da 1ª Vara de Registros Públicos de São Paulo, de 30.03.1982, *RDI* 10/139).

Segundo a lei, a condição de incorporador é extensiva aos proprietários ou titulares de direitos aquisitivos que "contratem a construção de edifícios que se destinem à constituição em condomínio, sempre que iniciarem as alienações antes da conclusão das obras" (art. 30 da Lei 4.591/1964). Conclui-se, portanto, que o momento em que são iniciadas as alienações é fundamental para a caracterização da incorporação, idealizando-se a lei de incorporações para dar combate aos promotores inescrupulosos, quando as vendas são iniciadas ainda sem a conclusão das unidades condominiais.

61. Cf. Caio Mário da Silva Pereira, *Condomínio e incorporações*, n. 126 e 143, p. 201-202 e 248-253.

62. De igual maneira, Orlando Gomes, *Contratos*, n. 379, p. 445.

grande número de participantes secundários, pessoas físicas ou jurídicas, entre elas destacando-se o arquiteto, o proprietário do terreno, o construtor, o agente financeiro do empreendimento, o corretor.

Quando o incorporador não é o proprietário do terreno, a transferência de titularidade das unidades vendidas é feita por intermédio de escrituras que reúnem o proprietário e os adquirentes, aos quais são transmitidas as respectivas quotas ideais de terreno e as acessões, correspondentes aos apartamentos incorporados. Caso o contrato de construção não esteja instrumentalmente reunido com o de incorporação, o incorporador promoverá os negócios jurídicos diretamente com o construtor, fornecedores, empreiteiros e empregados. Concluído o edifício, as autoridades municipais expedem o alvará de conclusão ("Habite-se") e o incorporador promove a assembleia de instituição do condomínio, quando é formalizada a entrega das áreas comuns e são determinadas as datas para vistoria das unidades condominiais, com a posterior entrega das chaves.

Quanto ao construtor, podemos dizer que a realização da construção do bem incorporável pode acontecer pelo incorporador-construtor, pelo construtor contratado diretamente pelos adquirentes ou pelo construtor contratado diretamente pelo incorporador (art. 48 da Lei nº 4.591/1964). De qualquer modo, o contrato de construção, muito embora rotineiramente conjugado com o contrato de incorporação, dele não é elemento essencial, nem com ele se confunde, recebendo tratamento diferenciado da lei, responsabilizando-se o incorporador pela promoção e entrega das obras concluídas.

Algumas pessoas realizam a tarefa de fiscalizar a atividade do incorporador. O oficial do Registro Imobiliário verifica, sob pena de responsabilidade civil e criminal, a exatidão da documentação oferecida para ser arquivada (art. 32, § 7º, da LCI), o que envolve, desde logo, a apuração da qualidade legal do empreendimento e de quem o promove. Os próprios adquirentes, por intermédio da comissão de representantes, podem exercer a função fiscalizadora do desenvolvimento da incorporação e da construção, dentro da qual se insere a do cumprimento das disposições legais inerentes à atividade.

A comissão de representantes é escolhida e designada para representar os interesses dos condôminos, junto ao construtor ou ao incorporador, podendo ser designada no contrato de construção ou eleita em assembleia especial devidamente convocada antes do início da obra (art. 50 da LCI). Muito embora não possa ser configurada como pessoa jurídica, a comissão de representantes representa os adquirentes, participando das deliberações e acompanhando de perto o desenrolar das fases de edificação, estando investida dos poderes necessários para exercer as atribuições e praticar os atos designados pelo contrato ou pela lei.

O poder de representação da comissão de representantes emana da própria lei, existindo independentemente de instrumento especial outorgado pelos contratantes ou, se for o caso, pelos que se sub-rogarem nos direitos e obrigações destes (art. 50, § 1º, da LCI). A representação perdura até o término do edifício, cessando suas atividades com a conclusão das obras.

1.2.2.3 Pessoas que exercem a função de incorporador

O incorporador imobiliário, enquanto sujeito de direitos e obrigações, surgiu à revelia de qualquer disposição legal que regulasse a sua formação ou atividade, tendo-se em vista que nem o Dec. nº 5.481/1928 nem o Código Civil de 1916 dispuseram a seu respeito. A generalização dos negócios envolvendo edifícios de apartamentos conduziu à aparição da figura do incorporador, pessoa que realizava uma atividade peculiar e era ligada a esse tipo de empreendimento.

Com o advento da Lei nº 4.591/1964, posteriormente alterada pela Lei nº 12.424, de 16.06.2011,[63] a qualificação do incorporador ficou restrita a três hipóteses possíveis como condição essencial para desenvolver legalmente suas atividades:

a) proprietário do terreno, promitente-comprador, cessionário deste ou promitente-cessionário, cujo título, devidamente registrado, satisfaça os requisitos da alínea *a*, do art. 32, da mesma lei, quais sejam a irrevogabilidade e irretratabilidade da promessa; a cláusula de imediata imissão do promitente-comprador na posse do imóvel; a inexistência de cláusula que contenha estipulações impeditivas de alienação por intermédio de frações ideais; e o consentimento (expresso ou tácito) à demolição e construção de prédios no local e registro do título.[64]

b) construtor (enquadrado nas condições previstas na Lei nº 5.194/1966, que regula o exercício das profissões de engenheiro, arquiteto e engenheiro-agrônomo) ou corretor de imóveis (matriculado nos termos da Lei nº 6.530, de 12.05.1978, regulada pelo Dec. 81.871, de 29.06.1978), devendo receber, nessas hipóteses, do proprietário do terreno, promitente-comprador, cessionário deste ou promitente-cessionário deste, mandato outorgado por instrumento público, com poderes especiais para celebrar todos os atos conexos com a incorporação e a alienação das frações ideais do terreno e com o disposto no § 4º do art. 35 da LCI (art. 31, alínea *b* e § 1º, da LCI);[65]

c) o ente da Federação imitido na posse a partir de decisão proferida em processo judicial de desapropriação em curso ou o cessionário deste, conforme

63. A Lei 12.424, de 16.06.2011 alterou, entre outras, a Lei 11.977, de 07.07.2009, que dispõe sobre o Programa Minha Casa, Minha Vida – PMCMV.

64. Cf. Caio Mário da Silva Pereira, *Condomínio e incorporações*, n. 130, p. 208-210.

65. Cuidando do mandato para incorporar como forma de mandato sem representação, leia-se Nelson Luiz Guedes Ferreira Pinto, *O mandato para incorporar como forma de mandato sem representação*, in *Revista de Direito Imobiliário* 71/139 e ss.

comprovado mediante registro no registro de imóveis competente (Incluído ao art. 31 da LCI pela Lei nº 12.424/2011).

Percebe-se que a atuação do incorporador está sempre vinculada ao exercício do direito de propriedade do imóvel, além de ser também compatível com diversas outras atividades jurídicas paralelas, podendo desempenhar o papel de corretor, ao efetuar a aproximação do dono do terreno com os compradores; de mandatário, ao operar em nome do proprietário junto aos adquirentes, construtor, fornecedores; de gestor de negócios, ao defender os interesses dos compradores, em todas as circunstâncias supervenientes que afetem a incorporação. Portanto, não é possível fixar a qualificação do incorporador dentro das fórmulas tradicionalmente encontradas em outros contratos-tipo, tais como corretagem, mandato e comissão mercantil.

O importante é apreender que a configuração jurídica do incorporador imobiliário é híbrida e pode estar vinculada à de outros sujeitos incorporativos. O incorporador em muitas ocasiões é o próprio construtor; às vezes é o proprietário do imóvel ou o promitente-comprador; outras vezes é o ente da Federação, que desapropria o imóvel para nele desenvolver a incorporação.

Em sua configuração jurídica tradicional, a fase negocial da incorporação tem início com a procura dos interessados na aquisição dos apartamentos; com eles o incorporador combina as condições de pagamento, obtém os recursos financeiros necessários, contrata a construção; concretiza o negócio simultaneamente com o proprietário do terreno, com os adquirentes, com o financiador da obra e com o construtor, num ajuste único, ou em sucessivos contratos complementares da incorporação, e, por fim, cessa a atividade incorporativa com a instituição da propriedade horizontal e com a outorga da escritura de domínio sobre a unidade adquirida (quando em cumprimento a contrato preliminar), mediante a integralização do preço ajustado.

1.2.2.4 O incorporador como empresa

Mesmo antes do advento da Lei 4.591/1964, havia como que uma quase unanimidade de opiniões em torno da natureza mercantil da atividade profissional do incorporador, muito embora o Dec. 5.481/1928 nada definisse a respeito. De fato, parece inquestionável que o ato jurídico fundamental, caracterizador da atividade incorporativa (alienação das unidades condominiais), possui natureza jurídica empresarial.[66]

A doutrina e a jurisprudência dele tratavam ora como mero corretor, pelo fato de intermediar a relação negocial entre o dono do imóvel e os adquirentes, ora

---

66. O art. 966 do CC/02 parece corroborar essa asserção: "*Considera-se empresário quem exerce profissionalmente atividade econômica organizada para a produção ou a circulação de bens ou de serviços*".

como mandatário, com poderes de representação do proprietário, ou ainda como comerciante/industrial da construção civil. Com o advento da Lei 4.591/1964, de acordo com a definição de incorporador contida no art. 29, percebemos que, se a própria descrição da atividade inclui a comercialização de frações ideais de terreno, vinculando essas frações às unidades autônomas, mediante o pagamento de preço determinado, podemos concluir que o incorporador, pessoa física ou jurídica, sempre será considerado empresário, mesmo que não exerça essa função com habitualidade, ou seja, pessoa física, o que explica a referência da norma à possibilidade de falência do incorporador, pessoa física ou jurídica, contida no art. 43, III, da LCI.[67]

Em assim sendo, os condôminos de um terreno que edificam um prédio para uso próprio, sem subdividi-lo em unidades condominiais e sem colocá-lo à venda, nem são empresários, nem a atividade por eles exercida pode ser classificada como incorporação, não sendo aplicável à espécie a Lei 4.591/1964, de tal forma que, concluída a obra, far-se-á no registro de imóveis a instituição de condomínio. Daí a utilidade de distinguir-se a incorporação imobiliária da instituição de condomínio realizada por destinação do(s) proprietário(s), podendo ocorrer essa sem o advento daquela.[68]

Caio Mário da Silva Pereira conclui que é no conceito de empresa ou empresário que podemos enquadrar o incorporador. Para o autor, a atividade incorporativa possui natureza jurídica mercantil (empresarial), entendendo que a incorporação de edifício é uma atividade empresarial e o incorporador uma empresa (ou empresário), *in verbis*: "Condenada, pois, pela ciência jurídica moderna a ojeriza do Código de 1850 contra a comercialização de imóveis, voltamos à nossa afirmativa anterior, já agora o qualificadamente o incorporador é uma empresa imobiliária".[69]

Exercendo uma atividade empresarial, na complexidade de sua organização, o incorporador de edifícios, objetivando a realização de sua atividade, constitui uma empresa imobiliária e, como tal, sujeita à recuperação judicial e à falência, cujos efeitos não atingirão o patrimônio de afetação, caso constituído, não integrando a massa concursal o terreno, as acessões e demais bens, direitos creditórios, obrigações e encargos objeto da incorporação (art. 31-F, *caput*, da LCI). Além disso, desenvolve

---

67. Prevê o art. art. 43, III, da LCI: "*em caso de falência do incorporador, pessoa física ou jurídica, e não ser possível à maioria prosseguir na construção das edificações, os subscritores ou candidatos à aquisição de unidades serão credores privilegiados pelas quantias que houverem pago ao incorporador, respondendo subsidiariamente os bens pessoais deste*". Antes da derrogação do Código Comercial de 1850, já não se considerava aplicável o art. 191 às atividades incorporativas, porquanto a negociação com bens imóveis extrapolaria o âmbito desse dispositivo, que só dizia respeito a móveis e semoventes.

68. Cf. item 2.1 do Capítulo 2, da Parte I, do Livro I, do presente trabalho.

69. Caio Mário da Silva Pereira, *Condomínio e incorporações*, n. 124, p. 198; Incorporação imobiliária, *RDI* 4/9-10; *Propriedade horizontal*, n. 95, p. 155.

atividade de fornecedor de produtos, provisionando o mercado de consumo de unidades condominiais, mediante a venda ou promessa de venda de unidades autônomas ou frações ideais de terreno, mediante a vinculação de tais frações às unidades (art. 3º da Lei nº 8.078/1990 c/c os arts. 28 e 29 da Lei nº 4.591/1964).[70]

Importante notar que, quando o incorporador é uma sociedade anônima, as obrigações são mercantis (empresariais) por expressa disposição de lei (art. 2º, § 1º, da Lei nº 6.404, de 15.12.1976),[71] devendo constar de seu estatuto social, como objeto social da companhia, a incorporação de edificações em condomínio. Como exceção à regra, Caio Mário da Silva Pereira[72] aponta a incorporação realizada sem o intuito de lucro, ou ainda a realizada pela administração pública ou entidade paraestatal. Nesses casos, embora restritos, a definição do incorporador como empresa não se aplicaria.[73]

Da mesma forma, Álvaro Luiz Damásio Galhanone,[74] ao analisar a configuração jurídica do incorporador, conclui que o mesmo pode e deve ser visto como empresa, à vista de suas próprias características como empreendedor, que funciona como elemento de ligação entre todos os interessados na construção do prédio, procurando, com isso, auferir lucros com essa atividade, de maneira que todo o seu esforço é dirigido para a obtenção do resultado econômico.

1.2.2.5 Ausência de personalidade jurídica do condomínio edilício[75]

O fato de a lei permitir, em caráter excepcional, a aquisição de bens pelo condomínio, nos termos do art. 63, § 3º, da Lei nº 4.591/1964, não outorga a ele, condomínio, atributos de pessoa jurídica, dispondo dessa forma a lei apenas por razões de conveniência ou praticidade.[76]

---

70. Cf. itens 1.2.1.5 supra e 2.2, do Capítulo 2, da Parte I, do Livro I, do presente trabalho.

71. O teor do § 1º do art. 2º da Lei nº 6.404, de 15.12.1976, é o seguinte: "*Qualquer que seja o objeto, a companhia é mercantil e se rege pelas leis e usos do comércio*".

72. Caio Mário da Silva Pereira, *Condomínio e incorporações*, n. 124, p. 199. Também Pontes de Miranda, *Tratado de direito privado*, § 1.328, n. 1, p. 211, t. XVII.

73. Como referido anteriormente (item 1.2.2.4 supra), a incorporação realizada pela administração pública ou entidade paraestatal deixou de configurar hipótese meramente teórica com alteração operada pela Lei nº 12.424/2011 na Lei nº 4.591/1964: "*Art. 31. A iniciativa e a responsabilidade das incorporações imobiliárias caberão ao incorporador, que somente poderá ser: (...) c) o ente da Federação imitido na posse a partir de decisão proferida em processo judicial de desapropriação em curso ou o cessionário deste, conforme comprovado mediante registro no registro de imóveis competente*".

74. Álvaro Luiz Damásio Galhanone, *O incorporador como empresa*, *RJTJSP* 78/20-21.

75. Cf. nosso Condomínio edilício, *10 anos do Código Civil*... cit., nº 1.3.1, p. 605-606.

76. Igualmente, não reconhecendo personalidade jurídica ao condomínio: Silvio de Salvo Venosa *Código Civil comentado – arts. 1.196 a 1.368*, comentários ao art. 1.331, p. 451;

Sobre o poder aquisitivo do condomínio, Caio Mário da Silva Pereira comenta que, muito embora não seja dotado de personalidade jurídica, o condomínio recebeu da lei o poder especial de adquirir, por adjudicação, unidade leiloada na forma do art. 63, §§ 1º e 3º, da Lei nº 4.591/1964, tratando-se de um instituto sujeito a uma disciplina jurídica própria e que obedece aos ditames da legislação específica.[77]

Assim, sem lhe conceder a personificação, o legislador, em certas circunstâncias, trata-o como se fosse dotado de personalidade, *v.g.*, quando na construção por administração, as faturas e os recibos são emitidos "em nome do condomínio" (art. 58, I, Lei nº 4.591/1964) e as contribuições depositadas em conta aberta em seu nome.

1.2.3 Especificação do elemento negocial[78]

1.2.3.1 A atividade incorporativa

O fenômeno jurídico da incorporação imobiliária desenvolve-se por intermédio de uma série enorme de manifestações jurídicas. Essa multiplicidade de eventos depende da vontade do homem e enseja uma série de atividades conducentes à obtenção de efeitos reconhecidos pelo ordenamento jurídico.

O incorporador atua, dentro do contexto socioeconômico, na coordenação de operações distintas, em razão das exigências do mercado e em consideração ao resultado econômico, que transcorre por entre um sistema de operações complexas, inserida num processo produtivo. O mercado exige uma organização especializada, diferenciada, uma instrumentação técnica especial e uma atividade criadora incomum.

Para tanto, o incorporador desenvolve uma atividade, isto é, uma série coordenada e unificada de atos reunidos em torno de uma finalidade econômica unitária, motivo pelo qual diversas atividades interdependentes e coordenadas (de construção, de corretagem, financeira) sujeitam-se à mesma disciplina.

João Batista Lopes, *Comentários ao Código Civil brasileiro*, comentários ao art. 1.331, nº 2, p. 131; Mario Pazutti Mezzari, *Condomínio e incorporação no Registro de Imóveis*, p. 38; Markus Samuel Leite Norat, *O condomínio edilício*, nº 1.3, p. 30. Ao apontar algumas características da legislação estrangeira concernentes ao condomínio edilício, Rubens Carmo Elias Filho (*Condomínio edilício – aspectos de direito material e processual*) anota que o direito italiano não o proveu de personalidade jurídica (p. 296), o mesmo ocorrendo em relação ao direito português (p. 306-307), enquanto o direito argentino a reconhece apenas ao "consórcio de proprietários" (p. 300).

77. Caio Mário da Silva Pereira, *Condomínio e incorporações*, nº 172-A, p. 323-327. Ao tratar da possibilidade de personificação jurídica de comunidade de coproprietários em condomínios especiais em edificações, Frederico Henrique Viegas de Lima (*Condomínio em edificações*, p. 181, 190) considera indispensável a existência de um patrimônio separado da patrimonialidade dos seus coproprietários.

78. Cf. tópico 16.3, p. 178-184 do nosso trabalho *Incorporação imobiliária*... cit.

Logo, a incorporação imobiliária é uma atividade humana e empresarial, configurando uma unidade de fatos, atos e negócios, daí decorrendo relações jurídicas típicas entre o incorporador, os adquirentes e todos os demais sujeitos envolvidos no empreendimento. A essa atividade denominamos "incorporação imobiliária *lato sensu*", caracterizada por nexos de interdependência entre negócios, reunidos para a obtenção de uma finalidade econômica comum (conexão de contratos) e ligados por uma *fattispecie* complexa.[79]

Para distinguir um negócio jurídico único com pluralidade de declarações de uma multiplicidade de negócios, ligados numa *fattispecie* complexa, por nexos que não excluem o valor próprio de cada um deles, Emílio Betti propõe um critério com base na eficácia da figura jurídica a ser considerada, de maneira que é possível identificar a união de negócios ligados por uma *fattispecie* complexa, quando cada uma das declarações de vontade produz efeitos jurídicos que correspondem ao seu destino.[80]

Parece-nos claro que a incorporação imobiliária *lato sensu* equipara-se a uma pluralidade de negócios conexos, com efeitos jurídicos próprios e independentes, mas todos agrupados em torno de uma realidade econômica e jurídica única: a atividade incorporativa normatizada pela LCI. Formando o centro nuclear da incorporação imobiliária *lato sensu*, encontramos um negócio jurídico composto de declarações de vontade complementares umas das outras: é o negócio jurídico incorporativo ou incorporação imobiliária *stricto sensu*.

1.2.3.2 A incorporação imobiliária stricto sensu

Essas relações jurídicas típicas reunidas, complementares umas das outras, formando um negócio jurídico unitário, constituem verdadeiro negócio jurídico coligado, resultante da manifestação de vontade do incorporador (quando proprietário ou não do imóvel incorporável), do adquirente da unidade incorporada e, eventualmente, de outros participantes envolvidos.

As declarações de vontade reunidas e coligadas objetivam a promoção e a realização da construção para posterior alienação das unidades condominiais autônomas, integrantes da edificação ou conjunto de edificações, produzindo-se o fenômeno do nascimento do direito de propriedade sobre esses bens e a consequente eficácia jurídica real.

Na lição de Orlando Gomes,[81] a finalidade do contrato incorporativo exige um feixe de contratos firmados com os adquirentes das unidades condominiais, com

79. Cf. Carlos Nelson Konder, *Contratos conexos*, p. 273-278.

80. Emílio Betti, *Teoria geral do negócio jurídico*, § 37, p. 428-436.

81. Orlando Gomes, Contrato de incorporação imobiliária, *RT* 461/11-17. Da mesma forma, Maria Helena Diniz, *Tratado teórico e prático dos contratos*, vol. II, p. 14.

repercussões recíprocas entre eles, não constituindo, no entanto, ato plurissubjetivo ou mesmo plurilateral. Segue-se que, ao firmarem o contrato de incorporação, as partes estão realizando um acordo que abrange os seguintes ajustes:

a) de alienação, ainda que potencial, da fração ideal do terreno ou da unidade autônoma;

b) de promoção e coordenação da construção do edifício; e

c) de instituição do condomínio e entrega da unidade condominial pronta e acabada.

Além dos ajustes mencionados, o contrato incorporativo pode compreender, ainda, prestações características de outros contratos típicos, como a prestação de serviços, o mandato, e de contratos atípicos, como a organização de condomínio com destinação especial.

Abrangendo distintos atos e negócios jurídicos que, a princípio, poderiam ser objeto de contratos diversos, todos se reúnem em um só instrumento para um só fim, dando-se a união das figuras jurídicas com dependência recíproca dos três contratos básicos, que se fundem em uma unidade coligada, tipificada e disciplinada na lei.[82]

Da união dos elementos especificados, propomos a seguinte definição para o negócio jurídico incorporativo:

Negócio jurídico coligado – pois dimana da combinação de outros contratos de tipo determinado, com uma finalidade única –, resultante da manifestação de vontade dos sujeitos principais (incorporador, adquirente da unidade autônoma) e, eventualmente, dos sujeitos secundários, integrantes da atividade incorporativa, objetivando a produção de unidades condominiais vinculadas a frações ideais, negociadas antes ou durante a fase construtiva, com a consequente criação do direito real de aquisição da propriedade ou com a própria transferência da propriedade ao adquirente (alienação fiduciária),[83-84] conforme o caso, cumpridas as exigências

82. Cf. Orlando Gomes, *Contrato de incorporação imobiliária*, n. 5, p. 15; Melhim Namen Chalhub, *Incorporação imobiliária*, n. 4.1, p. 154. Francisco Paulo De Crescenzo Marino sugere a seguinte definição para contratos coligados como aqueles que, "*por força de disposição legal, da natureza acessória de um deles ou do conteúdo contratual (expresso ou implícito), encontram-se em relação de dependência unilateral ou recíproca*" (*Contratos coligados no Direito brasileiro*, conclusão nº 4, p. 223); enquanto que Giovanni Ettore Nanni os distingue dos contratos dos contratos mistos, dos subcontratos e dos negócios jurídicos plurilaterais (*Contratos coligados*, nº 2.2, p. 228-232, *in Teoria geral dos contratos*).

83. Melhim Namen Chalhub aponta os seguintes contratos como os mais utilizados para comercialização das unidades imobiliárias: contrato de promessa de compra e venda, contrato de construção e contrato de compra e venda com pacto adjeto de alienação fiduciária (*Incorporação imobiliária*, n. 6.1, p. 187).

registrárias prescritas em lei, responsabilizando-se o incorporador pela entrega das obras concluídas.[85]

1.2.4 Especificação do elemento formal[86]

Diversos são os atos jurídicos que, de acordo com a Lei nº 4.591/1964, devem ser registrados e averbados no registro imobiliário, entre os quais podemos destacar

---

84. Cuidando do regime jurídico da alienação fiduciária em garantia para bens imóveis, veja-se trabalho de nossa lavra sob o título *O regime jurídico da alienação fiduciária em garantia após o advento da Lei 10.931/04*, n. 3 e ss., p. 247 *et seq*. Averiguem-se, também, os textos de André Cordelli Alves, Alienação fiduciária em garantia de bens imóveis, *RDB* 56/171 *et seq*.; Marcus Vinicius Kikunaga, *Aspectos gerais da alienação fiduciária de bem imóvel*, p. 19-46, *in Alienação fiduciária de bem imóvel – 20 anos da Lei nº 9.514/1997 – aspectos polêmicos*; Melhim Namem Chalhub, *Alienação fiduciária – negócio fiduciário*, nº 6.2, p. 242-244; Marcelo Terra, *Alienação fiduciária de imóvel em garantia (Lei nº 9.514/97, primeiras linhas)*, nº 2, p. 19-33.

85. Para uma análise comparativa, vejam-se as seguintes definições encontradas na doutrina brasileira para o tipo contratual incorporativo:

    "Por esse contrato, obriga-se alguém a construção de edifício dividido em unidades autônomas para distintos adquirentes da respectiva fração ideal do terreno, sob o regime de condomínio especial" (Orlando Gomes, *Contratos*, n. 379, p. 540).

    "A incorporação é o contrato por via do qual uma pessoa física ou jurídica se obriga a promover a construção de edificações ou conjunto de edificações compostas de unidades autônomas, para alienação total ou parcial" (Caio Mário da Silva Pereira, Incorporação imobiliária cit., p. 9).

    "Contrato de incorporação de condomínio é o ajuste pelo qual o incorporador se compromete a construir diretamente ou por terceiros e, a final, transferir a propriedade horizontal de unidades autônomas de um mesmo edifício de dois ou mais pavimentos, assim como as partes ideais do terreno e das áreas de utilização comum, aos tomadores de apartamentos, mediante um preço fixo, ou ajustável ao custo da construção nas condições estabelecidas na convenção de condomínio" (Hely Lopes Meirelles, *Direito de construir*, n. 3.4, p. 278). Na mesma obra, p. 22-23, Hely Lopes Meirelles oferece outra definição para o contrato incorporativo: "A incorporação do condomínio é a sucessão de atos pelos quais o proprietário do terreno, o seu compromissário-comprador ou terceiro devidamente autorizado, convenciona com os interessados na aquisição das unidades autônomas a venda e construção do edifício. Na prática, o denominado contrato de incorporação de condomínio se apresenta como um conglomerado de ajustes autônomos visando fixar os direitos e obrigações de cada participante desse empreendimento coletivo que é o levantamento do edifício. Para tal desiderato reúnem-se num mesmo instrumento um contrato preliminar de compra e venda da unidade autônoma, um contrato de prestação de serviços do incorporador e um contrato de construção do edifício. Estes ajustes, embora consubstanciados simultaneamente e no mesmo instrumento, são contratos distintos e sujeitos à tributação diversa, não obstante a aparente unificação obrigacional entre os condôminos e o incorporador".

86. Cf. tópico 15.3, p. 132-142 do nosso trabalho *Incorporação imobiliária*... cit.

os ajustes preliminares (art. 35, § 4º, da LCI), o "Memorial de Incorporação" (art. 32 da LCI e art. 167, I, nº 17, da LRP), o auto de construção ("habite-se") das edificações (arts. 44 da LCI e 167, II, nº 4, da LRP), a instituição e a convenção de condomínio (art. 167, I, nº 17, da LRP), os contratos de promessa de venda, cessão ou promessa de cessão de unidades autônomas (art. 167, I, nº 18, da LRP), os contratos de venda e compra com pacto de alienação fiduciária em garantia de coisa imóvel (art. 167, I, nº 35, da LRP – incluído pela Lei nº 9.514/1997).

Quando fazemos referência aos atos registrários na incorporação imobiliária, devemos ter em mente duas situações distintas. A primeira, entendendo a incorporação em seu sentido mais amplo, ou seja, a atividade incorporativa. A segunda, apenas abordando a incorporação no seu sentido negocial, consubstanciada no contrato de incorporação.

1.2.4.1 Da averbação (registro) do documento de ajuste preliminar

Como direito subjetivo do adquirente derivado do negócio incorporativo, observamos que, ultrapassado o período de carência – que não poderá ultrapassar o termo final do prazo da validade do registro (180 dias, antes de 120 dias, ampliado pela Lei nº 4.864/1965 – arts. 33 e 34 da LCI) –, no qual é lícito ao incorporador desistir do empreendimento, este deverá celebrar o competente contrato relativo à fração ideal do terreno no prazo de 60 dias (antes de 45 dias, ampliado pela Lei nº 4.864/1965), devendo providenciar, no mesmo prazo, o contrato de construção e a convenção de condomínio (art. 35 da LCI), contados do escoamento do período de carência, se houver, ou da data em que tiver sido firmado qualquer documento de ajuste preliminar (art. 35, *caput* e § 1º, da LCI), respondendo pelos prejuízos ocorridos após o transcurso desse espaço de tempo e sujeitando-se às penalidades estabelecidas (art. 35, § 5º, da LCI).

Não cumprido o dever do incorporador de formalizar o contrato, bastará ao candidato a proprietário efetivar a averbação do título preliminar no Registro de Imóveis, ficando desde logo constituído o direito real oponível a terceiros, com a possibilidade da obtenção compulsória do contrato correspondente (art. 35, § 4º, da LCI),[87] obedecendo-se às cláusulas, aos termos e às condições do contrato padrão, se houver (art. 67 da LCI).

Na lição de Caio Mário da Silva Pereira, "*Descumprida esta obrigação, não há mister ir a Juízo a outra parte e propor contra o incorporador ação cominatória,*

87. O teor dessa disposição é a seguinte: "*Descumprida pelo incorporador e pelo mandante de que trata o § 1º do art. 31 a obrigação da outorga dos contratos referidos no* caput *deste artigo, nos prazos ora fixados, a carta-proposta ou o documento de ajuste preliminar poderão ser averbados no Registro de Imóveis, averbação que conferirá direito real oponível a terceiros, com o consequente direito à obtenção compulsória do contrato correspondente*".

compelindo-o a emitir a declaração de vontade recusada. Assegura-se-lhe, simplesmente, a averbação do título preliminar no Registro Imobiliário, ficando desde logo estabelecido o contrato e constituído direito real, oponível a terceiros".[88] Como sanção pelo descumprimento da obrigação, a lei prevê uma multa correspondente a 50% sobre a quantia que efetivamente tiver recebido o incorporador, em favor do adquirente ou candidato à aquisição, cobrável por via executiva (art. 35, § 5º, da LCI).

1.2.4.2 Do registro do Memorial de Incorporação imobiliária (art. 32 da LCI)[89]

Por força da estrutura jurídica criada pela Lei de Condomínio e Incorporação Imobiliária e do registro do Memorial de Incorporação no Registro de Imóveis, temos a integração deste último aos contratos celebrados sobre as unidades condominiais,[90] o que obsta a modificação unilateral de seus termos, salvo a existência de autorização ou contrato de mandato previamente estabelecido.

O registro do Memorial equivale ao arquivamento e registro dos documentos referidos no art. 32 da Lei nº 4.591/1964. A documentação, relacionada nesse artigo, será antes examinada pelo oficial de registro de imóveis, que responderá, civil e criminalmente, caso efetue o arquivamento da documentação em desacordo com a lei ou dê certidão sem o arquivamento de todos os documentos exigidos, cabendo-lhe fiscalizar o cumprimento dos requisitos e exigências legais (§ 1º, do art. 32, da LCI).

De acordo com o art. 32 da Lei nº 4.591/1964, o incorporador somente poderá negociar as unidades autônomas, antes ou durante a construção do empreendimento, após ter arquivado no cartório competente de Registro de Imóveis os documentos ali relacionados. Providenciada e registrada toda a documentação, teremos formalizado o início da incorporação imobiliária.

Terminada a obra sem que o empreendedor tenha providenciado esse registro, para que regularmente possa iniciar a venda das unidades autônomas, deverá proceder à averbação da construção na matrícula respectiva (art. 167, II, n. 4, da Lei nº 6.015/1973), registrando, ato contínuo, a instituição, especificação e convenção do condomínio.

Destarte, reveste-se da maior importância o ato registral especificado no art. 32 da Lei 4.591/1964. Caso tenha sido realizado antes ou durante a construção do empreendimento, teremos configurada a incorporação imobiliária; caso não tenha sido realizado até a expedição pela autoridade competente do auto de conclusão da

---

88. Cf. Caio Mário da Silva Pereira, *Condomínio e incorporações*, nº 140, p. 230.
89. Cf. tópico 15.3, p. 132-142, do nosso trabalho *Incorporação imobiliária*... cit.
90. Cf. Caio Mário da Silva Pereira, *Condomínio e incorporações*, nº 144-a, p. 255.

obra ("Habite-se"), não estaremos mais fazendo referência à incorporação imobiliária, mas à instituição de condomínio por destinação do proprietário.[91]

Caso o incorporador efetue qualquer negócio relativo às unidades a serem incorporadas, sem providenciar o registro do "Memorial de Incorporação", estará sujeito às sanções previstas por contravenção à economia popular (art. 66, inc. I, da LCI).

Com o prévio registro, os interessados podem examinar os papéis arquivados, com todos os dados relativos ao empreendimento, o que proporciona maior segurança quando da assinatura das propostas de compra e do início dos pagamentos. De fato, os documentos constantes do Memorial de incorporação dão uma noção de como será o edifício, indicam as dimensões das frações ideais, das unidades condominiais, as áreas de utilização comum, os materiais a serem utilizados, as especificações técnicas elementares etc.

Obedecendo à atual legislação sobre condomínios e incorporações imobiliárias, o oficial do Registro de Imóveis, ao registrar e arquivar os documentos relacionados nos textos legais, dará recibo ao apresentante, devendo examinar a documentação e, se houver necessidade, apresentar, no prazo de 15 dias (§ 6º do art. 32 da LCI), todas as exigências que julgar necessárias ao arquivamento. Satisfeitas essas exigências, terá o prazo de 15 dias para fornecer certidão, relacionando a documentação apresentada. Não satisfeitas as exigências, o oficial suscitará a dúvida, nos termos das normas da Lei de Registros Públicos (Lei nº 6.015/1973, art. 198 *et seq.*).

Resolvida a dúvida ou satisfeitas as exigências, o oficial providenciará, em seguida, a prenotação do memorial no Livro I – protocolo; autuará toda a documentação; registrará o memorial no Livro II – registro geral; devolverá ao apresentante, autenticada, a segunda via da documentação apresentada; e fornecerá, ao apresentante, certidão do registro efetuado, relacionando de maneira sucinta a documentação apresentada, podendo, então, ser iniciada a negociação das unidades, pois o ato do oficial é dotado de fé pública, presumindo-se como preenchidas todas as exigências legais.[92]

O registro da incorporação, de acordo com o art. 33, será válido pelo prazo de 180 dias (prazo determinado pelo art. 12 da Lei nº 4.864, de 29.11.1965), após o que, não realizada a incorporação, o incorporador só poderá negociar unidades depois de revalidar a documentação exigida por lei, prerrogativa essa que somente poderá ser exercida uma vez.

Efetuado o registro, ele não poderá mais ser cancelado, salvo em cumprimento de sentença judicial ou a requerimento da parte, desde que nenhuma unidade

---

91. Cf. item 2.1, do Capítulo 2, da Parte I, do Livro I, do presente trabalho.
92. João Rabello de Aguiar Vallim, *Direito imobiliário brasileiro – Doutrina e prática*, cap. XXII, n. 155, p. 231.

tenha sido objeto de compromisso devidamente registrado, ou mediante a expressa anuência de todos os adquirentes, formalizada em documento por eles assinado ou por procuradores com poderes especiais (cf. art. 255 da LRP).

1.2.4.3 Do registro ou averbação de atos conexos

Podemos identificar alguns atos registrários, realizados durante a atividade incorporativa e contemplados pela lei, que são averbáveis ou registráveis, conforme o caso, à margem do registro da incorporação *lato sensu*, quais sejam:

b.1) a averbação da desistência da incorporação;

b.2) após a concessão do auto de conclusão da construção ("Habite-se") pela autoridade administrativa, o incorporador deverá averbar a construção das unidades condominiais (art. 167, II, n. 4, da LRP), com a finalidade de possibilitar a individualização e discriminação destas. A averbação poderá ser também requerida pelo construtor (§ 1°, do art. 44, da LCI) ou qualquer dos adquirentes (§ 2° do mesmo artigo);

b.3) o registro das convenções de condomínio edilício, condomínio geral voluntário e condomínio em multipropriedade e a averbação de suas eventuais alterações (art. 178, III, da LRP, com a redação dada pela Lei n° 13.777/2018); e

b.4) o registro da instituição de condomínio (art. 167, I, n° 17, da LRP).

As coisas futuras, objeto do negócio jurídico incorporativo, não estão à disposição do adquirente quando da assinatura do contrato de incorporação. Enquanto não terminada a construção, a situação jurídica real é de uma propriedade em transformação, pois da existência efetiva do apartamento depende a instituição do condomínio edilício. Nessa sistemática, existe, apenas, uma expectativa de direitos, motivo pelo qual os futuros apartamentos devem ter, desde logo, as suas áreas devidamente especificadas com as divisões de que deverão dispor.[93]

Até mesmo o Memorial de incorporaçao, sob essa ótica, não possui eficácia real, servindo apenas para dar publicidade ao lançamento da incorporação ao público e dar maior destaque às sanções civis e penais a serem aplicadas ao incorporador inescrupuloso. Na verdade, para o registro não vão apenas os atos que importem efeitos reais imediatos, mas também aqueles que preparam efeitos futuros.[94]

Para que exista juridicamente o condomínio edilício é necessário um negócio jurídico de instituição ou um ato de divisão jurídica. Conforme prelecionam José

93. Cf. Serpa Lopes, op. cit., n. 206, p. 333.

94. Para Caio Mário da Silva Pereira, de modo diverso, "*A grande inovação instituída na Lei n° 4.591/1964 foi a criação de um direito real, instituído em favor dos adquirentes de unidades, como também do incorporador, com o registro da incorporação*" (*A nova tipologia contratual no direito civil brasileiro, Estudos em homenagem ao Professor Washington de Barros Monteiro*, p. 138; *Condomínio e incorporações*, n. 144-A, p. 254-257).

de Oliveira Ascensão e Maria Tereza Ascensão,[95] a existência da construção concluída é condição necessária, mas não suficiente para a instituição do condomínio (propriedade horizontal).

Com a instituição, ocorre a conversão da propriedade exclusiva em condomínio edilício, passando os condôminos a titular direito exclusivo em relação a partes determinadas, enquanto as áreas restantes são utilizadas em comum pelos proprietários, formalizando-se, assim, a divisão jurídica do objeto incorporável.

1.2.4.4 Do registro do negócio incorporativo[96]

Como referido no item 1.2.3.2 supra, os contratos de incorporação podem assumir formas negociais distintas. Esses contratos – promessa de venda e compra, cessão ou promessa de cessão de unidades autônomas, venda e compra com pacto de alienação fiduciária em garantia de coisa imóvel – são passíveis de registro, nos termos do art. 167, I, nº 18 e 35, da LRP.

Ao contrário do que ocorre com o registro do memorial de incorporação, o registro das promessas de venda e compra confere aos promitentes adquirentes o direito real de aquisição, previsto no § 2º do art. 32 da LCI, *in verbis*: "*Os contratos de compra e venda, promessa de venda, cessão ou promessa de cessão de unidades autônomas são irretratáveis e, uma vez registrados, conferem direito real oponível a terceiros, atribuindo direito a adjudicação compulsória perante o incorporador ou a quem o suceder, inclusive na hipótese de insolvência posterior ao término da obra* (redação dada pela Lei 10.931/2004)", passando o negócio a ser oponível *erga omnes*.[97]

---

95. José de Oliveira Ascensão e Maria Tereza Ascensão, *Instituição, incorporação e convenção de condomínio*, p. 144; *Doutrinas Essenciais de Direito Registral*, p. 475.

96. Cf. tópico 15.1.3, p. 127-30, do nosso trabalho *Incorporação imobiliária*... cit.

97. O registro dá vida ao direito real, antes simplesmente potencializado no negócio gerador. O título aparece como condição para ser feito o registro, de modo que o direito real não preexiste nem está consubstanciado no próprio título, dependendo sua existência da realização do registro no registro de imóveis. É interessante observar, como faz João Rabello de Aguiar Vallim, que nem todos os atos jurídicos geradores de direitos sobre imóveis são registrados no registro de imóveis; nem todos os registros efetuados no Registro de Imóveis são geradores de direitos reais sobre imóveis; ainda no Registro de Imóveis registram-se alguns atos geradores de direitos reais sobre móveis, v.g., penhor agrícola, penhor industrial (op. cit., nº 12, p. 21). Vale destacar, ainda, que o direito real de aquisição poderá ser adquirido por usucapião, desde que a posse direta tenha sido transmitida pelo promitente vendedor e o promitente comprador possua a coisa com o *animus* correspondente, modo de aquisição reconhecido pela doutrina para os demais direitos reais sobre coisas alheias (confira-se, a propósito, o estudo sobre a organização horizontal da posse de autoria de Moreira Alves (*Posse – Estudo dogmático*, nº 14 *et seq.*, p. 186 *et seq.*).

A tipificação do direito real resultante do registro da promessa de compra e venda está hoje prevista nos arts. 1.417 e 1.418 do CC/2002.[98] Desse regime jurídico resulta que, com o registro da promessa de venda e compra, o promitente comprador passa a titular um direito real à aquisição do imóvel, hipótese em que, pago o preço e respeitadas as disposições do instrumento preliminar, havendo a recusa de outorga da escritura definitiva de compra e venda pelo promitente vendedor ou por terceiros, a quem eventualmente os direitos daquele tenham sido cedidos, reserva-se ao promitente comprador a possibilidade de obtê-la mediante a adjudicação compulsória do imóvel (art. 1.418 do CC).[99]

Nesse contexto, o direito de propriedade do promitente vendedor permanece incólume, tanto que poderá ser cedido a terceiros,[100] garantindo-se ao promitente comprador, titular do direito real de aquisição, a oponibilidade *erga omnes*. Em assim sendo, o direito real de aquisição não se confunde com o de propriedade, vedando-se ao promitente comprador a utilização da ação reivindicatória. Trata-se de um direito real temporário, no sentido de que, inadimplido o preço pelo promitente comprador, o contrato poderá ser resolvido, extinguindo-se, por consequência, o direito real à aquisição.

---

98. "Art. 1.417. Mediante promessa de compra e venda, em que se não pactuou arrependimento, celebrada por instrumento público ou particular, e registrada no Cartório de Registro de Imóveis, adquire o promitente comprador direito real à aquisição do imóvel.

Art. 1.418. O promitente comprador, titular de direito real, pode exigir do promitente vendedor, ou de terceiros, a quem os direitos deste forem cedidos, a outorga da escritura definitiva de compra e venda, conforme o disposto no instrumento preliminar; e, se houver recusa, requerer ao juiz a adjudicação do imóvel". Sobre a necessidade de ser expressa a cláusula de arrependimento, resultando, na sua ausência, ser a promessa irretratável, veja-se Mário Muller Romitti, *Comentários ao Código Civil brasileiro – Arts. 1.390 a 1.510*, p. 49.

99. Não sujeita a registro, a promessa de compra e venda corresponde ao contrato preliminar regulado pelo Código Civil (arts. art. 462 *et seq.*) e deverá conter, exceto quanto à forma, pois poderá ser celebrado por instrumento público ou particular, todos os requisitos essenciais ao contrato a ser celebrado (art. 462 do CC). Desde que do contrato preliminar não conste cláusula de arrependimento, qualquer das partes terá o direito de exigir a celebração do definitivo, concedendo-lhe prazo suficiente para o cumprimento da obrigação (art. 463 do CC).

100. Nesse sentido, encontramos na obra atualizada de Caio Mário da Silva Pereira referência ao direito de sequela de titulação do promissário comprador, nos seguintes termos: "*Mas se o imóvel tiver sido alienado a terceiro após a inscrição da promessa, o adquirente o recebe onerado, e a ele é oponível o direito de receber a escritura, independentemente de outras condições, além daquelas que constam do instrumento transcrito*" (*Instituições de Direito Civil – Direitos reais*, n. 367, p. 450. vol. IV); em sentido contrário, entendendo que o valor *erga omnes* impõe ao promitente vendedor uma abstenção, em relação ao imóvel objeto da promessa, veja-se Arnaldo Rizzardo, *Promessa de compra e venda e parcelamento do solo urbano*, p. 98-99.

Do disposto no art. 1.418 do CC decorre que, se houver recusa na outorga da escritura definitiva de compra e venda pelo promitente vendedor ou por terceiros, somente o titular do direito real, o promitente comprador, terá legitimidade e interesse jurídico para requerer ao juiz a adjudicação do imóvel, i.e., de acordo com a expressa disposição da norma civil, o exercício do direito à adjudicação compulsória agora está condicionado ao registro da promessa de compra e venda.[101]

Ao comentar esse dispositivo, Francisco Eduardo Loureiro observa que "*O artigo em estudo [1.418 do CC] menciona que deve o compromissário comprador ser titular de direito real, vale dizer, o compromisso de compra e venda se encontrar registrado, para que possa exigir a adjudicação* compulsória" e o avalia como um retrocesso em relação à construção doutrinária e jurisprudencial sobre o tema.[102]

Deveras, em um primeiro momento, diversos tribunais do país adotavam a postura de considerar a inscrição requisito essencial, sem o que não seria possível o exercício do direito à adjudicação compulsória, v.g., "*A jurisprudência, apreciando a matéria, tem afirmado, reiteradamente, que 'para a aplicação da legislação especial aos compromissos de compra e venda de imóveis, loteados ou não, constitui a inscrição requisito essencial, sem o que não há falar em adjudicação compulsória"*. (RT 239/447); "*A inscrição do compromisso constitui requisito inarredável, face à lei. E ao compromissário assiste o direito de, a todo o tempo, completar o requisito da inscrição (RT 344/291), para que adquira o direito de adjudicação compulsória. Isso posto e dada à inexistência desse requisito essencial, julga-se o autor carecedor da ação*" (ApCiv. 186.384, 1.ª Câm. Civ., j. 31.03.1970, rel. Des. Dias Figueiredo, RJTJESP [Lex-12/149-50]).[103]

Depois, animadas pela entrada em vigor da Lei nº 6.766/1979, surgiram decisões discrepantes na jurisprudência, que advogaram pela prescindibilidade do registro da promessa de venda e compra para a promoção da adjudicação compulsória e que culminaram com a recepção desse entendimento pelo Superior Tribunal de Justiça: "*O direito à adjudicação compulsória é de caráter pessoal, restrito aos contratantes, não se condicionando a* obligatio faciendi *à inscrição no registro de imóveis*" (REsp 30, rel. Min. Eduardo Ribeiro, 3ª Turma do STJ, j. 15.08.1989) e

---

101. Em sentido contrário, entendendo que o direito à adjudicação compulsória, previsto nos arts. 1.417 e 1.418, não se condiciona ao registro da promessa, pois possui caráter pessoal, veja-se José Osório de Azevedo Jr., *Compromisso de compra e venda*, nº 11-19, p. 25-38; Antônio Ranaldo Filho, *Comentários à Tese: O direito à adjudicação compulsória não se condiciona ao registro do compromisso de compra e venda no cartório de imóveis, in Teses jurídicas dos Tribunais Superiores*.

102. Francisco Eduardo Loureiro, *Código Civil comentado*, comentário ao art. 1.418, p. 1.456.

103. Ainda nesse sentido, as decisões exaradas nos acórdãos da ApCiv. 175.277, julgado pela 5ª Câm. Civ., em 06.06.1969, sendo relator o Desembargador Toledo Piza, TJSP (Revista de Jurisprudência 9/120); RT 608/114, 607/119; JTACivSP 105/14, 104/26; RF 292/329.

com a edição da Súmula 239 do Superior Tribunal de Justiça: "*O direito à adjudicação compulsória não se condiciona ao registro do compromisso de compra e venda no cartório de imóveis*" (de 28.06.2000, DJ 30.08.2000).[104]

Contudo, mesmo diante da expressa disposição de lei, consubstanciada no art. 1.418 do CC, a nosso sentir, a Súmula 239 do STJ não perdeu totalmente seu alcance, ainda sendo aplicável aos tipos reais constantes da legislação especial, como o previsto no art. 22 do Dec.-lei 58/1937, no art. 25 da Lei 6.766/1979,[105] no art. 32, § 2º, da Lei 4.591/1964. Nesses casos, os microssistemas não seriam afetados pela lei geral e o registro garantiria o conhecimento *erga omnes* de existência do negócio, sem interferir na possibilidade da articulação da pretensão específica correspondente à adjudicação compulsória.

De maneira diversa, a tipificação do direito real de garantia resultante do registro do contrato incorporativo de venda e compra com pacto de alienação fiduciária em garantia de coisa imóvel está prevista nos artigos 17 e 22 *et seq.* da Lei nº 9.514/97. A alienação fiduciária de coisa imóvel se materializa por intermédio de negócio jurídico, segundo o qual o devedor, ou fiduciante, com o escopo de garantia, contrata a transferência ao credor, ou fiduciário, da propriedade resolúvel de coisa imóvel (art. 22, *caput*, da Lei nº 9.514/97), sendo certo que a garantia fiduciária imobiliária poderá abonar, não só as obrigações pactuadas no âmbito do Sistema Financeiro Imobiliário, mas, também, obrigações em geral, aproveitando-se, inclusive, aquela oferecida por terceiros (art. 51 da Lei nº 10.931/04).

O contrato, que servirá de título ao negócio fiduciário, deverá necessariamente conter os elementos indicados no art. 24 da Lei nº 9.514/97. Constituída a propriedade fiduciária da coisa imóvel mediante registro do contrato, que lhe serve de título, junto ao competente Oficial de Registro de Imóveis (art. 23, *caput*, da Lei nº 9.514/97), ocorre o desdobramento da posse, tornando-se o devedor ou o fiduciante possuidor direto da coisa e o credor fiduciário possuidor indireto (art. 23, parágrafo único, da Lei nº 9.514/97).

---

104. É importante ter presente que a jurisprudência do STJ, ao admitir a adjudicação compulsória sem que o compromisso de compra e venda estivesse registrado no registro de imóveis, averiguava a presença dos seguintes requisitos: (a) justa posse; (b) preço quitado; (c) ausência de qualquer modalidade de fraude a credores ou à execução; e d) promessa de compra e venda irrevogável e irretratável (REsp 696/RS, 4.ª T., j. 17.10.1989, v.u., rel. Min. Fontes de Alencar, *JSTJ* e *TRF* (*Lex* 5/149-163). Precedentes do STJ: REsp 188 e 225.

105. Vicente Celeste Amadei e Vicente de Abreu Amadei evidenciam a extensão da proteção legal aos compradores de lotes, nos seguintes termos: "*Se antes, ele comprador, já possuía direito oponível a terceiros com o registro do seu contrato (art. 25 da Lei 6.766/1979), com a averbação da quitação do seu contrato na matrícula do lote (§ 6º do art. 26 da Lei 6.766/1979) poderá consolidar a propriedade em seu nome apenas com o recolhimento do ITBI e prova de inexistência de débitos do IPTU*" (*Como lotear uma gleba*, p. 382).

Representa causa de extinção da propriedade fiduciária do imóvel o pagamento da dívida e seus encargos, consistindo dever do fiduciário, no prazo de trinta dias, a contar da data de liquidação da dívida, fornecer o respectivo termo de quitação ao fiduciante, sob pena de multa em favor deste, equivalente a meio por cento ao mês, ou fração, sobre o valor do contrato, termo de quitação esse em vista do qual fará o Sr. Oficial do competente Registro de Imóveis o cancelamento do registro da propriedade fiduciária (art. 25 da Lei nº 9.514/97).[106]

1.2.4.5 Documentos eletrônicos e o registro imobiliário[107]

a) Noção de documento

Além de servir como depositório da expressão da vontade na forma de declaração, o documento serve para provar a existência de um fato. Na lição de Arruda Alvim: "*O documento não se destina tão somente a fixar indelevelmente o pensamento, que é a sua utilização mais comum, mas, sim, é também destinado a fixar duradouramente um fato, ideia essa mais ampla e compreensiva que a anterior*".[108]

Ao examinarmos a codificação civil, a primeira noção de documento que exsurge aparece atrelada à ideia de prova, conforme verificamos da leitura do art. 212 do CC/2002, de acordo com o qual o fato jurídico pode ser provado, salvo o negócio a que se imponha forma especial, ao lado da confissão, da testemunha, da presunção e da perícia, por documento.

Cumpre gizar que a noção de declaração de vontade não está vinculada a de documento, porquanto o próprio diploma civil não vincula a validade do negócio a uma forma especial, exceto quando a lei expressamente a exigir (art. 107 do CC/2002). Nessa medida, a lei expressamente exige, salvo disposição da lei em contrário, a escritura pública como essencial à validade dos negócios jurídicos que visem à constituição, transferência, modificação ou renúncia de direitos reais sobre imóveis de valor superior a 30 vezes o maior salário-mínimo vigente no País (art. 108 do CC/2002).

Do regime jurídico estabelecido para o documento como prova, segue que a forma do documento constitui elemento importante, na medida em que, lavrado em notas de tabelião, o documento na forma de escritura pública, que deverá conter os requisitos enumerados no § 1º, incisos I a VII, do art. 215, do CC/2002, além de outros quando exigidos por lei, é dotado de fé pública, fazendo prova plena.

---

106. Cf. textos de nossa lavra *O regime jurídico da alienação fiduciária em garantia após o advento da Lei 10.931/04*, nº 3 e ss., p. 247 *et seq.*, *in Atualidades de Direito Civil*; *O Sistema Financeiro Imobiliário e a execução extrajudicial no âmbito da Lei nº 9.514/1997*, nº 3, p. 185-188, *in Direito imobiliário – questões contemporâneas*.

107. Cf. trabalho de nossa lavra, Documentos eletrônicos e o registro imobiliário, *Estudos avançados de Direito Imobiliário*, p. 89-98.

108. Arruda Alvim, *Manual de direito processual civil*, nº 25.4.2, p. 991.

Por outro lado, a forma escrita, ainda que não pública, conduz à presunção de veracidade das declarações constantes de documentos assinados, em relação aos signatários (art. 219 do CC/2002). Acresça-se a isso que, qualquer que seja o valor do negócio jurídico, a prova testemunhal é admissível como subsidiária ou complementar da prova por escrito (art. 227, parágrafo único, do CC/2002, revogado o *caput* desse artigo pela Lei nº 13.105/2015 – Código de Processo Civil).

Destarte, o instrumento particular, feito e assinado, ou somente assinado por quem esteja na livre disposição e administração de seus bens, prova as obrigações convencionais de qualquer valor; mas os seus efeitos, bem como os da cessão, não se operam, a respeito de terceiros, antes de registrado no registro público (art. 221 do CC/2002).

Contudo, a noção de documento não fica restrita às formas pública e particular. Também fazem prova as reproduções fotográficas, cinematográficas, os registros fonográficos e, em geral, quaisquer outras reproduções mecânicas ou eletrônicas de fatos ou de coisas, se a parte, contra quem forem exibidos, não lhes impugnar a exatidão (art. 225 do CC/2002). Sérgio Iglesias Nunes de Souza nos traz, a propósito da força probante do documento eletrônico, o seguinte enunciado: "A IV Jornada de Direito Civil, promovida pelo Centro de Estudos Judiciários do Conselho de Justiça Federal, aprovou novos enunciados relativos ao Código Civil, entre os quais destacamos o de 297, que se refere ao art. 212 sobre o documento eletrônico: 'o documento eletrônico tem valor probante, desde que seja apto a conservar a integridade de seu conteúdo e idôneo a apontar sua autoria, independentemente da tecnologia empregada'".[109]

O sistema civil amplia, portanto, a noção de documento escrito, que leva a assinatura do autor como suporte da declaração de vontade, admitindo, para além das formas pública e particular, as reproduções mecânicas ou eletrônicas de fatos ou de coisas. Logo, o documento eletrônico consistiria numa declaração de vontade amparada por um suporte eletrônico, como refere Ricardo L. Lorenzetti: "*O chamado 'documento eletrônico' tem, também, dois elementos: a) uma declaração de vontade, que é incorporada e transmitida; b) um suporte eletrônico, constituído por bits. Na medida em que os suportes tenham um desenvolvimento tecnológico que permita sua imutabilidade, poderão cumprir cada vez melhor as funções referidas*".[110]

b) Do registro de documentos eletrônicos

A primeira questão que chama nossa atenção, no que pertine ao registro de documentos eletrônicos, diz respeito aos requisitos expressos na lei para o registro dos instrumentos particulares junto aos Oficiais de Registro de Imóveis correspondentes.

---

109. Sérgio Iglesias Nunes de Souza, *Lesão nos contratos eletrônicos na sociedade de informação – Teoria e prática da juscibernética ao Código Civil*, p. 78-79.

110. Ricardo L. Lorenzetti, *Comércio eletrônico*, p. 129.

Deveras, o art. 221 da LRP somente admite o registro de títulos particulares no registro de imóveis assinados pelas partes e testemunhas, com as firmas reconhecidas, *in verbis*: "*Art. 221. Somente são admitidos registro: (...) II – escritos particulares autorizados em lei, assinados pelas partes e testemunhas, com as firmas reconhecidas, dispensado o reconhecimento quando se tratar de atos praticados por entidades vinculadas ao Sistema Financeiro da Habitação; (...)*".

A disposição da LRP, aparentemente, constitui obstáculo à possibilidade de registro de documentos eletrônicos, pois refere à assinatura das partes com as firmas reconhecidas em escritos particulares. No entanto, o sistema jurídico em nosso país vem evoluindo no sentido da superação dessas exigências, diante da realidade da documentação eletrônica. De fato, para garantir a autenticidade, a integridade e a validade jurídica de documentos em forma eletrônica, a MedProv 2.200-2, de 24.08.2001, instituiu a Infraestrutura de Chaves Públicas Brasileira – ICP-Brasil.

Essa Medida Provisória, em seu art. 10, considerou como documentos públicos ou particulares, para todos os fins legais, os documentos eletrônicos, de modo que as declarações constantes dos documentos em forma eletrônica, produzidos com a utilização de processo de certificação disponibilizado pela ICP-Brasil, presumem-se verdadeiros em relação aos signatários, na forma do art. 219 do CC/2002,[111] correspondente ao art. 131 do CC/1916 (§ 1º, do art. 10, da MedProv 2.200-2).

Como explica Paulo Sá Elias, a ICP-Brasil constitui exemplo de autoridade de certificação, mas não é a única, *in verbis*: "*A MedProv 2.200-2/2001, ao instituir a Infraestrutura de Chaves Públicas Brasileiras para garantir a autenticidade, a integridade e a validade jurídica de documentos em forma eletrônica, das aplicações de suporte e das aplicações habilitadas que utilizem certificados digitais, bem como a realização de transações eletrônicas seguras, também dispõe sobre a composição das autoridades certificadoras. A Verisign (...) é uma empresa privada de certificação, cuja atividade não é impedida pela MedProv (...). Também em relação à ICP-OAB, cuja finalidade é oferecer aos advogados mecanismos seguros de identificação em meio eletrônico*".[112]

Mais recentemente, a Lei nº 11.977/2009 (Programa Minha Casa Minha Vida) expressamente trouxe a previsão, em seus arts. 37 e ss., da instituição do sistema de registro eletrônico pelos serviços de registros públicos de que trata a Lei 6.015, de 31.12.1973 (Lei de Registros Públicos).[113]

---

111. "*Art. 219. As declarações constantes de documentos assinados presumem-se verdadeiras em relação aos signatários.*"

112. Paulo Sá Elias, *Contratos eletrônicos e a formação do vínculo*, nº 4.2.4, p. 152.

113. "*Do registro eletrônico e das custas e emolumentos*

Art. 37. Os serviços de registros públicos de que trata a Lei 6.015, de 31 de dezembro de 1973, observados os prazos e condições previstas em regulamento, instituirão sistema de registro eletrônico.

Os documentos eletrônicos, apresentados aos serviços de registros públicos, deverão atender aos requisitos da Infraestrutura de Chaves Públicas Brasileira – ICP, e à arquitetura e-PING (Padrões de Interoperabilidade de Governo Eletrônico). Além disso, os registros públicos disponibilizarão serviços de recepção de títulos e de fornecimento de informações e certidões em meio eletrônico (art. 38, parágrafo único, da Lei nº 11.977/2009).

Antes dela, a Lei 11.419/2006, em seu art. 16, já permitia que os livros cartorários pudessem ser gerados e armazenados em meio totalmente eletrônico, *in verbis*: "*Art. 16. Os livros cartorários e demais repositórios dos órgãos do Poder Judiciário poderão ser gerados e armazenados em meio totalmente eletrônico*".[114]

A redação dada ao parágrafo único, do art. 17, da Lei nº 6.015/1973, pela Lei nº 11.977/2009, por sua vez, prevê a utilização da certificação digital, que atenderá

Art. 38. Os documentos eletrônicos apresentados aos serviços de registros públicos ou por eles expedidos deverão atender aos requisitos da Infraestrutura de Chaves Públicas Brasileira – ICP e à arquitetura e-PING (Padrões de Interoperabilidade de Governo Eletrônico), conforme regulamento.

Parágrafo único. Os serviços de registros públicos disponibilizarão serviços de recepção de títulos e de fornecimento de informações e certidões em meio eletrônico.

Art. 39. Os atos registrais praticados a partir da vigência da Lei 6.015, de 31 de dezembro de 1973, serão inseridos no sistema de registro eletrônico, no prazo de até 5 (cinco) anos a contar da publicação desta Lei.

Parágrafo único. Os atos praticados e os documentos arquivados anteriormente à vigência da Lei 6.015, de 31 de dezembro de 1973, deverão ser inseridos no sistema eletrônico.

Art. 40. Serão definidos em regulamento os requisitos quanto a cópias de segurança de documentos e de livros escriturados de forma eletrônica.

Art. 41. A partir da implementação do sistema de registro eletrônico de que trata o art. 37, os serviços de registros públicos disponibilizarão ao Poder Judiciário e ao Poder Executivo federal, por meio eletrônico e sem ônus, o acesso às informações constantes de seus bancos de dados, conforme regulamento (Redação dada pela Lei nº 13.097, de 2015).

(...)

Art. 45. Regulamento disporá sobre as condições e as etapas mínimas, bem como sobre os prazos máximos, a serem cumpridos pelos serviços de registros públicos, com vistas na efetiva implementação do sistema de registro eletrônico de que trata o art. 37."

114. Veja-se, a propósito da eficácia dos documentos produzidos eletronicamente e juntados aos processos eletrônicos, o art. 11 da Lei 11.419/2006:

"*Os documentos produzidos eletronicamente e juntados aos processos eletrônicos com garantia da origem e de seu signatário, na forma estabelecida nesta Lei, serão considerados originais para todos os efeitos legais.*

§ 1º Os extratos digitais e os documentos digitalizados e juntados aos autos pelos órgãos da Justiça e seus auxiliares, pelo Ministério Público e seus auxiliares, pelas procuradorias, pelas autoridades policiais, pelas repartições públicas em geral e por advogados públicos e privados têm a mesma força probante dos originais, ressalvada a alegação motivada e fundamentada de adulteração antes ou durante o processo de digitalização".

os requisitos da Infraestrutura de Chaves Públicas Brasileira – ICP, para o acesso ou envio de informações aos registros públicos, nos seguintes termos: "*Parágrafo único. O acesso ou envio de informações aos registros públicos, quando forem realizados por meio da rede mundial de computadores (internet) deverão ser assinados com uso de certificado digital, que atenderá os requisitos da Infraestrutura de Chaves Públicas Brasileira – ICP*".

A título de esclarecimento, o certificado digital se consubstancia em um documento eletrônico, assinado digitalmente por uma pessoa reconhecida e com poderes para tanto (Autoridade Certificadora ou de Registro, v.g., OAB-SP, AASP), que associa uma entidade (pessoa, processo, servidor) a uma chave pública. Um certificado digital contém os dados de seu titular, tais como nome, inscrição no CPF/MF, chave pública, nome e assinatura da Autoridade Certificadora que o emitiu.

As autoridades certificadoras funcionam como verdadeiros cartórios digitais, na medida em que possibilitam a identificação das partes e do conteúdo contratual, como conclui Caitlin Mulholland: "*A segurança da rede se dará por meio de métodos de criptografia assimétrica, que têm o objetivo de possibilitar a identificação das partes contratuais e do conteúdo contratual, por intermédio de certificados digitais fornecidos por autoridades certificadoras, que funcionariam como verdadeiros cartórios digitais*".[115]

Na prática, o certificado digital equivale a uma carteira de identidade virtual, que permite a identificação segura de uma mensagem ou transação em rede de computadores. O processo de certificação digital utiliza procedimentos lógicos e matemáticos para assegurar confidencialidade, integridade das informações e confirmação de autoria da assinatura eletrônica, prescindindo os documentos que circulam eletronicamente de realidade material ou assinaturas de próprio punho para que sejam juridicamente reconhecidos.

Na Infraestrutura de Chaves Públicas do Brasil, o ICP-Brasil é o órgão que estabelece as técnicas e procedimentos para que a certificação digital tenha amparo legal. Por sua vez, dentro da hierarquia estabelecida para as Autoridades Certificadoras, o Instituto Nacional de Tecnologia da Informação é a instituição que gera as chaves das ACs e que regulamenta as atividades de cada uma delas.

Novas tecnologias de informação e comunicação vêm sendo aplicadas ao Registro de Imóveis, de maneira a oferecerem aos usuários portais de acesso ao Registro de títulos lavrados eletronicamente e assinados digitalmente. Por intermédio desses portais, o interessado tem acesso às informações necessárias, preenche os campos solicitados, anexa os arquivos (os títulos assinados digitalmente e eventuais outros documentos) e faz a remessa ao registrador imobiliário, de maneira

115. Caitlin Mulholland, *Internet e contratação – Panorama das relações contratuais eletrônicas de consumo*, conclusão n. 18, p. 186.

que, no momento da assinatura de determinado arquivo, de maneira automática e concomitante, sejam adicionadas ao documento as informações pessoais contidas no certificado digital, gerando um identificador único e impossibilitando alterações futuras.

Dessa maneira, por exemplo, compromissos de venda e compra e outros documentos a ele associados, como aditamentos e cessões, poderão assumir a forma eletrônica e, atendidos os requisitos da ICP-Brasil, recepcionados pelos serviços de registros públicos, mediante a interligação de todos os Registros de Imóveis e a implantação de condições técnicas, a exemplo do sistema da "penhora *online*", que permita a emissão, transmissão, recepção e arquivo de títulos formados eletronicamente.

Para tanto, fazia-se necessária a criação de um sistema que unificasse as informações sobre as matrículas imobiliárias em âmbito nacional, o que ocorreu com a inserção do art. 235-A na LRP, pela Lei nº 13.465/2017, que instituiu o Código Nacional de Matrícula (CNM), correspondendo à numeração única de matrículas imobiliárias em âmbito nacional, bem como previu a implementação do Sistema de Registro Eletrônico de Imóveis (SREI), operado, em âmbito nacional, pelo Operador Nacional do Sistema de Registro Eletrônico de Imóveis (ONR), nos moldes do art. 76 da Lei nº 13.465/2017.

Em cumprimento ao § 2º, do art. 235-A, da LRP, ato da Corregedoria Nacional de Justiça do Conselho Nacional de Justiça regulamentou as características e a forma de implementação do CNM, do Sistema de Registro Eletrônico de Imóveis – SREI, do Serviço de Atendimento Eletrônico Compartilhado – SAEC, o estatuto do Operador Nacional do Sistema de Registro Eletrônico – ONR, tudo em conformidade com as normas previstas no Provimento nº 89, de 18 de dezembro de 2019.

De acordo com esse provimento, a partir da data de implantação do SREI – que tem por objetivo a universalização das atividades de registro público imobiliário, a adoção de governança corporativa das serventias de registros de imóveis e a instituição do sistema de registro eletrônico de imóveis previsto no art. 37 da Lei nº 11.977/2009 (art. 8º, *caput*) –, os oficiais de registro de imóveis devem implantar numeração única para as matrículas que forem abertas e renumerar as matrículas existentes quando do primeiro ato a ser lançado na matrícula ou na hipótese de extração de certidão (art. 3º, *caput*).

Por sua vez, atenta aos avanços normativos e tecnológicos antes referidos, a Corregedoria Geral de Justiça de São Paulo vem alterando suas normas de serviço,[116] e determinou que os notários e registradores formem e mantenham atualizados

116. Até a presente edição deste trabalho, o Provimento CG nº 56/2019 corresponde à última atualização do Tomo II das Normas de Serviço Corregedoria Geral de Justiça – Serviços extrajudiciais de notas e registro do Estado de São Paulo.

arquivos de segurança (*backups*), que deverão ser implementadas "*ao menos duas cópias de segurança, sendo uma de armazenamento interno na serventia (em disco rígido removível, microfilme ou servidor RAID), e outra externa em serviço de STORAGE no modelo NUVEM (PaaS – Platform As A Service), com SLA (acordo de nível de serviço) que garanta* backup *dos dados armazenados*".[117]

Essas providências, na esfera registrária, são essenciais para assegurar a autenticidade, a integridade, a segurança, a preservação e o acesso, ao longo do tempo, de documentos eletrônicos recepcionados pelos Oficiais de Registro de Imóveis, diante das conhecidas ameaças de degradação física e da rápida obsolescência tecnológica dos equipamentos eletrônicos (*hardware*, *software* e formatos). Os documentos ou títulos de guarda permanente, no âmbito da informática registral imobiliária, devem compatibilizar a disponibilização para consulta, sem colocar em risco sua preservação, de maneira a não serem alterados ou eliminados.

Na expressão de Ricardo L. Lorenzetti: "*Um dos problemas relevantes é o da conservação, já que existe a impressão generalizada de que o documento eletrônico pode desaparecer em um instante e de que oferece menos segurança do que o escrito. (...) Uma vez ultrapassado o problema da conservação, surge outro: foi criada uma base de dados que interessa às partes, mas também a terceiros. Por isso, deve estabelecer-se que a guarda de dados tenha uma forma confiável e que seja acessível a qualquer tempo*".[118]

Igualmente merece destaque a possibilidade da disponibilização dos serviços de recepção de títulos e de fornecimento de informações e certidões, em meio eletrônico, que serão prestados aos usuários pelo Serviço de Registro Eletrônico de Imóveis (SREI) "*por meio de plataforma única na internet que funcionará no Portal Eletrônico da Central de Serviços Eletrônicos Compartilhados dos Registradores de Imóveis (Central Registradores de Imóveis), desenvolvido, operado e administrado pela Associação dos Registradores Imobiliários de São Paulo (ARISP)*".[119]

Para garantir a segurança, a transparência e o acesso remoto ao sistema, os documentos eletrônicos apresentados aos serviços de registro de imóveis deverão atender aos requisitos da Infraestrutura de Chaves Públicas Brasileira (ICP-Brasil), à arquitetura e-PING (Padrões de Interoperabilidade de Governo Eletrônico) e

---

117. Cf. item 82, da Seção VI, do Capítulo XIII, do Provimento CG nº 56/2019 da Corregedoria-Geral de Justiça de São Paulo.

118. Ricardo L. Lorenzetti, *Comércio eletrônico*, p. 136-137.

119. Cf. item 326, da Seção XI, Subseção I, do Capítulo XX, do Provimento CG nº 56/2019. Como submódulo do Protocolo Eletrônico de Títulos (e-Protocolo), funcionará o Repositório Confiável de Documento Eletrônico (RCDE) onde poderão ser postados documentos eletrônicos de suporte aos atos registrais, e que, assim como os títulos, poderão ser consultados ou baixados (*download*) pelos Oficiais de Registro de Imóveis (cf. item 375, da Seção XI, Subseção VIII, do Capítulo XX, do Provimento CG nº 56/2019).

deverão ser compatíveis com a Central de Registro de Imóveis e autorizados pela Corregedoria Geral da Justiça de São Paulo.[120]

A propósito da necessidade do armazenamento adequado de dados e imagens, gerando a segurança jurídica, expõe Patrícia Peck Pinheiro: "*Logo, sabemos que armazenar dados e imagens em discos rígidos ou fitas é mais seguro que arquivá-los em papel, desde que o processo seja feito de modo adequado. É uma obrigação de todos os operadores digitais esclarecer, explicar e ensinar como adequadamente registrar operações eletrônicas e cabe ao Estado determinar qual será o padrão de conduta para a certificação dos documentos (...)*".[121]

Vale lembrar, ainda, a concepção de informática registral imobiliária, concebida na década de 90 do século XX e articulada por Kioitsi Chicuta, Ary José de Lima e Sérgio Jacomino: "*A informática registral situa-se entre a informática documental e a informática de gestão. Ao recuperar informações contidas em documentos memorizados eletronicamente, há atividade meramente documental, mas, ao contrário do que ocorre na hipótese de mero armazenamento de dados, existe atividade dinâmica e que altera a consistência de seu conteúdo jurídico à medida que passa o tempo e se incorporam novas informações. Não é meramente documental porque, como salientado, são dinâmicos os sistemas e permitem alterações debaixo de um mesmo rótulo (transmissões e ocorrências anotadas no fólio). Partindo desses pressupostos básicos, tem-se a informática registral imobiliária como aquela que emprega tratamento eletrônico de dados jurídicos sujeitos a modificações constantes e utilizados nos registros prediais*".[122]

120. Cf. item 366, da Seção XI, Subseção VII, do Capítulo XX, do Provimento CG nº 56/2019.

121. Patrícia Peck Pinheiro, *Direito digital*, n. 8.13, p. 207.

122. Kioitsi Chicuta, Ary José de Lima e Sérgio Jacomino, *Algumas linhas sobre a informatização do registro imobiliário brasileiro*, p. 177, *in Registro de Imóveis – Estudos de direito registral imobiliário*.

2
Dualidade de Aspectos Incorporativos

2.1 Aspectos reais

O objeto do direito real pode ser coisa móvel ou imóvel. No direito imobiliário, quando se fala em direito real, subentende-se direito sobre imóvel. Os atos jurídicos geradores de direitos reais sobre móveis, mas não essenciais à sua constituição em face da tradição (art. 1.226 do CC), são suscetíveis de registro no Registro de Títulos e Documentos. Os atos jurídicos entre vivos, constitutivos ou transmissivos de direitos reais sobre imóveis, ao contrário, devem ser registrados no Registro de Imóveis para que possam ser adquiridos, salvo as exceções previstas em lei (art. 1.227 do CC).

Dessarte, o registro dá vida ao direito real, antes simplesmente potencializado no negócio *inter vivos* translativo da propriedade imóvel (art. 1.245 do CC). O título aparece como condição para ser feito o registro, de modo que o direito real não preexiste nem está consubstanciado no próprio título, dependendo sua existência da realização do registro no Registro de Imóveis. Em contrapartida, o registro nunca é suficiente para determinar a titularidade absoluta dos imóveis, possibilitando o Código Civil, inclusive, se o teor do registro não expressar a verdade, a sua retificação ou anulação pelo interessado, podendo o proprietário reivindicar o imóvel, independentemente da boa-fé ou do título do terceiro adquirente (art. 1.247 do CC).

Vista sob a ótica do direito das coisas, a incorporação imobiliária, como já referido anteriormente, além de consistir em exemplo de aquisição da propriedade imóvel pela acessão de bens móveis a bem imóvel (construção – art. 1.248, V, CC), está situada entre as formas de instituição do condomínio edilício.[1]

1. Cf. José de Oliveira Ascensão, *Eficácia do registro imobiliário sobre os direitos substantivos*. *RF* 293/31-33.

2.1.1 Formas de instituição/constituição do condomínio edilício[2]

Não existe uma causa geradora única do condomínio edilício, uma vez que esse poderá ser instituído por ato entre vivos ou por sucessão testamentária, desde que a instituição se aperfeiçoe com o registro da especificação do condomínio.[3] É o que estabelece o art. 1.332 do CC/2002: "*Institui-se o condomínio edilício por ato entre vivos ou testamento, registrado no Cartório de Registro de Imóveis, devendo constar daquele ato, além do disposto em lei especial: I – a discriminação e individualização das unidades de propriedade exclusiva, estremadas uma das outras e das partes comuns; II – a determinação da fração ideal atribuída a cada unidade, relativamente ao terreno e partes comuns; III – o fim a que as unidades se destinam*".[4]

Depreende-se, daí, para que seja possível a instituição do condomínio por unidades autônomas, a necessidade de manifestações de vontade dos interessados na sua criação, expressas nas modalidades de instituição derivadas de negócios jurídicos (a primeira e a terceira, unilaterais, e a segunda, bilateral): a destinação dada pelo proprietário (negócio jurídico de destinação incidente sobre edifício já construído – "afetação" é a terminologia bem sugestiva do direito argentino);[5]

---

2. Cf. nosso *Condomínio edilício, 10 anos do Código Civil*... cit., nº 3, p. 611-613. Vale gizar que o Código Civil utiliza essas expressões de maneira indistinta (v.g., art. 1.331, § 5º, e art. 1.332, *caput*, do CC).
3. J. Nascimento Franco, em sua obra *Condomínio*, nº 5, p. 31, lembra que: "*Os instrumentos de instituição e convenção devem ser registrados no Cartório de Registro de Imóveis, (...) Com esse registro, o condomínio se legaliza e, daí por diante, passa a ser gerenciado pelos órgãos administrativos criados pela convenção, a qual, uma vez regularmente aprovada, torna-se obrigatória para todos os condôminos e oponível a terceiros*".
4. O revogado art. 7º da Lei nº 4.591/1964 continha disposição praticamente idêntica à do art. 1.332, a saber: "*O condomínio por unidades autônomas instituir-se-á por ato entre vivos ou por testamento, com inscrição obrigatória no Registro de Imóveis, dele constando: a individualização de cada unidade, sua identificação e discriminação, bem como a fração ideal sobre o terreno e partes comuns, atribuída a cada unidade, dispensando-se a descrição interna da unidade*".
5. No sistema jurídico argentino, Racciatti (*Propiedad por pisos o por departamentos*, nº 23 e ss.) destaca algumas formas de instituição da copropriedade, com características assemelhadas às apontadas no texto: "*a) construção por empresa: a forma mais em voga na realidade argentina, existindo inúmeras companhias ou sociedades que efetuam a venda de apartamentos a particulares; b) construção direta pelos proprietários do terreno: essa situação se apresenta quando várias pessoas decidem adquirir um terreno em comum e constroem o edifício sem intermediários, distribuindo-se as unidades autônomas e as frações ideais antecipadamente. Aqui, algumas formalidades apontadas pela Lei nº 13.512 devem ser respeitadas, as mesmas aplicadas à formação comum do condomínio, quais sejam, a redação da escritura de convenção de condomínio e a inscrição da mesma no Registro Imobiliário (art. 9º); c) alienação pelo proprietário de edifícios existentes ou a construir: ocorre quando os próprios proprietários de um terreno decidem a construção de um edifício, submetendo-a ao regime da legislação especial*

a incorporação imobiliária (negócio jurídico incorporativo concernente a edifícios na planta ou em construção – arts. 28 *et seq*. da Lei nº 4.591/1964);[6] o testamento.[7]

Cumpre observar que a instituição por destinação também poderá assumir a forma bilateral quando, encontrando-se o imóvel em comunhão tradicional, os coproprietários resolvem dividi-lo em unidades autônomas, instituindo o regime edilício mediante instrumento que ponha termo à comunhão voluntária; ou quando um grupo de pessoas proprietárias do solo, com a realização direta da construção, atribui a elas próprias unidades autônomas em número proporcional aos participantes da empreitada.

Outrossim, o negócio jurídico de última vontade (testamento) consubstancia a circunstância em que, possuindo o *de cujus* um edifício já construído, este declara sua vontade, em escritura testamentária, de instituir o regime edilício, mediante a partilha entre os herdeiros do bem, recebendo cada legatário ou herdeiro a propriedade individual da unidade autônoma, mantida a comunhão sobre o que será necessariamente indiviso.

Ao lado das formas de instituição de condomínio edilício, os modos de constituição não dependem da realização de um negócio jurídico. O condomínio poderá ser constituído pelos herdeiros, ao homologar-se a partilha, quando o bem objeto da herança é suscetível de divisão em unidades autônomas; ou mediante decisão judicial em ação de divisão, que determine essa forma dominial.[8]

---

cabível, procedendo posteriormente à venda das unidades obtidas, ou quando, já existindo o edifício, o proprietário resolve dividi-lo, alienando as frações ideais resultantes aos interessados que se apresentem" (tradução livre).

6. Veja-se o tópico seguinte, dedicado à incorporação imobiliária como forma de instituição do condomínio edilício.

7. Cf. Roberto Barcelos de Magalhaes, *Teoria e prática do condomínio*, p. 76-79. De maneira distinta, Marco Aurélio S. Viana (*Manual do condomínio edilício*, p. 17) distingue a instituição e a constituição do condomínio da seguinte forma: "A instituição envolve o atendimento de formalidades que o legislador entende necessárias para criar o condomínio [ato complexo]. Já a constituição diz respeito ao ato de vontade que submete a edificação ao regime legal específico (...) [matéria sujeita à teoria do negócio jurídico]". Para Maria Helena Diniz, a instituição dar-se-ia por ato *inter vivos* ou *causa mortis*, enquanto que a constituição operar-se-ia pela convenção de condomínio (*Curso de direito civil brasileiro – Direito das coisas*, item C.6.2.3, p. 247, vol. IV). No mesmo sentido, Carlos Roberto Gonçalves *Direito Civil brasileiro – direito das coisas*, p. 401-403.

8. Cf. João Batista Lopes, *Condomínio*, nº 6.1 a 6.3, p. 61-63; Caio Mário da Silva Pereira, *Condomínio e incorporações*, nº 48, p. 79-82, e *Propriedade horizontal*, nº 35, p. 69-73; Orlando Gomes, *Direitos reais*, nº 156, p. 256-257; Carlos Maximiliano, *Condomínio: terras, apartamentos e andares perante o direito*, nº 74, p. 99; Wilson de Souza Campos Batalha, *Loteamentos e condomínios: sistema jurídico da propriedade fracionada*, t. II, nº 172 a 179, p. 89 a 103.

Ainda, admite-se a constituição do condomínio edilício pela usucapião, mesmo que não expressamente prevista em nossa legislação, exercida a posse sobre parte certa e localizada de uma edificação, ausente o prévio registro da instituição condominial. Na expressão de Benedito Silvério Ribeiro: "*Referentemente ao condomínio oriundo de uma situação de fato, isto é, não emanado de um ato jurídico, voluntário e querido pelos condôminos, pode haver reconhecimento do domínio de unidade separada ou autônoma, embora única a construção*".[9]

A propósito, vale lembrar que em Portugal (art. 1.417, 1, do CCpor: "*A propriedade horizontal pode ser constituída por negócio jurídico, usucapião ou decisão judicial, proferida em acção de divisão de coisa comum ou em processo de inventário*") a usucapião é expressamente prevista na lei como modo de constituição da propriedade horizontal.[10]

2.1.2 A incorporação imobiliária como modalidade de instituição do condomínio por unidades autônomas[11]

O condomínio edilício, como espécie condominial, não decorre de um fato jurídico natural, mas sua existência sempre depende da vontade específica de seus instituidores e do cumprimento de exigências legais.

Ao tratar desse assunto, Pontes de Miranda,[12] mesmo antes de entrar em vigor a Lei nº 4.591/1964, já afirmava que a comunhão *pro diviso* supõe negócio jurídico que a tenha constituído, ou de que tenha resultado. Todo o período em que se planeja a comunhão *pro diviso* é por ele denominada "pré-comunial" ou "pré-comunial-real", se entendido até a constituição do direito real pelo registro do edifício, ainda que em construção, e "pré-comunial-obrigacional", se não houver,

9. Benedito Silvério Ribeiro *Tratado de usucapião*, nº 130, p. 482. No mesmo sentido, admitindo a possibilidade da constituição do condomínio por força de decisão judicial, Marcelo Terra, *O usucapião como modo de instituição da propriedade horizontal, in Registro de imóveis – estudos de Direito Registral Imobiliário*, p. 93 *et seq.*; Mario Pazutti Mezzari *Condomínio e incorporação no registro de imóveis*, p. 119.

10. A. Santos Justo, ao tratar da constituição da propriedade horizontal pela usucapião, apresenta o seguinte exemplo: "*O mesmo ocorrerá se, nas mesmas circunstâncias [requisitos indicados no art. 1.415 do CCpor], A vender ou doar um dos andares a B e outro a C. Entre estes surgirá, por efeito da usucapião, a propriedade horizontal*" (*Direitos reais*, nº 192, p. 332). Nessas circunstâncias, esclarecem Francisco Rodrigues Pardal e Manuel Baptista Dias da Fonseca, a decisão judicial, que reconheça o exercício da posse *ad usucapionem* sobre áreas específicas do edifício, funcionará como título constitutivo da propriedade horizontal (*Da propriedade horizontal no Código Civil e legislação complementar*, p. 187).

11. Cf. tópicos 13.4 e 14, p. 114-124, e conclusão n. 4, p. 261, do nosso trabalho *Incorporação imobiliária – Ensaio de uma teoria geral.*

12. Pontes de Miranda, *Tratado de direito privado*, t. XVII, p. 207 e 216; *Tratado de direito predial*, §§ 23-24, p. 77-81.

ainda, as figuras dos comuneiros *pro diviso*. Para o autor, portanto, a incorporação imobiliária constituiria o negócio jurídico ou série de negócios jurídicos que preparam a comunhão *pro diviso*.

Interessado em instituir o condomínio edilício, pode o proprietário do solo construir um edifício, para fins residenciais ou comerciais, e, depois de encerrada a construção, colocar à venda as unidades autônomas, ocasião na qual estará se submetendo ao campo de incidência da legislação do condomínio em edifícios, lembrando que a existência da construção, já concluída, também é pré-requisito para a instituição testamentária.[13]

No entanto, caso o proprietário resolva alienar as unidades antes ou durante a construção do edifício, deverá utilizar o sistema de incorporação, obrigando-se a promover a construção e entregar os apartamentos, salas ou lojas. Na hipótese de não ser proprietário do terreno onde será erguido o edifício, ficará ainda mais evidente o papel do incorporador como um empreendedor, que atrai e administra os recursos financeiros dos interessados à compra das unidades condominiais.

O fenômeno jurídico, que ocorre com a realização da promessa de contratar, ou diretamente pela compra e venda de unidades autônomas a serem construídas ou em construção, resume-se à aquisição de parte ideal de terreno a que será agregada, por intermédio de acessão pela construção de obras, partes indivisas e partes divisas, entre as quais está a unidade condominial autônoma.

No caso da incorporação imobiliária, a realização do negócio jurídico incorporativo, considerado irretratável pela lei, excetuada a hipótese acrescida pela Lei nº 13.786/2018 (art. 67-A, §§ 10 e 12, LCI) resulta em duas ordens de consequências: a constituição de um direito com eficácia real para os adquirentes da unidade após o registro pertinente, apesar de ainda não existir a coisa (unidade condominial); a atribuição do direito à adjudicação compulsória perante o incorporador ou a quem o suceder (art. 32, § 2º, da LCI).[14]

---

13. A nosso ver, *data maxima venia*, Orlando Gomes, ao apontar a destinação dada pelo proprietário do edifício como forma de constituição da propriedade horizontal, em sua obra *Direitos reais*, nº 156, p. 257, comete uma imprecisão ao afirmar que a venda das unidades poderia ser efetuada no período de construção do edifício. Na verdade, para que isso ocorresse, o proprietário precisaria submeter-se ao regime da Lei nº 4.591/1964, equiparando-se ao incorporador.

14. Anota Pontes de Miranda: "*Às vezes o negócio jurídico constitutivo entre vivos, que faz o estatuto real do edifício de apartamentos, tem três períodos distintos: o do pré-contrato, v.g., promessa de compra e venda de cada apartamento; o da divisão e transferência pro indiviso do terreno e partes comuns do edifício e pro diviso dos apartamentos; o da eficácia real daquela divisão e daquela transferência*" (*Tratado de direito predial*, vol. II, § 33, n. 2, p. 101).

2.2 Aspectos obrigacionais

2.2.1 Da relação jurídica

Na lição de Del Vecchio, a relação jurídica pressupõe um vínculo entre pessoas, de acordo com o qual uma delas pode pretender determinada coisa, a que a outra está obrigada. Apresentando pelo menos dois sujeitos – o ativo (titular da faculdade ou pretensão) e o passivo (a cargo de quem fica a obrigação) –, a relação jurídica, no mais das vezes, assume caráter duplo e complexo, porque a mesma pessoa que é investida da faculdade ou pretensão é também investida de uma obrigação e vice-versa.[15]

Para Manuel Domingues de Andrade, relação jurídica é toda relação da vida social disciplinada pelo Direito, mediante a atribuição a uma pessoa de um direito subjetivo – assim entendido como a faculdade ou o poder atribuído pela ordem jurídica a uma pessoa de exigir ou pretender de outra um determinado comportamento positivo (dar, fazer) ou negativo (não fazer) – e a correspondente imposição a outra pessoa de um dever – quando se trata do poder de exigir ou pretender – ou de uma sujeição – quando se trata do poder de produzir um efeito jurídico.[16]

Ao examinar os elementos da relação jurídica, o autor português enumera os seguintes:[17]

a) os sujeitos: assim consideradas as pessoas entre as quais a relação jurídica se estabelece, denominando-se sujeito ativo o titular do direito subjetivo e sujeito passivo o onerado com o correspondente dever ou sujeição, havendo a possibilidade de ocorrer a pluralidade subjetiva em qualquer dos polos da relação, bem como a subjetividade natural ou jurídica;

b) o objeto: distinto do conteúdo da relação jurídica (o direito subjetivo e o correspondente dever ou sujeição jurídica), constitui aquilo sobre o qual incide o direito subjetivo, como, *v.g.*, nas obrigações observamos o objeto imediato da obrigação, qual seja a prestação (determinado comportamento positivo ou negativo a que está adstrita determinada pessoa) e o objeto mediato, ou seja, a coisa a prestar;

c) o fato jurídico (constitutivo): acontecimento natural ou ação humana que produz consequências jurídicas, o fato jurídico constitutivo é condição

---

15. Giorgio Del Vecchio, *Lições de filosofia do direito*, p. 443. Enneccerus, Kipp e Wolff, nessa linha de pensar, distinguem as relações em simples e compostas: aquelas esgotam-se em uma só faculdade de poder (direitos) e seu dever correlativo, estas em uma pluralidade de faculdades de poder (e efeitos jurídicos), a favor da mesma pessoa ou de várias (*Tratado de derecho civil*, t. I, § 64, I, n. 4, p. 280).
16. Manuel A. Domingues de Andrade, *Teoria geral da relação jurídica*, n. 2, p. 2 e 3.
17. *Idem*, n. 4, p. 19-27.

indispensável para que surja qualquer relação jurídica concreta, coexistindo ao lado de fatos jurídicos modificativos e extintivos de relações jurídicas preexistentes; e

d) a garantia: considerada como a possibilidade facultada ao titular do direito de adotar determinada providência, prevista pelo ordenamento jurídico, de maneira a tornar efetiva a obrigação, diante do comportamento remisso do obrigado, ou mesmo diante de simples ameaças ou legítimos receios de violação.

Esses elementos correspondem à elaboração jurídica encontrada no Direito Romano sob o ponto de vista do direito subjetivo, considerado como a faculdade, atribuída pelo Direito a uma parte, de exigir da outra determinado comportamento, mediante a formação de um elo entre dois elementos: de um lado, o direito subjetivo, de outro, o dever jurídico. A partir dessa concepção, José Carlos Moreira Alves concebe o seguinte conceito: "*A relação que se estabelece entre elas, vinculando-as, denomina-se relação jurídica; quem tem a faculdade de exigir o comportamento é o titular do direito subjetivo; quem está sujeito a observá-lo é o titular do dever jurídico*". Os componentes do direito subjetivo resultantes dessa acepção, portanto, seriam: as pessoas como seus titulares; as coisas como seu objeto; os fatos jurídicos, como acontecimentos que lhe dão nascimento, o conservam, o modificam, o transferem ou o extinguem; e a ação judicial como seu elemento de proteção.[18]

Rejeitando a opção da legislação civil portuguesa e italiana de abrir um livro específico sobre o exercício e a tutela dos direitos, o Código Civil brasileiro de 2002 optou por preservar a parte geral dividida em três livros (Das pessoas, dos bens e dos fatos jurídicos), incluindo o tratamento do elemento "tutela de direitos" nos títulos e capítulos do Livro III (v.g., abuso de direito, estado de necessidade, provas).

Apresentando pelo menos dois sujeitos – o ativo (titular da faculdade ou pretensão) e o passivo (a cargo de quem fica a obrigação), a relação jurídica, no mais das vezes, assume caráter duplo e complexo, porque a mesma pessoa que é investida da faculdade ou pretensão é também investida de uma obrigação e vice-versa. Além disso, cada indivíduo pode ser partícipe, ao mesmo tempo, de muitas relações jurídicas, sujeitando-se a muitos direitos e deveres concomitantes. Essa sujeição derivada da obrigação encontra respaldo na proteção conferida pelo Estado, que lhe dá a garantia da coerção no cumprimento.[19]

A relação jurídica incorporativa, expressa no fato/negócio jurídico bilateral correspondente ao contrato incorporativo, assume esse caráter duplo e complexo, como procuraremos demonstrar no tópico seguinte.

18. José Carlos Moreira Alves, *Direito Romano*, nº 70, p. 91; nº 72, p. 94.

19. Cf. nossos comentários ao art. 233 do Código Civil (nº 1.1, p. 38), *in Comentários ao Código Civil brasileiro – arts. 233 a 303*.

2.2.2 *A incorporação entre as modalidades obrigacionais (o contrato incorporativo)*

Tivemos a oportunidade de afirmar que as obrigações do incorporador diferem de natureza, envolvendo obrigações de *dar* e de *fazer* (*v.g.*, obrigação de fazer – a transferência de um direito real; de dar – a tradição física da unidade condominial).[20] Já a obrigação do adquirente resume-se, fundamentalmente, à prestação pecuniária, representativa do preço, podendo ser paga de uma só vez ou ser dividida em parcelas, para cumprimento periódico e sucessivo no curso da construção e até após sua conclusão.

As obrigações contraídas no contrato de incorporação são características: enquanto o incorporador deve promover a construção do edifício, instituir o condomínio e transferir a propriedade da unidade autônoma que vendeu, o adquirente deve pagar o preço. Assim, o objeto da obrigação do incorporador é complexo, envolvendo diversas prestações, quais sejam: de dar e de fazer. Na expressão de Orlando Gomes, o incorporador obriga-se, ao mesmo tempo, a transferir um direito real, dando,[21] e a promover uma construção, fazendo.

Embora reconhecendo a autoridade das lições do mestre baiano, cumpre-nos observar que, no que tange aos bens imóveis, a transferência do direito real de propriedade faz-se somente após o registro do título de transferência no registro do imóvel (art. 1.245 do CC). Assim sendo, a transferência do direito real na incorporação imobiliária realiza-se por intermédio de uma obrigação de fazer – determinado comportamento do devedor –, consistente no praticar um ato ou no realizar uma tarefa, e não uma obrigação de dar.

São exemplos de obrigação de fazer a construção do edifício pelo construtor ou a transferência do domínio, mediante a outorga de escritura definitiva de compra e venda. Distingue-se a obrigação de dar e de fazer verificando-se se o dar é ou não consequência do fazer. Se o devedor tiver de confeccionar a coisa para depois entregá-la, a obrigação é de fazer; se, ao contrário, o devedor não tiver previamente de fazer a coisa, a obrigação é de dar.[22]

---

20. Cf. conclusão nº 14, p. 263, do nosso trabalho *Incorporação imobiliária*... cit.
21. Cf. Orlando Gomes, *Contrato de incorporação imobiliária*, *RT* 461/13, n. 13; *Contratos*, nº 381, p. 544, onde o objeto da obrigação de dar poderia ser: a unidade integrante de um só edifício com a respectiva fração ideal do terreno; a unidade autônoma de um dos edifícios de dois ou mais pavimentos, que constituem um conjunto, distribuindo-se a fração ideal na totalidade do terreno; ou a casa térrea, ou assobradada, em terreno comum num conjunto, do qual se destaca a parte do solo que ocupa, representada por uma fração ideal. Ver, igualmente, Marco Aurélio da Silva Viana (*Manual do condomínio e das incorporações imobiliárias*, n. 57, p. 91), Arnoldo Wald (*Curso de direito civil brasileiro: obrigações e contratos*, nº 144, p. 281), que também consideram como obrigação de dar a transferência do direito real.
22. Cf. Washington de Barros Monteiro, *Curso de direito civil*, p. 87. vol. IV.

Logo, a obrigação de realizar a construção constitui obrigação de fazer, gerando, em caso de descumprimento, execução à custa do incorporador por determinação judicial,[23] obedecido o procedimento judicial indispensável para se realizar a prestação do fato por terceiro ou resolver-se a obrigação em perdas e danos. Cumpre destacar, igualmente, nestas espécies de obrigação o preceito cominatório (art. 84, § 2º, do CDC; art. 537 do CPC/15), de acordo com o qual o credor poderá pedir que o devedor seja condenado a pagar uma pena pecuniária por dia de atraso no cumprimento da obrigação.

Outrossim, considerada quanto ao seu conteúdo, a obrigação do incorporador é de *resultado*, comprometendo-se a promover e coordenar a construção, para, posteriormente, entregar as obras concluídas, devendo, em caso de atraso, justificá-lo, sob pena de arcar com as perdas e danos daí decorrentes ou mesmo sofrer a execução especial (art. 84 do CDC e arts. 536 a 538 do CPC/15), mediante a qual o juiz poderá determinar as providências necessárias, que assegurem o resultado prático, equivalente ao adimplemento.

Distinguindo-se da obrigação de meio em razão da natureza da prestação – na obrigação de resultado, a essência da prestação é o bem jurídico almejado (cumprindo ao devedor o ônus da prova de caso fortuito e força maior); na de meio, o devedor obriga-se a colocar seus recursos no sentido de ser atingido determinado objetivo, sem, contudo, vincular-se a obtê-lo (cumprindo ao credor o ônus da prova da falha – lealdade ou diligência – no comportamento do devedor)[24] –, configura-se o inadimplemento da obrigação de resultado pela simples inocorrência concreta do resultado certo e determinado, restando presumida a responsabilidade, de sorte que, inadimplida a obrigação, o devedor fica obrigado a reparar o dano.

2.2.3 Os sujeitos incorporativos e a identificação com a relação transitiva de consumo[25]

As normas jurídicas do Código de Defesa do Consumidor dão guarida às relações jurídicas denominadas "de consumo". Essas relações, no dizer de Carlos

23. Cf. Orlando Gomes, *Contrato de incorporação imobiliária*, nº 2, p. 13.

24. Fábio Konder Comparato (*Obrigações de meios, de resultado e de garantia*, nº 7 e 12, p. 425 e 429-430) observa que, em certa medida, toda obrigação comporta naturalmente um resultado, correspondente ao benefício econômico-social para o credor. Contudo, em muitas ocasiões, esse resultado deixa de exercer a função de elemento da prestação, enquanto objeto ou conteúdo da obrigação, para ser tão somente a sua causa no sentido teleológico. O autor acrescenta, ainda, um *tertius genus* às obrigações de meio e de resultado: as obrigações de garantia, cujo conteúdo é a eliminação de um risco que pesa sobre o credor, onde o adimplemento da obrigação pelo devedor se dá com a simples assunção do risco, *v.g.*, contrato de seguro – art. 1.452 do CC (idem, nº 11, p. 428-429).

25. Cf. trabalho da nossa lavra, *A relação incorporativa de consumo*, p. 347-363, e tópico 18.4, p. 241-3, do nosso trabalho *Incorporação imobiliária*... cit.

Alberto Bittar,[26] compreendem aquelas referentes a atividades de produção, transformação, montagem, criação, construção, importação, exportação, distribuição ou comercialização de bens e prestação de serviços, inclusive de natureza bancária, financeira, creditícia e securitária, excetuadas as de cunho trabalhista, e desenvolvidas por entidades privadas ou públicas.

Parece não haver dúvida de que a relação jurídica incorporativa, na maior parte das vezes, é alcançada pelas normas do Código de Defesa do Consumidor, principalmente quando o próprio Código, no § 1º do art. 3º, faz menção ao objeto da relação de consumo – o produto –, que poderá ser: qualquer bem, móvel ou *imóvel*, material ou imaterial.[27]

Dissemos "na maior parte das vezes" porque, em algumas situações, muito embora estejamos diante de uma relação jurídica incorporativa, não conseguimos delinear a relação jurídica de consumo. Essas situações acontecem porque a relação jurídica de consumo somente é reconhecível em razão dos sujeitos que dela participam e à luz de uma situação que, em comum, lhes diz respeito. Toda vez que pudermos identificar o consumidor hipossuficiente como destinatário final do produto ou serviço, estaremos diante de uma relação de consumo (art. 2º do CDC), tendo o Código do Consumidor equiparado a consumidores todas as vítimas do evento, ainda que não tenham sido destinatárias finais (art. 17 do CDC), todas as pessoas determináveis ou não, expostas às práticas nele previstas (art. 29 do CDC) e a coletividade de pessoas, ainda que indetermináveis, que haja intervindo na relação de consumo (parágrafo único do art. 2º do CDC).

O que é importante perceber é que a relação jurídica de consumo não está afeta, exclusivamente, a uma situação objetiva, senão que envolve, também, uma direção subjetiva, determinável pela ligação dos sujeitos a essa situação. No dizer de Antonio Herman Benjamin, o tratamento dado pelo CDC à responsabilidade pelos acidentes e vícios do produto ou serviço procurou superar, de uma vez por todas, a dicotomia clássica entre responsabilidade contratual e extracontratual, porquanto a responsabilidade civil do fornecedor deixa de ter por fundamento a

26. Carlos Alberto Bittar, *Direitos do consumidor: Código de Defesa do Consumidor (Lei 8.078 de 11 de setembro de 1990)*, n. 14, p. 28.

27. Sobre a aplicação, em regra, das normas do CDC ao contrato de incorporação imobiliária, leia-se: Claudia Lima Marques, *Contratos no Código de Defesa do Consumidor*, p. 437 *et seq*. Melhim Namen Chalhub, ao estudar o sistema de proteção ao adquirente, adotado pelo ordenamento jurídico brasileiro, conclui que: "*(...) o contrato de incorporação deve ser interpretado de acordo com a sua tipicidade, delineada na Lei nº 4.591/1964 e demais leis especiais que a complementam ou a ela relacionadas (...). Existindo lacuna [na Lei nº 4.591/64] que recomende a aplicação deste último [Código de Defesa do Consumidor], sua incidência há de ser feita de acordo com a finalidade econômica do contrato, de modo a preservar a sua função social*".

relação contratual ou o fato ilícito para se materializar em razão da existência de um outro tipo de vínculo: a relação jurídica de consumo, seja ela contratual ou não.[28]

A relação jurídica incorporativa confunde-se com a relação jurídica de consumo toda vez que o incorporador, no exercício de sua atividade de produção – promover e realizar a construção de edificações ou conjunto de edificações compostas de unidades autônomas –, oferece, nos termos do art. 30 do CDC, seu produto ao público – bem imóvel – e o aliena ao interessado em adquirir, como destinatário final, a unidade incorporável – frações ideais de terreno vinculadas a unidades autônomas, a serem construídas ou em construção, sob regime condominial.

O que irá determinar a ligação dos sujeitos incorporativos à situação jurídica de consumo será a qualificação subjetiva de vulnerabilidade e a qualidade objetiva de destinatário final fático, i.e., a relação incorporativa pode ser identificada com a relação transitiva de consumo. "Transitiva" porque a identificação dessas relações jurídicas depende tanto da qualificação subjetiva do consumidor – que não possui o conhecimento específico, próprio, do negócio, o que sem dúvida o coloca em situação desvantajosa em relação ao incorporador – quanto da qualificação objetiva do adquirente, destinatário final do bem incorporável e responsável pelo pagamento das parcelas do preço.

2.2.3.1 O incorporador como fornecedor[29]

O art. 3º, *caput*, do CDC apresenta o conceito de fornecedor como sendo toda pessoa física ou jurídica, pública ou privada, com ou sem personalidade jurídica (englobando os entes despersonalizados) que desenvolva atividades de produção, montagem, criação, construção, transformação, importação, exportação, distribuição ou comercialização de produtos ou prestação de serviços.

A partir desse conceito, podemos identificar o incorporador como sujeito da relação jurídica de consumo. Muito embora a norma não traga expressa referência à figura do incorporador, o conceito aí referido é de tal forma abrangente que também engloba o sujeito empreendedor da atividade incorporativa, o qual, de certa forma, desenvolve quase todas as atividades descritas no art. 3º, ou seja, realiza a produção das unidades condominiais, planeja a montagem da incorporação, cria o produto imobiliário, promove a transformação do bem imóvel de modo a torná-lo atrativo à comercialização, além de ser potencialmente um prestador de serviços, desenvolvendo e lançando o produto no mercado de consumo.[30]

---

28. Cf. Toshio Mukai et al., *Comentários ao Código de Proteção ao Consumidor*, nota ao art. 12, p. 44.
29. Citando esta passagem do texto, veja-se o julgado transcrito no Anexo III, B.
30. Esta norma do Código de Defesa do Consumidor procura dar a maior abrangência possível para o conceito de "fornecedor", de maneira que todo aquele que provisione o mercado

De fato, o incorporador, nos termos da Lei de Condomínio e Incorporação Imobiliária, pode ser pessoa física ou jurídica, pública ou privada, nacional ou estrangeira, que desenvolve atividade de produção, montagem, criação, construção e comercialização de unidades condominiais, quando proprietário do imóvel incorporável. Quando não, o incorporador atua igualmente como prestador de serviços, intermediando as negociações entre os demais sujeitos incorporativos (dono do terreno, adquirentes, agente financeiro, construtora etc.).

Desenvolver atividade significa que o incorporador, em regra, é um profissional do ramo imobiliário, exercendo continuamente a sua atividade de maneira organizada, com o objetivo de comercializar as unidades condominiais. Diante disso, como já referido anteriormente, o incorporador constitui uma empresa, seja na condição de pessoa física ou jurídica, possuindo todo o conhecimento técnico relativo à sua área de atuação, o que o qualifica como um profissional do ramo imobiliário e não desqualifica as obrigações incorporativas como de resultado (as obrigações de meio são peculiares àqueles que exercem certas atividades laborativas, *v.g.*, médico, advogado).

O Código de Defesa do Consumidor refere-se a fornecedor como aquele que desenvolve "atividade" de produção, montagem, comercialização etc. Ora, como bem denota Carlos Roberto Gonçalves,[31] a "atividade" não significa a prática de atos isolados, mas a de atos continuados e habituais, o que caracteriza alguém como produtor (o incorporador), não se considerando fornecedor quem celebra um único contrato de venda de seu apartamento ou casa.

2.2.3.2 O adquirente como consumidor

A princípio, toda pessoa que adquire ou usa produto ou serviço é consumidor. Contudo, o art. 2º do CDC restringe o conceito, reconhecendo como consumidor somente aquele que preencha a qualidade objetiva de destinatário final fático e a subjetiva de vulnerabilidade (art. 4º, I, CDC)/hipossuficiência (art. 6º, VIII, CDC).[32]

---

de consumo, de produtos ou serviços, inclui-se no polo oposto ao do consumidor na relação jurídica de consumo (cf. Arruda Alvim et al., *Código do Consumidor comentado e legislação correlata*, p. 17). Na expressão de Roberto Norris, "*ao invés de se utilizar de termos como 'industrial', 'comerciante', 'empresário', entre outros, a Lei 8.078/1990 recorreu ao termo 'fornecedor' para abranger todas as categorias representativas destes protagonistas das relações de consumo, responsáveis pela colocação de produtos e prestação de serviços, aí excluída a proveniente de relações trabalhistas*" (*Responsabilidade civil do fabricante pelo fato do produto*, n. 2.3, p. 16).

31. Carlos Roberto Gonçalves, *Responsabilidade civil – De acordo com o novo Código Civil*, n. 56, p. 268-270.

32. Claudia Lima Marques identifica quatro tipos de vulnerabilidade: a técnica, a jurídica, a fática e a informacional (*Contratos no Código de Defesa do Consumidor: o novo regime das relações contratuais*, p. 320).

Destarte, o destinatário final é aquele consumidor fático e econômico do bem ou serviço, avultando a aquisição do bem pelo consumidor na condição de destinatário final econômico, não responsável pela utilização do mesmo em qualquer instrumento de produção de novos benefícios (lucros). Portanto, aquele que serve de intermediário, mediando negócios dentro da cadeia produtiva, não ingressa no conceito de consumidor. A expressão "como consumidor final" exclui o que intermedeia.[33]

O adquirente da unidade condominial é o consumidor na relação jurídica incorporativa. Ele adquire o produto imobiliário como destinatário final do bem durável e participante da relação jurídica fornecedor imobiliário-consumidor.

A partir da noção de qualidade subjetiva de consumidor, podemos discernir algumas situações em que não conseguimos identificar o consumidor imobiliário. Quando o interessado adquire o bem imóvel para revenda, fica caracterizada a sua inserção no processo produtivo, desqualificando-se o adquirente como "destinatário final" do imóvel. Por outro lado, certos adquirentes, em razão de seus conhecimentos técnicos, não podem ser equiparados ao comprador-consumidor comum.[34]

Por exemplo, quando uma empresa incorporadora adquire um apartamento para que seus funcionários graduados dele se utilizem, por ocasião de suas viagens de negócios, é evidente a aquisição do bem por um destinatário final. No entanto, não é plausível afirmar que a empresa incorporadora é "vulnerável" dentro do segmento de mercado ao qual pertence.

Ao lado dos novos direitos adquiridos com o advento do Código de Defesa do Consumidor, os compradores de imóveis, ao firmarem o pacto incorporativo, assumem responsabilidades e deveres, que serão retomados no momento oportuno (cf. Livro II, Parte IV).

É interessante observar que o art. 51, I, do CDC determina a possibilidade de, em situações justificáveis, ocorrer a limitação da indenização devida pelo fornecedor ao consumidor-pessoa jurídica. O dispositivo legal parece reconhecer que as pessoas jurídicas, muitas vezes, estão em situação melhor, em relação ao fornecedor e ao mercado de consumo em geral, do que as pessoas físicas, as quais não possuem uma estrutura adequada para a pesquisa de preços ou mesmo contam

---

33. Tupinambá Nascimento, *Comentários ao Código do Consumidor*, n. 3, p. 21.
De acordo com o art. 2º do CDC, a pessoa física ou jurídica somente é considerada consumidora quando adquirir ou utilizar produto ou serviço como destinatária final. Caso contrário, sempre que a pessoa adquira ou utilize o produto na condição de empresário de bens e serviços com a finalidade de intermediação ou mesmo como insumos ou matérias-primas para transformação ou aperfeiçoamento com fins lucrativos, não estará caracterizada a relação de consumo (cf. Toshio Mukai et al., op. cit., nota ao art. 12, p. 6).

34. Esse é o comprador profissional, identificado por Antonio Herman Benjamin (in MUKAI, Toshio et. al., *Comentários ao Código de Proteção ao Consumidor*, nota ao art. 12, p. 35), que está em situação privilegiada em relação ao comprador-consumidor comum, não sendo admissível a utilização de um único peso para dois sujeitos com qualificação subjetiva distinta.

com a assessoria profissional de técnicos especializados, que podem, *v.g.*, analisar com maior cuidado os contratos formulados pelo fornecedor.

2.2.4 O bem imóvel como objeto de consumo

Considerando-se que a habitação é uma necessidade básica, um produto de difícil aquisição para o consumidor, o legislador resolveu incluir os bens imobiliários entre aqueles alcançados pelo Código de Defesa do Consumidor.

Conforme noticia João Calvão da Silva,[35] na legislação civil portuguesa, o Dec.-lei 383, de 06.11.1989, regulou a responsabilidade civil do produtor pelos danos causados por defeitos dos seus produtos, fulcrado na Diretiva 85/374 do Conselho das Comunidades Europeias de 25.07.1985.

Ao delimitar o conceito de produto, o Dec.-lei 383/1989 responsabiliza o produtor pelos danos provenientes de coisa móvel, ainda que incorporada noutra coisa móvel ou imóvel, excetuados os produtos do solo, da pecuária, da pesca e da caça, quando não tenham sofrido qualquer transformação (art. 3º, n. 1 e 2). Assim, de acordo com o texto alienígena, a responsabilidade do produtor está adstrita às coisas móveis, não abrangendo, portanto, as coisas imóveis, excluídas do âmbito do decreto e das diretivas da CEE em razão da existência de legislação específica sobre a matéria em todos os Estados-membros, especialmente no que concerne aos vícios de construção de edifícios.[36]

De maneira distinta, o legislador pátrio preferiu incluir os bens imóveis no conceito de produto, não estabelecendo qualquer ressalva no que concerne a essa espécie de bem. Justifica-se essa inclusão em razão da deficiência da legislação brasileira e da moderna orientação adotada nos Estados Unidos da América, no sentido de incluir os bens imóveis na legislação dos *products liability*.[37]

---

35. João Calvão da Silva, *Responsabilidade civil do produtor*, p. 451. Sobre o tratamento dado à relação jurídica de consumo no âmbito da ONU e da União Europeia, confira-se a obra de Aguinaldo Allemar, *Legislação de consumo no âmbito da ONU e da União Europeia – textos coligidos, ordenados, traduzidos e anotados*.

36. Cf. idem, nota de rodapé n. 1, à p. 603, n. 104. Dispõe o art. 3º do Dec.-lei nº 383/1989: "*Produto 1 – Entende-se por produto qualquer coisa móvel, ainda que incorporada noutra coisa móvel ou imóvel. 2 – Exceptuam-se os produtos do solo, da pecuária, da pesca e da caça, quando não tenham sofrido qualquer transformação*"; por seu turno, o art. 2º da Diretiva 85/374 do Conselho das Comunidades Europeias, de 25.07.1985, prevê: "*Para efeitos do disposto na presente directiva, entende-se por «produto» qualquer bem móvel, excluindo as matérias primas agrícolas e os produtos da caça, mesmo se estiver incorporado noutro bem móvel ou imóvel. Por «matérias-primas agrícolas» entende-se os produtos do solo, da pecuária e da pesca, excluindo os produtos que tenham sido objecto de uma primeira transformação. A palavra «produto» designa igualmente a eletricidade*".

37. Cf. mencionado na nota de rodapé n. 15 ao art. 3.º do *Código do Consumidor...* cit., por Arruda Alvim et al. Cuidando da distinção entre produtos duráveis – cujo desgaste natural

Para uma adequada aplicação do Código de Defesa do Consumidor, contudo, no que se refere à relação incorporativa, faz-se necessária a apreciação das seguintes características do imóvel como objeto de consumo, que o distinguem, sobremaneira, dos demais bens ou produtos perecíveis e consumíveis: a) a aquisição do bem imóvel é, em geral, mais ponderada e complexa do que a de outros bens; b) a produção não é instantânea, demandando prazos longos; c) o prazo de pagamento pressupõe um vínculo igualmente prolongado entre quem fornece e quem consome; d) o processo produtivo artesanal é, em geral, a regra; e) a vida útil variável do produto depende de uma manutenção e utilização adequadas; f) o imóvel incorpora inúmeros componentes de outros fornecedores, assemelhando-se a uma linha de produção e gerando responsabilidades conjuntas.[38]

Essas características peculiares fazem com que a aplicação da norma codificada seja feita com parcimônia, ajustando-se a generalidade e a abstração da regra jurídica à realidade da produção do produto, aplicando-se, no que for cabível, as normas especiais e codificadas vigentes.[39]

Com efeito, a figura jurídica do incorporador longe está da figura do empreiteiro tradicional, que pessoalmente fiscaliza a construção, acompanhando a atividade de cada operário ou a execução de cada tarefa. A execução de obras de vulto, como é rotineiro na atividade incorporativa, exige a contratação dos serviços de terceiros, reunindo-se num todo os produtos que outros fabricaram.

O processo produtivo artesanal não se apresenta apenas na reunião dos materiais produzidos por outros e na sua utilização na montagem da obra que, normalmente, não é pelo incorporador projetada, mas também na manipulação dos elementos trazidos para a viabilização do negócio, como, *v.g.*, estudos preparatórios de ocupação populacional, fluxo de pessoas e automóveis etc. O sistema artesanal de fabricação, montagem e manipulação do produto imobiliário explica a maioria dos problemas encontrados pelos consumidores, que têm sua origem na falibilidade do processo produtivo e na impossibilidade de ser obtida uma "taxa zero" de imperfeição, em função dos excessivamente elevados custos monetários e sociais decorrentes da eliminação dessas imperfeições na produção em série de imóveis. Esses defeitos de fabricação, aliás, constituem parte integrante do negócio e devem ser acrescidos no cálculo econômico do

---

não configura vício do produto – e não duráveis, veja-se Marcus Kikunaga *Direito Notarial e Registral à luz do Código de Defesa do Consumidor*, p. 270-271.

38. Cf. Walter Francisco Lafenina et al., *Manual do mercado imobiliário – Código de Defesa do Consumidor*, p. 6-7.

39. Citando esta passagem do texto, veja-se Melhim Namem Chalhub, *O contrato de incorporação imobiliária sob a perspectiva do Código de Defesa do Consumidor*, *RDI* 50/92; *Doutrinas Essenciais de Direito do Consumidor*, vol. 4, p. 1245; *Doutrinas Essenciais de Direito Registral*, vol. 4, p. 543.

empresário,[40] que poderá, por exemplo, prever o custeio da manutenção das unidades condominiais negociadas pelo maior espaço de tempo possível, mantendo uma equipe especializada no reparo dos vícios de qualidade nos produtos à disposição do consumidor.

40. Cf. Antonio Herman Benjamin, in MUKAI, Toshio et. al., *Comentários ao Código de Proteção ao Consumidor*, nota ao art. 12, p. 62.

3
Características do Negócio Incorporativo

Considerado em si mesmo, o negócio incorporativo, quanto à natureza da obrigação entabulada, caracteriza-se como: bilateral (sinalagmático), simplesmente consensual, oneroso e comutativo, por adesão; quanto à forma: formal (não solene); quanto à tipicidade e designação: típico e inominado; quanto ao tempo de duração: de execução continuada; quanto à pessoa do contratante: pessoal; considerado em relação a outros contratos, o contrato de incorporação configura-se como principal.[1]

3.1 Bilateral (sinalagmático)

Bilateral (sinalagmático) porque dele se originam obrigações correlatas: ao incorporador, a satisfação da obrigação de resultado, consistente na entrega da unidade autônoma construída; ao adquirente, o pagamento do preço, devidamente corrigido monetariamente, quando subdividido em prestações, as quais deverão ser cumpridas simultaneamente, de maneira que nenhum dos contratantes poderá exigir o implemento da obrigaçao, antes de cumprir a sua (*exceptio inadimpleti contractus* – art. 176 do CC).

Em sendo o incorporador obrigado a dar fiel execução ao plano da incorporação, oferecido ao público por intermédio de anúncios ou ofertas particulares

1. Orlando Gomes (Contrato de incorporação imobiliária, n. 4, p. 14; *Contratos*, n. 382, p. 545) propõe as seguintes características para o contrato incorporativo: sinalagmático, simplesmente consensual, oneroso, formal e de execução diferida; Melhim Namem Chalub (*Da incorporação imobiliária*, n. 4.2, p. 149) as seguintes: típico, bilateral, consensual, oneroso, comutativo, solene e de execução continuada; Arnoldo Wald (*Curso de direito civil brasileiro: obrigações e contratos*, n. 144, p. 281) sugere as seguintes: bilateral, consensual, oneroso, formal, de execução diferida ou continuada – assumindo o incorporador uma obrigação de resultado, qual seja a entrega das unidades construídas –, de adesão, preliminar ou não, nominado ou típico.

e pelo memorial de incorporação, estes elementos integram o contrato como se, desde o início, dele fizesse parte. Incorporados ao contrato bilateral, o projeto e as especificações não podem ser alterados unilateralmente pelo incorporador, exceto por expressa determinação dos órgãos competentes. Sob esse aspecto, o contrato de incorporação é um sinalagma, em que o princípio da força obrigatória dos contratos afasta a possibilidade de alteração unilateral de qualquer uma de suas cláusulas, seja pelo incorporador, seja pelo adquirente da unidade condominial.[2]

Caso assuma a forma de uma promessa de venda e compra, a bilateralidade do contrato incorporativo permitirá à parte lesada pelo inadimplemento optar pela resolução do contrato (cláusula resolutiva expressa ou tácita) ou exigir-lhe o cumprimento, pretendendo-se, v.g., o pagamento total do preço da unidade convencional, mediante o vencimento antecipado de toda a dívida (pelo incorporador), a concessão da tutela específica da obrigação ou das providências que assegurem o resultado prático equivalente ao adimplemento (pelo adquirente – art. 84, *caput*, do CDC e arts. 536 a 538 do CPC/2015), além da cumulação, em qualquer dos casos, do pedido de apuração das perdas e danos.[3]

A LCI prevê, como alternativa à disposição dos adquirentes, diante da circunstância do incorporador, sem justa causa devidamente comprovada, paralisar as obras por mais de 30 dias, ou retardar-lhes excessivamente o andamento, promover sua notificação judicial para que, no prazo mínimo de 30 dias, as reinicie ou torne a dar-lhes o andamento normal. Desatendida a notificação, poderá o incorporador ser destituído pela maioria absoluta dos votos dos adquirentes, sem prejuízo da responsabilidade civil ou penal que couber, facultando-se aos interessados prosseguir na obra (art. 43, VI, da LCI). Maria Helena Diniz lembra, ainda, que, por ser bilateral, o contratante pode estar sujeito à prestação da garantia prevista no art. 477 do CC, bem como à apuração da responsabilidade pela impossibilidade de cumprimento, parcial ou total, da prestação, desde que o inadimplemento não decorra de caso fortuito ou força maior – exceto se expressamente por eles não se responsabilizou –, quando, então, o devedor não responderá pelos prejuízos

---

2. Nascimento Franco e Nisske Gondo destacam a possibilidade de existir cláusula pela qual o incorporador se reserva expressamente o direito de modificar o projeto de construção e a participação inicialmente fixada das unidades condominiais no terreno e nas partes de uso comum do edifício, desde que essa autorização conste do memorial de incorporação e dos contratos originários, vinculando, desta maneira, os contratantes originários e seus sucessores, sem afronta da norma contida no art. 43, IV, da LCI (*Incorporações imobiliárias*, n. 44, p. 50).

3. Cf. art. 475 do CC: "*A parte lesada pelo inadimplemento pode pedir a resolução do contrato, se não preferir exigir-lhe o cumprimento, cabendo, em qualquer dos casos, indenização por perdas e danos*".

resultantes e ambos os contraentes suportarão o risco do negócio, extinguindo-se a obrigação e a contraprestação (art. 393 do CC).[4]

De outro modo, desde que se atribua ao contrato incorporativo o perfil de uma venda e compra com pacto de alienação fiduciária, a solução para o inadimplemento será aquela prevista na Lei nº 9.514/1997, qual seja, a consolidação da propriedade em favor do credor fiduciário e a promoção de públicos leilões para a alienação do imóvel. Purgada a mora no Registro de Imóveis, convalescerá o contrato de alienação fiduciária (arts. 26, 26-A e 27 da LSFI).

3.2 Simplesmente consensual[5]

Simplesmente consensual, em oposição aos reais, porque torna-se perfeito e acabado por efeito exclusivo da integração das duas declarações de vontade, sem a necessidade da tradição do objeto.

Todavia, o regime jurídico imposto pela Lei nº 4.591/1964 prevê, consoante tivemos a oportunidade de evidenciar anteriormente, como providência preliminar à negociação das unidades autônomas, o arquivamento, pelo incorporador, no competente de Registro de Imóveis, dos documentos indicados no art. 32 dessa lei (o "memorial de incorporação").

A jurisprudência tem divergido em relação aos efeitos derivados da ausência do registro do memorial, ora sustentando a nulidade dos contratos subsequentes, por ofensa ao art. 166, VII, do CC, que prevê a nulidade do negócio jurídico quando a lei proíbe a sua prática, sem cominar sanção; ora admitindo a preservação do negócio, desde que o registro seja levado a efeito de modo superveniente; ora isentando o negócio de qualquer nulidade.

Como exemplo da primeira corrente jurisprudencial, temos o acórdão do Tribunal de Justiça de São Paulo com a seguinte ementa: "*Compromisso de Compra e Venda. Inadimplemento da construtora promitente vendedora. Ausência de incorporação*

---

4. Maria Helena Diniz, *Curso de direito civil brasileiro – teoria das obrigações contratuais e extracontratuais*, vol. III, letra e.3.2.1, p. 97-98.

5. Sobre a classificação do contrato incorporativo como negócio real, tivemos a oportunidade de classificá-lo desta forma, não porque se aperfeiçoe com a entrega da coisa, feita de um contraente para outro, mas porque afeta a posse, a propriedade e o patrimônio em todos os planos, seja pela modificação profunda que sofre a situação jurídica do terreno no qual se realiza a incorporação, seja pelo surgimento do bem imóvel com características condominiais especiais, ou ainda pela aquisição do bem, que será integrado ao patrimônio do adquirente, aquisição essa que se dá imediatamente, com a transferência da propriedade e da posse direta ao devedor-fiduciante, ou aos poucos, mediante o pagamento das parcelas do preço, e que se formalizará com o registro na matrícula própria (cf. tópico 16.4, p. 187, do nosso trabalho *Incorporação imobiliária...*).

registrada que acarreta a invalidade do contrato. Ausência de instituição do condomínio edilício, passados mais de quinze anos da assinatura do compromisso de compra e venda. Efeito 'ex tunc' da sentença resolutória. Recurso desprovido" (Ap. com revisão nº 9046105-48.2001.8.26.0000 – Relator Des. Pedro Baccarat – 7ª Câmara de Direito Privado – j. 10/08/2011).

Adotando o segundo entendimento, o acórdão do Superior Tribunal de Justiça com a seguinte ementa: "*Civil – Habitação – Registro do empreendimento – Compromissos anteriores – Convalidação. O registro do empreendimento convalida os compromissos de compra e venda de unidades autônomas assumidos anteriormente, por suprida a finalidade da norma proibitiva*" (REsp nº 34.395-5/SP – Relator Min. Dias Trindade – Terceira Turma – j. 25/05/1993).

Filiado à terceira orientação jurisprudencial, identificamos o acórdão do Superior Tribunal de Justiça, com a seguinte ementa: "Direito Civil. Contrato de promessa de compra e venda. Apartamentos em condomínio de edifício. Falta de registro do memorial de incorporação no Cartório de Imóveis. Art. 32, Lei nº 4.591/1964. Inexistência de nulidade ou anulabilidade do contrato. Irregularidade sanável. CPC, art. 462. Inocorrência no caso. Precedentes. Recurso desacolhido. A jurisprudência desta Corte afasta a nulidade ou anulabilidade (nulidade relativa) do contrato de promessa de compra e venda por descumprimento do art. 32 da Lei nº 4.591/1964, que exige o registro do memorial da incorporação no Cartório de Imóveis. Todavia, se não sanada a irregularidade, pode o promissário-comprador postular a resolução do contrato de promessa de compra e venda, em face do inadimplemento da obrigação por parte da incorporadora" (REsp 192.315-MG – Relator Min. Sálvio de Figueiredo Teixeira – Quarta Turma – j. 13/11/2001).

3.3 Oneroso e comutativo

Oneroso, em oposição aos contratos gratuitos e desinteressados, pois existe acréscimo patrimonial para ambas as partes, como consequência das vantagens e encargos recíprocos que o contrato proporciona.[6]

Já dissemos que, em tese, o contrato incorporativo poderia ser gracioso, mas essa hipótese é tão excepcional que residiria, apenas, no campo teórico. Contudo, com o advento da Lei nº 12.424, de 16.06.2011, que incluiu como possível incorporador o ente da Federação imitido na posse a partir de decisão proferida em

6. Na redação do CCfr: "*Artigo 1106. Um contrato por título oneroso é aquele que submete cada uma das partes a dar ou fazer alguma coisa*" (tradução livre). Rosa Maria de Andrade Nery e Nelson Nery Júnior ("*Instituições de Direito Civil – contratos*, nº 33.4, p. 65-68), com propriedade, observam que a onerosidade do contrato não se confunde com a reciprocidade das obrigações, característica dos contratos bilaterais ou sinalagmáticos, que não é percebida nos contratos unilaterais onerosos (mútuo feneratício – art. 591 do CC).

processo judicial de desapropriação em curso ou o cessionário deste, conforme comprovado mediante registro no registro de imóveis competente (art. 31, "c", da LCI), a hipótese de um contrato incorporativo gracioso alcançou maior probabilidade prática.

O contrato é comutativo, em oposição aos aleatórios – atrelados a um risco futuro que impede a definição prévia da prestação (arts. 458-461 do CC) –, pois, muito embora o bem incorporável não exista no momento da contratação (encontra-se apenas projetado ou em construção), há certeza quanto às prestações (promoção da construção de determinada unidade condominial, pagamento do preço). Outrossim, essa certeza quanto às prestações não é abalada no sistema de incorporação por administração, também denominada "a preço de custo", pois os adquirentes se comprometem a efetuar o pagamento do custo integral da obra (art. 58 da Lei 4.591/1964).

Pelo fato de ser comutativo e oneroso o contrato incorporativo, em que a relação incorporativa não é de consumo e, portanto, a responsabilidade não é objetiva, responde cada uma das partes por culpa, salvo as exceções previstas em lei (art. 392 do CC), bem como o alienante pela evicção (art. 447 do CC), podendo ser enjeitada a coisa por vícios ou defeitos ocultos, que a tornem imprópria ao uso a que é destinada, ou lhe diminuam o valor (art. 441 do CC).

3.4 De adesão

3.4.1 Do contrato de adesão

Sendo de adesão, nas relações civis, os arts. 423 e 424 do CC fixam para o contrato normas específicas de interpretação e nulidade, adotando-se a interpretação mais favorável ao aderente, diante de cláusulas ambíguas ou contraditórias,[7] e considerando nulas as cláusulas que estipulem a renúncia antecipada do aderente a direito resultante da natureza do negócio.

No âmbito das relações de consumo, o *caput* do art. 54 da Lei 8.078/1990 define contrato de adesão como sendo "*aquele cujas cláusulas tenham sido aprovadas pela autoridade competente ou estabelecidas unilateralmente pelo fornecedor de produtos ou serviços, sem que o consumidor possa discutir ou modificar substancialmente seu conteúdo*".[8]

---

7. Na regra do art. 1.370 do CCit.: "*Interpretação contra o autor da cláusula – As cláusulas inseridas nas condições gerais do contrato (1341) ou nas formas ou formulários (1342) elaboradas por uma das partes contratantes são interpretadas, em dúvida, em favor da outra*".

8. Arnoldo Wald (*Curso de direito civil brasileiro*... cit., n. 78, p. 148-149) formula a seguinte definição para o contrato de adesão: "*Contrato de adesão é aquele em que um dos contratantes ou ambos não têm a liberdade contratual para discutir os termos do contrato, podendo apenas*

São exemplos de contratos de adesão o de transporte coletivo, o de aquisição de passagens aéreas, as apólices de seguro, entre outros, sendo certo que a parte que adere não tem a faculdade de discutir substancialmente as condições contratuais, não desfigurando a natureza adesiva do contrato a inserção de cláusula no formulário (art. 54, § 1º, do CDC).[9]

De fato, Rubén S. Stiglitz e Gabriel A. Stiglitz,[10] ao definirem o contrato por adesão, não excluem a possibilidade da inclusão, pelas partes, de cláusulas particulares com a finalidade de introduzir elementos específicos da relação jurídica singular. Para os autores, contrato adesivo é aquele em que as cláusulas são dispostas por um dos futuros contratantes, de maneira que o outro não pode modificá-las nem pode fazer outra coisa a não ser aceitá-las ou rechaçá-las, de tal sorte que este último não presta colaboração alguma na formação do conteúdo contratual, ficando, assim, substituída a ordinária determinação bilateral do conteúdo do vínculo por um simples ato de aceitação ou adesão ao esquema predeterminado unilateralmente.

A partir das definições referidas, podemos subtrair os seguintes elementos caracterizadores:

a) a possibilidade de uma das partes, estribada em seu poder de negociação (conhecimentos técnicos) – não necessariamente um poder econômico –, impor à outra os elementos essenciais do negócio;

---

aceitá-lo ou recusá-lo, atendendo-se à própria natureza do contrato ou a determinações legais que fixam as condições dos contratos de certo tipo". O § 305 do BGB, com a redação prescrita pela reforma de 2002, nos contempla com a seguinte noção de "termos comerciais padrão": "*(1) Os termos comerciais padrão são todos os termos de contrato pré-formulados para mais de dois contratos que uma parte do contrato (o usuário) apresenta à outra parte após a celebração do contrato. É irrelevante se as disposições assumem a forma de uma parte fisicamente separada de um contrato ou fazem parte do próprio documento contratual, qual é o seu volume, que tipo de letra ou fonte é usada para eles e qual a forma que o contrato assume. Os termos do contrato não se tornam termos comerciais padrão na medida em que foram negociados em detalhes entre as partes*" (tradução livre).

9. A propósito do caráter adesivo do contrato, vejam-se os seguintes julgados: "*Contrato – Compromisso de compra e venda – Cláusula – Preço do bem – Alteração – Erro material alegado – Inadmissibilidade – Recebimento, sem qualquer ressalva, de mais de vinte prestações – Contrato que deve ser interpretado contra quem o redigiu – Recurso não provido. Devem ser interpretadas a favor do contratante-comprador, que aderiu, as cláusulas constantes do contrato padrão, impresso em papel timbrado do vendedor, por ele estabelecidas*". *JTJ* (Lex 168/49-53); "*(...) Na espécie, se tem, de maneira induvidosa, contrato de adesão, por meio de documento preestabelecido e redigido pela promitente-vendedora, sem possibilidade de discussão pelo promitente-comprador, consistente de compromisso de venda e compra impresso, apenas com claros para serem preenchidos com os dados particulares de cada negócio jurídico, o que ressalta de clareza solar da sua leitura*" (p. 43, *JTJ – Lex*-166/34-54).

10. Rubén S. Stiglitz e Gabriel A. Stiglitz, *Contratos por adhesión, cláusulas abusivas y protección al consumidor*, n. 30, p. 50-52. Ainda, sobre cláusulas abusivas no Direito português (Dec.-lei nº 446/85), leia-se Joaquim de Sousa Ribeiro, *Direito dos contratos*, p. 181-206.

b) a existência de cláusulas denominadas "condições gerais", caracterizadas pela sua homogeneidade, uniformidade e rigidez. No entanto, ao lado das "condições gerais" também existem condições particulares, que as partes introduzem de acordo com a natureza do negócio celebrado, utilizando os mecanismos tradicionais de formação do consentimento, cuja finalidade é consignar os elementos específicos da relação particular ou mesmo substituir uma "condição geral" por outra específica, traduzindo uma expressão da vontade que atende ao mecanismo clássico da formação do contrato.

3.4.2 Da adesão incorporativa

O contrato de incorporação é, como regra, do tipo adesivo, porque podemos nele identificar os elementos próprios dessa espécie de contrato: uniformidade das cláusulas contratuais, predeterminação unilateral do conteúdo do contrato, rigidez nas condições gerais (muito embora não sejam impossíveis algumas modificações ou a introdução de cláusulas não essenciais – art. 54, § 1°, do CDC), oferta dirigida a um grupo indeterminado de pessoas e aberta à participação de quem se interessar (mesmo que o produto seja endereçado a uma faixa específica do mercado), aceitação pura e simples do oblato, presunção de superioridade tecnológica do policitante (incorporador que desfruta de conhecimentos técnicos sobre o produto, produção e sobre o próprio mercado).[11]

A própria Lei 4.591/1964 estabelece a natureza adesiva do negócio incorporativo, ao dispor que as cláusulas comuns a todos os adquirentes não precisarão figurar expressamente nos respectivos contratos (art. 67, § 1°), obrigando-se o incorporador a entregar ao adquirente cópia impressa ou mimeografada, autenticada,

---

11. Para Caio Mário da Silva Pereira, o contrato de incorporação imobiliária, quando assume as feições de um compromisso de compra e venda, não pode ser encartado dentro das características de um contrato adesivo, *in verbis*: "*No contrato de incorporaçao, o instrumento da avença é previamente impresso ou policopiado por uma questão de comodidade ou de facilidade prática, não querendo dizer que o adquirente da unidade simplesmente adere ao contexto predeterminado. Se normalmente a formação do contrato é simplificada, isto não significa que as partes não possam discutir as cláusulas e adotar as que melhor condizem com seus respectivos interesses*" (*Incorporação imobiliária, RDI* 4/12). Em parecer publicado na *RT* 712/102-111, sob o título *Código de Defesa do Consumidor e as incorporações imobiliárias*, o autor reafirma sua posição, negando ao contrato de incorporação o caráter adesivo, *in verbis*: "*Ele (o contrato de incorporação) é, na verdade, um 'contrato-tipo', pelo fato de o incorporador já o ter elaborado e redigido. (...) A diferença entre o contrato-tipo e o contrato de adesão é que neste último as cláusulas são impostas e insuscetíveis de modificação. No contrato-tipo, embora as cláusulas sejam oferecidas ao cocontratante já redigidas, e até mesmo impressas, podem as partes modificá-las para afeiçoar a avença à modalidade fática do caso concreto. Os candidatos à aquisição de uma unidade podem ajustar com o incorporador a forma de pagamento, os prazos das prestações, as especificações da unidade adquirida, enfim, o que melhor lhes convenha*" (p. 110).

do "contrato padrão", que conterá essas cláusulas comuns, sendo certo que os contratos individuais conterão exclusivamente as cláusulas, termos ou condições variáveis ou específicas (art. 67, *caput* e § 3º).

Orlando Gomes, igualmente, comunga da opinião que conclui pelo caráter adesivo do contrato incorporativo, em razão de sua uniformidade e sua celebração em formulários previamente impressos, expressando-se nos seguintes termos: "*Se bem que inexista vínculo jurídico entre os diversos adquirentes das unidades autônomas de um edifício incorporado, o contrato de incorporação é dos que jamais se celebram com uma só parte, única da mesma espécie. Sua finalidade exige um feixe de contratos em cada incorporação, todos com cláusulas uniformes. Essa uniformidade necessária determina a prática de sua celebração em formulários impressos, tendo, de regra, o feitio de um contrato de tipo adesão*".[12]

Cláusulas substanciais são aquelas que dão característica ao contrato, de forma que, sem elas, o contrato não pode ser identificado. No caso do contrato de incorporação, algumas cláusulas poderão variar de um contrato para outro, como as cláusulas que cuidam do preço e que definem o objeto da incorporação – a unidade autônoma –, mas que não são substanciais e não descaracterizam a adesividade do contrato.

Logo, a inclusão de cláusulas específicas nos contratos de incorporação imobiliária não é elemento suficiente para descaracterizar sua natureza adesiva, ainda mais que os adquirentes não prestam colaboração alguma na formação do conteúdo substancial do contrato, ficando, assim, substituída a ordinária determinação bilateral do conteúdo do negócio por um simples ato de aceitação ou não ao esquema predeterminado pelo incorporador.

3.5 Formal (não solene)

Formal porque exige, para o alcance de sua plena eficácia, a forma escrita como aparência da declaração de vontade, manifesta por intermédio de um instrumento particular ou público, não sendo *conditio sine qua non*, contudo, a solenidade do instrumento, dispensando a lei a realização do ato por escritura pública.[13]

---

12. Orlando Gomes, *Contratos*, n. 379, p. 541-2. Contudo, anota o autor que falta ao contrato de incorporação, para ser contrato de adesão, o requisito da inesgotabilidade, pois exaure-se ao ser concluído, ou, pelo menos, ao se completar a incorporação com a colocação no mercado imobiliário da última unidade autônoma, aplicando-se-lhe, isto não obstante, os princípios dominantes da interpretação dos contratos de adesão, notadamente o que nega eficácia às cláusulas vexatórias e o que atribui à cláusula manuscrita ou datilografada, prevalência sobre a impressa (cf. *Contrato de incorporação imobiliária*, n. 5, p. 15).
13. Não dispondo a lei em contrário, nos contratos que visem à constituição, transferência, modificação ou renúncia de direitos reais sobre imóveis de valor superior a trinta vezes

Com o advento da Lei nº 13.786/2018, o art. 35-A foi incluído na Lei nº 4.591/1964, passando a ser obrigatória difundida prática do mercado imobiliário, de acordo com a qual os contratos incorporativos de compra e venda, promessa de venda, cessão ou promessa de cessão de unidades autônomas eram iniciados por quadro-resumo, exigindo, para tanto, a adoção da forma escrita.

Esse quadro-resumo deverá conter, entre outras informações: o preço total a ser pago pelo imóvel, bem como as parcelas do preço; o valor referente à corretagem, suas condições de pagamento e a identificação precisa de seu beneficiário; as taxas de juros, os índices de correção monetária aplicáveis ao contrato e, quando houver pluralidade de índices, o período de aplicação de cada um; as consequências do desfazimento do contrato, seja por meio de distrato, seja por meio de resolução contratual motivada por inadimplemento de obrigação do adquirente ou do incorporador, com destaque negritado para as penalidades aplicáveis e para os prazos para devolução de valores ao adquirente;[14] as informações acerca dos ônus que recaiam sobre o imóvel, em especial quando o vinculem como garantia real do financiamento destinado à construção do investimento;[15] o número do registro do memorial de incorporação, a matrícula do imóvel e a identificação do cartório de registro de imóveis competente (art. 35-A da LCI).

---

o maior salário-mínimo vigente no País, a escritura pública é essencial à validade dos negócios jurídicos (art. 108 do CC). Podem ser celebrados por instrumento particular, seja qual for o valor do imóvel, os seguintes contratos, expressamente excepcionados por leis especiais: a) aqueles em que o Banco Nacional da Habitação ou entidades que integrem o Sistema Financeiro da Habitação forem parte (art. 61, § 5º, da Lei nº 4.380, de 21.08.1964); b) compromissos de compra e venda, cessões de compromisso de compra e venda e promessas de cessão de direitos relativos a imóveis, loteados ou não, urbanos ou rurais (art. 11, 22, do Dec.-lei nº 58, de 10.12.1937 c/c o art. 26, *caput*, da Lei nº 6.766, de 19.12.1979); c) aqueles cujos atos relacionem-se com a Cédula Hipotecária (art. 26 do Dec.-lei nº 70, de 21.11.1966); e d) os atos e contratos referidos na Lei nº 9.514/97 (art. 38).

14. A efetivação das consequências do desfazimento do contrato dependerá de anuência prévia e específica do adquirente a seu respeito, mediante assinatura junto às cláusulas correspondentes, que deverão ser redigidas conforme o disposto no art. 54 do CDC (§ 2º, do art. 35-A, da LCI).

15. Disposição próxima já existia no art. 37 da LCI: "*Se o imóvel estiver gravado de ônus real ou fiscal ou se contra os alienantes houver ação que possa comprometê-lo, o fato será obrigatoriamente mencionado em todos os documentos de ajuste, com a indicação de sua natureza e das condições de liberação*". A Súmula 308 do Superior Tribunal de Justiça, portanto, não levou em consideração a expressa disposição de lei, que reconhece a eficácia do ônus real sobre o imóvel: "*A hipoteca firmada entre a construtora e o agente financeiro,* ***anterior*** *ou posterior à celebração da promessa de compra e venda, não tem eficácia perante os adquirentes do imóvel*" (destaque nosso). Por outro viés, demonstrando que o contrato de incorporação não se confunde com o contrato de construção, confira-se A. B. Cotrim Neto, *Do contrato de incorporação do condomínio como negócio jurídico nominado*, nº 8, p. 154-155, *in Doutrinas Essenciais de Direito Registral – registro imobiliário: modificações da propriedade.*

De outro modo, os contratos que servirem de título ao negócio fiduciário deverão trazer: o valor do principal da dívida; o prazo e as condições de reposição do empréstimo ou do crédito do fiduciário; a taxa de juros e os encargos incidentes; a cláusula de constituição da propriedade fiduciária, com a descrição do imóvel objeto da alienação fiduciária e a indicação do título e modo de aquisição; a cláusula assegurando ao fiduciante, enquanto adimplente, a livre utilização, por sua conta e risco, do imóvel objeto da alienação fiduciária; a indicação, para efeito de venda em público leilão, do valor do imóvel e dos critérios para a respectiva revisão; a cláusula dispondo sobre os procedimentos de que trata o art. 27 da LSFI (art. 24 da Lei nº 9.514/1997).[16]

A própria Lei nº 4.591/1964 determina a obrigatoriedade, em algumas passagens, de constar nos documentos de ajuste: se for o caso, o fato de encontrar-se ocupado o imóvel e a que título se deve essa ocupação (art. 38); se a aquisição do terreno se der com pagamento total ou parcial em unidades a serem construídas, a discriminação da parcela a ser paga em dinheiro, além da quota-parte da área das unidades a serem entregues em pagamento do terreno, que corresponderá a cada uma das unidades (art. 39); quando a contratação compreender quota de terreno e construção (a preço global), discriminar-se-ão, no contrato, o preço da quota de terreno e o da construção (art. 41).

3.6 Típico e Inominado[17]

3.6.1 *Contratos inominados e atípicos/nominados e típicos*

Podemos dizer que os conceitos de contrato inominado e atípico são distintos. A ideia de designar por denominação própria os contratos é romana. No período clássico, somente os contratos nominados, *v.g.*, *emptio-venditio locatio-conductio, mutuum, commodatum,* geravam obrigações e eram dotados de *actiones*. Daí o surgimento da categoria dos contratos nominados em contraposição aos inominados. No Direito Justinianeu, ensina José Carlos Moreira Alves, os contratos inominados formam uma categoria abstrata e passam a gerar obrigações diante da ocorrência da mesma causa: uma das partes realiza sua prestação para obter, da outra, a contraprestação. Entre os principais contratos inominados, temos: a permuta, troca

16. Na redação dada pela Lei nº 11.076/2004, o art. 38 da Lei nº 9.514/1997 prevê a celebração dos instrumentos tanto por escritura pública como por instrumento particular, com efeitos de escritura pública, *in verbis*: "*Os atos e contratos referidos nesta Lei ou resultantes da sua aplicação, mesmo aqueles que visem à constituição, transferência, modificação ou renúncia de direitos reais sobre imóveis, poderão ser celebrados por escritura pública ou por instrumento particular com efeitos de escritura pública*".

17. Cf. tópico 16.6.2, p. 218-219 do nosso trabalho *Incorporação imobiliária*... cit.

("*Permutatio*"); o contrato estimatório ("*Aestimatum*"); a doação com encargo; a transação ("*Transactio*"); e o precário ("*Precarium*").[18]

Atualmente, nominados ou não, todos os contratos produzem efeitos, gerando obrigações que podem ser exigidas pelas partes contratantes. Isso não obstante, a classificação ainda subsiste, sendo comum sua menção pelos autores.[19] Por conta disso, conceitua-se o contrato nominado como aquela avença "batizada", dotada de denominação própria, reconhecida pelos códigos ou por leis esparsas.

Outrossim, ao discorrer sobre as classes em que podem ser divididos os negócios jurídicos, Manuel Albaladejo[20] distingue os negócios típicos dos atípicos, afirmando que os negócios típicos são aqueles regulados de uma maneira particular e individualizada pelo direito, *v.g.*, a compra e venda, enquanto os negócios atípicos são aqueles que, mesmo sem ter uma disciplina especial, realiza-se a sua celebração. Ainda de acordo com o autor, os negócios típicos são também denominados "nominados" e os atípicos, "inominados". Contudo, essa segunda terminologia não pode induzir o estudioso a erro porque a essência da distinção está na existência ou não de uma disciplina especial e não na existência ou não de um nome.

Segundo Caio Mário da Silva Pereira, a tendência da doutrina é a substituição da expressão "contrato nominado" por outra mais adequada, qual seja "contrato típico", importando menos o *nomen iuris* da relação jurídica, importando mais o tratamento que a lei lhe proporciona, seus requisitos, efeitos, peculiaridades. A esse respeito escreveu o autor: "*Diz-se, então, que um contrato é típico ou nominado quando as suas regras disciplinares são deduzidas de maneira precisa nos Códigos e nas Leis. E atípicos ou inominados os demais*".[21]

3.6.2 O contrato de incorporação como típico e inominado

Antes da tipificação do contrato de incorporação, o surto imobiliário, com a construção de edifícios coletivos, gerou uma atividade econômica não prevista na lei. Assim, o costume comercial consagrou o contrato incorporativo, possuidor de características próprias, muito embora frequentemente fosse confundido com o

18. Cf. José Carlos Moreira Alves *Direito romano*, nº 246 a 249, p. 541-549.
19. Por exemplo, Eduardo Espínola, *Dos contratos nominados no direito brasileiro*.
20. Manuel Albaladejo, *El negocio jurídico*, n. 39, p. 66. No Direito brasileiro, a licitude da estipulação de contratos atípicos está expressamente reconhecida no art. 425 do CC: "*É lícito às partes estipular contratos atípicos, observadas as normas gerais fixadas neste Código*"; da mesma forma, no CCit.: "*art. 1.322. (2) As partes também podem celebrar contratos que não pertencem a tipos com uma disciplina específica, desde que visem alcançar interesses dignos de proteção, de acordo com o sistema legal*" (tradução livre).
21. Caio Mário da Silva Pereira, *Condomínio e incorporações...*, n. 150, p. 286.

contrato de empreitada ou com o contrato de corretagem, em razão de suas feições ainda inominadas e atípicas.

A Lei 4.591/1964 reuniu, em um mesmo diploma, a atividade empresarial da incorporação e o regime jurídico da então designada propriedade horizontal, imprimindo tipicidade ao contrato incorporativo, cogitando dos seus aspectos gerais e das obrigações das partes, qualificando o incorporador, enumerando as exigências para o lançamento dos edifícios a serem incorporados, bem como das modalidades de que se pode revestir (por empreitada e por administração).[22]

Essa tipicidade, definida e disciplinada em lei, fundiu, numa unidade complexa, contratos distintos: compra e venda ou promessa de venda da fração ideal do terreno, a promoção da edificação, a instituição de condomínio, todos coligados em torno de causa e fim comuns.

Interessante notar que, muito embora induvidosa a tipicidade do contrato incorporativo em face do tratamento específico que a legislação deu a ele, em nenhum momento a legislação pertinente outorgou-lhe expressamente um nome específico, como ocorreu com o contrato de construção, preferindo apenas sugeri-lo.

O projeto original de instituição do Código Civil brasileiro (título VI, no capítulo referente à incorporação edilícia) não somente atribuía ao contrato uma designação específica, como também lhe emprestava a seguinte tipificação: "*Pelo contrato de incorporação, o incorporador, pessoa física ou jurídica, promove e realiza ou tão somente promove e coordena a construção de edifício de qualquer natureza, de um ou mais planos horizontais, dividido em unidades autônomas, sob regime condominial*".

O projeto foi posteriormente modificado pelas emendas apresentadas e aprovadas na Câmara dos Deputados, que suprimiram esse e outros três artigos reguladores da matéria, deixando para a lei especial a tipificação do contrato. Antes da supressão, Miguel Reale já o incluía entre as inovações abrangidas pelo projeto, *in verbis*: "*Disciplinar, com a devida amplitude e precisão, a matéria relativa ao contrato de incorporações de edifícios em condomínio, que se preferiu denominar contrato de 'incorporação edilícia', discriminando as responsabilidades do incorporador, do construtor e de quantos participam do referido negócio*".[23]

3.7 De execução continuada ou diferida

De execução continuada ou diferida (em oposição aos de execução imediata ou instantânea, quando as partes adquirem e cumprem seus direitos e obrigações

22. Como pontifica Caio Mário da Silva Pereira, *A nova tipologia contratual no direito civil brasileiro...*, p. 138.
23. Miguel Reale *O Projeto do Código Civil*, nº 22, letra m, p. 95.

no mesmo momento do contrato), pois o contrato incorporativo sobrevive com a persistência das obrigações, mantendo-se em execução até o implemento total da obrigação do incorporador (promoção da construção e transferência do direito real sobre a unidade condominial) ou até o cumprimento integral do pagamento do preço pelo adquirente, permanecendo vivo o contrato por vontade das partes,[24] não comportando a prestação do incorporador execução única, como consequência da natureza do bem a ser incorporado, cuja produção demanda um longo período de tempo.[25]

A partir dessa peculiaridade temporal, podemos aplicar os efeitos dos contratos de execução continuada ou diferida aos contratos incorporativos: a) possibilidade da revisão ou extinção do contrato em face da onerosidade excessiva, conforme previsto no art. 478 do CC: "*Nos **contratos de execução continuada ou diferida**, se a prestação de uma das partes se tornar excessivamente onerosa, com extrema vantagem para a outra, em virtude de acontecimentos extraordinários e imprevisíveis, poderá o devedor pedir a resolução do contrato. Os efeitos da sentença que a decretar retroagirão à data da citação*" (destaque nosso);[26] b) a nulidade ou a resolução por inadimplemento não

---

24. Sobre a vontade das partes como fator de caracterização do contrato como de execução diferida, verifique-se a lição de Silvio Ferreira da Rocha: "*Essa única obrigação pode ser devida à vista, diz-se instantânea, ou a termo, protraída para outro momento; no primeiro caso, chama-se o contrato de execução imediata, e no segundo caso, de contrato de execução diferida ou retardada*" (*Curso avançado de Direito Civil – contratos*, nº 3.9, p. 71).

25. Cf. tópico 2.2.4 supra. Em função disso, Orlando Gomes prefere denominá-lo como de execução diferida, pois a obrigação do incorporador de promover a construção do edifício não se dá imediatamente após sua conclusão, sendo imperioso o protraimento da execução como consequência da natureza da prestação prometida (*Contratos*, n. 382, p. 546 e Contrato de incorporação imobiliária, n. 4, p. 14). De qualquer modo, o autor retira o contrato de incorporação da categoria dos contratos de duração, mesmo quando o pagamento do preço é distribuído em prestações periódicas, porque pode ser pago de uma só vez, comportando execução única.

26. Notemos que, entre os direitos básicos do consumidor enunciados no art. 6º, V, do CDC, encontramos o direito "à modificação das cláusulas contratuais que estabeleçam prestações desproporcionais ou sua revisão em razão de fatos supervenientes que as tornem excessivamente onerosas".

    Esse dispositivo contém duas relevantes formas de proteção contratual, que modificam profundamente o princípio da imutabilidade das avenças contratuais.

    A primeira possibilita a modificação das cláusulas contratuais que contenham prestações desproporcionais, lesivas ao consumidor, ou seja, desde o nascedouro, o contrato contém disposições desiguais entre a prestação e a contraprestação.

    A segunda atribui ao consumidor o direito de pedir a revisão da avença, em razão da conhecida "teoria da imprevisão" (cláusula *rebus sic stantibus*), que consubstancia a superveniência de onerosidade excessiva. Aqui, originariamente, o contrato contém ajustes aceitavelmente acordados, mas que se tornaram desequilibrados por eventos supervenientes (cf. Arruda Alvim et al., *Código do Consumidor comentado e legislação correlata*, p. 30-31).

afeta os efeitos já produzidos;[27] c) não se permite ao contraente que deve produzir, em primeiro lugar, sua prestação, defender-se pela *exceptio non adimpleti contractus*; e d) o prazo prescricional para o exercício da pretensão de cobrança das prestações vencidas começa a fluir da data de vencimento de cada prestação.[28]

3.8 Pessoal

Pessoal porque a pessoa concretamente considerada do contratante é juridicamente importante, assumindo o incorporador uma obrigação de resultado. Esse resultado, a promoção e a coordenação da construção, com a constituição do condomínio e a entrega da unidade condominial pronta e acabada, leva o subscritor da unidade condominial a escolher o empreendimento imobiliário de acordo com a idoneidade técnica, financeira e profissional do incorporador, o que personaliza a obrigação.[29]

Há de se distinguir, contudo, a hipótese de o incorporador ceder os seus créditos a terceiro, mantendo-se responsável pelo empreendimento ou mesmo se ocorrer a denominada assunção cumulativa ou de reforço.[30] Nesses casos, não existe a necessidade da anuência dos adquirentes para que o negócio seja eficaz, salvo estipulação expressa a respeito, podendo ocorrer a cessão de créditos mesmo após o transcurso do período de carência.

3.9 Principal

Considerado em relação a outros contratos, o contrato de incorporação configura-se como principal, pois possui existência própria, independentemente da

---

27. Cf. Maria Helena Diniz, *Curso de direito civil brasileiro*, vol. III, letra e.3.6.3, p. 116-117.
28. Cf. Carlos Roberto Gonçalves *Direito Civil brasileiro – contratos e atos unilaterais*, p. 103-104.
29. De maneira diversa, Caio Mário da Silva Pereira (*Contrato de incorporação de imóvel – cessão de direitos*, p. 55-56) conclui como não personalíssimo o contrato de incorporação, citando o art. 1.065 do CC. De fato, a regra é a da cessibilidade de crédito ou direitos, desde que não encontrem oposição na lei, na natureza do negócio ou na convenção. Contudo, em se examinando o contrato incorporativo, a nosso ver, muito embora silencie a lei especial a respeito, mesmo dentro do período de carência, em razão da natureza da obrigação assumida pelo incorporador (sujeito passivo da obrigação de promoção do empreendimento), esse não poderá transferir suas responsabilidades, cedendo a um terceiro sua posição contratual, sem a anuência daquele que, fulcrado nos princípios da confiança e da boa-fé, resolveu assumir os riscos do negócio escolhendo um incorporador em condições de solver os seus encargos obrigacionais.
30. Nessa espécie de assunção, comparece um terceiro que assume a obrigação ao lado do devedor primitivo sem afastá-lo, motivo pelo qual Enneccerus, Kipp e Wolff preferem denominá-la "adesão à dívida" ou "coassunção" (*Tratado de derecho civil*, vol. I, t. II, § 85, p. 413).

existência de outros contratos firmados dentro do sistema da incorporação *lato sensu*, muito embora a eles esteja intimamente relacionado (conexão contratual).

Um elemento característico do contrato de incorporação, portanto, é a obrigação de promover a construção, muitas vezes fazendo parte material do contrato incorporativo as cláusulas do contrato de empreitada. Vale notar que, construído o edifício por intermédio de terceiro, na qualidade de empreiteiro ou administrador de obra, o contrato de empreitada ou de administração não é absorvido pelo de incorporação, conservando sua autonomia.[31]

Outro elemento do contrato de incorporação, a instituição do condomínio não se confunde com a convenção de condomínio. A instituição do regime condominial é um elemento integrante do contrato incorporativo, estando o incorporador obrigado a instituí-lo. Podemos dizer que, sem a instituição do condomínio especial, a incorporação não se concretiza, fazendo parte intrínseca de sua finalidade.

Por seu turno, instrumento de finalidade diversa daquela objetivada pela instituição, a convenção de condomínio pressupõe o condomínio edilício já instituído, servindo para regular as relações entre os titulares. Resulta de todas as formas de instituição do condomínio edilício, inclusive aquele derivado da incorporação imobiliária, sendo peculiar a essa espécie a necessidade de ser arquivada, previamente ao início da negociação das unidades, a minuta da futura convenção de condomínio, elaborada unilateralmente pelo incorporador (art. 32, *j*, da LCI).[32]

---

31. Cf. Orlando Gomes, *Contratos*, n. 380, p. 542-543.

32. Cf. Maria Teresa Pereira de Castro Ascensão e José de Oliveira Ascensão observam que a lei pressupõe, para estabelecer a obrigatoriedade da convenção de condomínio, a alienação de, pelo menos, uma das frações autônomas (art. 35 – *Instituição, incorporação e convenção de condomínio*, *RDCiv* 10/155, n. III).

Parte II
Da responsabilidade civil

1
Aspectos Gerais e Classificação da Responsabilidade Civil

O alcance da segurança constitui o ponto de partida para bem compreendermos a noção de responsabilidade. Surgindo o Direito das necessidades humanas decorrentes dos fatos sociais, que são regulados por ele, é a segurança dos valores importantes ao ser humano que dá guarida à ordem jurídica, como condição essencial à sua própria sobrevivência.

Tão essencial para a vida em sociedade é o princípio da responsabilidade que podemos encontrá-lo no ordenamento jurídico de todos os povos organizados politicamente, impondo a quem causa dano a outrem o dever de reparar.

Sempre que um valor reconhecido pelo Direito (bem jurídico) é molestado, recorremos à ordem jurídica, procurando nela encontrar um mecanismo protetor suficiente à reação contra o fato lesivo. Praticado ato em desacordo com os deveres em que lhe eram inerentes, o agente é alcançado pela reação social contra o dano causado.

Os danos experimentados podem ser de diversas ordens, como, *v.g.*, o dano patrimonial ou moral no âmbito civil; a lesão criminal, decorrente do descumprimento dos deveres de cidadão para com a ordem social; a lesão administrativa, diante da infração para com a ordem do serviço público.[1]

Muito embora compreendamos que a responsabilidade não é um fenômeno exclusivo da vida jurídica, nos ateremos especificamente ao enfoque correspondente à responsabilidade jurídica, deixando de lado outras formas de abordagem oriundas, por exemplo, da psicologia (patologia) ou da sociologia (realidade social), fazendo a apreciação das ideias estruturais da responsabilidade, tais como personalidade – própria daquele que deve receber a sanção (sujeito passivo) ou a indenização (sujeito ativo) –, culpabilidade e imputabilidade.

---

1. Sobre os novos danos surgidos nos tempos atuais e os antigos com nova roupagem tecnológica, veja-se Rogério Donnini *Responsabilidade civil na pós-modernidade – felicidade, proteção, enriquecimento com causa e tempo perdido.*

1.1 Denominação e conceito[2]

O vocábulo *responsabilidade* contém a raiz latina *spondeo* (fórmula de comprometimento nos contratos verbais do direito romano) e corresponde à qualidade ou à condição de *responsável*, sendo proveniente na sua origem latina do termo *responsus*, particípio passado do verbo *respondere*, tomando etimologicamente o sentido de "qualidade de ser responsável", "condição de responder".[3]

Do vocábulo ao seu conteúdo conceitual, René Savatier inicia sua obra clássica conceituando a responsabilidade civil como "a obrigação que pode incumbir a uma pessoa de reparar o prejuízo causado a outrem, por fato seu ou pelo fato das pessoas ou das coisas dela dependente".[4]

Deveras, as noções mais próximas de uma definição de responsabilidade, como salienta José Aguiar Dias,[5] são as ideias de obrigação e de garantia, derivando da conduta ilícita um sentido preponderante de indenização da vítima, contrastando com a ênfase dada no campo penal à punição do culpado.[6] Quando a atividade humana adequa-se ao estabelecido em lei ou em ato de vontade, não emerge nenhuma obrigação ou dever consectário de uma sanção ou restituição. No entanto, quando o agente viola norma ou obrigação, sofre as consequências dessa violação, seja diretamente, sendo compelindo a realizar a obrigação estipulada ou indiretamente, compensando o credor dos prejuízos advindos da inexecução (positiva ou negativa).

Os autores, de uma maneira geral, restringem o conceito de responsabilidade civil à obrigação derivada do dano, ou seja, aquela imposta a uma pessoa de ressarcir os danos sofridos por alguém, abstraindo da definição as divergências existentes entre as concepções doutrinárias da culpa em contraposição com a do

2. Cf. artigo de nossa lavra Noções de responsabilidade civil, *Revista Autônoma de Direito Privado*, 1/180-192, n. 2 a 53.
3. Cf. De Plácido e Silva. *Vocabulário jurídico*, p. 124-125. Antônio Lindbergh C. Montenegro alerta-nos para as distintas concepções dos termos indenização, ressarcimento e reparação, podendo ser apontadas as seguintes distinções: o uso de "indenização" prende-se ao esforço realizado para evitar um injustificado empobrecimento daquele que sofre as consequências do ato ilícito de outrem; no "ressarcimento", ao invés, objetiva-se imprimir um caráter sancionatório em face da injustiça do dano; por último, a "reparação" refere-se à satisfação em pecúnia que se arbitra em favor da vítima de um dano moral, inexistindo preocupação de equivalência em relação ao dano inferido (*Do ressarcimento de danos pessoais e materiais*, n. 79, nota de rodapé n. 375, p. 229).
4. René Savatier, *Traité de la responsabilité civile en droit français: civil, administratif, professional, procédural*, n. 1, p. 1, *in verbis*: "La responsabilité civile est l'obligation qui peut incomber à une personne de réparer le dommage causé à autrui par son fait, ou par le fait des personnes ou des choses dépendant d'elle". Cf. Miguel Maria de Serpa Lopes, *Curso de direito civil*, vol. V, n. 144, p. 159.
5. José de Aguiar Dias. *Da responsabilidade civil*, n. 1 e 2, p. 3 a 6.
6. Cf. tópico 1.2 infra (Distinção entre responsabilidade civil e penal).

risco.[7] Ocorrido o dano, aquele que por lei é considerado responsável – o causador do dano ou não – deverá repará-lo, surgindo, assim, a relação obrigacional com o prejudicado, cujo objeto é a prestação de ressarcimento, restituindo-se o quanto possível a situação patrimonial anteriormente existente.[8] Essa obrigação tem por origem: a) o inadimplemento de contrato; b) a lesão a direito subjetivo, sem que entre lesado e lesante preexista qualquer relação jurídica.[9]

Identificado a responsabilidade extracontratual como a espécie de responsabilidade mais frequentemente associada à responsabilidade civil, Francesco Galgano[10] distingue a responsabilidade por danos do contraente inadimplente (responsabilidade contratual) daquela por danos ocasionados por um fato ilícito (responsabilidade extracontratual).

Tomando a responsabilidade civil em um sentido amplo, Jorge Bustamante Alsina[11] afirma que a responsabilidade civil se consubstancia sempre em um dever de prestar contas à outrem do dano que a ele tenha sido causado. Do mesmo modo, Atilio Anibal Alterini[12] faz menção em sentidos amplo e restrito da responsabilidade civil. O sentido restrito da palavra responsabilidade estaria circunscrito à noção de reparação, gerada pelo descumprimento e conducente à sanção. Em seu sentido amplo, a responsabilidade corresponderia tanto à conduta devida – dever de satisfazer ou ajustar a conduta de modo a não prejudicar o direito alheio – como à sanção por violá-la.

Mazeaud, Mazeaud e Tunc,[13] defensores da teoria da culpa, pressupõem a existência de 2 (duas) pessoas diferentes: o autor do dano e a vítima,[14] que, como

---

7. Caio Mário da Silva Pereira (*Responsabilidade civil*, p. 11), destacando a ideia dualista de um sentimento social e humano, afirma que a responsabilidade civil "consiste na efetivação da reparabilidade abstrata do dano em relação a um sujeito passivo da relação jurídica que se forma. Reparação e sujeito passivo compõem o binômio da responsabilidade civil, que então se enuncia como o princípio que subordina a reparação à sua incidência na pessoa do causador do dano".
8. O princípio do restabelecimento patrimonial do lesado tem a seguinte redação no § 249 do CC alemão (BGB): "(1) Quem estiver obrigado à indenização do dano, terá de restabelecer o estado de coisas que havia de existir se a circunstância, que obriga à indenização, não se tivesse produzido (...)".
9. Maria Helena Diniz, *Curso de direito civil brasileiro*, vol. VII, p. 6; Orlando Gomes, *Obrigações*, p. 338, n. 198.
10. Francesco Galgano, *Sommario di diritto civile*, p. 343.
11. Jorge Bustamante Alsina, *Teoría general de la responsabilidad civil*, p. 67.
12. Atilio Anibal Alterini, *Responsabilidad civil*, p. 26-28.
13. Henry e Leon Mazeaud e André Tunc, *Tratado teórico y práctico de la responsabilidad civil delictual y contratual*, t. I, v. 1, n. 3, p. 2. A propósito, o art. 1.382 do CC francês somente contempla o dano "causado a outrem", *in verbis*: "Todo ato, qualquer que ele seja, de homem que causar a outrem um dano, obriga aquele, por culpa do qual veio ele a acontecer, a repará-lo".
14. Como bem destaca José de Aguiar Dias (op. cit., nota de rodapé n. 3, n. 7, p. 21-23), ao comentar a posição de Josserand, que abrange na qualificação de responsável o causador do dano a si mesmo, o dano causado a si mesmo é juridicamente irrelevante.

consequência do pedido de reparação da vítima ao autor pelo prejuízo sofrido, farão surgir um conflito – ponto fulcral de toda a problemática da responsabilidade –, dessumindo-se daí que uma pessoa é responsável sempre que deve reparar um dano.

José de Aguiar Dias[15] nos traz o desencontro entre a denominação e o conteúdo da responsabilidade civil ao reconhecer que a ideia do ressarcimento prisma sobre a da responsabilidade. Atribuindo, com razão, a esse desencontro às mudanças sociais, principalmente ao grande desenvolvimento do segmento secundário da economia, denota que a ideia de responsabilidade foi moldada às transformações do direito, de maneira que o antigo fundamento da culpa deixou de satisfazer, surgindo as noções complementares de assistência, previdência, garantia, evoluindo o sistema individualista da culpa para o sistema solidarista da reparação do dano (responsabilidade legal), passando antes pelas presunções *iuris tantum*.

1.2 Distinção entre responsabilidade civil e penal

Mazeaud, Mazeaud e Tunc ensinam que: "A responsabilidade jurídica supõe necessariamente, pois, a existência de um prejuízo. Porém, os danos que perturbam a ordem social e podem ser de natureza muito diferente. Algumas vezes alcançam a sociedade, outras vezes apenas uma pessoa determinada; certas ocasiões, por outro lado, afetam de uma só vez a uma e a outra. Por isso cindir-se-á o problema da responsabilidade jurídica: distingue-se a responsabilidade penal da responsabilidade civil".[16]

A violação de um direito, portanto, pode representar infração de preceito concernente à própria existência da coletividade ou mero dano individual. Na primeira hipótese, caracteriza-se o delito penal correspondente à responsabilidade penal, que deve ser reprimido para o restabelecimento do equilíbrio social rompido; na segunda, surge o delito civil que correspondente a responsabilidade civil, que fere o direito individual, gerando o dever de ressarcimento do dano à vítima.

Quando o ilícito jurídico ocorre, é entendido como o fato social contrário à norma jurídica, e quando esse fato ilícito alcança aqueles bens indicados como os mais importantes da escala social (bens jurídicos fundamentais para a vida em sociedade), está caracterizado o ilícito penal, contra o qual o Estado estabelece sanções com intuito de, em um primeiro momento, reprimi-lo ou preveni-lo,

---

15. José de Aguiar Dias, op. cit., n. 8, p. 23-25.
16. Henry e Leon Mazeaud e André Tunc, op. cit., n. 8, p. 5. Miguel Maria de Serpa Lopes lembra que, ontologicamente, o conceito de ilícito é unitário, o que impossibilita ao estudioso observar uma diferença essencial entre os dois tipos de responsabilidade, sendo de natureza política, não técnica, a causa determinante da ilicitude situar-se no campo da responsabilidade civil ou criminal (op. cit., vol. V, n. 145, p. 161-162).

consubstanciados nas penas e nas medidas de segurança para, em um segundo momento, promover a sua recuperação social, segregando ao autor da conduta ilícita nos casos de desajustamento incontornável.[17]

Segue-se, de acordo com o pensamento de Damásio E. de Jesus,[18] que o direito penal se caracteriza como aquele regulador das relações do indivíduo com a sociedade, pertencendo, portanto, ao tronco formado pelo direito público. O que determina a classificação do Direito em público e privado é o tipo da relação jurídica: praticado o delito, estabelece-se uma relação jurídica entre o sujeito e o Estado,[19] que recebe o poder de aplicar sanções (*jus puniendi*), limitado pelo princípio segundo o qual o cidadão somente poderá ser punido de acordo com normas jurídicas preexistentes.

Silvio Rodrigues[20] acrescenta que tanto na responsabilidade civil como na penal encontramos, basicamente, a infração a um dever por parte do agente. Contudo, na hipótese do ilícito penal, é indiferente para a sociedade a existência ou não de prejuízo experimentado pela vítima, focalizando as atenções na pessoa do delinquente. Diante do ilícito civil, a reação da sociedade é a busca da indenização à vítima a ser exigida ao causador do dano, dirigindo sua atenção para a necessidade do ressarcimento e restabelecimento do equilíbrio patrimonial antes existente.

Observa José de Aguiar Dias[21] que, para uma perfeita noção da responsabilidade civil, parece infundada qualquer distinção a propósito da repercussão social ou individual do dano, pois o prejuízo sofrido pelo particular afeta o equilíbrio social. Constituindo parte integrante da sociedade, o dano infligido ao indivíduo nela repercute, alterando somente a forma de punição ou reparação. Destarte, certos fatos ora põem em ação somente o mecanismo recuperatório da responsabilidade civil, ora movimentam o sistema repressivo ou preventivo da responsabilidade civil e penal; valendo dizer que o fundamento da responsabilidade civil e penal é único, variando efetivamente as condições em que surgem, quando uma é mais exigente do que a outra no que diz respeito ao aperfeiçoamento dos requisitos que devem coincidir para sua efetivação.

Se a repercussão do prejuízo sofrido pode ser questionada como fator de distanciamento entre as noções de delito civil e penal, não podemos negar que existem contrastes marcantes entre ambos. O direito civil, ao contrário do penal,

---

17. Cf. Damásio E. de Jesus, *Direito penal – Parte geral*, vol. I, p. 3.
18. Idem, p. 5.
19. Corroborando o nosso critério distintivo, exposto no tópico 6.1, p. 44-45, do nosso trabalho *Incorporação imobiliária...* cit. Também, neste sentido, Maria Helena Diniz, *Compêndio de introdução à ciência do direito*, tópico c.1, p. 231-232 e 251.
20. Silvio Rodrigues, *Direito civil*, vol. IV, n. 3, p. 6-8.
21. José de Aguiar Dias, op. cit., n. 5, p. 11-14.

que reage ao crime tentando restabelecer o equilíbrio social perturbado, procura compensar o interesse do indivíduo assegurado pela lei, satisfazendo o dano causado, perseguindo a eurritmia social, mais por intermédio do equilíbrio dos patrimônios e das relações pessoais, menos através da regeneração do criminoso, o que nos leva, no direito civil, a procurar o vínculo de causalidade entre o agente e o prejuízo e, no direito penal, a imputabilidade do agente.[22] Eis porque a apuração da responsabilidade civil é independente da criminal.[23]

Na maioria das vezes, as responsabilidades civil e penal ocorrem simultaneamente, verificando-se a violação de preceito tanto no âmbito penal como no civil (*v.g.*, o homicídio vem contemplado no art. 121 do CP e no art. 948 do CC), ocorrendo o ilícito civil e a consequente responsabilidade do simples fato do prejuízo, sem que, necessariamente, exista para o delito civil específica norma anterior que o contemple.

A Lei de Condomínio e Incorporação Imobiliária estabelece essa concomitância para o incorporador, corretor, construtor, diretores ou gerentes da empresa coletiva, ao tipificar como crime contra a economia popular a promoção da "*(...) incorporação, fazendo, em proposta, contratos, prospectos ou comunicação ao público ou aos interessados, afirmação falsa sobre a construção do condomínio, alienação das frações ideais do terreno ou sobre a construção das edificações*" (art. 65), também incorrendo na pena prevista os agentes que: a) realizarem afirmação falsa sobre a instituição do condomínio, alienação de frações ideais do terreno ou sobre a construção de edificações (inc. I); b) utilizarem, ainda que a título de empréstimo, em proveito próprio ou de terceiro, de bens ou haveres destinados a incorporação *contratada por administração*, sem prévia autorização dos interessados (inc. II).

O bem tutelado, atingido pelos sujeitos antes enumerados, é a poupança de indistinto número de pessoas e a pluralidade de vítimas é da essência do exaurimento do fato, motivo pelo qual não deve ser motivo para a exacerbação da pena, pois o legislador já o teve em conta ao fixar a figura delituosa.[24]

Por outro lado, o art. 66 da LCI define as seguintes hipóteses contravencionais, igualmente relativas à economia popular, restritas à pessoa do incorporador: a) negociar frações ideais de terreno, sem previamente satisfazer às exigências contidas na lei (inc. I); b) omitir, em qualquer documento de ajuste, as indicações referidas nos arts. 37 e 38 da LCI (inc. II); c) deixar, sem justa causa, no prazo do art. 35 da LCI, de promover a celebração do contrato relativo à fração ideal de

22. Cf. Clóvis Beviláqua, *Teoria geral do direito civil*, § 71, p. 272.

23. Cf. art. 935 do CC: "*A responsabilidade civil é independente da criminal, não se podendo questionar mais sobre a existência do fato, ou sobre quem seja o seu autor, quando estas questões se acharem decididas no juízo criminal*".

24. Cf. José Geraldo Brito Filomeno, *Manual de direitos do consumidor*, n. 5.4.7, p. 103-105.

terreno, do contrato de construção ou da convenção de condomínio (inc. III); d) omitir, no contrato, a indicação a que se refere o § 5.º do art. 55 da LCI (inc. V); e) paralisar a obra ou retardar lhe excessivamente o andamento por mais de 30 dias, sem justa causa (inc. VI).

Restringiremos nossa atenção, neste trabalho, ao delito civil, mais especificamente àqueles que induzem à responsabilidade civil na atividade incorporativa.

1.3 Metodologia legislativa

Noticiam Mazeaud, Mazeaud e Tunc[25] que, nos primórdios, a força dos indivíduos eram usadas como parâmetros para as distribuições das punições, existindo, apenas, um sentido vingativo nas ações humanas, e não reparatório. À medida que se tornaram complexas as relações sociais, inicia-se o deslocamento da retaliação sobre a pessoa causadora do dano, passando a vítima a utilizar-se do patrimônio do agente como forma de compensação pelo prejuízo. Assim, o processo de desenvolvimento leva a uma transmutação da vingança para a reparação, culminando essa transformação com a transferência da ação repressiva do âmbito de poder da vítima para o do Estado.

Do critério romano de enumeração dos casos de composição obrigatória, a legislação moderna, modelada nos padrões do Código Civil francês (arts. 1.382 e 1.383), evolveu para estabelecer a responsabilidade civil fulcrada na culpa, formulação está que encontrou eco, de maneira mais ou menos sistemática, nas codificações atuais.[26]

Como leciona Silvio Rodrigues,[27] o legislador do Código Civil de 1916 não disciplinou de modo sistemático o tema da responsabilidade civil, o mesmo ocorrendo com o Código Civil de 2002 em vigor. Na parte geral, as disposições contidas nos arts. 186 e 188 que tratam da responsabilidade por atos ilícitos e algumas excludentes, no art. 187 do abuso de direito e no art. 43 da responsabilidade das pessoas jurídicas de direito público (todos do CC/2002). Na parte especial (Livro III), o

25. Henry et Leon Mazeaud e André Tunc, op. cit., t. I, vol. 1, n. 19 e 20, p. 36-37.

26. Assim dispõe o art. 1.383 do CCfr.: "*Toda pessoa é responsável pelo dano que causou não somente por ato seu, mas ainda por sua negligência ou por sua imprudência*" (tradução de Souza Diniz). Em nosso país, a responsabilidade civil passou por fases distintas: na primeira, as Ordenações do Reino mandavam aplicar subsidiariamente o direito romano ao direito pátrio, por intermédio da denominada "Lei da Boa Razão" (Lei de 18.08.1769); na segunda, aplicou-se a ideia de ressarcimento à noção de "satisfação", regulada pelo Código Criminal de 1830; na terceira, Teixeira de Freitas opôs-se à existência de uma responsabilidade civil geminada à criminal (art. 799 da Consolidação das Leis Civis), passando a satisfação do dano causado a ter lugar próprio: a legislação civil.

27. Silvio Rodrigues, *Direito civil*, vol. IV, n. 1, p. 3.

Código Civil de 2002 consignou regras sobre a mora (arts. 394 a 401), a responsabilidade e as consequências da inexecução das obrigações (arts. 389 a 393), as perdas e danos (arts. 402 a 405), da cláusula resolutória e da exceção do contrato não cumprido (arts. 474 a 477), da obrigação de indenizar (arts. 927 a 943), da indenização (arts. 944 a 954), dentre outras.

Desde o início de sua tramitação, o projeto do Código Civil propôs a modificação do teor da norma antes prevista no art. 159 do CC/1916, resultando na inclusão do dano moral no âmbito da responsabilidade civil: "*Aquele que, por ação ou omissão voluntária, negligência ou imprudência, violar direito e causar dano a outrem, ainda que exclusivamente moral, comete ato ilícito*" (art. 186 CC/2002).

Notemos que, de maneira excepcional, o dever de indenizar nem sempre estará vinculado a um dano ou a um ato antijurídico. Como bem salienta Mário Moacyr Porto,[28] algumas vezes o dever de reparar assume o caráter de uma sanção pelo comportamento ilícito do agente. Como exemplos podemos citar os arts. 416 (não é necessário que o credor alegue prejuízo para exigir a pena convencional), 773 (pagamento em dobro do prêmio estipulado para o segurador que, ao tempo do contrato, sabe ter passado o risco de que o segurado se pretende cobrir e, não obstante, expede a apólice), 1.992 (a perda do direito aos bens pelo herdeiro que sonegá-los, omiti-los ou restituí-los), 940 (pagar em dobro ao devedor quem demandar dívida já paga) do Código Civil; art. 35, § 5º, da Lei nº 4.591/1964 (multa de 50% do valor pago pelos adquirentes, quando o incorporador não celebra os contratos previstos em lei); art. 42, parágrafo único, da Lei nº 8.078/1990 (o consumidor tem direito à repetição do indébito, por valor igual ao dobro do que pague em excesso).[29]

Tratando-se de contratos benéficos, a responsabilidade civil do contraente, a quem o contrato aproveite, será apurada em razão do seu inadimplemento culposo, enquanto a daquele a quem o contrato não favoreça somente verificar-se-á em face do comportamento doloso. Nos contratos onerosos, de forma diferenciada, cada uma das partes responderá pelas perdas e danos, juros e atualização monetária derivadas da lesão a que ocasionar, devendo indenizar o lesado a partir de uma conduta simplesmente culposa (art. 392 do CC/2002). Ainda nesse capítulo, o Código Civil em vigor cuida da inexecução da obrigação por fato necessário não imputável ao devedor (caso fortuito ou de força maior) – art. 393.

---

28. Mário Moacyr Porto, O artigo 159 do Código Civil, *RF* 294/405-406.
29. Na conclusão de Nelson Rosenvald: "*(...) Ao enfatizar a inevitabilidade do ordenamento jurídico, as sanções punitivas inibem impulso reinante para desassociar a lei da moralidade*" (*As funções da responsabilidade civil – a reparação e a pena civil*, p. 224). Tratando dos *punitive damages* no Direito comparado e brasileiro, confira-se: Caroline Vaz *Função da responsabilidade civil – da reparação à punição e dissuasão*, bem como Paula Meira Lourenço *A função punitiva da responsabilidade civil*, a propósito dos danos não patrimoniais e dos danos difusos.

1.4 Fontes da responsabilidade civil

1.4.1 Fontes do direito

Deteremos-nos, agora, diante de um aspecto relevante para o Direito e que influencia, de uma maneira geral, a todos os fenômenos da vida: a causalidade. Considerada no sentido daquilo sem o que uma coisa não pode existir (o conjunto de condições de um resultado) e animada pela causalidade filosófica,[30] a causalidade no âmbito jurídico pode ser estudada a partir da análise fenomenológica da experiência jurídica, conducente a uma estrutura tridimensional do Direito: o elemento normativo pressupõe sempre uma dada situação de fato, referida a valores determinados;[31] ou, ainda, como elemento determinante do nexo de causalidade.[32]

30. Sob o ponto de vista filosófico, Aristóteles (*Metafísica*, Livro I, Cap. III, p. 16) aponta quatro sentidos para as causas, através das quais as *potências* transformam-se em *atos*: a primeira, denominada *material*, equivale à substância ou ao princípio de cada coisa, enquanto considerada em si mesma; a segunda, designada *formal*, determina a idealização da matéria para ser algo; a terceira, denominada *eficiente*, leva em consideração o início da coisa ou movimento; a quarta, batizada *final*, estuda a finalidade do objeto, o propósito a que se destina, de maneira que essa tendência estaria contida nas coisas como uma inclinação natural (v.g., em uma estátua, a causa material é o mármore com o qual é construída – responde a *de quê?* –; a causa formal é a ideia do escultor – responde a *como?* –; a causa eficiente é o próprio escultor – *quem?* –; a causa final, o propósito para o qual a escultura é feita – *para quê?*).

    Irving M. Copi (*Introdução à lógica*, cap. 12, n. I, p. 329-330) faz menção às conexões causais, tomadas como método para a investigação experimental. Como axioma da ciência, temos que os eventos ocorrem sob certas condições. Dessas distinguimos as necessárias das suficientes. As primeiras constituem circunstâncias em cuja ausência o evento não possa ocorrer. As segundas constituem circunstâncias em cuja presença o evento deve ocorrer. Um terceiro sentido de causa pode ser observado quando se objetiva descobrir o incidente ou ação, o qual, na presença daquelas condições que usualmente prevalecem, assinala a diferença entre a ocorrência ou a não ocorrência do evento. É nesse terceiro sentido de causa, existindo uma sequência causal ou cadeia de numerosos eventos, que podemos encontrar as causas próximas e as remotas.

31. Cf. Miguel Reale, *Filosofia do direito*, n. 196, p. 507. O autor relaciona a cada elemento constitutivo da experiência jurídica uma nota dominante, formando-se a tridimensionalidade específica, a saber: eficácia (fato), fundamento (valor), vigência (norma) (idem, p. 510). Gustav Radbruch, ao demonstrar a correlação essencial existente entre os aspectos fático, axiológico e prescritivo do Direito, explica, também, no processo de formação deste, o fenômeno da causalidade, por intermédio do desenvolvimento de atividades voltadas para determinados fins, motivadas por valores, dentre os quais encontramos as necessidades sociais, a obtenção da justiça, o desenvolvimento das relações sociais. De acordo com o autor, o direito só pode ser compreendido dentro da atitude que refere as realidades aos valores, transformando-o num fato ou fenômeno cultural, em que o conjunto de dados da experiência tem o sentido de pretender realizar a ideia de direito (*Filosofia do direito*, § 1.º, n. 2, p. 45).

32. Cf. tópico 2.3, do Capítulo 2, da Parte 2, do Livro I infra.

No magistério de Limongi França,[33] as causas podem assumir 4 (quatro) sentidos: as causas *eficientes* ou geradoras do direito seriam o direito natural e o arbítrio humano, espelhados nas necessidades sociais e na vontade do homem; a seguir, a causa *final*, isto é, o motivo pelo qual o direito é produzido, estaria contida na consecução da Justiça; a causa *material* do direito, por sua vez, estaria expressa nas relações sociais e, por último, as causas *formais*, em que o direito encontra suas formas de expressões agrupadas na lei em sentido genérico (fonte imediata), no costume (fonte mediata), na jurisprudência e doutrina.

De maneira diversa, ao tratar do conceito e classificação fundamental das fontes do direito, Oswaldo Aranha Bandeira de Mello[34] faz referência ao ponto de partida do direito: os princípios que o originam e as formas que o revelam. Daí, a primeira distinção fundamental é aquela feita entre as fontes filosóficas ou reais e as formais ou de direito positivo.

As fontes filosóficas ou reais dizem respeito ao Direito em si mesmo considerado, à sua essência, existência, primeiros princípios, enfim, às causas que lhe dão constituição. Nesta forma de abordagem, discute-se, se o direito provém da vontade do legislador (positivismo jurídico), ou se deriva da consciência popular, da evolução social e histórica, colocando em xeque princípios éticos fundamentais e inerentes à natureza humana, como, *v.g.*, a justiça.

Já as fontes formais do direito restringem-se seu alcance à esfera do direito positivo, enumeradas a partir dos processos utilizados na expressão da técnica jurídica – preceitos técnicos que exteriorizam os fatos ou a vontade a que se atribuem efeitos de direito. São elas: a lei (considerada em sentido amplo), fonte primeira do direito; o costume, fonte subsidiária.[35]

Os fatos jurídicos subjetivos individualizam as normas jurídicas. Podemos equipará-los às fontes subjetivas ou individuais do direito, cujos elementos geradores são a vontade da pessoa, o acontecimento natural ou a ação humana material. Como consequência da individualização das normas jurídicas, temos a facultação de poderes e a prescrição de deveres para aqueles que elas abrangem, constituindo *situações jurídicas*, com o aparecimento dos sujeitos de direitos (ativo – poderes – e passivo – deveres). Ao sujeito ativo lhe é conferida a faculdade de agir ou deixar de agir e ao passivo o dever de respeitar o exercício das faculdades e sujeitar-se às obrigações estabelecidas.

---

33. R. Limongi França, *Instituições de direito civil*, p. 7-9. No que diz respeito ao contrato incorporativo, Caio Mário da Silva Pereira (*Condomínio e incorporações*, n. 143, p. 282) indica como causa final do contrato a edificação. Perseguindo essa finalidade, as partes acordam e aceitam cláusulas e condições, determinando o conteúdo do ajuste.

34. Oswaldo Aranha Bandeira de Mello, *Princípios gerais de direito administrativo*, vol. I, n. 23, p. 201 et seq.

35. Idem, n. 25.3, p. 216.

A essa forma de expressão do direito subjetivo damos o nome de relação jurídica ou vínculo jurídico, no qual o objeto (coisa ou prestação) fica submetido ao poder do sujeito ativo e afirma o dever do sujeito passivo.[36]

Ao tratar das fontes formais não estatais do direito, Maria Helena Diniz[37] enumera, ao lado da prática consuetudinária e da atividade científico-jurídica, o poder negocial, entendido como norma jurídica negocialmente criada, que estatui uma conduta (não uma sanção), acordando as partes a maneira que se devem conduzir, uma em face da outra, estabelecendo um preceito jurídico individual, impondo regra, direitos e deveres apenas aos contraentes.

1.4.2 Fontes das obrigações

Dentro do panorama observado no direito romano, encontramos o contrato, o quase contrato, o delito, o quase delito e a lei como fontes das obrigações.[38] Ao contrário de outras legislações, que contêm dispositivos específicos a respeito das fontes das obrigações,[39] o Código Civil brasileiro não possui uma norma específica a respeito.

A causa ou fonte das obrigações tem sua gênese no fato jurídico, assim entendido o elemento que dá origem aos direitos subjetivos (obrigacionais ou não) a partir dos direitos objetivos, em um processo de criação da relação jurídica e concretização das normas de direito. Esse elemento, para permitir o processo criativo, deve estar qualificado pelo direito objetivo, de maneira a dar origem à relação obrigacional, que irá influenciar a órbita jurídica dos envolvidos nesse vínculo.

Maria Helena Diniz,[40] sintetizando esse pensar, ensina que a fonte mediata do liame obrigacional é a *vontade humana* ou o fato humano, expressos no contrato,

---

36. Idem, n. 26.2 e 26.3, p. 219-221. Sobre a relação jurídica, vide item 2.2.1, do Capítulo 2, da Parte 1, do Livro I supra.

37. Maria Helena Diniz. *Compêndio de introdução à ciência do direito*, cap. III, n. 2, item d.3, p. 325, 327.

38. Cf. J. Cretella Jr., *Curso de direito romano*, n. 169, p. 243.

39. Por exemplo, art. 1.173 do CCit: "*Le obbligazioni derivano da contratto (Cod. Civ. 1321 e seguenti), da fatto illecito (Cod. Civ. 2043 e seguenti), o da ogni altro atto o fatto idoneo a produrle (Cod. Civ. 433 e seguenti, 651, 2028 e seguenti, 2033 e seguenti, 2041 e seguenti) in conformità dell'ordinamento giuridico*"); art. 726 do CCarg/2014: "*Causa. No hay obligación sin causa, es decir, sin que derive de algún hecho idóneo para producirla, de conformidad con el ordenamiento jurídico*".

40. Maria Helena Diniz, *Curso de direito civil brasileiro*, vol. III, p. 3-4. Como observa Vicente Ráo (*Ato jurídico*, n. 2, p. 24-26), passou-se a sustentar que os fatos e as normas são as fontes conjugadas dos direitos e suas correspondentes obrigações, isto é, os fatos voluntários ou involuntários recebem da norma a eficácia produtora dos efeitos por ela previstos e tutelados, gerando relações entre as pessoas que interessam à ordem jurídica.

na declaração unilateral da vontade e no ato ilícito, e a fonte imediata é a lei, que empresta a eficácia ao fato humano ou a qualquer manifestação volitiva,[41] todas formas específicas de obrigações reconhecidas expressamente pelo nosso estatuto civil.

A análise da causalidade nas obrigações pode, ainda, ser estudada sob a ótica do motivo relevante juridicamente, que parte da doutrina identifica com o objeto do negócio jurídico.[42] Sob esse prisma, o art. 140 do CC/2002 reconhece a existência, por via transversa, do motivo verdadeiro, em contraposição ao falso, que só vicia a declaração quando expresso como razão determinante.

Ao lado da promessa de recompensa e do enriquecimento sem causa, o diploma pátrio considera outras causas equivalentes àquelas antes existentes no direito romano. Deveras, existem situações, equiparáveis aos quase contratos, nas quais uma pessoa pode obrigar-se sem que para isso tenha concorrido sua vontade expressa. Isto se explica diante da inadmissibilidade do enriquecimento de alguém à custa alheia, admitindo-se, por isso, o surgimento de obrigações derivadas da gestão de negócios e do pagamento indevido (acrescidas, no direito romano, da tutela, do legado, da indivisão).[43]

1.4.3 Fontes da responsabilidade civil

Como pontifica José de Aguiar Dias, a causa geradora da responsabilidade civil é o interesse em restabelecer o equilíbrio econômico-jurídico alterado pelo dano.[44] Ao analisarmos os possíveis fundamentos desse interesse, encontramos na lei, o contrato e o ato ilícito como formas moduladoras dos interesses protegidos pelo sistema jurídico.

---

41. Em artigo de sua lavra, Sérgio Carlos Covello, após discorrer sobre as causas eficientes das obrigações (o que a doutrina comumente designa por "fontes") e a importância daquelas para o surgimento dessas, sustenta como despicienda a inclusão da lei entre as fontes das obrigações, pois a lei está presente de maneira direta ou indireta em todos os quadrantes do direito positivo, sancionando os vínculos jurídicos, constituindo *o fato constitutivo* a verdadeira causa da relação obrigacional (Fontes das obrigações (será a lei uma delas?), *RDCiv* 40/64, n. 4).

42. Para Silvio Venosa (*Direito civil – Teoria geral das obrigações e teoria geral dos contratos*, n. 6.4.1, p. 69), o Código Civil, afastando-se da problemática a respeito do tema, substituiu a noção de causa pela de objeto, razão pela qual não teria relevância para o direito os motivos que levaram à realização do negócio, como, *v.g.*, a compra para especulação no mercado, utilização para uso pessoal, locação etc.

43. J.3.27, pr. a 7. O Código Civil francês, ainda hoje, contempla os quase contratos, resultantes de compromissos de um terceiro ou recíprocos (art. 1.371), abrangendo a gestão de negócios (arts. 1.372 a 1.375) e a repetição do indébito (arts. 1.376 a 1.381).

44. José de Aguiar Dias, op. cit., n. 14, p. 55-56.

A responsabilidade legal impõe, verificada determinada conduta, a obrigação de indenizar, independentemente de qualquer outro vínculo (v.g., a responsabilidade pelos atos praticados por terceiros – art. 933 CC/2002).

A responsabilidade contratual, por sua vez, conduz ao ressarcimento em razão do descumprimento do negócio, a partir dos parâmetros estabelecidos no que foi convencionado, podendo ser renunciada e transacionada pelos contratantes não participantes da relação jurídica de consumo. Alheias ao acordo de vontade, Serpa Lopes[45] faz menção à existência de espécies obrigacionais denominadas *fontes acontratuais*, que existem fora do âmbito dos contratos, dentre as quais destacam-se as obrigações decorrentes da gestão de negócios, do enriquecimento sem causa, do pagamento indevido, das obrigações por declaração unilateral de vontade, dos títulos ao portador, e da promessa de recompensa.

A responsabilidade extracontratual provém do ato contrário ao direito e danoso a outrem (art. 186 do CC/2002) ou do abuso de direito (art. 187 do CC/2002), determinando a lei que todo ato ilícito e lesivo a uma pessoa, ainda que exclusivamente moral, gera a obrigação de indenizar. O ato ilícito constitui a ação humana inclusa na noção de fato jurídico em sentido estrito, assim considerado o acontecimento cuja eficácia atribuída pelo Direito não depende da vontade humana.[46]

Enneccerus, Kipp e Wolff apontam os seguintes requisitos gerais de responsabilidade: a) um ato ou uma conduta dirigida à realização intencional ou meramente previsível de um fim exterior; b) a ilicitude do ato, ou seja, que o ato danoso contrarie um interesse protegido juridicamente; c) essa conduta antijurídica deve ser culposa, de maneira que a censura possa ser direcionada diretamente ao autor da ofensa.[47]

Caio Mário da Silva Pereira acrescenta a esses requisitos os seguintes: d) a imputabilidade ou atribuição do resultado à consciência do agente; e) a penetração da conduta na esfera jurídica alheia, de modo que mereça a atenção do sistema jurídico.[48]

---

45. Serpa Lopes, op. cit., vol. V, n. 1, p. 9.
46. Na lição de Orlando Gomes (*Introdução ao direito civil*, n. 154, p. 210), atos ilícitos "são ações humanas de efeitos jurídicos impostos pela lei, a título de sanção, porque violam o dever genérico de conduta do agente (*damnum injuria datum*). Para João Franzen de Lima (*Curso de direito civil brasileiro*, § XXXII, n. 444, p. 351), ato ilícito "é a ação ou omissão voluntária, negligência ou imprudência de alguém, que ofende direito, ou causa prejuízo a outrem".
47. Enneccerus, Kipp e Wolff, op. cit., vol. II, t. I, § 208, II, n. 2, p. 848-849.
48. Caio Mário da Silva Pereira, *Instituições de direito civil*, vol. I, n. 113, p. 452. Orlando Gomes (*Introdução ao direito civil*, n. 282, p. 414-415) conjuga os seguintes elementos para caracterizar o ato ilícito: a) ação ou omissão de alguém; b) a culpa do agente; c) violação de norma jurídica de direito privado; d) dano a outrem. Distingue, ainda, o ato ilícito do negócio ilícito, levando em conta a relação entre a vontade e os efeitos jurídicos, a saber, o negócio jurídico é reprimido, não com uma sanção equivalente ao ressarcimento, mas pela ineficácia dos pactos firmados. Nesta linha de pensar, o negócio ilícito seria aquele

No estágio atual do desenvolvimento jurídico, parece-nos que a compreensão do fenômeno da responsabilidade inicia-se com a percepção da necessidade social de proteção aos prejuízos causados aos seus membros, independentemente da reação subjetiva por eles esboçada. Essa proteção, em última análise, tem por objetivo suprir o dano verificado e amparar o interesse contrariado do indivíduo e da coletividade. Isso porque, considerando que aquilo que não é declarado pela vítima da agressão não consegue ser apreciado pelo sistema jurídico, o único interesse passível de garantia é o formulado pelo próprio indivíduo ou previamente esteado pelo Estado através da lei.

Bem assim, assegurada a reparação, os caminhos da sociedade agirão, quer o interesse de agir seja declarado ou não, quer atinja a expressão processual ou não. Neste ponto, distinguimos o interesse protegido por intermédio do Poder Judiciário (pretensão) do interesse passível de satisfação pela reparação do dano. Ao contrário daquele, o interesse do prejudicado pode ser satisfeito extrajudicialmente, até mesmo através de um simples pedido de desculpas, caso o prejuízo causado seja de ordem moral ou, ainda, sem a atuação direta das vítimas, representadas pelo Ministério Público ou por outro agente legitimado.

1.5 Classificação da responsabilidade civil quanto ao seu fato gerador

1.5.1 *Responsabilidade contratual*

A responsabilidade derivada do contrato resulta de um vínculo jurídico preexistente, o qual impõe à parte que não cumpriu a obrigação, ou deixou de cumpri-la pelo modo e no tempo devido, o ressarcimento das perdas e danos sofridos, caso não seja possível adstringir o devedor a adimpli-lo judicialmente, tanto pelas fórmulas processuais para as obrigações de fazer, não fazer e dar (cumprimento de sentença que reconheça a exigibilidade de obrigação de fazer, de não fazer e dar – arts. 536-538 CPC/2015), como pelas opções contidas na tutela específica da obrigação ou nas providências equivalentes ao adimplemento, previstas no CDC (arts. 83 e 84). Na responsabilidade aquiliana, ao contrário, até a ocorrência do ato que impõe ao sujeito a obrigação de indenizar, nenhum liame jurídico existe entre o agente causador do dano e a vítima (arts. 186, 927, *caput*, do CC).

Como observam Henry y Leon Mazeaud e André Tunc,[49] é possível advogar a ausência de diferença fundamental entre as 2 (duas) ordens de responsabilidade,

---

cuja causa ou motivo (v.g., o contrato firmado para a realização de um crime), objeto (v.g., venda de coisa proibida), ou situação subjetiva das partes (v.g., compra pelo tutor do bem do pupilo) fossem inidôneos.

49. Henry y Leon Mazeaud e André Tunc, op. cit., t. 1, vol. I, n. 98-100, p. 115-8. No mesmo sentido, Silvio Rodrigues, *Direito civil*, vol. IV, n. 4, p. 9-11; Manuel Gomes da Silva, *O dever de prestar e o dever de indemnizar*, n. 65, p. 210-211.

dependendo seu estudo, ao mesmo tempo, das fontes e do efeito das obrigações. Isto porque, no que concerne à responsabilidade delitual, formado o vínculo de direito derivado do dano causado por uma pessoa a outra, resta ainda fixar a que está obrigado o devedor e como pode constrangê-lo o credor, ambas questões vinculadas aos efeitos das obrigações.

Contudo, estando consagrada dentro do nosso sistema jurídico, a distinção justifica-se plenamente, apontando J. M. Carvalho Santos[50] as diferentes características de uma e de outra. A começar pelo objeto, pelo fato de a responsabilidade contratual exigir um contrato pressuposto, este determina a natureza particular e a extensão da obrigação derivada do descumprimento, ao passo que, na responsabilidade aquiliana, não existe a possibilidade de qualquer combinação entre as partes quanto às consequências do ato culposo, ou mesmo no que tange os efeitos decorrentes da natureza particular de certos contratos, incidindo exclusivamente na responsabilidade extracontratual as regras privativas da responsabilidade por ato de terceiro, admissível nos contratos somente quando expressamente estipulado, e a solidariedade, que é estabelecida pela lei codificada aos corresponsáveis pelo ato ilícito, não se presumindo nos contratos, precisando que fique estatuída expressamente.

O autor cita, ainda, as seguintes distinções: na responsabilidade contratual só responde o agente capaz – o relativamente capaz somente se vincula caso tenha, maliciosamente, declarado sua maioridade (art. 180 do CC/2002) –; na extracontratual não é necessária a plena capacidade – o incapaz responde pelos prejuízos que causar, se as pessoas por ele responsáveis não tiverem obrigação de fazê-lo ou não dispuserem de meios suficientes (art. 928 do CC/2002); naquela, o devedor deve evidenciar a inexistência de culpa da sua parte, ou a presença de força maior ou caso fortuito; na responsabilidade aquiliana caberá, via de regra, à vítima o ônus de provar a culpa do agente causador do dano; a contratual consiste em não cumprir a obrigação pactuada; a delitual abrange fatos diversos, como a falta de vigilância, a falta de cuidado ou fiscalização de coisas ou pessoas.

Portanto, existindo contrato, coteja-se a conduta questionada com a obrigação entabulada, verificando-se as condições em que ocorreu a contratação, como, *v.g.*, a exclusão do dever de indenizar ou a predeterminação da indenização, por intermédio da cláusula penal compensatória e a ocorrência do fato imputável ao devedor. Não realizada a prestação contratualmente prevista para o devedor, a medida da responsabilidade será obtida examinando-se o inadimplemento: se fortuito, se determinado pela culpa ou se consequente de demora no cumprimento da prestação.[51]

---

50. J. M. Carvalho Santos, *Código Civil brasileiro interpretado*, nota n. 3 ao art. 159, p. 316. Luis Pascual Estevill acrescenta, dentro dos parâmetros do direito espanhol, como diferenças que distinguem os tipos de responsabilidade, o grau de qualificação da culpa, os prazos prescricionais, as questões de competência.

51. Cf. Alexandre Correia e Gaetano Sciascia, *Manual de direito romano*, vol. I, § 91, p. 244.

Diante da responsabilidade contratual, não obstante a vítima e o autor do prejuízo estejam unidos pelo contrato muito antes da produção do dano, com o advento deste nasce uma obrigação nova que substitui a preexistente, igualando-se o contrato e o inadimplemento contratual como fontes das obrigações: com o contrato surge, para cada uma das partes, a obrigação de cumprir a prestação prometida; com o inadimplemento nasce, entre as mesmas partes, um novo vínculo de direito, qual seja, a obrigação para o autor do dano de reparar o prejuízo sofrido.

Como requisitos específicos da responsabilidade contratual, Silvio de Salvo Venosa[52] aponta os seguintes: a) existência do contrato; b) validade do contrato; c) descumprimento da obrigação; d) prejuízo ao outro contratante, sem o qual poderá ser pleiteada a resolução da avença, nunca a indenização correspondente às perdas e danos.

1.5.1.1 Causas extintivas da relação contratual

Várias são as razões que levam à extinção da relação jurídica contratual. A primeira delas e a mais comum é a extinção da obrigação entabulada por intermédio da sua execução, extinguindo-se os direitos e obrigações dela originários pelo pagamento e cumprimento da avença, com a consequente declaração de quitação expedida pelo credor, tendo o liame obrigacional, por característica marcante, o caráter da transitoriedade, dissolvendo-se com a liberação do devedor pela satisfação do direito do credor.[53]

Contudo, motivos contemporâneos à formação do contrato ou supervenientes a ele podem, igualmente, conduzir à extinção da relação contratual. Dentre as causas contemporâneas de extinção, podemos destacar: a) estipulação expressa do direito de arrependimento; b) a ausência de elemento essencial, com a configuração de sua inexistência;[54] c) a caracterização de sua nulidade; d) a configuração de

---

52. Cf. Silvio de Salvo Venosa, *Direito civil – Teoria geral*... cit., n. 23.2.2, p. 473-474.

53. Cf. Arruda Alvim (Breves anotações para uma teoria geral dos direitos reais, *Posse e propriedade: doutrina e jurisprudência*, n. 3, p. 50), que faz menção, sob o ponto de vista ontológico, do caráter transitório dos direitos obrigacionais: "Sua vocação é a de se extinguirem: nascem para isto. De fato, os contratos se constituem para serem cumpridos e normalmente têm prazo determinado. Os ilícitos tendem a ser reparados, e, se não se der a reparação, terá lugar, dentro de determinado lapso de tempo, a prescrição".

54. Para Caio Mário da Silva Pereira (*Instituições de direito civil*, n. 112, p. 448-449) o negócio jurídico inexistente "é aquele a que falta um pressuposto material de sua constituição. Não é o mesmo que nulidade, porque no ato nulo estão presentes os pressupostos de fato, em virtude dos quais o ato chega a formar-se, porém frustro nos resultados, dada a contravenção a alguma disposição de ordem pública. (...) O ato inexistente não pode produzir qualquer efeito, independentemente de um pronunciamento da inexistência. Um contrato de compra e venda de um imóvel de valor superior à taxa legal é nulo se não

sua anulabilidade, presentes a incapacidade relativa ou os vícios de vontade; e) o advento de condição resolutiva tácita, expressa ou expressa especial.[55]

Outrossim, podemos identificar causas supervenientes de extinção da relação contratual, relacionadas a fatores diversos, a saber:

a) Vinculadas ao *inadimplemento* do negócio jurídico, ocasionam a *resolução* do contrato; b) vinculadas ao *exercício da vontade pelas partes*, as causas supervenientes ocasionam a *resilição* da avença, podendo assumir a forma bilateral (*v.g.*, distrato) ou unilateral (*v.g.*, denúncia); c) em razão da morte do devedor nas obrigações *intuitu personae*.

Dentre as formas de inadimplemento, encontramos a possibilidade de ocorrer a *inexecução involuntária*. Aqui a culpa aparece como elemento essencial para a caracterização ou não da responsabilidade contratual, porque, faltando aquela, resolve-se a obrigação, retornando as partes ao estado anteriormente existente à contratação.

Examinando as causas e os efeitos da inexecução involuntária dos contratos, Orlando Gomes[56] ensina que esta caracteriza-se pela ocorrência do fato necessário, cujos efeitos o devedor não poderia evitar ou impedir, não se confundindo com a resolução por onerosidade excessiva, que se apresenta em situações de extrema dificuldade, não impossibilidade. Em suma, a inexecução involuntária é a que decorre de impossibilidade superveniente, objetiva – porque, se subjetiva, não seria involuntária –, total – porquanto, se parcial, o credor pode ainda ter interesse na execução do contrato – e definitiva – pois, se temporária, não se justificaria a resolução.

Resolvido o contrato, o efeito da resolução é retroativo, não respondendo o devedor pelas perdas e danos advindos do caso fortuito ou força maior, suportando o credor o risco em sendo unilateral o contrato – *res perit creditori* –, voltando as partes à situação anterior à sua celebração em sendo bilateral o contrato – a exoneração de uma parte acarreta a da outra.

Quando a *inexecução é voluntária* – impossibilitando a obrigação, ou deixando de cumpri-la no lugar, modo e tempo devidos –, a parte culpada responderá por perdas e danos, incidindo a cláusula resolutiva, seja expressa, seja tácita, com a

---

revestir a forma pública, mas o juiz terá de proferir um decreto de nulidade. Faltando, porém, a própria realização do contrato, o juiz poderá, pura e simplesmente, isentar o pseudo comprador de uma prestação".

55. Vejam-se os tópicos correspondentes na Parte IV do Livro II do presente trabalho. No âmbito do CDC, o art. 6.º, V, autoriza a "modificação das cláusulas contratuais que estabeleçam prestações desproporcionais (...)" (cf. Arruda Alvim et al. *Código do Consumidor comentado e legislação correlata*, comentário ao art. 6.º, p. 61-65).

56. Orlando Gomes, *Contratos*, n. 138-139, p. 206-209.

resolução judicial do contrato bilateral, ou exigir-lhe o cumprimento (art. 475 do CC/2002) ou, ainda, se for o caso, com a busca das soluções apontadas no CDC (*v.g.*, o resultado prático equivalente – art. 84 do CDC), incidindo, igualmente, a cláusula penal, que pode referir-se à inexecução completa da obrigação, à de alguma cláusula especial ou simplesmente à mora.

Configurada a mora, responderá o inadimplente pelos prejuízos a que aquela der causa, podendo, inclusive, o credor enjeitar a prestação e exigir a satisfação das perdas e danos. Como consequência defluente dos contratos bilaterais, ao lado da atitude ativa da parte lesada pelo inadimplemento – pode requerer a resolução do contrato com perdas e danos –, nos contratos onde as prestações são simultâneas, o contratante adimplente pode assumir uma atitude passiva, negando-se a cumprir a obrigação antes de ver cumprida a que lhe era devida. É a *exceptio non adimpleti contractus*, onde a parte inocente contesta a exigibilidade da prestação, em face de não haver o excepto adimplido o contrato.[57]

Na apreciação das situações que conduzem à resolução, encontramos, ainda, a onerosidade excessiva, possível "*Nos contratos de execução continuada ou diferida, se a prestação de uma das partes se tornar excessivamente onerosa, com extrema vantagem para a outra, em virtude de acontecimentos extraordinários e imprevisíveis, poderá o devedor pedir a resolução do contrato. Os efeitos da sentença que a decretar retroagirão à data da citação*" (art. 478 do CC). A resolução poderá ser evitada, oferecendo-se o réu a modificar equitativamente as condições do contrato (art. 479 do CC).

1.5.1.2 Responsabilidade pré-contratual

Quando da formação do contrato, são realizadas as negociações preliminares. Esse período pré-contratual, em muitas situações, é constituído de laboriosa atividade das partes interessadas, até ser alcançado o acordo final. Até que ponto essas negociações vinculam os futuros contratantes e qual a consequência do rompimento das mesmas, são questões suscitadas por Silvio Rodrigues.[58] Como doutrina o autor, a princípio, nenhuma responsabilidade pode derivar para qualquer das partes que resolva abandonar as discussões preliminares, pois as mesmas existem precisamente para a averiguação da conveniência ou não do negócio.

No entanto, é possível que, em razão da expectativa criada para a realização do negócio, uma das partes poderá vir a realizar despesas, alterar planos, prescindir de negócios, tudo em razão da expectativa de contratar, motivo pelo qual o abandono das negociações não pode ser arbitrário, podendo, aquele que abandonou as negociações, ser responsabilizado caso tenha agido com dolo, negligência ou imprudência.

---

57. Cf. Silvio Rodrigues, *Direito civil aplicado*, vol. IV, parecer n. 4, p. 55.

58. Silvio Rodrigues, *Direito civil*, vol. III, nº 27, p. 65.

Deveras, o rompimento das negociações preliminares sem motivo justificável, sem uma satisfação convincente, originando prejuízo ao co-contratante pelas despesas despendidas, pelo tempo inutilizado, pelo esforço que ficou sem qualquer proveito no período preparatório do contrato, pelo desperdício de outras oportunidades, implica o surgimento da obrigação de indenização das despesas que tenham sido feitas ou nos lucros que tenham sido perdidos, na esperança de um resultado positivo.[59]

Mesmo considerando-se a possibilidade de ocorrer o ressarcimento dos prejuízos sofridos, em razão do rompimento das negociações preliminares, por aplicação da regra geral contida no art. 186 do CC, o sistema jurídico não dá ao prejudicado o direito de exigir o cumprimento da negociação preliminar, uma vez que essa negociação não vincula as partes.[60]

Desenvolvendo a ideia da responsabilidade pré-contratual, Antônio Chaves identifica a existência de numerosas obrigações que, embora extracontratuais por não decorrerem de nenhuma avença, mantêm relações com determinado negócio jurídico, ou em vias de formação ou já vencido, dissolvido ou anulado,

---

59. Antônio Chaves, Responsabilidade pré-contratual. *RDCiv* 23/16-17. Sobre os elementos da responsabilidade civil pré-contratual (consentimento, relação de causalidade, dano patrimonial, danos extrapatrimoniais), confira-se Valmir Antônio Vargas *Responsabilidade civil pré*-contratual, nº 5, p. 121-144. Observa Enzo Roppo (*O contrato*, p. 106-107) que no Código Civil Italiano existe disposição contemplando a responsabilidade pré-contratual: "*Art. 1.337 Trattative e responsabilità precontrattuale – Le parti, nello svolgimento delle trattative e nella formazione del contratto, devono comportarsi secondo buona fede (1366,1375, 2208)*", de modo que o parceiro desleal, que viola a obrigação de agir de modo razoavelmente honesto, leal, correto (frustrando a celebração normal do negócio ou colaborando na formação de um negócio eivado de nulidade) estará sujeito a ressarcir os danos sofridos pela parte inocente. Outrossim, cumpre observar que, até a aprovação, em janeiro de 2002, da chamada "lei de modernização do direito das obrigações" do BGB, não existia a previsão da responsabilidade civil pela ruptura das negociações preparatórias do contrato (§311, alínea 2).

60. Silvio Rodrigues, *Direito civil*, vol. III, nº 27, p. 66-7. As negociações preliminares não se confundem com os contratos preliminares, assim designados aqueles que preveem a celebração do definitivo (art. 463 do CC). Sobre as características e os efeitos das negociações preliminares, vejam-se os seguintes acórdãos: "*(...) O contrato preliminar na sua natureza, bem como em seus efeitos, é diverso do contrato principal, por isto não reclama os requisitos formais deste, cristalizando, apenas, uma obligatio faciendi, isto é, uma prestação futura de outorga de escritura de compra e venda, na espécie*" (TJSP, Ap. 225.721-2/9, rel. Des. Franklin Neiva, 06.09.1994, *BDI*, 1.º decêndio, abr. 1995, n. 10, p. 9-10); "*Compromisso de compra e venda – Rescisão – Inadmissibilidade – Carta-proposta – Equiparação ao compromisso, permitida inclusive a averbação do ajuste preliminar no Registro de Imóveis – Art. 27, § 1.º, da Lei nº 6.766/1979 – Rescisão, ademais, possível somente pela via judicial – Carência afastada – Recurso provido para esse fim*" (TJSP, Ap. 210.270-2/5, rel. Des. Pereira Calças, 10.08.1993, *BDI*, 3.º decêndio, out. 1993, n. 30, p. 7-8).

v.g., *a recusa de contratar* ou *a ruptura arbitrária das negociações em curso*.[61] O doutrinador enumera os seguintes elementos constitutivos da responsabilidade pré-contratual: a) consentimento às negociações, desde que manifestado de maneira iniludível; b) dano patrimonial, consubstanciado no ressarcimento de trabalho e despesas despendidas, exceto entendimento expresso em contrário; c) relação de causalidade entre o prejuízo alegado e o fato que lhe deu origem; d) culpa, identificada com a retirada da parte sem motivo justificável (intempestivo, arbitrário, repentino etc.).[62]

Stiglitz e Stiglitz[63] lembram, ainda, outras hipóteses de fatos da etapa pré-contratual, que podem ocasionar prejuízos aos interesses de uma das partes: a) ocultar ou falsear a realidade, mediante a dissimulação do que é verdadeiro; b) silenciar, por dolo ou culpa, sobre a existência de uma causa de ineficácia; c) prolongar, deliberadamente e sem razão, as tratativas, para, logo em seguida, contratar com terceiro; d) atuar sem os poderes adequado ou exorbitando-os; e) iniciar as tratativas sem seriedade, sabendo, de antemão, que não existe a intenção de negociar.

1.5.1.3 Responsabilidade pós-contratual

Na lição de Silvio de Salvo Venosa,[64] mesmo o contrato já cumprido pode estar sujeito a efeitos residuais posteriores ao seu termo final, aplicando-se os princípios da responsabilidade pré-contratual a esse tipo de responsabilidade situada no campo dos atos ilícitos, na falta de uma regulamentação específica a respeito.

Três garantias legais, sobejamente conhecidas, retratavam e retratam a preocupação do legislador do Código Civil de 1916 e o atual com a responsabilidade pós-contratual: a redibição por vícios redibitórios, a evicção pela perda da coisa e a garantia expressa na regulamentação do contrato de empreitada. A redibição do contrato ou o abatimento do preço constituem as garantias legais pós-contratuais à disposição daquele que recebeu a coisa maculada por vícios ou defeitos ocultos, que a tornem imprópria ao uso a que é destinada, ou lhe diminuam o valor (arts. 441 a 446 do CC/2002, 1.101 a 1.106 do CC/1916).

A evicção, por sua vez, consubstancia a garantia pós-contratual concedida ao adquirente (evicto) da coisa em face do alienante, diante da "*perda total ou parcial de uma coisa, em virtude de sentença, que a atribui a outrem [o evictor], por direito*

61. Antônio Chaves, *Responsabilidade pré-contratual*, p. 11-12.
62. Antônio Chaves, *Responsabilidade pré-contratual*, *RDC* 23/20-22.
63. Rubén S. Stiglitz e Gabriel A. Stiglitz, *Responsabilidad precontractual: incumplimiento del deber de información*, p. 22-33.
64. Silvio de Salvo Venosa, *Direito civil – contratos*, nº 9.4, p. 143-144. Na visão de Rogério Donnini, confira-se a noção de pós-eficácia em *Responsabilidade civil pós-contratual*, p. 176-204.

anterior ao contrato, de onde nascera a pretensão do evicto"[65] (arts. 447 a 457 do CC/2002, 1.107 a 1.117 do CC/1916).

Por último, o art. 618 do CC/02 (art. 1.245 do CC/1916) reserva ao dono da obra, nos contratos de empreitada de edifícios ou outras construções consideráveis, o prazo de garantia de 5 (cinco) anos, perante o empreiteiro de materiais e de execução, pela solidez e segurança do trabalho.[66]

1.5.2 Responsabilidade extracontratual ou aquiliana

Na definição de Clóvis Beviláqua[67] considerando-se que o exercício regular do direito é a realização de seu destino próprio e que não basta que alguém se julgue prejudicado com isso, desde que o sujeito mantenha-se dentro da ordem jurídica, o ato ilícito é aquele que, praticado sem direito, causa dano a outrem, ficando o agente obrigado a reparar o dano.

Não existindo o contrato, a responsabilidade extracontratual subjetiva esteia-se na regra geral, que gera a obrigação (dever) de indenizar para aquele que, culposa ou dolosamente, viola direito ou causa prejuízo a outrem. Apura-se a responsabilidade por intermédio do montante das perdas e danos sofridos pelo prejudicado, na noção compreensiva no art. 402, *caput*, do CC, que diz respeito tanto à indenização decorrente de violação contratual, como àquela decorrente da ofensa a um dever geral de conduta.

As obrigações procedentes de atos ilícitos (*obligatio ex delicto*) têm um caráter completamente distinto daquelas derivadas das obrigações que decorrem de contratos (*obligatio ex contractu*). As denominadas "obrigações delituais", muito embora possuam configuração exterior semelhante às contratuais – um credor, um devedor, uma prestação –, delas são distintas porque não possuem o encontro de

---

65. Clóvis Beviláqua *Código Civil dos Estados Unidos do Brasil*, comentário ao art. 1.107, p. 221. Vol. II.

66. Tratando da responsabilidade extracontratual ou legal do incorporador, veja-se, nesta obra, o Livro II, Parte III. No atual Código Civil argentino encontramos a seguinte definição de "contrato de obra": "*Articulo 1.251.- Definición. Hay contrato de obra o de servicios cuando una persona, según el caso el contratista o el prestador de servicios, actuando independientemente, se obliga a favor de otra, llamada comitente, a realizar una obra material o intelectual o a proveer un servicio mediante una retribución*".

67. Clóvis Beviláqua, *Teoria geral*... cit., § 71, p. 270. Vejam-se sobre a noção de atos ilícitos: o Código Civil italiano, art. 2.043 ("*(1) qualquer ato doloso ou culposo, que ocasione a outrem um prejuízo injusto, obriga aquele que praticou o ato a indenizar o prejuízo*"); o alemão, § 823 ("*quem, por dolo ou negligência, lesar, antijurídicamente, a vida, o corpo, a saúde, a liberdade, a propriedade ou qualquer um outro direito de uma pessoa, estará obrigado, para com essa pessoa, à indenização do dano daí resultante*"); o francês, art. 1.382 ("*todo ato, qualquer que ele seja, de homem que causar a outrem um dano, obriga aquele, por culpa do qual veio ele a acontecer, a repará-lo*"); o *Esboço do Código Civil*, de Teixeira de Freitas, arts. 822 a 847.

vontades como sustentáculo primeiro da relação jurídica existente entre o autor do ato ilícito e o credor da prestação de indenizar.

O texto legal não considera ato ilícito aquele praticado em legítima defesa ou no exercício regular de um direito reconhecido, ou a deterioração ou destruição da coisa alheia, a fim de remover perigo iminente, desde que as circunstâncias tornem o ato absolutamente necessário, não excedendo os limites do indispensável para a remoção do perigo (art. 188 do CC). Nesse último caso, não sendo culpado do perigo o dono da coisa, assistir-lhe-á direito à indenização do prejuízo que sofreu, ficando o autor do dano com ação regressiva contra o terceiro, que ocasionou o perigo (arts. 929 e 930 do CC).

Com profundo alicerce no direito romano e, mais precisamente, na denominada Lei Aquília, as obrigações resultantes de atos ilícitos devem ser analisadas antes e depois desse texto legislativo.

A Lei das XII Tábuas, anterior às disposições aquilianas, estabelecia um regime jurídico de regras isoladas que, *v.g.*, puniam a pessoa que cortasse as árvores do vizinho (*actio de arborius*), que incendiasse involuntariamente algo (*actio incensarum*), que permitisse que seu rebanho pastasse em propriedade alheia (*actio de pastu*).

O texto legal da Lei Aquília nasceu de um plebiscito proposto por um tribuno da plebe – Aquílio –, adotando a forma da subdivisão por capítulos.[68] Votada para a proteção dos plebeus contra os prejuízos que eram impostos pelos patrícios nos limites de suas propriedades, inovou ao punir, por intermédio de um determinado tipo de ação, todos os atos prejudiciais a alguém.[69]

Posteriormente, noticia Clóvis Beviláqua[70] que o direito romano sancionava civilmente certos atos – o furto, o roubo, o dano e a injúria –, considerando-os delitos civis e apenando-os com multa pagável ao ofendido. A seguir, a evolução jurídica equiparou outros atos, não expressamente previstos em lei, a delitos, os *quasi ex delicto* (*v.g.*, o juiz que fazia sua a demanda; aquele de cujo sobrado era lançada alguma coisa, ofendendo o transeunte; o gerente da estalagem, se algum dos seus empregados cometesse algum dolo ou furto).

Influenciada por essas ideias, a doutrina europeia, mormente a francesa, denominou "delito civil" todo ato praticado sem respaldo jurídico, com a intenção de prejudicar e efetivamente causar dano e chamou de "quase delito" o ato que causasse dano, sem ter havido o ânimo de prejudicar por parte do agente. Inexistindo distinção fundamental entre o delito e o quase delito, essas figuras foram

68. Cf. mencionado em J. 4, 3, 12-13.

69. Cf. J. Cretella Jr., *Curso de direito romano*, n. 211, p. 312-313.

70. Clóvis Beviláqua, *Teoria geral*... cit., § 71, p. 271. Veja-se sobre furto, roubo, dano e injúria, G, III, 182-225.

fundidas na denominação geral de ato ilícito, sustentando-se, hoje, o princípio da unicidade da culpa.[71]

Como ressalta Alvino Lima, é incontestável a evolução observável no direito romano em face do direito primitivo, da responsabilidade extracontratual ou aquiliana, no sentido de se introduzir o elemento subjetivo da culpa, expurgando-se do direito a ideia de pena para substituí-lo pela de reparação de dano sofrido.[72]

71. Cf. Roberto de Ruggiero, *Instituições de direito civil*, vol. III, § 126, p. 414-8; Clóvis Beviláqua, *Teoria geral*... cit., § 71, p. 271-272. Veja-se sobre "os delitos e os quase delitos" os arts. 1.383 a 1.386 do Código Civil francês. Othon de Azevedo Lopes anota o seguinte sobre a culpa no período clássico: "*Originalmente, no direito romano, saber se o autor do dano agiu bem ou mal era uma questão acessória. (...) Ainda pela sistemática da vingança privada, considerou-se que crianças e loucos estivessem excluídos tanto da justiça de mão própria quanto da punição ou reparação do Estado em função dos delitos. Esse foi o primeiro embrião da culpa no direito romano, constituindo aí um de seus sentidos*" (*Responsabilidade jurídica – horizontes, teoria e linguagem*, nº II.3.5, p. 70).

72. Cf. Alvino Lima, *Culpa e risco*, n. 4, p. 28.

2
Pressupostos da Responsabilidade Civil

Quatro são os pressupostos tradicionalmente apontados pela doutrina[1] para a verificação da responsabilidade civil, contratual ou extracontratual: a) ação ou omissão do agente contrária ao direito – conduta antijurídica; b) dano experimentado pela vítima; c) relação de causalidade; d) culpa do agente (na responsabilidade subjetiva). Desses assuntos e de outros correlatos trataremos a seguir.[2]

2.1 Ação ou omissão do agente – Antijuridicidade

2.1.1 Do ato omissivo ou comissivo ilícito

Para que a responsabilidade civil emerja, inicialmente faz-se imprescindível a identificação de um agente que ocasione dano a outrem por intermédio de um ato comissivo ou omissivo,[3] infringindo, dessa maneira, um dever contratual, legal ou social. Surge, então, a denominada responsabilidade simples, direta ou por fato próprio, decorrente de uma ação ou omissão direta da pessoa ligada à violação ao direito ou ao prejuízo patrimonial ou moral, por ato contrário ao direito.[4]

---

1. Cf. Silvio Rodrigues, *Direito civil*, vol. IV, n. 8, p. 14; Carlos Roberto Gonçalves, *Responsabilidade civil – De acordo com o novo Código Civil*, n. 10, p. 31-34; Orlando Gomes *Comentários ao Código Civil – Arts. 927 a 965*, n. 12, p. 33-36.
2. Cf. trabalho de nossa lavra Pressupostos da responsabilidade civil, *Atualidades de Direito Civil – Estudos sobre responsabilidade civil*, p. 61-73.
3. Sobre o dever de praticar o ato omissivo dispõe o art. 486 do CC português: "*As simples omissões dão lugar à obrigação de reparar os danos, quando, independentemente de outros requisitos legais, havia, por força de lei ou de negócio jurídico, o dever de praticar o ato omitido*". Igualmente incluindo expressamente o ato omissivo dentro da noção de fato ilícito, menção esta ausente nos Códigos francês, alemão e italiano, o Código Civil argentino de 2014 prescreve: "*Articulo 1.717 – Antijuridicidad. Cualquier acción u omisión que causa un daño a otro es antijurídica si no está justificada*".
4. Veja-se Maria Helena Diniz, *Curso de direito civil brasileiro*, vol. VII, b.2.1, p. 57-58.

Agindo dentro de sua esfera jurídica, sem causar dano a outrem, o sujeito deixa de gerar fato próprio, passível de imposição do dever de reparar o prejuízo. Contudo, é possível ocorrer a hipótese de alguém, mesmo atuando dentro da órbita estrita de seu direito, causar prejuízo a outra pessoa.

Silvio Rodrigues[5] aponta algumas situações em que se admite a ocorrência de prejuízo ao paciente, sem que esse prejuízo gere o dever de reparação ao agente, como, *v.g.*, no caso da concorrência comercial leal, no qual um comerciante disputa com outro a clientela comum: do lucro de um advirá, na maioria dos casos, prejuízo ao outro; no direito de vizinhança, no qual o proprietário ou ocupante de um imóvel submete-se aos incômodos que lhe causa o confinante.

Além dessas hipóteses, o art. 188 do CC/2002 não considera ato ilícito aquele praticado em legítima defesa, no exercício regular de um direito reconhecido (inc. I), ou a deterioração ou destruição da coisa alheia, a fim de remover perigo iminente (inc. II), desde que, no caso do inc. II, as circunstâncias tornem o ato absolutamente necessário, não excedendo os limites do indispensável para a remoção do perigo.

Diante da deterioração ou destruição da coisa, não sendo culpado do perigo a pessoa lesada ou o dono da coisa, assistir-lhes-á direito à indenização do prejuízo que sofreram (art. 929 do CC/2002), restando ao autor do dano ação regressiva contra o terceiro que ocasionou o perigo (art. 930 do CC/2002), a mesma ação competindo contra aquele em defesa de quem se causou o dano (art. 930, parágrafo único, c/c art. 188, I, do CC/2002).[6]

2.1.2 Do abuso de direito[7]

Com a entrada em vigor do Código Civil de 2002, o abuso de direito passou a integrar o conceito de ato ilícito,[8] o que coloca o instituto no campo da respon-

---

5. Silvio Rodrigues, *Direito civil*, vol. IV, n. 16, p. 42.
6. A propósito do tema das obrigações de indenizar resultante de atos lícitos, veja-se Gustavo Ordoqui Casilla, *Obligación de compensar daños causados por conductas licitas*, *RT* 726/11 a 23.
7. Cf. trabalho de nossa lavra *Fundamentos da responsabilidade civil e o abuso de direito*, *in Fundamentos do direito civil brasileiro*, p. 105-117.
8. Muito embora a lei equipare o ato ilícito ao abuso de direito, Alvino Lima (*Culpa e risco*, p. 219) discorre sobre a distinção existente entre eles, argumentando que naquele, a lei é transgredida em seus limites, negando-se ou excedendo-se o direito; neste, o preceito legal não é vilipendiado, sendo ultrajados, ao invés, sua destinação e espírito. O art. 3.º do Código de Processo Civil de 1939 coibia o abuso de direito no processo nos seguintes termos: "*Responderá por perdas e danos a parte que intentar demanda por espírito de emulação, mero capricho, ou erro grosseiro. Parágrafo único. O abuso de direito verificar-se-á, por igual, no exercício dos meios de defesa quando o réu opuser, maliciosamente, resistência injustificada ao andamento do processo*". Por sua vez, o CPC/2015 expressamente faz referência ao abuso de direito nos arts. 311, I; 428, parágrafo único.

sabilidade civil, como expressamente estabelece o art. 187,[9] a exigir uma revisão dos fundamentos da responsabilidade civil, em especial no que tange à ampliação do âmbito da conduta antijurídica do agente.[10]

Deveras, diante do abuso de direito, deverá o agente ressarcir o dano causado a outra pessoa pelo ato ilícito consubstanciado no exercício de um direito seu, que exceda manifestamente os limites impostos pelo seu fim econômico ou social, pela boa-fé ou pelos bons costumes. Decorre daí que, verificado o abuso de direito, incorrerá o autor no dever de indenizar quando se verifiquem os demais pressupostos da responsabilidade civil, quais sejam, o prejuízo reparável, a culpa do agente, o nexo de causalidade.[11]

Como modalidade de ato ilícito civil, o abuso de direito, porque não situado dentre as hipóteses especiais de responsabilidade sem culpa, obedece, a nosso juízo, a diretriz da responsabilidade subjetiva estabelecida pelo art. 186 do CC;[12]

Na lição de Rubens Limongi França, na verdade, o abuso de direito estaria situado numa zona intermediária entre o ato lícito e o ato ilícito, considerando-o como um ato jurídico de objeto lícito, cuja anormalidade de procedimento conduz a um resultado considerado ilícito (*Responsabilidade civil e abuso de direito*, *Revista do Advogado* 19/42, n. 3.1).

9. "*Art. 187. Também comete ato ilícito o titular de um direito que, ao exercê-lo, excede manifestamente os limites impostos pelo seu fim econômico ou social, pela boa-fé ou pelos bons costumes*". Adverte Renan Lotufo que não cabe ao intérprete negar a qualificação do abuso de direito como ato ilícito, pois essa é uma atribuição exclusiva da lei: "*(...) pois dizendo a lei que é ilícito, descabe ao intérprete negá-lo, já que tal qualificação é exclusiva da lei*" (*Código Civil comentado*, comentário ao art. 187, p. 188).

10. O Projeto de Código de Obrigações de 1941, presidido por Orosimbo Nonato, tendo por Relator-Geral Caio Mario da Silva Pereira, já recepcionava a teoria do abuso de direito, enunciando no art. 857 que "*Aquele que abusar de seu direito será obrigado a reparar o dano que causar*". O art. 334 do Código Civil português é apontado como fonte da regra expressa no art. 187 do Código Civil pátrio. "*(abuso de direito) É ilegítimo o exercício de um direito, quando o titular exceda manifestamente os limites impostos pela boa-fé, pelos bons costumes ou pelo fim social ou económico desse direito*". Veja-se, a propósito do teor do art. 187, a opinião de José de Oliveira Ascensão (*A desconstrução do abuso de direito*, p. 33 a 54), que nega, apesar das aparências, que o abuso de direito se apresente como um instituto da lei brasileira: "*Não é [o abuso de direito] o conteúdo do art. 187 do novo Código Civil, que nem sequer usa a expressão 'abuso de direito'*" (p. 54).

11. Cf. Fernando Pessoa Jorge, *Ensaio sobre os pressupostos da responsabilidade civil*, n. 64, p. 204.

12. Em sentido contrário, não considerando o abuso de direito ato ilícito, circunscrito às noções de dolo e culpa, dentre outros: Silvio de Salvo Venosa, *Código Civil interpretado*, comentários ao art. 187, p. 208-209; Teresa Ancona Lopez, *Exercício do direito e suas limitações: abuso do direito, in Responsabilidade civil – Estudos em homenagem ao professor Rui Geraldo Camargo Viana*, p. 555; Sérgio Cavalieri Filho, *Programa de responsabilidade civil*, n. 27, p. 160 e ss.; Daniel M. Boulos, *Abuso de direito no novo Código Civil*, n. 9.3, p. 135; José de Aguiar Dias *Da responsabilidade civil*, n. 181, p. 693 (esse autor, contudo,

i.e., ao expressamente considerar o ato abusivo como ato ilícito, o legislador sistematizou as condutas antijurídicas dos arts. 186 e 187 e as condutas jurídicas do art. 188, fazendo-se imprescindível para aquelas a identificação de um agente que ocasione dano a outrem por intermédio de um ato comissivo ou omissivo culposo em sentido estrito ou doloso.[13]

Ao referir o abuso de direito como fonte de responsabilidade civil, Fernando Augusto Cunha de Sá giza a necessidade da presença dos demais requisitos ou pressupostos do dever de indenizar: "*Ora que o abuso de direito seja fonte de responsabilidade civil é coisa que ninguém se lembra de pôr em dúvida, desde que no exercício abusivo se verifiquem os demais requisitos ou pressupostos do dever de indenizar: o dolo ou a mera culpa, o dano e o nexo de causalidade entre a actuação abusiva e o dano*".[14]

Na verdade, nosso direito positivo atual exige o aspecto subjetivo (intenção) para a configuração do abuso de direito, conduzindo, portanto, sua repressão para a disciplina da responsabilidade civil aquiliana, como leciona Humberto Theodoro Jr.: "*Nosso direito positivo atual não dá ensejo a dúvidas: adotou claramente a orientação preconizada pela teoria subjetivista do abuso de direito. Primeiro definiu o ato ilícito absoluto, como fato humano integrado pelo elemento subjetivo (culpa) (art. 186). Em seguida, qualificou, de forma expressa, o exercício abusivo de direito como ato ilícito (art. 187)*".[15]

---

ao discorrer sobre o assunto, não tinha em perspectiva a maneira como o abuso de direito foi tratado na sistemática de responsabilidade civil, implementada pelo Código Civil de 2002).

13. Nesse sentido, igualmente sem ter em perspectiva a maneira como o abuso de direito foi tratado na sistemática de responsabilidade civil, vinculando o abuso de direito à prática emulativa, dentre outros: Washington de Barros Monteiro *Curso de direito civil – Parte geral*, p. 329-330, vol. I ("*A teoria do abuso de direito se vincula realmente à prática de emulação, que é, na frase de Pacchioni, ato realizado sem vantagem alguma para o titular, com o único propósito de causar dano a outrem*"); Miguel Maria de Serpa Lopes, *Curso de direito civil*, n. 380, p. 530 ("*[...] resulta para nós a conclusão de que a teoria do abuso dos direitos não desborda das noções de culpa*"); Clóvis Bevilaqua *Código Civil dos Estados Unidos do Brasil comentado*, comentário n. 7 ao art. 160, p. 433 ("*Abusar do direito é tomar o meio pelo fim, é exercê-lo de modo contrário ao interesse geral e à noção de equidade tal como se apresenta, num dado momento da evolução jurídica*").

    Cumpre notar que o §226 do CC alemão subordina a ilicitude do abuso de direito à intenção de causar dano a outra pessoa: "*O exercício de um direito é inadmissível [ilícito] se ele tiver por fim, somente, causar um dano a um outro*" (tradução de Souza Diniz).

    Ao comentar esse artigo, observa Arruda Alvim que o §226 do BGB: "*(...) alude à necessidade de considerar a intenção por meio da expressão fim, o que implicaria, em termos práticos, tendo em vista o que deflui literalmente do texto, a imprescindibilidade de perquirição do ânimo (subjetivo). O § 2.º do art. 1.228, a seu turno, também se refere à intenção*" (*Comentários ao Código Civil brasileiro*, nº 4.3.7, p. 286).

14. Fernando Augusto Cunha de Sá, *Abuso de direito*, nº 75, p. 638.
15. Humberto Theodoro Jr., *Comentários ao novo Código Civil – Arts. 185 a 232*, p. 118.

José Augusto Delgado, ao comentar o Código Civil, integra ao conceito de abuso de direito a intenção de praticar o ato ilícito, *in verbis*: "*Em conclusão, podemos afirmar que abuso de direito é a ação do agente (pessoa física ou jurídica) que faz uso do direito do qual é titular para levar malefício a outrem, com a intenção de praticar um mal e, consequentemente, um dano, embora não tenha qualquer proveito*".[16]

Essa intenção de praticar um mal e, consequentemente, um dano, evidencia um exercício de direito contrário à sua finalidade natural e afasta a contradição lógica da conformação do exercício de um direito com um ato ilícito, porquanto o exercício abusivo se faz presente contra os limites sociais e éticos impostos ao indivíduo na vida em sociedade.

A propósito, Humberto Theodoro Jr. bem observa que "*não repugna ao senso jurídico a ideia de que um direito (faculdade jurídica) possa ser exercitada contra sua finalidade natural. (...) Pode, pois, sem maiores contradições, determinado ato ser conforme ao direito conferido ao seu titular e, sem embargo, apresentar-se contrário ao direito no sentido amplo de corpo de regras sociais obrigatórias. (...) O abuso se comete, portanto, contra os limites sociais e éticos impostos à atividade individual na vida em sociedade*".[17]

Apresentam-se, a partir do que foi antes exposto, os seguintes requisitos do abuso de direito: conduta humana, existência de um direito subjetivo, exercício desse direito de forma emulativa (ou culposa), dano para outrem, ofensa aos bons costumes e à boa-fé ou prática em desacordo com o fim social ou econômico do direito subjetivo. Da reunião desses requisitos, resulta o abuso de direito como modalidade de ato ilícito e extensão do conceito de culpa. Na expressão de Pedro Baptista Martins: "*Resultado de uma extensão do conceito de culpa, o abuso de direito é uma modalidade do ato ilícito. Ilícito é, com efeito, o ato antissocial, realizado sob o influxo de motivos reprovados, não visando à satisfação de um interesse legítimo e que, por isso mesmo, embora praticado no exercício de um direito, venha a produzir um sério desequilíbrio entre os interesses individuais e coletivos*".[18]

Alvino Lima, em suas conclusões a respeito do abuso de direito, destaca que, seja qual for o fundamento adotado ou o critério seguido para a sua configuração, o importante é que a inserção do abuso de direito na sistemática jurídica veio ampliar os casos de responsabilidade, seja contratual, seja extracontratual, de maneira a aperfeiçoar a sistemática de reparação dos atos ilícitos.[19]

Cumpre salientar que o art. 927, parágrafo único, do CC, consubstancia regra que estabelece a responsabilidade objetiva no âmbito das relações civis nos casos

---

16. José Augusto Delgado, *Comentários ao Código Civil brasileiro – Dos fatos jurídicos*, nº 206, p. 861. vol. II.
17. Humberto Theodoro Jr., *Comentários ao novo Código Civil – Arts. 185 a 232*, p. 111-112.
18. Pedro Baptista Martins, *O abuso do direito e o ato ilícito*, n. 142, p. 162.
19. Alvino Lima, *Culpa e risco*, n. 50, p. 255.

especificados em lei (v.g., art. 931 do CC), ou quando a atividade normalmente desenvolvida pelo autor do dano implicar, por sua natureza, risco para os direitos de outrem.[20] Considerando que o art. 187 do CC não especifica a obrigação de reparar o dano, independentemente de culpa, como situação excepcional, poderá ser verificada objetivamente a ilicitude do abuso de direito quando a atividade normalmente desenvolvida pelo autor do dano implicar, por sua natureza, risco para os direitos de outrem.

Na expressão de Tatiana Bonatti Peres, "*Contudo, a responsabilidade civil decorrente do ato abusivo, isto é, a obrigação de indenizar, poderá ser subjetiva, conforme a regra geral, dependendo, portanto, de culpa do agente e da existência de dano, ou objetiva, nas relações de consumo (arts. 12 e 14 do CDC) ou nas atividades de risco (art. 927, parágrafo único, do CC/2002)*".[21]

2.1.3 Responsabilidade civil das pessoas jurídicas diante do abuso da personalidade[22]

Agindo a pessoa natural em nome e por conta da pessoa jurídica, na consecução das suas atividades, o ato danoso considera-se praticado por ela, pessoa jurídica, pois a pessoa física, nessa circunstância, integra o organismo moral, a entidade jurídica designada "pessoa jurídica", ficando sempre ressalvada a possibilidade da ação regressiva contra a pessoa natural, por ato individual culposo desta.[23]

Nascida a pessoa jurídica, assenhora-se ela de direitos, deveres e obrigações, passando a existir personalidade e patrimônio próprios e distintos dos de seus membros. Esse princípio elementar ao Direito, consubstanciado na impossibilidade de confusão entre as personalidades da pessoa física e jurídica, vem hoje expressamente consignado no *caput*, do art. 49-A, do Código Civil, incluído pela Lei da Liberdade Econômica (Lei nº 13.874, de 20 de setembro de 2019 – LLE): "*A pessoa jurídica não se confunde com os seus sócios, associados, instituidores ou administradores*",[24] de maneira que, em regra, os sócios não respondem com seu patrimônio pelos débitos da pessoa jurídica e vice-versa.[25]

---

20. Trataremos mais especificamente desse tema no capítulo dedicado à responsabilidade objetiva.
21. Cf. Tatiana Bonatti Peres, *Abuso do direito*, *RDPriv* 43/68.
22. Cf. nossos *Comentários ao Código Civil brasileiro – Introdução à parte geral*, n. 3.1.2, p. 19-20; *Os limites da responsabilidade no âmbito da desconsideração da personalidade jurídica*, p. 159-168, *in Estudos em homenagem à professora Thereza Alvim*.
23. Cf. Oswaldo Aranha Bandeira de Mello, *Princípios gerais de direito administrativo*, vol. II, n. 40.6, p. 476-478.
24. O art. 49-A do Código Civil reedita o disposto no art. 20, *caput*, do CC/16, não contemplado, inicialmente, pelo CC/02, que previa: "*As pessoas jurídicas têm existência distinta da dos seus membros*". Clóvis Bevilaqua assim comentava a razão de ser do princípio esculpido

Contudo, em caso excepcionais, expressamente indicados pela lei, de abuso da personalidade jurídica, consubstanciado pelo desvio de finalidade, ou pela confusão patrimonial, o Código Civil possibilita ao magistrado, nunca de ofício, decidir, a requerimento da parte, ou do Ministério Público, quando lhe couber intervir no processo, que, diante da insuficiência do patrimônio da pessoa física para solver a dívida, os efeitos de certas e determinadas relações de obrigações sejam estendidos aos bens particulares dos administradores ou sócios da pessoa jurídica beneficiados direta ou indiretamente pelo abuso (art. 50, *caput*, do CC/02, com a redação dada pela LLE).[26]

O Código de Processo Civil de 2015 regulamentou o procedimento a ser observado no incidente de desconsideração da personalidade jurídica, antes inexistente na legislação brasileira (arts. 133 a 137 do CPC/15). Em abono às garantias do contraditório e da ampla defesa (art. 5º, LV, da Constituição Federal – CF/88) esse procedimento deveria ter sido observado, sem a necessidade de qualquer regulamentação, em todos os processos, anteriores ao CPC/15, que enfrentaram a questão da desconsideração, de maneira a permitir aos interessados discutirem a efetiva presença dos requisitos que a lei impõe para a sua ocorrência, procedimento (citação dos interessados, instrução do incidente, etc.) infelizmente dispensado em inúmeras ações.[27]

---

na norma: "*A sociedade, constituída por seu contracto, e personificada pelo registro, tem um fim próprio, econômico ou ideal; move-se no mundo jurídico, a fim de realizar esse fim; tem direitos seus, e um patrimônio, que administra, e com o qual assegura, aos credores, a solução das dívidas, que contráe*" (*Código Civil dos Estados Unidos do Brasil*, observação nº 1 ao art. 20, p. 228).

25. O Código Civil argentino de 2014 expressa o mesmo princípio: "*Articulo 143.-* ***Personalidad diferenciada****. La persona jurídica tiene una personalidad distinta de la de sus miembros. Los miembros no responden por las obligaciones de la persona jurídica, excepto en los supuestos que expresamente se prevén en este Título y lo que disponga la ley especial*" (destaque nosso).

26. O artigo 144 do Código Civil argentino de 2014 assim cuida da matéria: "***Inoponibilidad de la personalidad jurídica****. La actuación que esté destinada a la consecución de fines ajenos a la persona jurídica, constituya un recurso para violar la ley, el orden público o la buena fe o para frustrar derechos de cualquier persona, se imputa a quienes a título de socios, asociados, membros o controlantes directos o indirectos, la hicieron posible, quienes responderán solidaria e ilimitadamente por los perjuicios causados. Lo dispuesto se aplica sin afectar los derechos de los terceros de buena fe y sin perjuicio de las responsabilidades personales de que puedan ser pasibles los participantes en los hechos por los perjuicios causados*" (destaque nosso).

27. Em reforço à preservação das garantias constitucionais reservadas aos afetados pela desconsideração, o art. 795, § 4º, do CPC/15 determina, de maneira cristalina, que o incidente é condição necessária para o alcance daquela: "*Art. 795. Os bens particulares dos sócios não respondem pelas dívidas da sociedade, senão nos casos previstos em lei. (...) § 4º* ***Para a desconsideração da personalidade jurídica é obrigatória a observância do incidente previsto neste Código***" (destaque nosso). Sobre a impossibilidade da utilização do incidente de desconsideração de determinada personalidade jurídica para atingir, não

A ideia da desconsideração da personalidade jurídica, como remédio ao abuso da personalidade, recebeu tratamento anterior mais abrangente no Código de Proteção e Defesa do Consumidor, possibilitando-se ao juiz desconsiderar a personalidade jurídica da sociedade quando, em detrimento do consumidor, houver abuso de direito, excesso de poder, infração da lei, fato ou ato ilícito ou violação dos estatutos ou contrato social.

A desconsideração também será efetivada quando houver falência, estado de insolvência, encerramento, inatividade da pessoa jurídica provocados por má administração (art. 28 do CDC) ou, ainda, quando a personalidade da pessoa jurídica for, de alguma forma, obstáculo ao ressarcimento de prejuízos causados aos consumidores (art. 28, § 5.º, do CDC).

A teoria do "superamento" da pessoa jurídica, como demonstra Fábio Ulhoa Coelho,[28] está estreitamente relacionada ao princípio da preservação da empresa, pois não se postula a invalidade, irregularidade ou dissolução da sociedade jurídica desconsiderada. Deveras, pretende-se que, de maneira episódica, o ato constitutivo da pessoa jurídica seja considerado ineficaz, estendendo-se os efeitos de certas e determinadas relações de obrigações aos bens particulares dos administradores ou sócios da pessoa jurídica, ignorando-se a sociedade somente quando verificado o abuso em desvio de finalidade ou confusão patrimonial.

Adverte Teresa Arruda Alvim, nessa linha de pensar, que a desconsideração da pessoa jurídica não pode conduzir, em si mesma, à liquidação ou dissolução da sociedade, nem afetar aqueles que não participaram do ato considerado abusivo. Ao contrário, o "superamento" deve ter por objetivo assegurar os direitos envolvidos em determinada circunstância fática, mediante a incidência do contraditório e do devido processo legal, para averiguação dos princípios ensejadores da aplicação da teoria.[29]

2.2 Dano experimentado pela vítima

Por dano entendemos toda lesão a um direito subjetivo (bem jurídico), de tal maneira que para o titular desse direito surge a prerrogativa de exigir a indenização

---

os administradores ou sócios da pessoa jurídica, mas outra empresa, que supostamente se confundiria com aquela, veja-se Arruda Alvim *Teoria da desconsideração da pessoa jurídica*, p. 133 *et seq.*, *in Soluções práticas de direito – pareceres*.

28. Fábio Ulhoa Coelho, Lineamentos da teoria da desconsideração da pessoa jurídica, *Revista do Advogado* 36/40.

29. No dizer da autora: "*Além disso, temos que a aplicação da teoria da desconsideração não pode acarretar, em termos práticos, a extinção do instituto da pessoa jurídica. O que deve ocorrer é, especificamente, sua desconsideração para um determinado fim e não sua desconsideração total*" (Teresa Arruda Alvim *Aplicabilidade da Teoria da desconsideração da pessoa jurídica no processo falimentar, in Revista de Processo* vol. 87/214).

correspondente ou a restituição das coisas ao *status quo ante*. Caso o responsável pelo dano não efetue o ressarcimento esperado, surge o conflito que, trasladado da vida social e inserido no contexto jurídico, dá a medida do conflito de interesses e a pretensão a ser articulada diante do magistrado.[30] Assim, ao lado do direito subjetivo material à reparação do dano, surge outro direito público subjetivo de ação, cujo escopo é a prestação jurisdicional, aplicando-se a vontade concreta da lei à hipótese formulada pelo ofendido.[31]

Os danos experimentados podem ser de diversas ordens, avultando às nossas considerações o dano patrimonial e o moral. Dentre as modalidades de dano, Irineu Antônio Pedrotti evidencia as seguintes: a) aquiliano e contratual – resultante de ato ilícito ou de infração a contrato regular e eficaz; b) direto e indireto – derivados da noção de previsibilidade e imprevisibilidade; c) emergente – é o dano efetivamente sofrido, diferente daquele simplesmente estimado (cessante); d) *ex delito* – material ou moral, tipificado como ilícito penal, mas plausível de reparação ou indenização na área civil; e) iminente – quando a lesão é potencialmente possível, caso seja praticado o ato lesivo; f) pauliano – originário da perda que o credor pode sofrer em razão da insolvência do credor.[32]

2.2.1 Dano patrimonial

Na concepção de Enneccerus, Kipp e Wolff, dano é toda desvantagem experimentada em nossos bens jurídicos, considerado o dano patrimonial como a diferença entre o patrimônio atual do prejudicado e o estado em que estaria caso não se produzisse o evento que fundamentará a pretensão indenizatória.[33]

Tivemos a oportunidade de afirmar que o patrimônio de uma pessoa, encarado pelo prisma jurídico, abrange todos os direitos e obrigações apreciáveis pecuniariamente, estando aí incluídos a posse, os direitos reais, os intelectuais, os obrigacionais, as relações econômicas do direito de família e excluídos os direitos

---

30. Cf. Arruda Alvim, *Direito processual civil: teoria geral do processo de conhecimento*, vol. I, p. 43.
31. Cf. Arruda Alvim, *Manual de direito processual civil*, nº 4.1.3, p. 136-140.
32. Irineu Antônio Pedrotti, *Compêndio de responsabilidade civil*, vol. I, p. 18-19. Explanando sobre a reparação, prevenção e precaução como integrantes do princípio *neminem laedere* no direito ambiental, nas relações de consumo e no Estatuto da Criança e do Adolescente, confira-se Rogério Donnini *Prevenção de danos e a extensão do princípio neminem laedere, In Responsabilidade civil – Estudos em homenagem ao professor Rui Geraldo Camargo Viana*.
33. Enneccerus, Kipp e Wolff, *Tratado de derecho civil*, vol. 1, t. II, § 10, p. 61. Os autores evidenciam que o valor comum do bem nem sempre é equivalente à indenização apurada, isto porque, muitas vezes, a perda é acompanhada da desvalorização de outros objetos postos em conexão com o objeto atingido ou, ainda, em razão da utilização vantajosa que lhe emprestava o prejudicado (idem, p. 62).

sobre a pessoa (relações pessoais entre cônjuges, pais e filhos, o pátrio poder, a tutela), os direitos políticos, de acordo com a enumeração feita por Clóvis Bevilaqua.[34] Estariam, portanto, afastados da ideia de patrimônio os bens imateriais (também denominados extrapatrimoniais) que não podem ser convertidos em dinheiro (direito à vida, à liberdade, à segurança, à honra) e as coisas sem respaldo econômico (o ar, os astros).Assim entendido o patrimônio como o conjunto das relações jurídicas de uma pessoa apreciáveis economicamente,[35] a vítima credora tem nele a garantia de seus créditos, por intermédio da execução e penhora dos bens, respondendo o devedor com todos os seus bens, presentes e futuros ("*O devedor responde com todos os seus bens presentes e futuros para o cumprimento de suas obrigações, salvo as restrições estabelecidas em lei*" – art. 789 do CPC/2015; "*Pelo inadimplemento das obrigações respondem todos os bens do devedor*" – art. 391 do CC), chegando à instauração do concurso de preferências, rateando-se o líquido apurado, caso o ativo patrimonial for insuficiente para solver o passivo.[36] Desse conjunto são excluídos os bens sujeitos à afetação patrimonial, por intermédio da qual certos bens do patrimônio do devedor ficam apartados, sujeitos aos encargos correspondentes a determinados fins específicos (v.g., o patrimônio de afetação regulado pelos arts. 31-A *et seq.* da LCI e referido no Capítulo I, da Parte I, do Livro I supra).

Diante do descumprimento contratual, o responsável pode ser compelido judicialmente a realizar a obrigação de dar, fazer ou não fazer, conforme as normas processuais próprias para essas obrigações (art. 536 a 538 do CPC/2015). Em não sendo isso possível, o ressarcimento do dano ocorre na forma de uma indenização em dinheiro que, muito embora não corresponda ao equivalente da obrigação, substitui o seu cumprimento, abrangendo, além do que o credor efetivamente perdeu, o que razoavelmente deixou de lucrar (art. 402 do CC), mais juros, atualização monetária, segundo índices oficiais regularmente estabelecidos, honorários de advogado (art. 389 do CC) e a penalidade prevista.

Quando estamos diante da responsabilidade advinda de um fato gerador de natureza extracontratual, da mesma forma, procura-se usar como parâmetro de ressarcimento uma quantia em pecúnia, equivalente ao ressarcimento das perdas e danos sofridos pelo paciente. De toda sorte, seja contratual ou extracontratual, salvo exceção expressamente prevista em lei, as perdas e danos somente incluem

34. Clóvis Bevilaqua, *Teoria geral do direito civil*, § 29, p. 169-171, cf. tópico 10.1, p. 63, do nosso trabalho *Incorporação imobiliária – Ensaio de uma teoria geral*.

35. Na lição de Darcy Bessone (*Direitos reais*, n. 60, p. 79), quando nos confrontamos com o patrimônio de um indivíduo, percebemos que ele é formado não por um conjunto de coisas, mas por um conjunto de relações ativas e passivas vinculadas ao respectivo titular.

36. Cf. Caio Mário da Silva Pereira, *Instituições de direito civil*, vol. I, n. 67, p. 391-400; vol. IV, n. 346, p. 321-322; Liebman, *Processo de execução*, n. 44, p. 105.

os prejuízos efetivos e os lucros cessantes direta e imediatamente resultantes do ato ilícito: "*Art. 403. Ainda que a inexecução resulte de dolo do devedor, as perdas e danos só incluem os prejuízos efetivos e os lucros cessantes por efeito dela direto e imediato, sem prejuízo do disposto na lei processual*"; "*Art. 944. A indenização mede-se pela extensão do dano*" (CC/02).

2.2.2 Dano moral

Na ofensa moral, estamos diante de um dos efeitos da lesão jurídica ocasionada aos interesses coexistentes e antecedentes de um mesmo direito subjetivo do paciente, razão pela qual é perfeitamente possível a cumulação do pleito de reparação material com o da dor moral,[37] não objetivando, propriamente, o valor reclamado pela vítima, uma reparação equivalente ao preço da dor, pois não existe correspondente material ao sofrimento, mas proporcionar à vítima um *status* material, uma alegria, adquirível com o dinheiro, e que contrabalance a angústia sentida, minimizando-a.[38]

Ao entrar em vigor, a Constituição Federal de 1988, nos moldes de seu artigo 5º, V, assegurou a possibilidade de indenização, não somente ao dano material, mas, também, ao moral ou à imagem. Essa expressa orientação constitucional foi recepcionada pelo artigo 186 do Código Civil de 2002, que reconhece como ato ilícito aquela ação ou omissão voluntária causadora de dano ainda que exclusivamente moral, resultando para o agente o dever de repará-lo (art. 927 do CC/02). O Código Civil de 2002, de modo específico, contempla uma forma de reparação de dano moral, consubstanciada na regra contida no art. 953 (correspondente ao anterior art. 1.547 do CC/1916) de acordo com a qual a indenização por calúnia, difamação ou injúria consistirá na reparação do dano que delas resulte ao ofendido.[39]

Fulcrado na disposição contida no art. 76 do CC/1916, Clóvis Bevilaqua já sustentava a possibilidade de indenização do dano moral. Em sendo reconhecido que o interesse legítimo para propor ou contestar uma ação, diante da ameaça

---

37. Interessante acórdão reputa indenizável o dano moral somente em razão de ilícito doloso, nos seguintes termos: "*(...) É imperioso lembrar ainda que o dano moral só se justifica quando o ilícito resulte de ato doloso, em que a carga de repercussão ou perturbação nas relações psíquicas, na tranquilidade, nos sentimentos e nos afetos de uma pessoa se reflita como decorrência da repulsa ao ato intencional do autor do crime. Tal carga, à evidência, não pode ser encontrada num delito culposo, especialmente como no caso destes autos, sem demonstração de culpa, em qualquer de suas modalidades e, ressalte-se, duvidosa até a prova da ocorrência do apontado erro médico*" [*JTJ* (*Lex* – 144/73-79)].

38. Cf. Mazeaud, Mazeaud e Tunc, op. cit., vol. 1, t. 1, n. 313, p. 438-439; René Savatier, *Traité de la responsabilité civile en droit français: civil, administratif, professional, procédural*, t. II, n. 527, p. 92-93.

39. O Código Penal tipifica esses três crimes contra a honra nos artigos 138, 139 e 140.

ou lesão de um direito, pode ter por índole uma matriz econômica ou moral, a reclamação indenizatória seria admissível ainda quando dissesse respeito a um atentado contra a personalidade, honra, liberdade, profissão. Protegido o interesse moral, este é indenizável, mesmo que encontremos dificuldades na fixação de sua contrapartida pecuniária.[40]

Em sua monografia a respeito da reparação civil por danos morais, Carlos Alberto Bittar aponta, de forma genérica, a noção de dano moral como aquele que se circunscreve "*à esfera íntima ou valorativa do lesado*",[41] atingindo os aspectos íntimos da personalidade humana (*v.g.*, intimidade, consideração pessoal) ou o da valoração da pessoa no meio em que vive (*v.g.*, reputação, consideração social).[42]

Com efeito, não é qualquer tipo de desgosto ou frustração que justifica a responsabilidade pelo dano moral. Somente se justifica a qualificação de "dano moral" àquele dano que possui o caráter atentatório à personalidade, lesando elementos essenciais da individualidade, que devem ser protegidos em defesa dos valores básicos da pessoa e do relacionamento social. Como evidencia Antônio Chaves, propugnar pela ressarcibilidade do dano moral não significa o "*reconhecimento que todo e qualquer melindre, toda suscetibilidade exacerbada, toda exaltação do amor-próprio pretensamente ferido, a mais suave sombra, o mais ligeiro roçar das asas de uma borboleta, mimos, escrúpulos, delicadezas excessivas, ilusões insignificantes desfeitas, possibilitando sejam extraídas da caixa de Pandora do direito centenas de milhares de cruzeiros*".[43]

---

40. Cf. Clóvis Bevilaqua, *Código Civil dos Estados Unidos do Brasil*, nota n. 1 ao art. 76, p. 321-322. Assim como a norma do art. 76 do CC/16 ("*Para propor, ou contestar uma ação, é necessário ter legitimo interesse econômico, ou moral. Parágrafo único. O interesse moral só autoriza a ação quando toque diretamente ao autor, ou á sua família*"), a doutrina alienígena utiliza o art. 1.382 do CC francês para respaldar a indenizabilidade do dano moral, ainda que com reparos (cf. Mazeaud, Mazeaud e Tunc, op. cit., vol. 1, t. I, n. 303, p. 433-434).

41. Carlos Alberto Bittar, *Responsabilidade civil por danos morais*, n. 6, p. 41. Sobre a possibilidade de cumulação dos danos moral e estético por aplicação do art. 949 do CC ("*No caso de lesão ou outra ofensa à saúde, o ofensor indenizará o ofendido das despesas do tratamento e dos lucros cessantes até ao fim da convalescença, além de algum outro prejuízo que o ofendido prove haver sofrido*"), como extensão da proteção saúde, confira-se a conclusão Eneas de Oliveira Matos *Dano moral e dano estético*, nº 6.6, p. 331-337.

42. Idem, n. 7, p. 45. A esses dois aspectos do ser como entidade individualizada, José Eduardo Callegari Cenci denomina os aspectos interno e externo, ambos mensuráveis na avaliação do dano moral para fins indenizatórios, o primeiro correspondente ao aspecto do corpo e da alma, que pode ser mensurado com o suporte da medicina legal; o segundo atinente à repercussão social, que dependerá do prudente arbítrio do julgador, ambos observados em separado, mas aplicados cumulativamente, quando o caso concreto assim exigir (*Reflexões sobre o dimensionamento do dano moral para fins de fixação indenizatória*, n. 4, p. 264).

43. Antônio Chaves, *Tratado de direito civil*, vol. III, p. 637.

Sob pena de ser extensível a todas as situações da vida psíquica humana, em que contrariar o mero capricho poderia dar ensejo a verdadeiras extorsões de caráter patrimonial, a reparação civil por danos morais deve encontrar limite nas situações que não produzem efeito negativo algum na personalidade do lesado ou de maneira nenhuma ameacem a preservação da individualidade da pessoa; em contrapartida, deve alcançar o acontecimento grave, capaz de deixar marcas profundas na generalidade das pessoas, no homem e na mulher medianos.[44] Destarte, *v.g.*, a mera expectativa da entrega de determinada coisa, objeto de contrato de compra e venda, não pode ser fator determinante para a responsabilização civil do vendedor, do mesmo modo que a resolução do contrato pelo inadimplemento do comprador não pode gerar direito de ressarcimento para o alienante, "frustrado" em sua esperança de receber o preço convencionado.

2.3 Relação de causalidade

O liame de causalidade, outro dos pressupostos apontados pela doutrina para a verificação da responsabilidade civil, contratual ou extracontratual, expressa o requisito segundo o qual o dano deve ter por causa uma falta cometida ou um risco legalmente sancionado, como condição necessária à demonstração da responsabilidade.[45] Em outros termos, a obrigação de indenizar ocorre somente com a comprovação da relação de causa e efeito entre a ação ou omissão do agente e o dano sofrido, salvo as exceções expressamente previstas no ordenamento jurídico (v.g., responsabilidade por fato de terceiro). Provado o nexo causal e os demais pressupostos da responsabilidade civil, surge para o agente do ato lesivo o dever jurídico de indenizar e, em contrapartida, para a vítima, o direito subjetivo material

44. No mesmo sentido, Sérgio Cavalieri Filho assim configura o dano moral: "*Mero dissabor, aborrecimento, mágoa, irritação ou sensibilidade exacerbada estão fora da órbita do dano moral, porquanto, além de fazerem parte da normalidade do nosso dia-a-dia, no trabalho, no trânsito, entre os amigos e até no ambiente familiar, tais situações não são tão intensas e duradouras, a ponto de romper o equilíbrio psicológico do indivíduo. Se assim não se entender, acabaremos por banalizar o dano moral, ensejando ações judiciais em busca de indenizações pelos mais triviais aborrecimentos*" (*Programa de responsabilidade civil*, n. 19.4, p. 76). Veja-se, ainda, Antônio Lindbergh C. Montenegro, *Do ressarcimento de danos pessoais e materiais*, n. 49, p. 158-159.

45. Cf. René Savatier, *Traité de la responsabilité civile en droit français: civil, administratif, professional, procédural*, vol. II, n. 456, p. 3. Gisela Sampaio da Cruz assim evidencia a importância do pressuposto do nexo causal em todas as espécies de responsabilidade civil: "*O nexo causal é elemento indispensável em todas as espécies de responsabilidade civil e cumpre uma dupla função: por um lado, permite determinar a quem se deve atribuir um resultado danoso, por outro, é indispensável na verificação da extensão do dano a se indenizar, pois serve como medida da indenização*" (*O problema do nexo causal na responsabilidade civil*, p. 347).

à indenização correspondente. Destarte, ainda que ocorram inadimplemento e dano, não será exigível o ressarcimento sem a comprovação de que o dano é efeito do inadimplemento; nem há nexo de causalidade quando o dano sobrevier de outro modo, independentemente do ato comissivo ou omissivo.

No que diz respeito à responsabilidade objetiva, o nexo causal deve existir entre o fato contemplado pela lei, que obriga o sujeito a responder, sendo ou não culposa a conduta, e o dano resultante, de maneira que, desaparecendo a ideia de culpa, a noção de causalidade assume o primeiro plano das atenções.[46]

Todavia, certas circunstâncias carreiam dificuldades ao intérprete da relação de causalidade, de forma que a concatenação de acontecimentos diversos pode ser tão complexa que se corre o risco de perda do elo de inter-relação. Ricardo de Angel Yaguez[47] cita o exemplo do proprietário de uma arma de fogo, encontrada por duas crianças em seu automóvel destrancado, quando, uma delas, ao manipulá-la, acaba por dispará-la contra a outra, ferindo-a. Tendo-se em conta que o episódio teve por gênese o comportamento negligente do proprietário do automóvel, que não o trancou, diverge a doutrina a respeito do critério utilizável para a identificação do nexo de causalidade suficiente ao surgimento do dever de indenizar.

Dentre as teorias que procuraram enfrentar a questão proposta, Alsina[48] sintetiza o pensamento contido nas principais, a saber: a) teoria da equivalência das condições (ou dos antecedentes): considera-se como causa de um resultado a soma total das condições, positivas e negativas, tomadas em conjunto, sem distinguir-se a relevância que cada uma teve, e que concorreram para produzir tal resultado. Levando-se em conta que condição é todo antecedente que não pode ser eliminado mentalmente sem que venha a ausentar-se o efeito, a teoria conduz a uma regressão infinita do nexo causal e a soluções inaceitáveis, pois, por mínima que fosse a participação no complexo fático determinante do efeito, a eficácia da causa seria total, tendo de indenizar a vítima de atropelamento, por exemplo, não só quem dirigia o veículo com imprudência, mas também quem lhe vendeu o automóvel, quem o fabricou, quem forneceu a matéria-prima etc.[49]

Cuidou-se, então, de eleger uma dessas condições como causa única do efeito considerado: b) teoria da causa próxima: na qual somente seria causa a condição

46. Cf. Agostinho Alvim, *Da inexecução das obrigações e suas consequências*, nº 210 e 214, p. 363 e 365.
47. Cf. Ricardo de Angel Yaguez, *Tratado de responsabilidad civil*, p. 752.
48. Cf. Jorge Bustamante Alsina, *Teoría general de la responsabilidad civil*, n. 583-93, p. 250--252.
49. Exemplo formulado por Sérgio Cavalieri Filho, *Programa de responsabilidade civil*, nº 11.1, p. 51.

mais próxima temporalmente do resultado; c) da condição preponderante: teoria na qual a causa se consubstancia na condição que influencia decisivamente o resultado, rompendo o equilíbrio entre os fatores favoráveis e contrários à produção do dano; d) da causa eficiente: a qual procura distinguir a causa efetiva a partir da ideia de não equivalência das condições quanto à eficiência na produção do resultado; e) teoria da causa adequada: sustenta que a causa é o antecedente não só necessário, mas, também, adequado à produção do resultado, porquanto somente é causa o evento idôneo a produzir o resultado, segundo o curso natural e ordinário das coisas, efetuando-se um juízo de probabilidade e adequando-se o resultado à sua causa pelo critério da previsibilidade em abstrato, obtendo-se a causa adequada, dentre as circunstâncias que concretamente concorreram para a produção do resultado, pela identificação daquela que teve interferência decisiva na produção do evento danoso.[50]

Distinguindo essas teorias daquela adotada pela nossa codificação civil,[51] Agostinho Alvim[52] faz menção à teoria que requer, entre a inexecução da obrigação e o dano, uma relação de causa e efeito direta e imediata (art. 403 do CC, antes art. 1.060 do CC/1916). A escola da consequência necessária (a expressão "direto e imediato" significa o nexo causal necessário) apregoa que se rompa o nexo causal, liberando-se de responsabilidade o autor da causa primeira, em ocorrendo uma violação de direito por parte do credor ou de terceiro, ou quando a causa

50. No mesmo sentido, Francesco Galgano propõe, para a existência da relação de causalidade, a verificação do evento danoso como consequência *previsível* e *evitável* do fato havido, de acordo com a experiência comum, e exemplifica: Tício fere Caio em um acidente de trânsito e este acaba por falecer em razão de um novo acidente automobilístico, no qual se envolve a ambulância que o transportava para o hospital. Nesta hipótese, Tício somente responde pelos ferimentos ocasionados a Caio e não pela morte, pois Tício apenas responde pelas consequências previsíveis do fato havido. Se, ao invés, Caio chega ao hospital e falece em razão de complicações advindas das lesões sofridas nos acidentes, Tício responderá pela morte, consequência previsível do acidente. Diferente solução teríamos se Caio falecesse em razão de distúrbios cardíacos, dos quais já sofria no pretérito (*Sommario di diritto civile*, p. 350-351). Sistematizando as hipóteses para o surgimento do nexo causal, Ricardo de Angel Yaguez aponta as seguintes: a) se o resultado surge com ou sem a concorrência de novas causas, a responsabilidade nasce íntegra; b) contrário senso, se o resultado é consequência da nova série causal, sem que o agente tivesse contribuído para ela, não surge a responsabilidade; c) se o resultado se produz necessariamente em virtude da primeira causa e a nova causa limitou-se a agravar o dano, devemos observar a previsibilidade do fato gravoso, situação que leva à indenização do prejuízo (*Tratado de responsabilidad civil*, p. 759-760).

51. O ordenamento jurídico pátrio acompanha as expressões legislativas contidas nos arts. 1.151 do CC francês, 1.223 do CC italiano.

52. Agostinho Alvim, op. cit., nº 218-9, 227, p. 370-373, 396-399.

próxima é um fato natural. Mazeaud, Mazeaud e Tunc[53] explicitam que o vínculo de causalidade falta quando o dano é resultado de uma causa alheia (fato da vítima, força maior, caso fortuito, fato de um terceiro) ou de um "dano indireto", assim considerada a série de prejuízos sucessivos que podem ser provenientes de outras causas, desvinculadas da culpa do agente.

53. Henry Mazeaud, Leon Mazeaud e André Tunc, *Tratado teórico y práctico de la responsabilidad civil delictual y contratual*, t. II, vol. 2, nº 1.428 e 1.671, p. 9 e 276-277.

3 Dualidade de Aspectos na Responsabilidade Subjetiva: Culpa e Dolo

Classificamos a responsabilidade, quanto ao seu fundamento, em subjetiva, quando inspirada na ideia de culpa, e objetiva, quando esteada na teoria do risco.[1] Na responsabilidade subjetiva, para que surja o dever de indenizar, faz-se mister a prova da culpa do agente causador do dano, dependendo a responsabilização do comportamento do sujeito e da identificação do dever violado.

3.1 Culpa (em sentido estrito)

Aquele que age ou se omite, violando direito ou causando danos a outrem, por negligência, imprudência ou imperícia, embora não desejando o resultado lesivo (art. 186, *caput*, do CC/2002; art. 18, inciso II, do CP), violar o dever preexistente de atenção, cautela, habilidade, prudência em todos os atos da conduta humana.[2]

Neste sentido, Clóvis Beviláqua,[3] ao tratar das consequências da inexecução das obrigações, ensina que, em seu sentido mais amplo, a culpa é toda violação de um dever jurídico.[4] Se intencional, com ânimo de prejudicar, a culpa denomina-se "dolo". Se praticada sem o intuito de prejudicar, temos a culpa em sentido próprio e restrito. A culpa é contratual quando resultar da falta de diligência no cumprimento das obrigações convencionadas; é aquiliana quando, correspondendo ao ato ilícito, consiste na violação do dever universal de respeitar o direito alheio.

---

1. Cf. Silvio Rodrigues, *Direito civil*, vol. IV, n. 5, p. 11.
2. Cf. Hely Lopes Meirelles, *Direito de construir*, cap. VII, p. 215.
3. Clóvis Beviláqua, *Código Civil dos Estados Unidos do Brasil*, vol. II, nota nº 1 ao art. 1.057, p. 172; *Teoria geral do direito civil*, § 71, p. 274.
4. "*A responsabilidade civil repousa, substancialmente, no elemento subjetivo culpa, lato sensu. Indemonstrada a sua ocorrência, não há como impor o dever de indenizar à vítima ao pretenso responsável pelo prejuízo que lhe foi causado pelo evento danoso*", extraído do julgado publicado em *JSTJ* e *TRF* 51/422-425.

Em seu sentido restrito, a culpa pode assumir tríplice configuração:[5]

a) Imprudência – esboça-se a imprudência quando o agente causa o dano por desídia, falta de atenção ou descuido, em comparação com as normas procedimentais normais, dano este que poderia ser evitado se não fosse a falta de cautela, a afoiteza ou a precipitação no *modus agendi*;

b) Negligência – temos a negligência quando ao agente falta diligência na prática ou realização de um ato, agindo com temeridade, de tal maneira que o dano poderia ser evitado caso fossem tomadas as precauções necessárias ou observadas as normas que preveniriam a lesão;

c) Imperícia – a falta de habilidade do agente, no exercício de alguma profissão ou na prática de alguma arte, identifica a imperícia, em que o dano poderia ser evitado desde que o imperito possuísse a prática ou o conhecimento adequado à situação.

Em Savatier[6] encontramos o desenvolvimento da teoria da culpa (*faute*) em torno desses 2 (dois) elementos básicos: o elemento objetivo – dever violado – e o subjetivo – imputabilidade do agente.

3.1.1 Elemento objetivo da teoria da culpa: dever violado

Antes de abordarmos o elemento objetivo da teoria da culpa, enfoquemos o dever em face do direito subjetivo, levando-se em conta a relevância dos direitos subjetivos e dos deveres a eles correspondentes, enquanto elementos fundamentais das relações jurídicas.[7]

3.1.1.1 O direito subjetivo

Talvez uma das tarefas mais árduas na ciência do direito seja o estudo da definição do que seja o direito subjetivo (*facultas agendi*), que Del Vecchio define como "*a faculdade de querer e de pretender, atribuída a um sujeito, à qual corresponde uma obrigação por parte dos outros*",[8] e o seu pressuposto, o direito objetivo (*norma agendi*).

Alguns autores chegam a negar a existência do direito subjetivo. Hans Kelsen, por exemplo, afirma ser o conceito de direito subjetivo apenas um simples reflexo de um dever jurídico, *in verbis*: "*A conduta do indivíduo em face do qual o dever existe,*

---

5. Cf. Irineu Antônio Pedrotti, *Compêndio de responsabilidade civil*, p. 14.
6. Cf. René Savatier, *Traité de la responsabilité civile en droit français: civil, administratif, professional, procédural*, t. 1, n. 4, p. 5.
7. Cf. Karl Larenz, *Tratado de derecho civil alemán – Parte general*, § 12, p. 254.
8. Giorgio Del Vecchio, *Lições de filosofia do direito*, p. 434.

correlativa da conduta devida, está já conotada na conduta que forma o conteúdo do dever. Se designa a relação do indivíduo, em face do qual uma determinada conduta é devida, com o indivíduo obrigado a essa conduta como 'direito', este direito é apenas um reflexo daquele dever".[9]

Contudo, podemos afirmar que o conceito de direito subjetivo assumiu corpo na sistemática jurídica universal, sendo, inclusive, objeto de profunda análise por inúmeros juristas.

Goffredo Telles Jr. sintetiza a ideia de direito subjetivo nas permissões dadas por meio de normas jurídicas,[10] de maneira que o direito subjetivo não se confunde com uma faculdade do agente. Isto porque, quem não tiver a permissão normativa não possui o direito, embora possa ter a faculdade de fazer ou não fazer determinada coisa. Incluem-se nos exemplos de permissões que não são direito subjetivos as permissões dadas para a prática de ato ilícito, *v.g.*, a permissão dada pelo empregador para que o empregado subtraia objetos da empresa.

Ao lado disso, as faculdades são potências, possibilidades: a aptidão para produzir um ato, de se fazer um ato; de modo que a faculdade é anterior ao direito, porque expressa propriedades, qualidades inerentes ao homem, enquanto o direito é a obra, a construção do homem (mundo da cultura).[11]

Dessa concepção infere-se 2 (duas) espécies de direito subjetivo: o comum da existência (*v.g.*, o direito de ter um nome), que pressupõe a permissão sem violação de preceito normativo; o de defender direitos ou assegurar o uso do direito subjetivo, de forma que a coletividade estabeleça normas de garantia, que possibilitem ao lesado resistir contra a ilegalidade, fazer cessar o ato ilícito e reclamar a reparação do dano.[12]

Orlando Gomes, por sua vez, conceitua direito subjetivo como "*um interesse protegido pelo ordenamento jurídico mediante um poder atribuído à vontade individual*".[13] Para o autor, o direito subjetivo não é só poder da vontade como também

---

9. Hans Kelsen, *Teoria pura do direito*, n. 29, p. 186.
10. Goffredo Telles Jr. *O direito quântico – Ensaio sobre o fundamento da ordem jurídica*, cap. VIII, p. 389.
11. Idem, p. 392-394. A mesma posição é adotada por Maria Helena Diniz em sua obra *Compêndio de introdução à ciência do direito*, cap. III, letra *b*, p. 224.
12. Maria Helena Diniz, idem, p. 224-225.
13. Orlando Gomes, *Introdução ao direito civil*, n. 52, p. 94. O autor destaca a evolução do direito subjetivo de propriedade, a partir da noção liberal de pleno poder sobre o patrimônio, para um entendimento de direito subjetivo sempre apoiado nos dados econômicos da sociedade, observando que a empresa, ao exercer o direito subjetivo, encontra novos limites na função social da propriedade dos bens, incorporando-se ao direito um dever social de garantia dos interesses, que transcendem a esfera individual, perdendo o caráter individualista da propriedade tradicional (idem, p. XXII e n. 42, p. 63-68).

não é apenas interesse, mas o poder atribuído à vontade do sujeito para a satisfação dos seus próprios interesses protegidos legalmente. No entanto, o direito objetivo somente confere ao sujeito direito subjetivo, caso este último esteja acompanhado de um elemento conceitual: a licitude. Ao indivíduo somente é possível agir juridicamente, para satisfazer os próprios interesses, nos limites da lei. Por exemplo, o incorporador possui o direito subjetivo de negociar as unidades condominiais; no entanto, esse direito subjetivo somente poderá ser exercido licitamente caso o incorporador arquive, no cartório competente de registro de imóveis, os documentos relacionados no art. 32 da LCI.

O poder jurídico material de exigir uma prestação (ação ou omissão) de alguém, conferido ao titular do direito subjetivo, em decorrência da lesão e no exercício do direito que se tem de vê-la reparada, consubstancia a pretensão.[14] Esta poderá ser exercida extrajudicialmente ou por via judicial, neste último caso mediante o exercício de um direito público subjetivo denominado direito de ação.

A pretensão seria, ao lado da licitude, um elemento conceitual dos direitos subjetivos, não existindo nos direitos potestativos, onde o titular não exige prestação alguma do obrigado, mas apenas a modificação admitida na relação jurídica; nem nos direitos que se exercem por meio de ações prejudiciais ou de estado, pois o autor também não exige prestação alguma do réu, pretendendo apenas o reconhecimento da existência ou inexistência da relação jurídica, *v.g.*, na ação proposta pelo marido para desconhecer a paternidade do filho de sua mulher.[15]

Deveras, o direito potestativo não se identifica com o direito subjetivo, por não ser correlato à faculdade de agir do titular uma prestação de outrem. Aquele contra quem é exercido o direito potestativo, seja para criar, modificar ou extinguir direito,[16] tem de admitir e tolerar a modificação jurídica produzida pelo titular, configurando-se a relação jurídica às vezes de uma maneira por ele não desejada.[17]

Assim, o direito potestativo caracteriza-se como a possibilidade que o titular tem de agir unilateralmente, em que o agente modifica a situação jurídica do paciente, não estando obrigado a qualquer prestação, mas ficando compelido a sofrer os efeitos jurídicos consequentes do exercício desse direito.

Sobre a noção de direito subjetivo como "prerrogativa", veja-se Silvio Rodrigues, *Direito civil*, vol. I, n. 2, p. 7.

14. Cf. Teresa Celina de Arruda Alvim, Prescrição e decadência, *RePro* 29/61, n. 3. Assim, também, Heinrich Lehmann, *Tratado de derecho civil*, § 13, p. 137.

15. Cf. Orlando Gomes. *Introdução...*, n. 52, p. 95.

16. Orlando Gomes (*Introdução...*, nº 57, p. 103-104) divide os direitos potestativos em três classes: direitos de apropriação, direitos modificativos e direitos extintivos, conforme visem à criação, à modificação ou à extinção de direitos de outrem numa relação jurídica.

17. Cf. Karl Larenz, *Tratado de derecho civil alemán...*, § 12, p. 265.

Chiovenda anota que "*os direitos potestativos, por sua natureza, não se dirigem a um obrigado, mas se esgotam no poder jurídico de produzir um efeito jurídico, exercitando-se com uma simples declaração de vontade, com ou sem o concurso de sentença judicial, não podendo ser lesionados por ninguém*".[18]

A teoria das modalidades dos negócios jurídicos faz a distinção entre as condições simplesmente potestativas e as condições meramente potestativas, sendo as primeiras juridicamente eficazes e as segundas proibidas ("*São lícitas, em geral, todas as condições não contrárias à lei, à ordem pública ou aos bons costumes; entre as condições defesas se incluem as que privarem de todo efeito o negócio jurídico, ou o sujeitarem ao puro arbítrio de uma das partes*" – art. 122 CC/2002).

As condições simplesmente potestativas são válidas porque a consumação do evento eleito pelas partes, embora submisso à vontade de uma delas, não depende de seu exclusivo arbítrio. Quando o predomínio da vontade de uma das partes equivale a um ato de arbítrio, na forma de um puro querer ou de um fato material irrelevante,[19] o negócio fica descaracterizado, inexistindo, portanto, reciprocidade de obrigações quando a exequibilidade do contrato depende do exclusivo império da vontade de uma das partes (condição meramente potestativa).[20]

Por sua parte, na lição de Oswaldo Aranha Bandeira de Mello, o fundamento do direito subjetivo não está no poder da vontade (elemento psicológico) ou no interesse protegido (elemento teleológico), mas na união do poder da vontade com o interesse protegido, *in verbis*: "*O direito subjetivo, na verdade, consiste no poder que tem o sujeito ativo de relação jurídica de querer cumprido, isto é, de agir e de exigir o cumprimento do dever pelo sujeito passivo, na satisfação da obrigação que lhe compete, na conformidade do direito objetivo e posta no interesse direto e imediato dele como titular do direito. Assim estabelece a sujeição do obrigado a ele, que se submete à exigência da sua vontade em atenção ao seu interesse. Confere, em consequência, ao sujeito ativo, com relação ao Estado-poder, o direito de ação e, destarte, a pretensão, perante este, que ponha em movimento a máquina judiciária a fim de lhe assegurar, coativamente, se preciso for, a exigência que entende ter do sujeito passivo quanto a satisfação da obrigação estabelecida a seu favor e no seu interesse*".[21]

---

18. Giuseppe Chiovenda, *Instituições de direito processual*, vol. I, nº 5, p. 20.
19. No dizer de José Carlos Moreira Alves, *A retrovenda*, nº 15, p. 90.
20. Cf. José Abreu, *O negócio jurídico e sua teoria geral*, nº 31, p. 190. Orlando Gomes assevera que somente as condições suspensivas meramente potestativas são vedadas, tendo em vista que as resolutivas não viciam o negócio, como, *v.g.*, na retrovenda, onde a existência da condição não impede a formação ou a produção dos efeitos da venda (*Introdução ao direito civil*, nº 229, p. 345).
21. Cf. Oswald9o Aranha Bandeira de Mello, *Princípios gerais de direito administrativo*, vol. I, n. 26.4, p. 223.

Por fim, em Arruda Alvim[22] encontramos a noção de direito objetivo vinculada à ideia de regulamentação dos comportamentos humanos, sejam esses comportamentos lícitos ou ilícitos, de maneira que prevalece como um definidor das situações juridicamente tuteláveis, aplicável como um sistema uno e harmônico, respeitando os princípios que o lastreiam.

Dentro desse sistema, o direito objetivo é pressuposto do direito subjetivo, aquele titulando uma determinada situação jurídica, este individualizando ou subjetivando concretamente a titulação a alguém. Nesta medida, podemos identificar 3 (três) elementos do direito subjetivo: em sendo o direito objetivo abstrato por definição, há necessidade da ocorrência de um fato a que o mesmo direito objetivo (primeiro elemento) atribua relevância. Ocorrido o fato (segundo elemento), surge o direito subjetivo, cujo conteúdo é a vontade e o interesse do titular do direito. Ao titular do direito subjetivo é outorgada a possibilidade de proteger o seu direito, por intermédio do exercício de outro direito subjetivo: o direito subjetivo público de ação (terceiro elemento).

Acionado pelo titular do direito subjetivo público de ação, o Estado garante, através de fórmulas coercitivas, o exercício do direito subjetivo, que tem por expressão básica 2 (duas) espécies de direitos: *a faculdade e o poder jurídico*. A faculdade jurídica caracteriza-se pela possibilidade de o titular do direito requerer de outra pessoa determinada certo comportamento (pretensão). O poder jurídico, por seu turno, consiste na prevalência da vontade, sobre pessoas ou coisas, que se exerce de forma autônoma e independente de outra vontade. Assim, no exercício do poder jurídico, é possível obter-se o efeito pretendido, não obstante a existência de outra vontade contrária, inclusive mediante o auxílio da atividade jurisdicional.

A par dessas considerações, dois aspectos merecem ser destacados. Em primeiro lugar, o fato juridicamente protegido pode nascer tanto em função da ocorrência de atos de vontade (como um contrato, por exemplo), como também de fatos jurídicos desvinculados da vontade a que o direito objetivo atribua relevância (os atos ilícitos, por exemplo).

Em segundo lugar, o direito público subjetivo de ação deve ser considerado como existente e independentemente do direito subjetivo material, podendo ser utilizado, inclusive, com o objetivo de declarar a própria inexistência desse "direito". Isto não obstante, tanto um direito como outro têm finalidades últimas idênticas, de forma a atender à necessidade de preservação do sistema jurídico, caso ocorra o questionamento do direito subjetivo material como, *v.g.*, ocorre na hipótese de inadimplemento de obrigação, incerteza jurídica objetiva ou resistência à pretensão do autor.

---

22. Arruda Alvim, *Manual de direito processual civil*, n. 4.1.2, 4.1.3, p. 134-140; *Tratado de direito processual civil*, vol. I, p. 364-368.

3.1.1.2 Distinções entre dever, obrigação e ônus

Surge o dever quando o homem diligente, vigilante e prudente observar determinado ato ou abstenção, correspondente a um resultado objetivo do agir humano ou à própria maneira de agir.[23]

A Lei de Condomínio e Incorporação Imobiliária impõe e garante ao incorporador deveres e direitos, intercalados nos arts. 32 a 47, do Título II, Capítulo II (cf. Capítulo 1, Livro II, Parte I infra). De maneira imprópria, o Capítulo II traz como título "Das *obrigações* e direitos do incorporador", quando, na verdade, são distintos os conceitos de "dever" (em sentido estrito) e "obrigação", correspondendo àquele uma causa legislativa e a esta uma causa volitiva, cujo descumprimento conduz à responsabilidade pelo inadimplemento. São as impropriamente denominadas "obrigações legais", instituídas por expressa disposição legal com o intuito de preservar os direitos de determinadas categorias de pessoas, *v.g.*, os adquirentes de unidades autônomas, antes, durante e depois do término da construção.[24]

Analisando o conteúdo conceitual dos imperativos jurídicos, Eduardo J. Couture[25] formula algumas considerações a respeito do dever, da obrigação e do ônus. O dever tem por característica a sua instituição, por lei, no interesse da comunidade, de maneira que, ao contrário do ônus e da obrigação, que se esgotam com o cumprimento, tem por peculiaridade primordial a "perpetuidade", não podendo ser objeto de execução forçada e dependendo o seu cumprimento da aplicação da sanção como expressão da coação moral ou jurídica.

A instituição da obrigação, ao contrário, ocorre sempre em função do interesse do credor, tendo por origem não a lei, mas a vontade das partes, de maneira que dela deriva a responsabilidade pelo descumprimento do ajustado. Por último, o ônus (denominado por Couture de "cargas") é instituído em razão do próprio interesse do sujeito. Aqui também é a lei que estabelece o ônus, determinando uma conduta de realização facultativa, cuja omissão traz uma consequência agravosa para o sujeito.

Orlando Gomes,[26] de maneira correlata, distingue o conceito de obrigação de outras três noções jurídicas distintas: o dever jurídico, a sujeição e o ônus. Em uma relação jurídica, a obrigação corresponderia ao lado passivo do direito subjetivo, correlacionando-se a um sacrifício do interesse próprio em favor de um interesse alheio.

---

23. René Savatier, op. cit., p. 7.
24. Cf. Orlando Gomes, *Contrato de incorporação imobiliária*, n. 7, p. 16; Marco Aurélio da Silva Viana, *Manual do condomínio edilício*, n. 51, p. 83. Hedemann (*Tratado de derecho civil – Derecho de obligaciones*, § 4.º, p. 43-44) indica como exemplos de "obrigações" legais contidas no Código Civil alemão aquelas advindas dos atos ilícitos (§§ 823 et seq.) e do enriquecimento injusto (§§ 812 et seq.).
25. Eduardo J. Couture, *Fundamentos del derecho procesal civil*, n. 130 a 133, p. 209 a 211.
26. Orlando Gomes, *Obrigações*, n. 5, p. 7-8.

Quanto ao dever jurídico, pode-se dizer que a todo indivíduo ocorre a necessidade, imposta pelo ordenamento jurídico, de observar ordens e comandos, sob pena de incorrer numa sanção, que garante a tutela de um interesse alheio ao de quem deve observá-lo.

Na sujeição, o sujeito deve suportar as consequências jurídicas do exercício regular de um direito potestativo, não se verificando, portanto, a incidência de uma sanção. Com o ônus, o sujeito tutela o interesse próprio por intermédio de uma ação sua específica, que só é executada caso o onerado queira privilegiar esse seu determinado interesse.

Por seu turno, ao tratar da preclusão, Arruda Alvim[27] ensina que a ideia de ônus consiste "*em que a parte deve, no processo, praticar determinados atos em seu próprio benefício, consequentemente, se ficar inerte, possivelmente esse comportamento acarretará efeito danoso para ela*", distinguindo-se, portanto, da obrigação, pois "*nesta, o devedor sofrerá, no plano lógico (do dever-ser do direito), as consequências de inadimplemento, embora, praticamente, isto possa, eventualmente, inocorrer*".

3.1.1.3 O dever de prestar

Os deveres gerais de conduta, impostos pelo Direito para garantir a eficácia do direito subjetivo ou para impor a certa pessoa a necessidade de colaborar pessoalmente na realização de um direito subjetivo,[28] projetam no direito obrigacional um dever especial de prestar, de acordo com o qual devem ser respeitadas as obrigações voluntariamente contraídas, emanadas dos atos e negócios lícitos. A par disso, o devedor está vinculado a uma prestação originária de uma causa volitiva, contribuindo para a realização do direito do credor.

Assim, quando estamos diante de uma relação obrigacional, verificamos a coexistência de dois liames distintos: o de débito-crédito, enquanto vínculo jurídico obrigacional, é o de responsabilidade-garantia, enquanto dever jurídico especial voltado à preservação do negócio, ou seja, juridicamente coexistem na relação jurídica o dever e a obrigação, vinculando o devedor a um determinado comportamento, comissivo ou omissivo, no interesse do credor. Se bilateral, o dever jurídico consiste na obediência do avençado, se unilateral, ao prometido.[29]

Como corolário do descumprimento do dever de prestar resulta o direito de resolução do vínculo jurídico (475 do CC), acrescido da possibilidade de pleitear perdas e danos.[30]

---

27. Arruda Alvim, *Manual de direito processual civil*, nº 16.7 e nota de rodapé nº 69, p. 706.
28. Cf. Manuel Gomes da Silva, *O dever de prestar e o dever de indemnizar*, n. 25, p. 56.
29. Cf. Agostinho Alvim, *Da inexecução das obrigações e suas consequências*, n. 175, p. 265.
30. Sobre a resolução do contrato, mais como proteção do que penalidade, veja-se Antônio Chaves, *Tratado de direito civil*, tópico 11, p. 308-311.

3.1.1.4 O dever de indenizar

Ao lado do dever de prestar, coloca-se o dever especial de indenizar, ambos derivados do dever geral de conduta, segundo o qual o agir humano não deve ocasionar prejuízo a outrem. Tal como o débito, a indenização é juridicamente uma situação particular de dever, que incumbe tão somente ao causador do dano, autor do ato culpável ou não.[31]

O reconhecimento de um dever violado, portanto, é o marco inicial da apreciação e fixação do dever de indenizar, quer decorra ele do inadimplemento contratual, quer decorra da transgressão de uma norma geral de conduta. Essa transgressão pode estar vinculada a um ato-negócio jurídico, a um comando normativo, a um ato ilícito, ou a todos conjuntamente, resultando em situações nas quais as responsabilidades contratual e extracontratual se interpenetram ou correm paralelas.

Isso pode suceder, por exemplo, na atividade incorporativa, quando, ao lado da responsabilidade derivada do contrato firmado entre as partes, a responsabilidade emana das disposições legais reguladoras das relações jurídicas formadoras da atividade incorporativa, resultando em um determinado dever de indenizar, caso a conduta verificada na situação fática propicie.

Manuel Gomes da Silva distingue o dever de prestar e do de indenizar sob três aspectos: a) o dever de prestar tem por *objeto* uma prestação, um serviço humano, que pode respeitar a fatos e coisas das mais variadas espécies; o objeto do dever de indenizar é a prestação de um fato ou de uma coisa diversos do da prestação, *v.g.*, a prestação consiste em não praticar certo ato, enquanto a reparação consiste em demolir o que contra esse dever se executou; b) o primeiro tem por *finalidade* o cumprimento espontâneo da obrigação; o segundo, alcançar uma situação vantajosa para o credor, que não se relaciona de modo direto com a prestação, *v.g.*, lucros cessantes; c) a *origem* do dever de prestar é o direito de crédito proveniente do vínculo jurídico criado pelas partes; do dever de indenizar é a inexecução daquilo a que se é obrigado e os prejuízos resultantes desse descumprimento.[32]

Cumpre gizar que, ao contratar, as partes preveem o cumprimento das prestações estipuladas. Contudo, pode ocorrer que a prestação não seja cumprida (*v.g.*, nas hipóteses de impossibilidade), ou seja cumprida de maneira defeituosa, ou tardiamente (*v.g.*, casos de mora), gerando, dentro do sistema tradicional de responsabilidade do Código Civil, para a parte culpada, o dever de indenizar[33]

31. Enneccerus, Kipp e Wolff (*Tratado de derecho civil*, t. II, vol. 1, § 10, p. 63) colocam, dentre as razões que fundamentam o dever de indenizar, o ato que, apesar de não ser culpável, determina, por causas especiais, esse dever, como, *v.g.*, o prescrito no § 833 do BGB.
32. Cf. Manuel Gomes da Silva, *op. cit.*, n. 71, p. 226-229.
33. João de Matos Antunes Varela, (*Das obrigações em geral*, n. 296, p. 89-90) percebe, como principal resultado do não cumprimento da obrigação, o nascimento de um dever

proveniente da infração contratual, desde que não presentes as figuras jurídicas capazes de afastar esse dever.

Enquanto na circunstância anterior preexiste uma relação obrigacional, que em seu curso ulterior resulta no dever de indenizar, dentro do âmbito da preexistente relação jurídica, o dever de indenizar subjacente aos atos ilícitos surge quando há violação de uma lei ou de um regulamento administrativo, satisfazendo-se, então, o requisito do elemento subjetivo da culpa. No entanto, não estando a hipótese prevista em lei e ocorrendo um ato do qual derive ou possa derivar prejuízo para terceiro, o dever de indenizar decorre de um dever indeterminado[34] ou o preceito geral de respeito às pessoas e aos bens,[35] motivo pelo qual a expressão contida no art. 186 do CC refere-se à violação de um direito, não de uma lei.

Dentro da sistemática legislativa alemã, Hedemann[36] aponta os seguintes elementos básicos do dever de indenizar, identificáveis os requisitos gerais de responsabilidade derivada do ato ilícito: a) a relação causal adequada, a ser comprovada pelo prejudicado, de maneira que o juiz fique seguramente convencido do fato e em sua representação mental não paire dúvida a respeito da conexão com o sujeito; b) a lesão a um bem protegido pelo ordenamento jurídico; c) o princípio da culpabilidade, que envolve a questão da imputabilidade, a ser resolvida caso a caso, de acordo com a análise da situação subjetiva do sujeito passivo da pretensão; d) o requisito da antijuridicidade, não podendo ser observada nas hipóteses de legítima defesa (§ 227 BGB), estado de necessidade (§ 228 BGB), ou quando se trata de autodefesa permitida (§§ 229, 859 BGB).

Ao lado dos deveres tradicionalmente apontados pela doutrina, podemos identificar o dever de indenizar derivado da proteção ao consumidor, previsto em diversos preceitos do Código de Defesa do Consumidor, dentre os quais evidenciamos o dever de indenizar proveniente da garantia de segurança.

O dever de indenizar oriundo de defeitos do produto ou do serviço[37] está expresso no art. 8.º do CDC e prevê que os produtos e serviços colocados no mercado não acarretarão riscos à saúde e à segurança dos consumidores, exceto aqueles considerados normais e previsíveis em decorrência de sua natureza e fruição.

---

secundário de prestar, cujo objeto seria não a prestação inicial, mas a reparação dos danos causados ao credor.

34. Na expressão de Agostinho Alvim (op. cit., n. 173, p. 267).

35. Cf. Savatier, op. cit., vol. I, n. 6, p. 8; Hedemann, op. cit., § 13, p. 112-113. Vale notar que o autor inclui os contratos de seguro dentre os pressupostos fáticos do dever de indenizar danos, ao lado dos negócios jurídicos e dos atos ilícitos (p. 113).

36. Cf. Hedemann, op. cit., § 63, p. 512-521.

37. Cf. Toshio Mukai et al, *Comentários ao Código de Proteção ao Consumidor*, nota ao art. 12, p. 55-56.

Esse dever de garantia alcança o responsável independentemente da prévia configuração do vínculo contratual ou do ato ilícito, não lhe sendo permitido alegar ignorância do vício ou mesmo carência de culpa, em face da colocação do produto defeituoso ou viciado no mercado, devendo ser cobertos todos os danos patrimoniais e morais sofridos pela vítima; e decorre da proposital ausência no Código de Defesa do Consumidor de uma noção uniforme de consumidor, existindo, ao lado do conceito geral previsto no art. 2.º, dois outros especiais, um para as práticas comerciais e contratuais (art. 29) e outro para os acidentes de consumo (art. 17).

Para os efeitos dos acidentes de consumo, equiparam-se aos consumidores todas as vítimas do evento, tenha ou não se realizado o negócio jurídico, conheça o paciente ou não o autor do dano, protegendo-se tanto o consumidor direto como qualquer pessoa afetada pelo bem de consumo, afastando-se, na hipótese, o requisito da destinação final (art. 2.º).[38]

3.1.2 Elemento subjetivo da teoria da culpa: imputabilidade do agente

O agente causador do dano, para ser responsabilizado a repará-lo, deve possuir discernimento suficiente para conhecer o dever violado e observá-lo.[39] A imputabilidade do agente é, pois, pressuposto da culpa em sentido lato e da própria responsabilidade, assim entendido o conjunto de condições pessoais que outorgam ao agente capacidade para poder responder pelas consequências de uma conduta contrária a um dever.[40] Logo, questiona-se sobre a possibilidade de o menor e a pessoa com deficiência serem responsabilizados por seus atos, estabelecendo-se uma relação entre a culpa e a imputabilidade.

No que tange aos menores, como regra, não são considerados responsáveis os menores de 16 anos (absolutamente incapazes – art. 3º do CC/2002), responsabilizando-se os pais, tutores e curadores pelos atos praticados pelos filhos, pupilos e curatelados que estiverem sob o seu poder e em sua companhia; quanto ao menor púbere, tratado pelo Código como relativamente capaz (ao lado dos ébrios habituais e os viciados em tóxico; daqueles que, por causa transitória ou permanente, não puderem exprimir sua vontade; dos pródigos – art. 4º, inciso I a IV, do CC/2002), deverá contrair obrigações com a autorização de seus legítimos representantes ou com a assistência do curador, equiparando-se ao maior nas obrigações resultantes de atos ilícitos em que for culpado. Caso as pessoas por ele responsáveis não tiverem obrigação de fazê-lo ou não dispuserem de meios suficientes, o patrimônio do incapaz responderá pelos prejuízos que causar, devendo ser equitativa a indenização

38. Idem, nota ao art. 17, p. 80-81.

39. Cf. René Savatier, op. cit., t. 1, n. 161, p. 205.

40. Cf. Sérgio Cavalieri Filho, *Programa de responsabilidade civil*, n. 7.1, p. 32.

na medida em que não poderá privar do necessário o incapaz ou as pessoas que dele dependerem (art. 928 do CC/2002).[41]

O art. 3º, II, do CC/2002 considerava como absolutamente incapazes os que, por enfermidade ou deficiência mental, não tivessem o necessário discernimento para a prática de atos da vida civil. Nada obstante, a Lei nº 13.146/2015, ao instituir o Estatuto da Pessoa com Deficiência, revogou esse inciso, assegurando a ela o exercício de sua capacidade legal em igualdade de condições com as demais pessoas (art. 84, *caput*). Quando necessário, a pessoa institucionalizada será submetida à curatela, que afetará tão somente os atos relacionados aos direitos de natureza patrimonial e negocial, facultando-se a ela a adoção de processo de tomada de decisão apoiada (arts. 84, §§1º e 2º, 85, *caput*).

Diante do regime jurídico hoje reservado à pessoa com deficiência, a responsabilidade civil do agente deverá ser apurada caso a caso, na medida da limitação apurada, respondendo os curadores na proporção de sua autoridade (art. 932, inciso II, CC/2002).

3.1.3 Graus de culpa

Informam Alexandre Correia e Gaetano Sciascia[42] que a compilação de Justiniano distingue alguns graus de culpa: a) a culpa "lata" ou grave, também denominada *nimia neglegentia*, consistente em não se compreender aquilo que todos compreendem, aproximando-se muito do dolo, i.e., a intenção deliberada de prejudicar a outrem;[43] b) culpa *levis*, quando não é observado, no cumprimento da obrigação, o cuidado próprio do homem médio normal, *v.g.*, os cuidados ordinariamente prestados por um bom pai de família. Clóvis Beviláqua[44] acrescenta a essas duas espécies a culpa levíssima, quando o fato só teria sido evitado mediante cautelas extraordinárias, não estando isentas nem as pessoas cuidadosas.

---

41. Silvio Rodrigues (*Direito civil*, vol. IV, nº 10, p. 22) destaca, dentre outros textos legislativos, o art. 489 do CC português, por trazer dispositivo permitindo a indenização por ato de pessoa não imputável, em razão da equidade, desde que não seja possível obter a devida reparação das pessoas a quem incumbe a sua vigilância; os §§ 829, c/c o 827 e 828 do BGB (a denominada "responsabilidade por razão de equidade", que constitui para Enneccerus, Kipp e Wolff uma importante exceção ao princípio da culpa – op. cit., Vol. II, t. II, § 260, p. 1226) e o art. 2.047 do CC italiano, que admite a indenização por dano causado por incapaz em hipóteses específicas.
42. Alexandre Correia e Gaetano Sciascia, *Manual de direito romano*, vol. I, § 91, p. 245.
43. D. 50, 16, 213, 2 Ulp.
44. Clóvis Beviláqua, *Teoria geral...*, § 71, p. 275. Sobre os graus de culpa, veja-se, igualmente, Washington de Barros Monteiro, *Curso de direito civil*, vol. I, p. 276. Nas Ordenações Filipinas, veja-se, *v.g.*, L. 4, T. 53, § 2.º, ao tratar do cuidado que deve ter aquele a quem se empresta uma coisa.

O Código de 2002, ao fixar, no art. 945 *caput*, que a indenização da vítima, em concurso culposo com o evento danoso, seja fixada tendo-se em conta a gravidade de sua culpa em confronto com a do autor do dano, torna possível, diante da concorrência de culpas, a fixação da indenização levando-se em conta os graus de culpa dos agentes que concorreram para o fato.[45]

3.1.4 Modalidades de culpa

Além das modalidades antes referidas, podemos enunciar outras, a saber: a culpa *in faciendo* ou *in committendo* resulta de um ato positivo; a *in omittendo,* de uma abstenção; *in contrahendo*, quando se manifesta na celebração de um contrato; *in eligendo*, consistente na má escolha da pessoa a quem se confia a prática de um ato; *in vigilando*, quando ocorre a falta da atenção necessária no desempenho de um dever (vigilância de pessoas ou coisas); *in custodiendo*, quando resulta de falha na guarda de coisa, animal ou pessoa; *in concreto*, quando a culpa é examinada em relação às condições pessoais do agente; *in abstracto*, quando esse exame ocorre em face do padrão de diligência adotado.[46]

3.2 Dolo

A noção de dolo exsurge das disposições do Código Penal, que o define como a ação ou omissão, violadora de direito ou causadora de dano a outrem, realizada por quem almeja o resultado lesivo ou assume o risco de produzi-lo (art. 18, I). Assim, no dolo direto ou determinado, o agente quer o resultado direta ou indiretamente; no dolo indireto (eventual – o agente conscientemente admite e aceita o risco de produzir o resultado – ou alternativo – a vontade do sujeito pretende um ou outro resultado, *v.g.*, matar ou ferir), a vontade do sujeito não visa a um resultado preciso e determinado.[47]

---

45. "Há, pois, uma relação direta entre a dosagem da culpa da vítima e a fixação da indenização devida pelo ofensor". Rogério Donnini, *Comentários ao Código Civil brasileiro*, comentário ao art. 945, p. 461. Fernando Pessoa Jorge (*Ensaio sobre os pressupostos da responsabilidade civil*, n. 111-112, p. 361-367) giza a relevância da gradação da culpabilidade, tanto no que diz respeito à medida da indenização (art. 494 do CC português), como na própria qualificação do ato ilícito, *v.g.*, ocorrendo mora do credor, o devedor só será responsável pela perda ou deterioração da coisa se houver dolo de sua parte (art. 814, n. 1, do CC português, que corresponde, em certa medida, ao art. 400 do CC brasileiro, de acordo com o qual, ante a mora do credor, o devedor não poderá ser responsabilizado pela deterioração da coisa em razão de sua negligência, imperícia ou imprudência – cf. Maria Helena Diniz, *Código Civil anotado*, nota ao art. 400, p. 375).
46. Cf. Clóvis Beviláqua, *Teoria geral...*, § 71, p. 274.
47. Cf. Celso Delmanto, *Código Penal comentado*, p. 32-33.

Da distinção entre dolo e culpa tradicionalmente é extraída a divisão entre delito e quase delito, mencionados no direito Justinianeu dentre as fontes das obrigações,[48] em que no primeiro está presente a intenção de prejudicar, ao passo que, no segundo, o dano é decorrente de negligência, imprudência ou imperícia.[49]

Os textos romanos apontam como quase delitos o processo mal julgado pelo juiz (prevaricação por imprudência); o objeto atirado e que atinge um transeunte (o responsável responderia pelo ato de outrem, escravo ou filho); o objeto suspenso sobre a via pública, que, se cair, poderá causar mal a terceiros; e os prejuízos causados à coisa alheia por prepostos (intendente de navio, estalagem ou estábulo).

Dentre os Códigos Civis, o Código Civil francês distingue o quase delito do delito, qualificando aquele como ato danoso não intencional (arts. 1.382 a 1.386). Planiol,[50] criticando tal distinção, tem-na como sem fundamento, pois tanto os delitos como os quase delitos geram idêntica obrigação de indenizar a lesão injusta causada a outra pessoa, tenha ou não sido deliberada a atuação do agente.

48. J. 4, 5, 1 a 3.
49. Cf. J. Cretella Jr., *Curso de direito romano*, n. 217, p. 320.
50. Marcel Planiol, *Traité élémentaire de droit civil*, n. 807, p. 260-261.

4
Da Responsabilidade Objetiva

4.1 Aspectos gerais

O caminho percorrido pela evolução da responsabilidade civil é delineado por Josserand,[1] que destaca o desenvolvimento rápido e intenso de todos os matizes de responsabilidade, tanto qualitativo como quantitativo, particularmente no que diz respeito à baseada na ideia de culpa ou no conceito de risco. Esse desenvolvimento possui, como primeira causa essencial, o caráter cada vez mais perigoso da vida contemporânea, que nos leva a procurar meios e movimentos de defesa; e, como segunda causa essencial, o apuro da consciência social, na busca do equilíbrio jurídico necessário em face das ações diretas ou indiretas do homem.

Como passo inicial, o dogma tradicional da responsabilidade embasada na ideia de culpa, na qual a vítima deveria, para obter a indenização, suportar um ônus probatório árduo, comprovando o sofrimento de um dano, ou delito cometido e a correlação entre o dano e o delito – dano, culpa e relação de causalidade –, cedeu espaço, alargando-se o domínio da culpa com o desenvolvimento da teoria do abuso de direito – de acordo com a qual o modo de exercício de um direito pode constituir um ato abusivo, notadamente se visa prejudicar alguém[2] (ver tópico 2.1.2 – Livro I, Parte II) – e da culpa negativa – em que não só o procedimento ativo, mas também a inércia e a abstenção conduzem à responsabilização.

Num segundo momento, substituiu-se a *culpa provada e efetiva* pela *culpa presumida* (ver tópico 4.2.1 *infra*, Livro I, Parte II), seja na responsabilidade advinda

1. Louis Josserand, Evolução da responsabilidade civil, p. 548-559 (veja-se, também, Silvio Rodrigues, *Direito civil*, vol. I, n. 147, p. 307-310 e Alvino Lima, *Culpa e risco*, n. 25, p. 117 et seq.).

2. Contrariando a máxima dos jurisconsultos romanos, de acordo com a qual quem exerce um direito não comete falta e não está sujeito a nenhuma responsabilidade (*neminem loedit qui jure suo utitur*).

de atos arbitrários do credor, seja aquela reservada ao proprietário pelos danos advindos de um edifício em ruínas.[3]

Finalmente, ao lado da responsabilidade subjetiva, hoje convive com ela a responsabilidade objetiva, de maneira que, no presente momento de desenvolvimento da ciência jurídica, o estudo da responsabilidade civil ultrapassa em muito a teoria dos atos ilícitos e do inadimplemento contratual culposo, deles não prescindindo, mas levando-os em consideração ao lado de uma nova realidade.[4-5]

No atual sistema jurídico argentino, por exemplo, na ausência de norma expressa, o fator de atribuição de um dano ao responsável é a culpa (art. 1.721). Com a entrada em vigor do Código Civil de 2014, a verificação da responsabilidade objetiva dependeria da obtenção de um resultado determinado pelo devedor, derivado das circunstâncias da obrigação ou do convencionado pelas partes (art. 1.723).[6]

---

3. Álvaro Villaça Azevedo (Proposta de classificação da responsabilidade objetiva: pura e impura, p. 10-11) propõe a subdivisão da responsabilidade objetiva em duas categorias: pura e impura. A responsabilidade objetiva impura seria aquela consagrada no Código Civil, ainda ligada à noção de culpa. Nesta categoria de responsabilidade objetiva, seria essencial a configuração da culpa de terceiro, vinculada à atividade do indenizador. Já na responsabilidade objetiva pura não há que se cogitar da culpa de qualquer um dos envolvidos no evento danoso, determinando-se o ressarcimento simplesmente porque a lei assim estipula. Para o autor, a classificação proposta ajuda na compreensão do fenômeno da responsabilidade civil sob a ótica do direito de regresso. No primeiro caso (responsabilidade objetiva impura), o indenizador tem ação regressiva contra aquele que ocasiona o prejuízo causado, verificada a culpa do efetivo causador do dano. Na segunda hipótese (responsabilidade objetiva pura), não há que se falar em direito de regresso do indenizador em relação a qualquer pessoa, devendo arcar, sozinho, com o pagamento do valor correspondente ao dano resultante de ato lícito ou fato jurídico, inexistindo culpa de quem quer que seja.
4. Hely Lopes Meirelles (*Direito de construir*, cap. VIII, p. 215-216) destaca que a responsabilidade sem culpa surge *nos casos expressos em lei*, em que são exigidos apenas o nexo causal entre o ato ou a omissão e o dano, não dependendo sua caracterização da voluntariedade do ato ou do desejo do agente, só da conduta lesiva.
5. As circunstâncias do caso concreto serão preponderantes para a exclusão ou não da responsabilidade objetiva: "Indenização – Responsabilidade civil de comerciante – Não caracterização – Incapacidade total e permanente para o trabalho e prejuízos psicológicos resultantes de lesão cervical – Tentativa de assalto em estabelecimento comercial – Vítima que efetuava compras – *Inexistência de responsabilidade objetiva* e ausência de culpa da ré pelo evento danoso (...)", em AASP 1886, p. 55-57.
6. Dispõe o Código Civil Argentino: "*Artículo 1.721. – Factores de atribución. La atribución de un daño al responsable puede basarse en factores objetivos o subjetivos. En ausencia de normativa, el factor de atribución es la culpa. Artículo 1.722. – Factor objetivo. El factor de atribución es objetivo cuando la culpa del agente es irrelevante a los efectos de atribuir responsabilidad. En tales casos, el responsable se libera demostrando la causa ajena, excepto disposición legal en contrario. Artículo 1.723. – Responsabilidad objetiva. Cuando de las circunstancias de la obligación, o de lo convenido por las partes, surge que el deudor debe obtener un resultado determinado, su responsabilidad es objetiva*".

Antes, na vigência do Código Civil de 1869, o fator objetivo de responsabilidade foi a ele agregado pela Lei nº 17.711/1968, nos casos de danos causados pelas coisas inanimadas (art. 1.113) e pelos animais (art. 1.124 et seq.). Jorge Bustamante Alsina[7] lecionava que a incorporação da teoria do risco criado nos casos de danos causados pelas coisas justifica-se em face das profundas transformações sociais, fomentadas pela industrialização, explosão demográfica e um gradativo desvanecimento da própria personalidade, submetida aos processos automatizados da cibernética e a um sistema educacional de massa.

O texto codificado revogado referia-se ao dano causado ou ao perigo advindo das coisas, considerado o risco como uma eventualidade, contingência ou proximidade de um dano. É o caso, *v.g.*, dos danos que podem causar os edifícios, compreendendo todas as espécies de construções ou elementos de uma construção (madeira, materiais de pedra, cimento etc.), seja por sua destruição total ou parcial, desabamento em razão de um vício de construção, do solo ou pela má qualidade dos materiais (art. 1.646 do CC argentino de 1869).

Contudo, o autor portenho sublinhava a difícil questão da responsabilização do fabricante ou produtor que não seja o vendedor. Nesse caso, dentro dos parâmetros encontrados na legislação, em que a responsabilidade objetiva não pode se estender além das pessoas expressamente mencionadas na norma legal, a culpa do fabricante ou produtor deve ser demonstrada pela vítima, pois do fato de ter sido elaborado com negligência ou imprudência o produto defeituoso e nocivo (art. 1.109 do CC argentino de 1869) derivaria a responsabilidade pelos danos ocasionados ao usuário ou consumidor.[8]

Ao contrário da subjetiva, a responsabilidade objetiva ou legal fundamenta-se na lei ou no *risco (art. 927, parágrafo único, do CC brasileiro)*, não possuindo maior relevância ou interesse a comprovação de culpa ou dolo do agente causador do dano, bastando a verificação dos demais pressupostos da responsabilidade civil, em especial a relação de causa e efeito. Nessa forma de responsabilidade, aquele que, por sua atividade, cria um risco de dano para terceiros, deve ser obrigado a repará-lo.[9]

---

7. Cf. Jorge Bustamante Alsina, *Teoría general de la responsabilidad civil*, n. 1.006 et seq., p. 383-418. Ao art. 1.113 do CC argentino revogado foi agregado o seguinte parágrafo: "(...) Nas hipóteses de danos causados com as coisas, o dono ou guardião, para eximir-se de responsabilidade, deverá demonstrar que de sua parte não houve culpa; porém, se o dano houver sido causado pelo risco ou vício da coisa, somente se eximirá total ou parcialmente de responsabilidade demonstrando a culpa da vítima ou de um terceiro por quem não deve responder. (...)". A causa eficiente do resultado danoso é o risco, não a culpa, prevendo-se a exclusão do dever de reparar quando o dano se deve a uma causa estranha, *v.g.*, culpa da vítima ou de um terceiro (cf. Atilio Anibal Alterini, *Responsabilidade civil*, n. 140, p. 117-118).
8. Cf. Jorge Bustamante Alsina, op. cit., n. 1.117, p. 415.
9. Maria Helena Diniz observa que a responsabilidade objetiva se lastreia num princípio de equidade existente desde o Direito Romano: "*aquele que lucra com uma situação deve*

Nas palavras de Luiz da Cunha Gonçalves, o princípio a ser observado é o seguinte: "*Deve reparar o dano de outrem (em especial o sofrido pelo operário) quem se arriscou, com ou sem intenção de tirar proveito, a exercer, por si ou por meio de mandatário ou colaborador, uma actividade qualquer, positiva ou negativa, de que resultou esse dano*".[10] Exonera-se, desta maneira, o prejudicado da comprovação da culpabilidade do agressor, que assume o risco inerente à sua atividade, como consequência dos benefícios patrimoniais desta derivados, não podendo locupletar-se às custas dos ônus carreados à vítima ou a seus bens.[11]

Considerando a palavra "risco" como um conceito polivalente, Caio Mário da Silva Pereira[12] sublinha-o, primeiro, como o perigo a que está sujeito o objeto de uma relação jurídica de perecer ou deteriorar-se, como na hipótese dos riscos da coisa assumidos pelo vendedor até o momento da tradição e os do preço por conta do comprador e aos riscos no contrato de empreitada. Em termos específicos da responsabilidade civil, o autor extrema a teoria do risco criado da teoria do risco proveito e dos atos anormais. Daquela distingue-se, porquanto não se cogita o fato de o dano ser correlativo a um proveito ou vantagem para o agente, não ficando subordinado o dever de reparar ao pressuposto da vantagem; destes não depende, pois não há mister qualificar a atividade como anormal, bastando que a atividade, mesmo normal, seja causa da reparação, ocasionando, por si mesma, dano à vítima.

4.1.1 A teoria da culpa objetiva

A culpa objetiva (*in abstracto*), em contraste com a ideia tradicional de culpa adotada pelo nosso sistema jurídico, afasta a imputabilidade moral, a capacidade delitual do agente como fator da existência da culpa.

Considerando que o fundamento da responsabilidade é o de assegurar um compromisso entre a liberdade dos indivíduos e as necessidades da vida em sociedade, resta saber quais são os critérios utilizáveis para garantir esse compromisso. Para evitar o comportamento não social ou o "erro de conduta", pode-se examinar

---

responder pelo risco ou pelas desvantagens dela resultantes" (*Curso de direito civil brasileiro*, vol. VII, p. 68).

10. Luiz da Cunha Gonçalves, *Tratado de direito civil*, vol. XII, t. 2, n. 1.872, p. 477.

11. Cf. Oswaldo Aranha Bandeira de Mello, *Princípios gerais de direito administrativo*, vol. II, n. 40.6, p. 476.

12. Caio Mário da Silva Pereira, *Responsabilidade civil*, n. 224 e 231, p. 279-280 e 284-285. Antônio Chaves (*Tratado de direito civil*, vol. III, p. 68-69), ao tratar dos fundamentos doutrinários da teoria do risco, faz referência à noção de "risco" num sentido diverso, de acordo com o qual quem suporta o perecimento da coisa ou o inadimplemento perde, conjuntamente, o direito de reclamar o respectivo valor ou indenização de prejuízos. Risco, nesse sentido, "é a possibilidade de perder sem direito à indenização". Esta noção contratual de risco vem também expressa em Planiol (op. cit., vol. II, n. 1.334-43, p. 452-456), que aplica o princípio para todos os contratos sinalagmáticos.

o ato através do agente, a "consciência" do autor do dano, procurando determinar se o agente obrou com dolo ou culpa: essa a perspectiva da denominada culpa *in concreto*; ou, ainda, pode-se comparar a conduta do autor do dano com a de um tipo abstrato, perguntando-se como haveria de comportar-se esse tipo abstrato e, por comparação, aferir-se, se ocorreu ou não a culpa.[13]

Mazeaud, Mazeaud e Tunc, condenando a opção pela culpa *in concreto* – não sendo possível exigir do juiz, ao apreciar a questão posta, que alcance a "equação pessoal de cada um", a consciência do autor do dano, sob um ponto de vista estritamente psicológico ou subjetivo –,[14] adotam a teoria da culpa *in abstrato*, de acordo com a qual o juízo de valor sobre a culpabilidade do agente seria erigido com base na realidade concreta, na comparação da conduta questionada com aquela esperada do homem médio nas mesmas condições e circunstâncias de tempo e lugar (circunstâncias externas).[15]

Criticando esse entendimento, Alvino Lima[16] primeiro distingue a existência de uma concepção objetiva na teoria da responsabilidade, coincidente com a teoria do risco, na qual não é apreciada a conduta do autor, autorizando-se a responsabilização sem a necessidade dela conjeturarmos; a seguir, aponta dois principais argumentos contrários a tal modo de pensar: a) a exclusão do elemento vontade consciente, como fundamento principal para a fixação do erro de conduta, não pode ser admitida, mesmo na tese da culpa *in abstrato*, pois é indispensável que o agente seja capaz de apreciar os limites da conduta normal, a fim de que possa prestar contas do desvio do caminho percorrido por todos os homens prudentes; b) a exclusão da apreciação de certos elementos pessoais, para a fixação da responsabilidade do agente, não pode, igualmente, ser tolerada, sob pena de imputarmos responsabilidade, por exemplo, ao alienado, sem levarmos em consideração sua inconsciência do ato, na impossibilidade de querê-lo livremente e prever as consequências dele advindas.

4.1.2 Teorias do risco criado e do risco integral

Na teoria do risco[17] percebemos dupla diferenciação quanto à graduação do rigor em sua aplicabilidade. De um lado, temos a teoria do risco integral (dano

---

13. Cf. Mazeaud, Mazeaud e Tunc, *Tratado teórico y práctico de la responsabilidad civil delictual y contratual*, t. I, vol. 2, n. 417, p. 71, onde os autores procuram uma solução para a colocação da responsabilidade aquiliana dentro da sistemática jurídica francesa, que convive com o binômio delito – quase delito.
14. Idem, t. I, vol. 2, n. 421, p. 72-74.
15. Idem, n. 429-431, p. 80-82.
16. Alvino Lima, *Culpa e risco*, n. 15, p. 67-75.
17. Sérgio Cavalieri Filho (*Programa de responsabilidade civil*, n. 23, p. 153-155) anota que, ao lado das teorias do risco criado e do risco integral, outras modalidades de risco foram

objetivo ou culpa *in re ipsa*), de acordo com a qual a indenização é devida tão somente em razão da atividade exercida pelo agente, independentemente da análise de sua subjetividade, não admitindo excludentes de responsabilidade, tais como a força maior, a ação de terceiros ou da própria vítima.[18]

De outro lado, encontramos a teoria do risco criado (ou do risco profissional), à qual nos filiamos como a que melhor se adapta às condições da vida social,[19] sustentando que a responsabilidade do agente ser-lhe-á imputada mediante a análise da subjetividade, admitindo, portanto, as citadas excludentes.

Essa importante opção teórica tem por princípio a contemporânea distinção doutrinária, noticiada por Agostinho Alvim,[20] que divisa no caso fortuito um impedimento relacionado com a *pessoa do devedor* ou com sua *empresa*, enquanto a força maior decorre de um acontecimento externo.

Tal separação resulta para o devedor em uma diversidade de tratamento, de acordo com o fundamento de sua responsabilidade: se fundada na culpa, tanto o

---

concebidas, tais como a modalidade do risco-proveito – onde o responsável é aquele que tira proveito da atividade danosa, devendo responder pelo encargo aquele que se beneficia com o ganho, surgindo as consequentes dificuldades de conceituação do proveito e prova da sua obtenção –, do risco profissional – justificando a reparação dos acidentes ocorridos com os empregados no trabalho ou por ocasião dele, independentemente de culpa do empregador, tendo em vista que o fato prejudicial é uma decorrência da atividade ou profissão do lesado –, do risco excepcional – resultante do risco excepcional que certas atividades submetem os membros da coletividade, de maneira que o explorador da atividade deve indenizar sem indagar-se sobre a ocorrência de culpa (v.g., exploração de energia nuclear, materiais radioativos).

18. Neste sentido, Alvino Lima (*Culpa e risco*, n. 25-26, p. 113-130) assevera: "(...) e só o eximindo desta responsabilidade à vista da prova do caso fortuito ou força maior, da culpa da vítima ou do fato de terceiros (...)". Nelson Nery Jr. (Responsabilidade civil e meio ambiente, p. 37), ao tratar o regime da responsabilidade objetiva para reparação de danos ambientais, fixada pela Lei nº 6.938, de 31.08.1981, sustenta que a adoção, pela lei, da teoria do risco da atividade ou da empresa, traz como consequência a inaplicabilidade, em seu sistema, das causas excludentes da responsabilidade civil (cláusulas de não indenizar, caso fortuito e força maior). Contudo, em parecer a respeito da responsabilidade objetiva da administração por danos causados a terceiros, o autor menciona a possibilidade da caracterização da força maior como excludente de responsabilidade, *in verbis*: "Assim, somente se configura como causa de exclusão da responsabilidade do Estado a *força maior*. Nem o caso fortuito a faz desaparecer. Ao contrário do que acontece no Direito Privado, onde a força maior e o caso fortuito são causas que excluem o dever de indenizar, no Direito Público isto não ocorre, dado que a força maior decorre de um fato externo, completamente estranho ao serviço público, ao passo que o caso fortuito advém do mau funcionamento do serviço, vale dizer, de uma causa interna" (Ação de indenização – Apelante menor de idade – Intervenção do Ministério Público – Responsabilidade objetiva da administração por danos causados a terceiros, p. 145).

19. Assim, também, Caio Mário da Silva Pereira, *Responsabilidade civil*, n. 218, p. 269-273.

20. Agostinho Alvim, *Da inexecução das obrigações e suas consequências*, n. 208, p. 353-354.

caso fortuito como a força maior o exoneram; se lastreada no risco, o simples caso fortuito não o exonerará, somente atenuando ou excluindo a relação de causalidade por não ser possível evitar o fato derivado de força externa invencível (caso fortuito externo ou força maior): culpa da vítima, ordens de autoridades (*fait du prince*), fenômenos naturais (raio, terremoto), guerra, revolução etc.

Destarte, o acontecimento interno (caso fortuito), relacionado ao sujeito ou à empresa, produzido normalmente no interior do círculo obrigacional, não exclui o nexo de causalidade quando a responsabilidade é objetiva, decorrente do risco assumido pelo agente em função de sua atividade.

Resta evidenciada a importância da fixação, através da lei, da atividade perigosa e de suas consequências, o que dará respaldo à responsabilização objetiva sem que haja a necessidade da fixação dos limites de responsabilidade por intermédio de interpretações doutrinárias ou decisões jurisprudenciais.[21]

4.2 A RESPONSABILIDADE OBJETIVA EXPRESSA NO CC/2002

4.2.1 Da presunção legal de culpa

No sistema da responsabilidade subjetiva, em princípio, só responde pelo dano aquele que lhe deu causa – responsabilidade por fato próprio (art. 186 do CC/2002), estando sujeitos à reparação do dano causado os bens do responsável pela ofensa ou violação de direito e transmitindo-se com a herança o direito de exigir a reparação e a obrigação de prestá-la (art. 943 do CC/2002). Tendo mais de um autor a ofensa, responderão solidariamente, pela reparação, nessa condição incluídos os autores, os cúmplices e as pessoas designadas no art. 932 do CC/2002 (art. 942 do CC/2002).

No entanto, a própria lei codificada estabelece algumas hipóteses em que o sujeito deve suportar indiretamente as consequências do ato lesivo (responsabilidade indireta ou complexa). O Código Civil em vigor presume a responsabilidade do credor que, arbitrariamente, demanda o devedor antes de vencida a dívida (art. 939 do CC/2002) e por dívida já paga, no todo ou em parte, sem ressalvar as quantias recebidas, ou pede mais do que o devido (art. 940 do CC/2002).

---

21. Como exemplo, Álvaro Villaça Azevedo faz referência a julgados do STF, os quais responsabilizam objetivamente o proprietário de veículo, que continua responsável pelos danos causados pelo adquirente, desde que a matrícula permaneça em nome do vendedor, embora já ocorrida a alienação do automóvel e já transferida a posse para o comprador (cf. *RTJ* do STF 55/643, 47/594, 47/760 e 40/133). Contudo, em sentido contrário ao exemplo referido pelo autor, a Súmula 132 do STJ dispõe: "A ausência de registro de transferência não implica a responsabilidade do antigo proprietário por dano resultante de acidente que envolva o veículo alienado".

No primeiro caso, ressalva-se ao credor a possibilidade de produzir a prova de que houve motivo para se equivocar ou para antecipar a dívida; no segundo, aplicam-se as penas cominadas somente se o demandante não conseguir comprovar sua boa-fé, restando caracterizada a sua condição de "*improbus litigator*".[22]

Não se aplicam as penas previstas diante da prescrição e quando o autor desistir da ação antes de contestada a lide, ficando ressalvado ao réu o direito de haver indenização por algum prejuízo que prove ter sofrido (art. 941 do CC/2002).

No que diz respeito à responsabilidade por ruína do edifício, a necessidade de comprovação de que a ruína não derivou de falta de reparos, cuja necessidade fosse manifesta, parece retirar da responsabilidade estabelecida no art. 937 do CC/2002 o caráter objetivo,[23] criando-se uma presunção de responsabilidade para o proprietário, que cederá diante da circunstância contemplada na norma.[24]

A aplicação da regra jurídica depende, fundamentalmente, da análise dos fatos em que está envolvida a conduta humana. Da impossibilidade de serem alcançados diretamente os fatos resulta a aplicação da presunção como expediente da técnica jurídica, consubstanciado no processo lógico que supõe provado um fato desconhecido antes de efetivamente demonstrado.[25]

O estudo do fenômeno jurídico da presunção reside, originariamente, na esfera das denominadas provas indiretas, retratando-se nelas um outro fato (fato auxiliar ou fato base) que levará à percepção do fato probando (fato principal)[26] ou mesmo de um direito.[27]

---

22. Cf. Caio Mário da Silva Pereira, *Responsabilidade civil*, n. 140-141, p. 175-176.
23. Cf. Clóvis Beviláqua, *Código Civil dos Estados Unidos do Brasil*, vol. II, observação nº 2 ao art. 1.528, p. 678.
24. Cf. Silvio Rodrigues, *Direito civil*, vol. IV, nº 46, p. 123 (nota de rodapé nº 122) e 127, que transcreve o seguinte acórdão, equiparando o promitente-comprador, a quem foi transferida a posse do terreno, ao proprietário: "*O promitente comprador de um terreno é parte legítima para ser demandado, no caso de desabamento de muro, que fechava o imóvel e de que resultou vítima. O art. 1.528 do CC [atual art. 937 do CC/2002] estabelece mais um caso de presunção de culpa, que ao responsável cabe destruir pelos meios de que se possa valer*" (*RT* 248/273).

   Entendendo como objetiva a responsabilidade pelos danos de vizinhança resultantes de construção: "*Construção – Dano a prédio vizinho – Inexigibilidade do dolo, culpa ou voluntariedade do agente da ação lesiva para a reparação – Responsabilidade objetiva e absoluta decorrente da lesividade do ato ou fato, ou de seus trabalhos preparatórios – Indenização devida. A responsabilidade pelos danos de vizinhança resultantes de construção é objetiva e absoluta: Nasce do só ato ou fato lesivo da obra ou de seus trabalhos preparatórios. Não se exige, para reparação, nem dolo, nem culpa, nem voluntariedade da ação lesiva*" (*RT* 675/128-129).
25. Cf. Sérgio Carlos Covello, *A presunção em matéria civil*, p. 5.
26. Cf. Arruda Alvim, *Manual de direito processual civil*, nº 24.3.3, p. 934), *in verbis*: "*A presunção, genericamente considerada, constitui-se num processo lógico-jurídico, admitido pelo*

A presunção de culpa é uma presunção legal e, como tal, é estabelecida pela lei para considerar como existente determinado fato, desde que não haja prova em contrário. Sérgio Carlos Covello é de opinião que, muito embora o nosso Código Civil não adote nenhuma classificação para as presunções e não se refira as presunções absolutas, parte da doutrina, de maneira indevida, aponta algumas "presunções legais absolutas" (v.g., os arts. 163 e 574 do CC/2002), as quais, deveras, constituem mandamentos jurídicos, somente se distinguindo das ficções porque expressam uma probabilidade ou possibilidade, distanciando-se das presunções em sentido técnico, consistentes em convencimentos antecipados e provisórios, considerados válidos desde que não existam circunstâncias que os desqualifiquem como tal.[28]

Dentre as características das presunções legais em sentido técnico, encontramos o efeito de dispensar o ônus da prova àquele que as tem sem a seu favor, devendo, a quem invocar a presunção, provar o fato-base, o indício sobre o qual se fundar a presunção; a possibilidade de o interessado demonstrar ser outro o direito do caso concreto (*praesumptio cedit veritate*), admitindo-se a produção de prova contrária à arguição da presunção, elidindo a inferência da existência de certos fatos a partir da comprovação de outros, agindo a prova contrária como condição resolutiva da presunção.[29]

4.2.2 Responsabilidade objetiva por fato de terceiro

A responsabilidade civil emerge, além do fato ou omissão do próprio agente, de fato praticado pela pessoa por quem responde, situação na qual estão inclusos os pais, o tutor, o curador, o empregador ou comitente, os donos de hotéis, hospedarias, casas ou estabelecimentos (art. 932, I a V, do CC/2002).

Nessa hipótese legal podemos inferir que o legislador cuidou da aplicação da responsabilidade de uma maneira especial. Afastando-se da teoria subjetiva,

---

sistema para provar determinados fatos. Por esse processo, uma vez conhecido determinado fato auxiliar (indício), admite-se como verdadeiro um outro fato, que é desconhecido, e que é (este último) o inserido no objeto da prova". Podemos citar os seguintes exemplos de diplomas que abrigam normas de presunção: CC francês, arts. 1.349 a 1.353; italiano, arts. 2.727 a 2.729; português, arts. 349 a 351; arts. 385 e 386 da "Ley de Enjuiciamiento Civil" espanhola (Lei nº 1/2000, de 7 de janeiro).

No direito pátrio, as presunções foram inicialmente disciplinadas pelo revogado Regulamento 737, de 25.11.1850, arts. 184 a 188; CPC de 1939, arts. 251 a 253; CPC de 1973, arts. 334, IV, e 335; CC/1916, art. 136, V; do CPC/2015, arts. 374, IV, e 375; CC/2002, art. 212, IV.

27. Cf. James Goldschmidt, *Derecho procesal civil*, p. 259 (v.g., § 891 do BGB, que prescreve a presunção de exatidão registral).
28. Cf. Sérgio Carlos Covello, *A presunção em matéria civil*, p. 54, 59-65.
29. Idem, p. 69-71.

que exige a demonstração do dolo ou da culpa como elementos qualificadores da obrigação de reparar o dano, o Código Civil em vigor, ao contrário do que dispunha o diploma de 1916, indica as pessoas que deverão responder objetivamente por aquele ou aquilo que causou o dano.

Essa exegese deflui da regra do art. 932 conjugada com aquela expressa no art. 933, *caput* do CC/2002, de acordo com a qual as pessoas indicadas nos incs. I a V daquele artigo, ainda que não haja culpa de sua parte, devem responder pelos atos praticados pelos terceiros ali referidos, assim recepcionando a teoria objetiva.[30]

Antes dessa alteração de tratamento normativo, a doutrina e a jurisprudência consideravam como presunção relativa (*juris tantum*) a responsabilidade indireta daqueles indicados nos incs. I a IV do art. 1.521 do CC/1916, com a consequente inversão do ônus da prova. Isto porque, mantida a estrita observância do texto revogado, muito provavelmente a vítima do dano ficaria irressarcida, em face das dificuldades oriundas da produção probatória.[31]

Diante da responsabilidade objetiva, nas situações especiais abrangidas pela lei, a exclusão ou atenuação da responsabilidade não mais será possível mediante a demonstração de comportamento prudente, hábil e previdente, valendo-se, ao invés, da prova de uma das hipóteses que conduzem à redução da indenização pelos prejuízos verificados ou a não incidência da regra de responsabilização.

4.2.3 Responsabilidade objetiva derivada do fato da coisa

A responsabilidade objetiva do sujeito pode ser proveniente, ainda, do dano derivado do fato da coisa – guarda de animais e coisas caídas ou lançadas de prédio. Oriunda da teoria da responsabilidade na guarda da coisa inanimada, regulada no art. 1.384 do CC francês, Mazeaud, Mazeaud e Tunc sustentam a manutenção da aplicação da teoria da culpa para a responsabilidade na guarda da coisa inanimada, argumentando que "guardar" a coisa é impedir que escape do controle material do homem, de maneira que, quando isso acontece, o guardião deverá ser

30. Silvio Rodrigues (*Direito civil*, vol. IV, nº 23, p. 56) destaca as soluções normativas do Código Civil francês – art. 1.384 ("*Toda pessoa é responsável não somente pelo dano que causou por ato próprio, mas ainda por aquele que foi causado por ato de pessoa pela qual devia responder, ou por coisas que estão sob a sua guarda. (...) A responsabilidade acima tem lugar, a não ser que o pai e a mãe e os artífices provem que não puderam impedir o fato que deu lugar a esta responsabilidade*") – e do Código Civil alemão – §831 ("*(1) Quem designar um outro para uma função, estará obrigado à indenização do dano que o outro, no exercício da função, causar, antijurídicamente, a um terceiro. A obrigação de indenização não tem lugar quando o dono do negócio, na escolha da pessoa designada, (...) observar os cuidados exigíveis na vida usual, ou quando o dano, mesmo com a observância desses cuidados, se havia de produzir*").

31. Por exemplo, a Súmula n. 341 do STF, com o seguinte teor: "*É presumida a culpa do patrão ou comitente pelo ato culposo do empregado ou preposto*".

responsabilizado, provando que o prejuízo decorreu do dinamismo próprio da coisa, e que escapou da vigilância do seu condutor.[32]

Sob a égide do Código Civil de 1916, Agostinho Alvim[33] sublinha a presunção de culpa legalmente estabelecida contra o dono do animal, com a consequente inversão do ônus da prova (art. 936 do CC/2002), facultando ao dono do animal a prova de culpa da vítima ou a ocorrência de força maior.

Contudo, com a modificação de redação sofrida pelo comando normativo, antes contido no art. 1.527 do CC/1916, o atual diploma civil, em seu art. 936, restringiu as excludentes de responsabilidade, parcial ou total, às hipóteses de culpa da vítima ou força maior. Outrossim, implementou o regime da responsabilidade objetiva para o dono ou detentor de animal. José de Aguiar Dias, a propósito, avalia as dificuldades encontradas na aplicação do mero critério da culpa, para concluir que, se qualificamos uma pessoa de guardar, é para encarregá-la de um risco, risco este criado pela coisa que está a seu serviço ou para sua recreação.[34]

O art. 938, *caput* do CC/2002, da mesma forma, contém dispositivo que estabelece a responsabilidade objetiva, não se escusando da responsabilidade pelo dano o habitante de prédio, ou parte dele, sob a alegação de que o ato prejudicial, derivado das coisas que dele caírem ou forem lançadas em lugar indevido, foi praticado sem culpa ou dolo.[35]

4.2.4 Responsabilidade objetiva decorrente do risco da atividade

Ainda que o sistema do atual Código Civil mantenha a responsabilidade subjetiva como regra na apuração do dever de reparar o prejuízo,[36] a realidade jurídica

32. Mazeaud, Mazeaud e Tunc, *Tratado de la responsabilidad civil*, vol. I, t. II, n. 1.245, nota (1 *bis*), p. 275 e n. 1.314, p. 369.

33. Agostinho Alvim, *Da inexecução das obrigações e suas consequências*, nº 179, p. 287.

34. José de Aguiar Dias, *Da responsabilidade civil*, vol. II, nº 162, p. 391. No mesmo sentido, Alvino Lima, *Culpa e risco*, nº 26, p. 136.

35. Agostinho Alvim (*Da inexecução das obrigações e suas consequências*, nº 198, p. 332) inclui a hipótese de que cogitava o Código de 1916, nos art. 160, II, combinado com o art. 1.519 (hoje art. 188, II, combinado com o art. 929) como de responsabilidade pelo risco, deixando de ocorrer infração ao dever jurídico, já que a lei não considera ilícito esse ato, aplicando o princípio de que a vida e a saúde valem mais do que os bens materiais, sendo lícito destruir o menos valioso para salvar o que vale mais. Isto não obstante, a lei impõe a responsabilidade, devendo ser indenizado o dono da coisa.

36. Na expressão de Rui Stoco: "*O Direito Civil brasileiro estabelece que o princípio geral de responsabilidade civil, em direito privado, repousa na culpa. Isto não obstante, em alguns setores, e mesmo em algumas passagens desse vetusto instituto, imperar a teoria do risco*" (*Tratado de responsabilidade civil*, t. I, cap. I, n. 12.02, p. 214). No mesmo sentir, Carlos Roberto Gonçalves assevera: "*O Código Civil brasileiro filiou-se à teoria subjetiva. (...) A responsabilidade*

do sistema, em sua marcha evolutiva, apresenta situações especiais de responsabilidade sem culpa, a indicar a convivência de ambas no sistema jurídico civil pátrio.

As situações especiais de responsabilidade sem culpa vêm sintetizadas no art. 927, parágrafo único, do CC, da seguinte forma: "Haverá obrigação de reparar o dano, independentemente de culpa, nos casos especificados em lei, ou quando a atividade normalmente desenvolvida pelo autor do dano implicar, por sua natureza, risco para os direitos de outrem".

Constitui exemplo da primeira hipótese (casos especificados em lei), dentre outras previstas no Código Civil, aquela prevista no art. 931, de acordo com a qual os empresários individuais e as empresas respondem independentemente de culpa pelos danos causados pelos produtos postos em circulação.

A segunda situação de responsabilidade objetiva, que depende da caracterização de atividade de risco desenvolvida pelo autor do dano, não se confunde, em absoluto, com o risco ordinário, comum, inerente a todo e qualquer aspecto da vida humana, ao contrário, o risco mencionado na norma deve ser qualificado e diferenciado.[37]

4.3 A RESPONSABILIDADE OBJETIVA EXPRESSA NO CDC

4.3.1 *Situação pretérita ao CDC*

4.3.1.1 *Disciplina extracontratual*

O produtor, antes da promulgação da Lei nº 8.078/1990, tinha sua atuação regulada pelo Código Civil brasileiro de 1916, podendo ser verificada sua responsabilidade em decorrência de fato próprio, de outrem ou da coisa. O produtor seria alcançado pela culpa presumida, derivada da responsabilidade pelo fato de terceiro, a qual abrange uma outra pessoa que não a causadora do dano por força da existência de uma relação jurídica entre elas, possuindo caráter excepcional e responsabilizando alguém pelo fato produzido por outrem (intermediário).[38]

---

subjetiva subsiste como regra necessária, sem prejuízo da adoção da responsabilidade objetiva, em dispositivos vários e esparsos. (...) Isto significa que a responsabilidade objetiva não substitui a subjetiva, mas fica circunscrita aos seus justos limites" (*Responsabilidade civil – De acordo com o novo Código Civil*, n. 6, p. 23-24); Nelson Nery Jr. e Rosa Maria de Andrade Nery, *Código Civil comentado*, comentário n. 3 ao art. 927, p. 1190-1191.

37. Cf. Ney Stany Morais Maranhão, *Responsabilidade civil objetiva pelo risco da atividade*, p. 273-274.

38. Cf. Roberto Norris, *Responsabilidade civil do fabricante pelo fato do produto*, n. 6.1.3.1, p. 76.

Contudo, o Código Civil de 1916 somente regulamentou a responsabilidade do patrão e da pessoa jurídica industrial (art. 1.522), mesmo assim ficando demonstrado que eles concorreram para o dano com culpa ou negligência, solidificando-se a culpa presumida do patrão por intermédio da interpretação jurisprudencial, nos termos da Súmula 341 do STF. Restava à vítima do dano causado pelo defeito demonstrar a culpa do preposto ou empregado, o que continuava dificultando o ressarcimento do prejuízo sofrido.

Quanto à responsabilização objetiva derivada das obrigações por atos ilícitos, identificamo-la nos mandamentos contidos no art. 1.529 do CC/1916 – em Clóvis Beviláqua[39] encontramos o entendimento de que a responsabilidade incidente sobre o habitante da casa, ou parte dela, pelo dano proveniente das coisas que dela caírem ou forem lançadas em lugar impróprio tem índole objetiva, assumindo somenos importância o título em razão do qual o responsável ocupa a casa, desenvolvendo-se a responsabilidade civil pelo fato da coisa vinculada mais ao conceito de guarda jurídica, menos ao de guarda material[40] – art. 160, II, c/c o art. 1.517; art. 1.521, V, c/c o 1.523, todos do CC/1916.

Além das situações normatizadas no Código Civil de 1916, as principais hipóteses de responsabilidade objetiva previstas em nossa legislação seriam as seguintes: responsabilidade das estradas de ferro (Dec. nº 2.681, de 07.12.1912, regulamentado pelo Dec. nº 51.813/63);[41] no transporte marítimo (Dec.-lei nº 116/67); responsabilidade civil do Estado (§ 6.º do art. 37 da CF); aos que se dedicam à exploração de lavra (Dec.-lei nº 227, de 28.02.1967, regulado pelo Dec.-lei nº 318/67 e pela Lei nº 9.314/96); responsabilidade por danos causados pela aeronave a terceiros na superfície (art. 268 da Lei nº 7.565/1986).

4.3.1.2 Disciplina contratual

A responsabilização do produtor, antes do advento do CDC, ficava limitada às circunstâncias em que o consumidor conseguia comprovar a existência de vínculo contratual com os fornecedores. É que a regra da relatividade dos efeitos obrigacionais às partes no contrato (art. 928 do CC/1916) permitia ao consumidor tão somente acionar o comerciante-vendedor, estando fora da relação contratual de compra e venda a consumo o produtor, verdadeiro responsável pela introdução do produto perigoso no mercado.[42]

---

39. Clóvis Beviláqua, *Código Civil dos Estados Unidos do Brasil*, vol. II, observação ao art. 1.529, p. 679.
40. Cf. Roberto Norris, op. cit., n. 6.1.3.1, p. 77.
41. Embora os arts. 1º, 17, 26 façam referência à presunção de culpa.
42. Cf. Toshio Mukai et al, *Comentários ao Código de Proteção ao Consumidor*, nota ao art. 12, p. 30-31.

Como consequência desse procedimento, adotou-se a dispendiosa e ineficaz regra da responsabilidade regressiva, pela qual os diversos intervenientes na produção em série e na fabricação do produto integrariam a lide a partir da provocação do vendedor, que regrediria contra quem lhe vendeu, e assim sucessivamente, até alcançar o fabricante que, por sua vez, ainda poderia exigir a reparação do fornecedor da matéria-prima etc.[43]

4.3.2 *A responsabilidade objetiva expressa no CDC*

A existência da responsabilização expressa no CDC prende-se à ocorrência de danos, que não alcançam a sociedade ou o indivíduo separadamente, mas que afetam a ambos de uma só vez.

As normas jurídicas de direito público organizam o Estado-poder e regulam a sua atuação, objetivando alcançar o bem comum dos indivíduos coletivamente considerados, participantes do todo político, e preservar as relações jurídicas formadas em torno desses objetivos; e as normas jurídicas de direito privado regem as relações dos particulares entre si, ou das comunidades por eles formadas, pretendendo dar guarida imediata ao interesse individual das partes envolvidas;[44] as normas jurídicas do direito de proteção ao consumidor, formando um sistema jurídico especial, partem do pressuposto de que, muito embora a autonomia da vontade concorra para a formação da relação jurídica de consumo, esta deve ser especialmente protegida, misturando-se o interesse do indivíduo com o da sociedade industrializada.

Assim ocorre nas relações de consumo porque o sistema jurídico pressupõe que a manifestação de vontade das partes realiza-se, a princípio, em um plano de desigualdade, devendo sujeitar-se ao controle da ordem estatal, a quem cabe tutelá-la sempre que identificado o abuso de direito, em um processo que busca suas raízes na evolução das normas contratuais para o direito do trabalho e no tratamento dispensado ao direito de família. Nesse processo, o Estado-poder intervém, tutelando imediatamente a proteção individual do consumidor e, reflexamente (mediatamente), o bem comum dos indivíduos coletivamente considerados.

Justifica-se essa distinção porque as normas de ordem pública, que regulam as relações de consumo, são endereçadas ao equilíbrio dos interesses especulativos, patrimoniais e de obtenção de lucro, que igualmente envolvem as partes interessadas. O regime jurídico imposto pelo CDC limita a disposição das partes, sem, contudo, prever a manifestação unilateral autoritária da vontade do próprio Estado, de maneira que, sem participar do desenvolvimento e da criação da relação jurídica,

43. Cf. Caio Mário da Silva Pereira, *Responsabilidade civil*, n. 155, p. 185.

44. Oswaldo Aranha Bandeira de Mello, op. cit., vol. I, n. 3.1, p. 13-14.

o Estado, em consonância com o interesse coletivo, intervém quando necessário, superando o interesse do indivíduo isoladamente considerado, equiparando num plano horizontal as vontades contrapostas.

Essa tutela diferenciada produz reflexos na órbita da responsabilidade civil. Enquanto no direito público as determinações do Estado emanam como deveres a serem cumpridos (*v.g.*, obrigação tributária) e no direito privado as obrigações derivam das contraprestações fixadas pelos particulares, nas relações de consumo o vínculo jurídico encontra-se tutelado pela estrutura protetiva, somente incidindo seus efeitos quando detectado algum abuso, qualificado como ofensa ao direito do consumidor.

Atento aos novos rumos trilhados no campo específico da responsabilidade civil, o legislador de consumo abraçou a responsabilidade objetiva do fornecedor, em atenção aos clamores de uma sociedade de produção e de consumo em massa, com a consequente despersonalização das relações entre os integrantes da relação jurídica de consumo em geral e, em particular, da relação jurídica incorporativa. Desta maneira, tanto a responsabilidade oriunda do fato (com exceção da responsabilidade pessoal dos profissionais liberais, que será apurada mediante a verificação de culpa – art. 14, § 4º, do CDC) como a oriunda do vício do produto ou serviço são de natureza objetiva, estendendo-se, solidariamente, a todos os que compõem o elo básico na colocação de produtos no mercado quando autores da ofensa (art. 7.º, parágrafo único, do CDC) e possibilitando-se a efetiva prevenção e reparação de danos patrimoniais e morais, mediante a cumulatividade de indenizações, nos termos do art. 6.º, VI, do CDC.

5
Excludentes da Responsabilidade Civil

O violador da norma ou obrigação pode sempre arguir alguma escusa legal ou mesmo sustentar sua irresponsabilidade, ou por falta de discernimento ou porque a lei o excluí da incidência da regra de responsabilização.

A presença de uma excludente da responsabilidade, via de regra, atenua ou extingue o dever de ressarcir, atenuando ou extinguindo a relação de causalidade entre o dano e o fato descrito pela norma como indenizável (assim nos expressamos porque nem sempre existe uma ação ou omissão imputável ao agente, mas apenas o fato indenizável descrito na norma).

Silvio Rodrigues[1] distingue as seguintes excludentes da responsabilidade civil: a) a culpa da vítima; b) o fato de terceiro; c) o caso fortuito ou força maior; d) a cláusula de não indenizar, atuante exclusivamente no campo contratual. Além dessas, Caio Mário da Silva Pereira[2] identifica as seguintes: a legítima defesa, o exercício regular de um direito, o estado de necessidade e a renúncia à indenização.

5.1 A culpa da vítima

Para que fique caracterizado o liame de causa e efeito entre o dano e o ato do agente causador do dano e o prejuízo experimentado, faz-se necessário que o evento danoso não decorra de culpa exclusiva ou concorrente da vítima[3]. Nesse caso, o agente que ocasionou o dano é apenas um instrumento do acidente, não podendo ser responsabilizado pelos prejuízos causados, quando a culpa é exclusiva da vítima, o que afasta a possibilidade de indenização. São exemplos de eventos que decorrem exclusivamente de culpa da vítima: colisão onde a vítima

1. Silvio Rodrigues, *Direito civil*, vol. IV, n. 59, p. 170-171.
2. Caio Mário da Silva Pereira, *Responsabilidade civil, nº 238-246*, p. 295-307.
3. Silvio Rodrigues, *Direito civil*, vol. IV, n. 60, p. 171-175.

se encontrava na contramão; atropelamento de pessoa embriagada em estrada onde a alta velocidade é permitida; pessoa que procura o suicídio se atirando sob as rodas do veículo.

Quando a culpa da vítima concorre para a obtenção do prejuízo, a responsabilidade do agente fica atenuada, pois o evento danoso é resultante da ação conjunta dos envolvidos. Nesse caso, a indenização deverá ser repartida, variando de acordo com o grau de culpabilidade de qualquer das partes.[4]

5.2 O FATO DE TERCEIRO[5]

Contemplando-se o comportamento causador exclusivo do dano, realizado por pessoa que não tenha qualquer ligação com a vítima ou com o agente causador do dano, vemos desaparecer, a exemplo do que ocorre quando o evento é ocasionado por culpa exclusiva da vítima, a relação de causalidade entre a vítima e o comportamento do possível responsável pelo evento danoso, *v.g.*, o passageiro ferido por projétil disparado por terceiro.[6]

Como destaca José de Aguiar Dias,[7] podemos distinguir o fato de terceiro da força maior, porquanto, para exonerar o devedor, o fato de terceiro deve revestir o caráter de imprevisibilidade e irresistibilidade, sem o que, podendo o agente prever ou evitar o fato de terceiro, sua atitude é culposa, não podendo ser invocado o fato como motivo de isenção.

Concorrendo o fato de terceiro apenas parcialmente para a ocorrência do evento danoso, a responsabilidade subdivide-se de acordo com o grau de causalidade de cada um.

---

4. Neste sentido, José de Aguiar Dias, *Da responsabilidade civil*, n. 217, p. 944-949. Mazeaud, Mazeaud e Tunc (op. cit., t. II, vol. 2) modificaram o entendimento proposto em edição anterior, de acordo com o qual, havendo culpa concorrente da vítima, a indenização deve ser estabelecida pela metade em decorrência do liame de causalidade, não do grau de culpabilidade. Incluindo a concorrência de culpas como excludente específica do nexo causal, veja-se Rogério Donnini, *Comentários ao Código Civil brasileiro*, comentário n. 3 ao art. 927, p. 392.
5. Silvio Rodrigues, *Direito civil*, vol. IV, n. 61, p. 176-181.
6. Julgado publicado em *RJTJESP* 133/47-49 faz referência à seguinte hipótese de fato de terceiro: "Compromisso de compra e venda – Rescisão – Negócio inviabilizado por ato de terceiro, sem culpa das partes – Retorno dos contratantes ao *status quo ante* – Restituição das quantias pagas, atualizadas desde a data dos respectivos pagamentos – Recurso provido para esse fim". Em sessão plenária de 13 de dezembro de 1963, o Supremo Tribunal Federal aprovou a seguinte súmula: "*Súmula 187 – A responsabilidade contratual do transportador, pelo acidente com o passageiro, não é elidida por culpa de terceiro, contra o qual tem ação regressiva*".
7. José de Aguiar Dias, op. cit., n. 213, p. 925-934.

5.3 O CASO FORTUITO OU FORÇA MAIOR[8]

O art. 393 do CC determina que, nas hipóteses de caso fortuito ou força maior, derivados de fato necessário, cujos efeitos não era possível evitar ou impedir, o devedor não responde pelos prejuízos resultantes, exceto se houver por eles se responsabilizado expressamente. Excetuam-se, também, os casos expressos nos arts. 399 e 400 *caputs*, do CC (prejuízos decorrentes da mora),[9] Logo, de acordo com expressa previsão legal, o caso fortuito ou força maior representa uma excludente da responsabilidade, em virtude de pôr termo à relação de causalidade entre o ato do agente e o dano experimentado,[10] obrigando-se o devedor apenas se, por sua livre vontade, assumir a responsabilidade pelos efeitos decorrentes dos fatos inexoráveis, impossíveis de evitar ou impedir.

Conceitualmente, a distinção entre caso fortuito e força maior é controvertida. Washington de Barros Monteiro,[11] ao tratar da exclusão da responsabilidade pelo caso fortuito ou de força maior, vincula a força maior a eventos físicos ou naturais, de índole ininteligente, *v.g.*, o granizo, o raio, a inundação; enquanto o caso fortuito decorreria de fato alheio, gerador de obstáculo, que a boa vontade do devedor não logra superar, *v.g.*, a greve, o motim e a guerra.

De maneira semelhante, Maria Helena Diniz[12] reconhece na força maior um fato da natureza, conhecendo-se a causa que dá origem ao evento (*v.g.*, raio que provoca incêndio, inundação que danifica produtos, geada que estraga a lavoura). Já no caso fortuito, o evento que gera o dano pode resultar de uma causa desconhecida (*v.g.*, o cabo elétrico aéreo que se rompe e cai sobre fios telefônicos, causando incêndio; a explosão de caldeira de usina; a quebra de peça de máquina, em funcionamento, provocando morte) ou do fato de terceiro (*v.g.*, greve, motim, mudança de governo, colocação de bem fora do comércio).

---

8. Cf. trabalho de nossa lavra *Curso avançado de Direito Civil – Direito das obrigações*, n. 13.1, p. 215 e ss. Tratando da aplicação dessas excludentes no âmbito da relação de consumo, veja-se o L. II, Parte II, item 1.4 infra.

9. Vejam-se os arts. 1.148 do CC francês ("*No habrá lugar al pago de daños y perjuicios cuando, por causa de fuerza mayor o caso fortuito, el deudor se hubiera encontrado impedido para dar o hacer aquello a que viniera obligado, o hubiera hecho aquello que le estaba prohibido*" – "*Il n'y a lieu à aucuns dommages et intérêts lorsque, par suite d'une force majeure ou d'un cas fortuit, le débiteur a été empêché de donner ou de faire ce à quoi il était obligé, ou a fait ce qui lui était interdit*"), 1.105 do CC espanhol ("*Fuera de los casos expresamente mencionados en la ley, y de los en que así lo declare la obligación, nadie responderá de aquellos sucesos que no hubieran podido preverse, o que, previstos, fueran inevitables*") e 832 e 833 do *Esboço*, de Teixeira de Freitas.

10. Silvio Rodrigues, *Direito civil*, vol. IV, n. 62, p. 181.

11. Washington de Barros Monteiro, *Curso de direito civil*, vol. IV, p. 331.

12. Maria Helena Diniz, *Curso de direito civil brasileiro*, vol. VII, p. 134.

Abarcando a lei a inteligência do caso fortuito ou de força maior como o fato necessário, cujos efeitos não era possível evitar ou impedir (art. 393, parágrafo único, do CC/2002), alguns optam por utilizar as expressões força maior e caso fortuito como sinônimas,[13] outros preferem distinguir as figuras jurídicas, como, por exemplo, Clóvis Beviláqua, que define caso fortuito como sendo "o acidente produzido por força física ininteligente, em condições que não poderiam ser previstas pelas partes", e força maior como "o fato de terceiro, que criou, para a inexecução da obrigação, um obstáculo, que a boa vontade do devedor não pode vencer".[14]

Contudo, sublinha Agostinho Alvim,[15] no que tange à impossibilidade do cumprimento da obrigação, a importância de ser analisada a necessidade do fato em função dessa impossibilidade e não o fato abstratamente. Isto porque, sempre que for possível prevenir o acontecimento, de maneira a afastar o risco de descumprimento da obrigação, não estará configurada a impossibilidade de ser afastado o evento impeditivo do cumprimento, presentes a imprevidência ou a falta de cautela do obrigado.[16]

Bem assim, vale a pena mencionar o brocardo de direito "não há obrigação de coisas impossíveis"[17] para comentarmos o princípio de acordo com o qual a dificuldade de cumprir a obrigação não exonera o devedor. Deveras, a impossibilidade da prestação não é contrária à validade do contrato quando a impossibilidade puder ser removida, devendo as dificuldades encontradas pelo devedor ser consideradas verdadeiras impossibilidades, mediante a apuração do montante de sacrifício que o cumprimento da obrigação acarreta.

---

13. Por exemplo, Alexandre Correa e Gaetano Sciascia (*Manual de direito romano*, vol. I, § 91, p. 245), citando o D. 44, 7, 1, 4 Gai, no qual o *casus fortuitus* ou *vis major* é o acontecimento natural (terremoto, inundação, naufrágio, morte natural do escravo etc.) ou um fato jurídico (a coisa torna-se *extra commercium*); Savatier, *Traité de la responsabilité civile en droit français: civil, administratif, professional, procédural*, n. 182, p. 228.
14. Clóvis Beviláqua, *Código Civil dos Estados Unidos do Brasil*, vol. II, observação n. 1 ao art. 1.058, p. 173. No mesmo sentido, Álvaro Villaça Azevedo, *Teoria geral das obrigações e responsabilidade civil*, p. 241. Em nossos trabalhos *Incorporação imobiliária – Ensaio de uma teoria geral* (n. 19.1, p. 244-245) e *Curso avançado de direito civil – Direito das obrigações*, nota de rodapé n. 21, p.217, posicionamo-nos da seguinte forma: "podemos distinguir o caso fortuito da força maior: aquele resulta de uma força física ininteligente, que não poderia ser prevista pelas partes (*v.g.*, uma estiagem extraordinária, um incêndio, uma tempestade, uma inundação), este de um fato de terceiro, que criou um obstáculo intransponível para o devedor, de forma a tornar-lhe impossível a execução da obrigação (*v.g.*, um embargo de uma obra pela autoridade pública, requisição de alimentos por necessidade de guerra)".
15. Agostinho Alvim, op. cit., n. 207, p. 349-350.
16. Cf., nesta passagem, trabalho de nossa lavra *Comentários ao Código Civil brasileiro*, comentário ao art. 234, p. 66-68.
17. *Impossibilium nulla obligatio est.*

Acerca disso, vem, a propósito, a lição de Agostinho Alvim, para quem a diligência a que está obrigado o devedor "se por um lado, impõe-lhe a obrigação de suportar maior ônus do que o esperado, não lhe impõe, todavia, a obrigação de arruinar-se".[18] Vale gizar, sob essa ótica, que a impossibilidade pode ser de duas espécies: objetiva, quando o evento impeditivo torna impossível a execução da obrigação para todas as pessoas, indistintamente (v.g., morte do semovente); subjetiva, quando a execução em si só poderia ser obtida de outrem, alcançando o evento impeditivo somente se a pessoa do devedor (v.g., venda da coisa, objeto da obrigação de dar, roubada ao devedor, para terceiro de boa-fé).[19]

É importante destacar que, se é considerado que o efeito do caso fortuito e da força maior é o de isentar a parte de responsabilidade pelo não cumprimento de sua obrigação, esse efeito será mais ou menos extenso na proporção do impedimento. Caso o impedimento seja parcial, o credor poderá obter o cumprimento do que ainda lhe for útil, ou ainda, caso o impedimento resulte somente no retardo do cumprimento da obrigação, o efeito liberatório será restrito aos resultados da mora.[20-21]

5.4 A CLÁUSULA DE NÃO INDENIZAR, ATUANTE EXCLUSIVAMENTE NO CAMPO CONTRATUAL

A estipulação, por intermédio da qual a parte causadora do dano, resultante da inexecução ou da execução inadequada de um contrato, isenta-se, com a

---

18. Agostinho Alvim, op. cit., n. 207, p. 351-352.
19. Cf. Tito Fulgêncio. *Do direito das obrigações – Das modalidades das obrigações*, n. 57, p. 63.
20. Clóvis Beviláqua, *Código Civil...*, vol. II, notas 1 e 2 ao art. 1.058, p. 173-174.
21. Diversos julgados procuram estabelecer a extensão do caso fortuito e da força maior. Dentre eles destacamos os seguintes:

    "Compromisso de compra e venda – Imóvel – Outorga de escritura definitiva – Obrigação de fazer – Força maior alegada pelo réu – Inocorrência – Fato que, para constituí-la, deve ser irresistível, fora do alcance do poder humano – Pedido procedente – Sentença confirmada.

    Verifica-se a força maior, quando o fato impossibilita a realização obrigacional, não, por exemplo, simplesmente a estorva ou a onera. Também, esse acontecimento deve ser tal, que não possa ser evitado pelo devedor" (*JTJ* 145/80-84);

    "Compromisso de compra e venda – Inadimplemento sem culpa – Não pagamento do saldo no prazo avençado pelo advento do "Plano Cruzado", que protelou o financiamento ajustado – Fato equiparável a caso fortuito ou força maior – Arras que devem ser restituídas acrescidas de juros e correção monetária – Ressarcimento das benfeitorias não levantáveis devido" (*RT* 658/152-155);

    "Indenização – Responsabilidade civil – Proprietário de edifício em construção – Materiais empilhados precariamente atirados por ventania sobre o telhado de residência vizinha – Ininvocabilidade de caso fortuito ou força maior – Inclusão, ademais, das despesas com móveis que guarnecem a residência, danificados por goteiras Recurso provido" (*RJTJESP* 132/168-170).

concordância da outra, de responsabilidade, denomina-se "cláusula de não indenizar", dispositivo contratual, inserido com caráter de subsidiariedade, em avença patrimonial firmada pelas partes.[22]

O Anteprojeto do Código de Obrigações de Caio Mário da Silva Pereira dispunha que "a cláusula de não indenizar somente prevalecerá se for bilateralmente ajustada, e não contrariar a lei expressa, a ordem pública e os bons costumes, e não tiver por objeto eximir o agente dos efeitos do seu dolo" (art. 924).

Na codificação civil pátria, a cláusula tem aplicação em diversas espécies de contratos, *v.g.*, na compra e venda, com referência à evicção e relativamente aos vícios redibitórios; nos contratos individuais de depósito de bagagens dos hóspedes nos estabelecimentos hoteleiros; nos contratos de mandato e de locação, dentre outros.[23]

Contudo, alguns requisitos de validade das cláusulas contratuais excludentes e limitativas do dever de indenizar devem ser observados, como observa Fábio Henrique Peres,[24] quais sejam: a) a necessidade de manutenção do equilíbrio econômico do contrato, b) o respeito à ordem pública e às normas cogentes, c) inaplicabilidade ao dolo, d) inaplicabilidade às obrigações essenciais do contrato.

Já no campo de incidência do Código de Defesa do Consumidor, podemos considerar essa cláusula proibida, a propósito do que dispõe o art. 51, I, *in verbis*: "São nulas de pleno direito, entre outras, as cláusulas contratuais relativas ao fornecimento de produtos e serviços que: I – impossibilitem, *exonerem* ou atenuem a responsabilidade do fornecedor (...)" (grifo nosso).[25]

---

22. Cf. Álvaro Luiz Damásio Galhanone, *A cláusula de não indenizar*, *RT* 565/24, n. 11. Também,Rui Stoco, *Tratado de responsabilidade civil*, Tomo I, Capítulo 2, nº 2.00 – cláusula de não indenizar, p. 252-253. Na legislação alienígena, encontramos referência às cláusulas de exoneração de responsabilidade nos arts. 809 c/c 800, n. 2 ("2. *A responsabilidade pode ser convencionalmente excluída ou limitada, mediante acordo prévio dos interessados, desde que a exclusão ou limitação não compreenda actos que representem a violação de deveres impostos por normas de ordem pública*"), do CC português. A título de conclusão, ao tratar do tema, António Pinto Monteiro (*Cláusulas limitativas e de exclusão de responsabilidade civil*, p. 449-450) acentua que a cláusula de exclusão "*não deixa o credor sem proteção (tanto teórica como praticamente), visto que o único direito que fica prejudicado, por força daquela cláusula, é o direito à indenização, mantendo-se, porém, em caso de não cumprimento (...) todos os outros meios de defesa e de reação contra a prática de um facto ilícito contratual (...)*".
23. Exemplificação feita por Álvaro Luiz Damásio Galhanone, A cláusula..., n. 14, p. 25-28.
24. Fábio Henrique Peres, *Cláusulas contratuais excludentes e limitativas do dever de indenizar*, p. 129 e ss.
25. O art. 29 do CDC equipara aos consumidores todas as pessoas, determináveis ou não, expostas às práticas nele previstas. Considerando-se que o artigo teve por escopo a extensão do termo "consumidor", protegendo todas as pessoas, determináveis ou não, desde que expostas às práticas abusivas previstas nos capítulos V e VI, podemos afirmar que nas

Dessa forma, podemos citar algumas condições de validade das cláusulas de não indenizar: serem resultantes da livre manifestação da vontade das partes, motivo pelo qual não são admitidas nos contratos adesivos; estarem de acordo com a ordem pública e os bons costumes; não resultarem de dolo praticado pelo agente, sendo vedado a qualquer pessoa sustentar a pretensão com base em atos praticados com o objetivo de prejudicar ou fraudar outrem; não estarem expressamente vedadas por disposição legal, na forma já referida no Código de Defesa do Consumidor.[26]

5.5 Legítima defesa e exercício regular de um direito

Não obstante a verificação do dano, a lei excepciona algumas situações em que o agente fica isento da obrigação de ressarcir. Algumas dessas hipóteses são mencionadas no art. 188 do CC, nas quais, apesar da ação voluntária do agente estar presente, verifica-se o dano sem que, em consequência, surja o efeito indenizatório.[27]

A situação da legítima defesa é a primeira contemplada no texto legal (art. 188, I, do CC), consistindo na possibilidade, reconhecida pelo ordenamento jurídico,

---

relações não configuradas como "de consumo", em que o objeto material do negócio não corresponde ao fornecimento de produtos ou serviços, é possível existir a cláusula de não indenizar. Exemplo disso encontramos no julgado publicado em *JSTJ* e *TRF* 33/292-301, nos seguintes termos:

"Civil – Convenção de condomínio – Indenização – Cláusula de irresponsabilidade.

Danos causados a veículos, em estacionamento de condomínio cuja convenção contém cláusula de não indenizar, *não são ressarcíveis*. Isso porque, tratando-se de direito disponível, a cláusula de irresponsabilidade é emanação da liberdade de contratar, todavia, sujeita-se às restrições impostas pela ordem pública. Só pode ser estipulada quando a regra legal aplicável, meramente supletiva da vontade das partes, admite a livre manifestação destas". No mesmo sentido: *BDI*, – 3.o decêndio, jan. 1993, p. 20. Igualmente, admitindo o cabimento da cláusula de não indenizar quando resultante da livre convenção das partes, o julgado publicado na *RT* 563/146: "A cláusula de não indenizar só tem cabimento quando estabelecida com caráter de transação, não podendo ser deduzida de fórmulas impressas a título publicitário e não integrantes do contrato". Vale destacar que torrencial jurisprudência, geradora da Súmula 161 do STF, nega eficácia à cláusula de não indenizar nos contratos de transportes: "Em contrato de transporte, é inoperante a cláusula de não indenizar".

26. Cf. Cláudia Vieira de Oliveira, Cláusula de não indenizar, n. 6, p. 33-35. Silvio de Salvo Venosa, ao tratar da validade da cláusula de exclusão da revisão judicial, que impede as partes de recorrerem à teoria da imprevisão e à revisão contratual, conclui pela sua admissibilidade quando os interessados preveem expressamente fatos configurativos de excessiva onerosidade, tornando-os previsíveis, e pela sua inadmissibilidade quando o contrato contenha cláusulas predispostas e fique caracterizada a relação de consumo.

27. Cf. Caio Mário da Silva Pereira, *Responsabilidade civil*, n. 238, p. 293.

de o indivíduo repelir, pela força, a agressão ou a ameaça de agressão a si próprio, contra seus familiares, contra seus bens (*v.g.*, a autotutela da posse – art. 1.210, § 1.º, do CC). Contudo, a medida defensiva para repelir o agressor deve obedecer aos seguintes parâmetros básicos: ser injusta a agressão e ser a defesa atual e proporcional ao ataque.[28]

Destarte, em não constituindo a legítima defesa ato ilícito, caberá ao autor do dano ação regressiva para haver a importância que tiver ressarcido ao lesado (art. 930, parágrafo único, do CC), compreendendo nesse contexto tanto os bens materiais como os imateriais, aí incluídos os morais, que poderão igualmente ser defendidos, guardados os limites antes expostos.[29]

A segunda situação contemplada no art. 188, I, do CC, o exercício regular de um direito reconhecido, afasta a ilicitude do ato praticado sob o fundamento da impossibilidade de alguém causar dano a outrem ao exercitar direito próprio. De fato, há conduta lícita quando o procedimento não atenta contra o direito, inserindo-se na noção de ato ilícito o requisito da ação antijurídica ou da violação de uma norma preexistente.[30]

Aqui delineamos uma situação jurídica vinculada à problemática da aplicação do direito e da tomada de decisão. Isto porque a regularidade e o reconhecimento do exercício de um direito devem ter suas fronteiras contrapostas àquelas estabelecidas para o abuso de direito, de maneira que, se o titular do direito, ao exercê-lo, excede manifestamente os limites impostos pelo seu fim econômico ou social, pela boa-fé ou pelos bons costumes, comete ao ilícito (art. 187 do CC).

5.6 Estado de necessidade

A terceira situação contemplada na lei (inc. II do art. 188 do CC) resume um conflito de interesses. De um lado, um indivíduo remove perigo iminente, ante a perspectiva de lesão a um direito seu; de outro, um indivíduo sofre a deterioração ou destruição de coisa sua em razão dessa expectativa iminente de perigo. Há uma similitude quanto à natureza no dano causado – preservação dos próprios bens –, embora as situações que o originam sejam distintas.[31]

Todavia, o ato praticado em estado de necessidade somente será legítimo quando praticado em face de circunstâncias que o tornem absolutamente necessário, não excedendo os limites do indispensável para a remoção do perigo (parágrafo único

28. Cf. Giselda Maria F. Novaes Hironaka, *Estudos de direito civil*, p. 305.
29. Cf. Caio Mário da Silva Pereira, *Responsabilidade civil*, n. 239, p. 293-294.
30. Idem, n. 240, p. 294.
31. Cf. idem, n. 241, p. 295.

do art. 188 do CC).[32] Os arts. 929 e 930, *caput*, do CC trazem uma contrapartida ao teor do inc. II do art. 188 do CC para aqueles que sofrem os danos (a pessoa lesada ou o dono da coisa) decorrentes da remoção do perigo iminente. Com efeito, caso as vítimas do dano não sejam culpadas do perigo gerador do estado de necessidade, assistir-lhes-á o direito à indenização do prejuízo que sofreu (art. 929), restando ao autor do dano, caso se veja obrigado a ressarcir o dano, promover ação regressiva contra o terceiro culpado, se houver (art. 930). José de Aguiar Dias[33] sustenta que, muito embora do texto legal se depreenda a descaracterização da ilicitude do ato realizado em estado de necessidade, a obrigação de indenizar resulta da simples violação injusta do *status quo*, somente valendo a isenção de responsabilidade, para o agente, perante a vítima que provocou os prejuízos, tendo o terceiro, não participante da provocação, direito à reparação (*v.g.*, aquele que lança automóvel alheio – agente – contra veículo que, sem freio, descia pela ladeira, ocasionando danos materiais e físicos ao ocupante-proprietário – vítima – deve indenizar o prejuízo causado ao dono do automóvel – terceiro).

---

32. O art. 24 do CP define o estado de necessidade – uma das causas de exclusão de ilicitude (art. 23, I, do CP) – como a situação do agente que "(...) pratica o fato para salvar de perigo atual, que não provocou por sua vontade, nem podia de outro modo evitar, direito próprio ou alheio, cujo sacrifício, nas circunstâncias, não era razoável exigir-se".

33. Cf. José de Aguiar Dias, op. cit., n. 212, p. 919-925.

Livro II

Responsabilidade Civil na Incorporação Imobiliária

Parte I
A Responsabilidade Civil do Incorporador

Introdução

A teoria envolvendo a responsabilidade civil do incorporador representa um dos pontos fundamentais dentro do complexo normativo que estrutura essa importante atividade econômica. A partir dela, fixamos, de um lado, as fronteiras que balizam a atividade empresarial, entrelaçada por seus componentes em relações contratuais e legais diversas, desenvolvidas pelo incorporador; e, de outro, os limites de atuação do indivíduo, interessado na aquisição de um bem durável imobiliário, seja para utilização própria, seja para a exploração financeira especulativa.

Nenhuma atividade econômica poderia subsistir sem a ideia de equilíbrio entre os envolvidos, tanto no que diz respeito aos instrumentos contratuais firmados, como na necessária vigilância legislativa, coibindo-se os excessos, coordenando-se a atividade e estabilizando-se a relações de direitos e deveres das partes reciprocamente consideradas.

Nesse contexto, os deveres decorrentes dos comandos normativos, submetendo o incorporador aos limites impostos pela ordem jurídica e as convenções às amarras da vontade livre, mas dirigida, dão guarida aos interesses de todas as pessoas, físicas ou jurídicas, garantindo a circulação de riquezas e o desenvolvimento das condições sociais.

A responsabilidade específica do incorporador pela entrega, a certo prazo, preço e determinadas condições, das obras concluídas (art. 29, *caput*, da LCI) surge com a celebração do contrato de incorporação e só termina com o cumprimento do ajuste, quando a promoção e a realização da construção das unidades autônomas são concluídas e a titularidade é transferida. Contudo, até que todos os elementos essenciais à incorporação estejam reunidos e a atividade atinja seu objetivo econômico, subsistem as formas básicas de responsabilidade dela derivada, tratada nesta segunda parte: a contemplada na Lei de Condomínio e Incorporação Imobiliária,[1] a contratual e a extracontratual fulcrada na culpa,[2] a derivada de sua atividade produtiva[3] e a subsidiária.[4]

Sendo a atividade incorporativa vinculada a outras manifestações de vontade, emitidas por pessoas físicas ou jurídicas, resultam para o incorporador responsabilidades diversas para com o proprietário do terreno, para com terceiros, para com os adquirentes e para com todos aqueles que participam direta ou indiretamente do evento incorporativo (*v.g.*, o arquiteto, o construtor).

De fato, podem ser prejudicados, antes, no transcurso e após o término da incorporação, diversas pessoas, seja em razão de um fato dela oriundo, de um ato praticado por quem a desenvolve, ou mesmo de um vício observado posteriormente. As responsabilidades resultantes de cada um desses prejuízos ocorrem isoladamente ou concomitantemente, podendo derivar de fatos ou atos únicos ou distintos e dar ensejo a cinco espécies básicas de atos lesivos, geradores de reparação civil (na hipótese do dano patrimonial pré-contratual, contratual ou extracontratual), criminal (dano penal), administrativo (dano profissional), tributário (dano causado ao Fisco) e trabalhista ou previdenciário (dano decorrente das relações trabalhistas implementadas na incorporação).

---

1. Cf. tópico 1 – Livro II, Parte I.
2. Cf. tópicos 2 e 3 infra.
3. Cf. Parte II infra.
4. Cf. Parte III infra.

1
Dos Deveres e Direitos do Incorporador Contemplados na Lei de Condomínio e Incorporação Imobiliária

Como corolário da atividade incorporativa *lato sensu*, exsurge a responsabilidade jurídica do incorporador imobiliário, cumprindo-lhe responder pela execução e coordenação do empreendimento, estando sujeito aos deveres instituídos pela lei, no interesse da comunidade em geral e, em particular, no interesse dos adquirentes, de maneira que, descumpridas determinadas imposições legais, eles deverão suportar certas sanções.

Segundo noticia Caio Mário da Silva Pereira,[1] na fase antecedente à promulgação da Lei nº 4.591/1964 a natureza jurídica da figura do incorporador era muito controvertida, tanto que encontramos julgados sustentando sua plena irresponsabilidade, equiparando-o ao corretor de imóveis, salvo nas hipóteses em que tenha se obrigado pessoalmente, isto porque, no exercício da corretagem, não seria possível imputar responsabilidade aos intermediários nas promessas de venda que patrocinam.[2]

1. Caio Mário da Silva Pereira, *Condomínio e incorporações*, n. 121, p. 193. Antes do advento da Lei nº 4.591/1964, Caio Mário da Silva Pereira, ao escrever sua obra *Propriedade horizontal* (n. 99, p. 163-164), na falta de uma melhor caracterização, já que ainda não existia uma qualificação jurídica específica para o incorporador imobiliário, utilizou um ente que se lhe aproxima nas funções: o fundador ou incorporador da sociedade anônima. De acordo com o autor, tal qual no edifício de apartamentos, o incorporador da sociedade é o idealizador de sua criação, promove os contatos, aproxima os interessados, obtém capital, elabora planos, faz contratos, enfim, utiliza todos os seus esforços, boas relações, capacidade de empreendimento, imaginação e experiência para alcançar seu objetivo. Em razão da similitude entre as duas figuras – o incorporador da sociedade anônima e o incorporador do edifício –, Caio Mário da Silva Pereira procurou naquele perquirir as obrigações e as responsabilidades deste. Na qualidade de incorporador, age em nome próprio, por sua conta e risco, devendo suportar os riscos de sua iniciativa e as responsabilidades do andamento do plano, inclusive respondendo civilmente com seus bens e criminalmente com a sua pessoa.
2. Neste sentido, o acórdão exarado pela 5.ª Câmara do Tribunal de Apelação do Distrito Federal (Ap. 3.937 – publicada em *Archivo Judiciário* em 20.07.1944 – p. 127-134) com a

A evolução doutrinária, jurisprudencial e legislativa deslocou a figura do incorporador daquela vinculada à do mero corretor ou mandatário, identificando-o, mais propriamente, com a do verdadeiro propulsor do empreendimento.[3]

Destarte, a atuação do incorporador é muito mais abrangente do que aquela desenvolvida pelo mandatário ou corretor. Tipificado o contrato nos termos da Lei de Condomínio e Incorporação Imobiliária, basta que a "pessoa física ou jurídica, comerciante ou não, que, embora não efetuando a construção, compromisse ou efetive a venda de frações ideais de terreno objetivando a vinculação de tais frações a unidades autônomas, em edificações a serem construídas ou em construção sob regime condominial, ou que meramente aceite propostas para efetivação de tais transações [*sic* – deveria ser "negócios jurídicos"][4] coordenando e levando a termo a incorporação" (art. 29), para surgir a responsabilidade pela entrega das obras concluídas, em certo prazo, preço e determinadas condições, respondendo

---

seguinte ementa: "Nos chamados negócios de incorporação de edifícios de apartamentos, o chamado incorporador tem a qualidade jurídica de corretor. Nas negociações em que intervém para a venda dos apartamentos, não há contrato, nem obrigação desse decorrente, não dando, assim, lugar a nenhuma responsabilidade por qualquer dos negócios que intervieram para aquele fim, porque eles traduzem simples promessa de contrato, salvo o caso de se ter pessoalmente obrigado. Nos antecontratos, só há obrigação de fazer ou de dar, se o proponente se obrigou a esperar do comprador resposta tradutora de aquiescência da outra parte no negócio, quando as negociações não foram tratadas por ele diretamente, e sim pelo outro cônjuge. O silêncio presume a não ratificação e autoriza o rompimento das negociações. (...) Se os corretores não respondem, nem podem ser constituídos responsáveis pela solvabilidade dos contraentes (Cód. cit., art. 55), mas pela veracidade do negócio, é óbvio que o incorporador não pode ser responsabilizado, nem responder pela efetivação do negócio principal, a venda dos apartamentos, tão pouco pelo cumprimento das obrigações decorrentes dos contratos firmados ou a serem firmados entre os pretendentes à aquisição dos que integram o edifício e indispensáveis àquele fim, salvo se se obrigarem pessoalmente por isso" (p. 127-128). Veja-se a crítica formulada por Pontes de Miranda, mesmo antes do advento da LCI, em *Tratado de direito predial*, § 25, n. 4, p. 83.

3. Por exemplo, adotando posição diametralmente oposta àquela contida no acórdão anteriormente mencionado, a ementa seguinte: "Condomínio – Edifício de apartamentos – Defeitos na construção – Responsabilidade da empresa incorporadora perante o adquirente – Inteligência do art. 28, parágrafo único, da Lei nº 4.591/1964.

   Consoante dispõe o art. 28, parágrafo único, da Lei nº 4.591/1964, compete ao incorporador promover e realizar a construção. Pouco importa que, perante o incorporador, outros também possam ser chamados à responsabilidade por defeitos nela existentes. O que importa é que, perante os adquirentes, num primeiro passo e de modo imediato, surge a figura do incorporador. É com este que o adquirente da unidade estabelece um vínculo contratual, confiando na sua capacidade de levar a obra prometida até final e boa solução". *RT* 597/80-82.

4. Cf. crítica feita por Caio Mário da Silva Pereira (*Condomínio*..., n. 127, p. 247) a respeito da redação utilizada pelo legislador.

o alienante como incorporador, bem como os proprietários e titulares de direitos aquisitivos "Estende-se a condição de incorporador aos proprietários e titulares de direitos aquisitivos que contratem a construção de edifícios que se destinem a constituição em condomínio, sempre que iniciarem as alienações antes da conclusão das obras"." (art. 30).

A extensão da responsabilidade civil, contida na lei, deriva da caracterização do incorporador como empresa e da sua atividade como empresarial,[5] inclusive se responsabilizando o incorporador pela eficácia do direito real criado a partir do momento em que se opera o registro dos ajustes preliminares (art. 35, § 4.º, da LCI).[6]

1.1 Deveres ("obrigações") do incorporador contidos na legislação

Em todas as fases da atividade incorporativa, a lei impõe uma série de deveres e responsabilidades ao incorporador, verificáveis antes do lançamento da incorporação, durante a obra e após ela, ainda que ocorra o recebimento das unidades condominiais pelos adquirentes, recebimento este que não possui caráter liberatório.[7]

Esses deveres, impropriamente designados de "obrigações",[8] especificados na lei, têm por objetivo a proteção dos adquirentes das unidades anunciadas à venda, incumbindo ao incorporador a tarefa de lançar a ideia, organizar e oferecer o empreendimento ao público, o que o coloca em uma posição de vantagem perante os interessados, "responsabilizando-se, *conforme o caso*, pela entrega, a certo prazo, preço e determinadas condições das obras concluídas" (grifo nosso – art. 29, *caput*, da LCI). Dentre os deveres contidos na legislação – do incorporador para com os adquirentes do bem incorporável – evidenciamos os seguintes:

a) quando do lançamento comercial da incorporação, deve ser expressa e ostensivamente indicado o nome do incorporador, tanto no local de vendas como no da construção (art. 31, § 2.º, da LCI);

b) submetida a incorporação ao regime da afetação (Capítulo I-A da Lei nº 4.591/1964, acrescido pela Lei nº 10.931/2004), incumbe ao incorporador (art. 31-D): promover todos os atos necessários à boa administração e à preservação do patrimônio de afetação (inc. I); manter apartados os bens e direitos objeto de cada incorporação (inc. II); entregar à Comissão de Representantes, no mínimo a cada (três) meses, demonstrativo do estado da obra e de sua correspondência com o prazo pactuado ou com os recursos financeiros que integram o patrimônio de afetação recebidos no período (inc. IV); manter e movimentar os recursos financeiros

5. Cf. tópico 1.2.2.4 – Livro I, Parte I.
6. Cf. tópico 1.2.4 – Livro I, Parte I.
7. Cf. Caio Mário da Silva Pereira, *Condomínio...*, n. 134, p. 261.
8. Cf. tópico 3.1.1.2 – Livro I, Parte II.

do patrimônio de afetação em conta de depósito aberta especificamente para tal fim (inc. V); manter escrituração contábil completa (inc. VIII).

c) o incorporador somente poderá negociar as unidades autônomas após ter efetuado o registro da incorporação no registro de imóveis competente (art. 32, § 1°, da LCI, e art. 167, I, item 17, da LRP), mediante o arquivamento dos documentos relacionados nas alíneas "*a*" a "*p*" do art. 32 da LCI.

Dentre os deveres apontados, o de realizar o prévio registro da incorporação antes de ser firmadas promessas de compra e venda constitui um dos mais importantes, não podendo o incorporador, sem isso, exigir dos demais contratantes o cumprimento de suas obrigações;[9]

d) a indicação do número do registro da incorporação em todos os anúncios insertos nos jornais e em quaisquer papéis relativos ao empreendimento (art. 32, § 3.°, da LCI);[10]

e) atualizar a documentação a que se refere o art. 32 da LCI se, no prazo de 180 dias, a incorporação não se houver concretizado, sem o que não poderá ser negociada nenhuma unidade, autorizando-se a revalidação do registro por igual prazo (art. 33 da LCI c/c o art. 12 da Lei n° 4.864/1965);

f) consignar em todos os documentos preliminares o prazo de carência (art. 34, § 3.°, da LCI);

g) denunciar formalmente a desistência da incorporação ao registro de imóveis, sob pena de ineficácia (art. 35, § 2.°, da LCI), comunicando-a imediatamente aos adquirentes e informando-lhes os fatos que justifiquem a desistência, tais como aumento do custo do material e da mão de obra, greve, calamidade pública, retração do mercado etc.,[11] sob pena de responsabilidade civil e criminal do incorporador (art. 34, § 4.°, da LCI).

---

9. Cf. tópicos 1.2.4.1 – Livro I, Parte I e 2.1 – Livro II, Parte I. Esta foi a conclusão a que chegou o acórdão publicado na *JTJ* 148/72-75, que decidiu pela ausência do interesse de agir, em ação promovida pelo incorporador, objetivando a cobrança de parcelas correspondentes ao preço ajustado para a fração ideal. Sustentando a subsistência de compromissos de compra e venda firmados em momento anterior ao registro da incorporação imobiliária, veja-se Arruda Alvim, Validade de compromisso de compra e venda, *Soluções Práticas de* Direito – Pareceres, vol. 2, p. 797 e ss.

10. Como observam Nascimento Franco e Nisske Gondo (*Incorporações imobiliárias*, n. 75, p. 79, nota n. 118), igual dever é imposto ao corretor de imóveis, por força do art. 20, V, da Lei n° 6.530, de 12.05.1978. Veja-se o Anexo II do presente trabalho: Parecer – Publicidade, lançamento e venda de unidades de edifícios sem registro da incorporação. Contrato de incorporação imobiliária. Lei n° 4.591/1964 (dispõe sobre o condomínio em edificação e incorporações imobiliárias). Código de defesa do consumidor.

11. Cf. Nascimento Franco e Nisske Gondo, op. cit., n. 65, p. 70.
Tivemos a oportunidade, em trabalho anterior (*Incorporação imobiliária – Ensaio de uma teoria geral*, n. 2.3, p. 29. nota n. 20), de sustentar não a revogação do art. 34 da LCI pelo

A formalização da denúncia também poderá ser feita pelo outorgante do mandato de que trata o § 1.º do art. 31 da LCI, desde que efetuada nos 5 (cinco) dias subsequentes ao escoamento do prazo de carência, hipótese em que ficará solidariamente responsável com o incorporador pela devolução das quantias em que os adquirentes ou candidatos à aquisição houverem a ele entregue, resguardado o direito de regresso contra o incorporador (art. 35, § 3.º, da LCI);[12]

h) no prazo de 60 dias, promover a celebração do competente contrato relativo à fração ideal de terreno, do contrato de construção e da convenção de condomínio,[13] prazo este contado do término do prazo de carência, se houver, ou da data de qualquer documento de ajuste preliminar (art. 35, *caput* e § 1.º, da LCI).

---

teor dos incs. IX e XI do art. 51 do CDC, mas a imposição de limites para a sua eficácia, nos seguintes termos: "Agora, somente na hipótese de ver frustrado o negócio, poderá o incorporador denunciar a incorporação, (...). A denúncia da incorporação, na circunstância mencionada, é extremamente benéfica ao consumidor, na medida em que, caso as unidades condominiais fossem vendidas em pequeno número, o adquirente seria obrigado, prosseguindo a incorporação, a aportar um volume de recursos bastante elevado, o que acabaria por onerar o próprio adquirente.

Portanto, o art. 34 da LCI existe em benefício do consumidor, vinculando o incorporador ao negócio e obrigando-o a promovê-lo no prazo de 180 dias, prorrogável por igual período, mediante revalidação da certidão do registro. Nesse prazo, o incorporador tem perfeitas condições de avaliar a reação do mercado e verificar se é viável ou não o negócio. Mas, para que o incorporador possa desistir da incorporação, faz-se mister a obediência de um requisito legal extremamente importante: deixar consignado, juntamente com os documentos a serem arquivados em cartório, a declaração expressa da faculdade de desistir (art. 32, letra *n*, da Lei nº 4.591/64), onde estejam fixadas as condições que autorizarão o incorporador a desistir do empreendimento, *v.g.*, a fixação de um número mínimo de unidades a serem negociadas para a viabilização do empreendimento".

12. No sentido do texto, Nascimento Franco e Nisske Gondo (op. cit., n. 68, p. 71) evidenciam a intenção do legislador de facultar ao proprietário do terreno, ao compromissário-comprador e ao promitente-cessionário de direitos à aquisição do terreno a possibilidade de tomar a iniciativa na denúncia da incorporação, diante da contingência de vincular-se o terreno a uma iniciativa fracassada, impondo-lhe, não obstante, o dever de restituir as quantias pagas pelos adquirentes, sub-rogando-se no direito de exigir do incorporador o respectivo reembolso (da mesma maneira, Waldemar Leandro, *Condomínio de imóveis*, p. 262-263). Caio Mário da Silva Pereira, ao tratar do assunto, parece expressar-se de maneira diversa, afirmando que o outorgante da procuração fica solidariamente responsável com o incorporador caso *não* formalize a denúncia (*Condomínio e incorporações*, n. 136, p. 221), o que não nos parece correto.

13. Parece-nos que a redação do texto legal merece alguma reflexão por incluir, dentre os documentos a serem providenciados pelo incorporador, a convenção de condomínio. Isto porque, muito embora a norma evidentemente faça menção à minuta de convenção de condomínio, já que a convenção definitiva somente será registrada após a conclusão da obra, tal minuta deve, obrigatoriamente, ter sido anteriormente arquivada, juntamente com o memorial de incorporação, no Cartório de Registro Imobiliário (art. 32, *j*, da LCI).

Desobedecido o dever legal, o interessado poderá averbar a carta-proposta ou o documento de ajuste preliminar no registro de imóveis, averbação esta que conferirá direito real oponível a terceiros, com o consequente direito à obtenção compulsória do contrato correspondente (art. 35, § 4.º, da LCI). Além disso, suportará o incorporador o pagamento de uma multa de 50% sobre a quantia que efetivamente houver recebido, cobrável por via executiva, em favor do adquirente ou candidato à aquisição (art. 35, § 5.º, da LCI);

i) fazer expressamente constar dos contratos de construção, ressalvados aqueles regulados pelo art. 43 da LCI (aquisição da unidade condominial a prazo e preço certos), a menção dos responsáveis pelo pagamento da construção de cada uma das unidades, respondendo o incorporador, em igualdade de condições com os demais contratantes, pelo pagamento da construção das unidades que não tenham seu custeio assumido por terceiros (art. 35, § 6.º, da LCI).

Esse dever legal vincula-se à necessidade de que seja identificado o responsável pelo custeio da construção das unidades condominiais não vendidas. Concorrendo nas despesas gerais de materiais e mão de obra, as unidades condominiais sem titulação devem ter os custos de construção suportados pelo incorporador, que contribuirá em igualdade de condições com os adquirentes até que o bem incorporável seja alienado, transferindo-se para o novo adquirente os encargos respectivos;[14]

j) restituir aos adquirentes, no caso de denúncia da incorporação (art. 34 da LCI), no prazo de 30 dias a contar da denúncia, as importâncias pagas por estes, corrigidas monetariamente (calculada aplicando-se o índice ajustado contratualmente para os pagamentos, adotando-se, caso nenhum índice contratual possa ser aplicado, o índice que melhor reflita a corrosão inflacionária) e acrescidas de juros legais.

Deixando de realizar a restituição mencionada, o incorporador ficará sujeito à cobrança judicial das quantias devidas, promovendo-se a execução do título (*v.g.*, documento de ajuste preliminar, contrato relativo à fração ideal), ao qual a lei atribui força executiva (art. 36 da LCI).

Falindo o incorporador e não sendo possível à maioria dos adquirentes prosseguir na execução da edificação, os subscritores ou candidatos à aquisição de unidades serão os credores privilegiados pelas quantias que haviam sido pagas ao incorporador, respondendo subsidiariamente os bens pessoais deste (art. 43, III, da LCI);

l) iniciar por quadro-resumo os contratos de compra e venda, promessa de venda, cessão ou promessa de cessão de unidades autônomas integrantes de incorporação imobiliária, que deverá conter, dentre outras informações exigidas

---

14. Cf. Caio Mário da Silva Pereira, *Condomínio...*, n. 141, p. 278-280.

pela lei (art. 35-A, incisos I a XII e §§ 1º e 2º, incluído pela Lei nº 13.786, de 2018)[15], a indicação dos ônus que recaiam sobre o imóvel, em especial quando o vinculem como garantia real do financiamento destinado à construção do empreendimento (art. 35-A, inciso X, da LCI), ou mesmo a ocorrência de qualquer ação que possa comprometê-lo, fatos que deverão ser expressos em todos os documentos de ajuste, com a indicação de sua natureza e das condições de liberação (art. 37 da LCI);

m) da mesma maneira, estando ocupado o imóvel, o fato deverá ser consignado nos documentos de ajuste, bem como a que título se deve essa ocupação e as condições de seu término (art. 38 da LCI);

n) discriminar em todos os documentos de ajuste, quando a incorporação for promovida adquirindo-se o terreno mediante pagamento total ou parcial em unidades a serem construídas, a parcela que, se houver, será paga em dinheiro (inc. I), ou a cota-parte, expressa em metros quadrados, da área das unidades a serem dadas em pagamento (inc. II). Deverá ser ressalvada, igualmente, a existência de qualquer prestação ou encargo a qual ficou sujeito o alienante (art. 39, parágrafo único, da LCI);

o) na hipótese de resolução de contrato de alienação do terreno ou de fração ideal, quando ficarão também rescindidas as cessões ou promessas de cessão de direitos correspondentes à aquisição do terreno (*caput*), o incorporador-alienante ou o simples alienante deverá restituir a parcela de construção que havia recebido do adquirente (§ 2.º), excetuada a ocorrência de culpa por parte deste último. Enquanto tal providência não for efetivada, o incorporador-alienante ou o simples alienante, em cujo favor se operou a resolução, não poderá voltar a negociar seus direitos sobre a unidade autônoma anteriormente compromissada (§ 3.º), além de estar sujeito à cobrança judicial do que for devido, estando especificamente previsto na lei o bem a ser penhorado: a unidade autônoma e sua correspondente fração ideal de terreno (art. 40, § 4.º, da LCI);[16]

p) em sendo contratada a incorporação por preço global, compreendendo cota de terreno e construção, inclusive com parte do pagamento após a entrega da unidade, discriminar-se-á nos contratos a parte do preço correspondente à cota de terreno e à construção (art. 41 da LCI);

15. Observem-se as passagens da Lei nº 4.591/1964 no Anexo I – Legislação, letra B, desta obra.

16. Cf. Waldemar Leandro, op. cit., p. 276-277. De maneira diversa, Nascimento Franco e Nisske Gondo (op. cit., n. 86, p. 95) restringem o alcance do texto legal, que somente poderia alcançar o alienante que não fosse incorporador. Parece que tal restrição não encontra respaldo na lei, devendo responder pelos valores pagos pelos adquirentes tanto o incorporador-alienante como o simples alienante, desde que em favor dele tenha-se operado a resolução.

q) contratada a entrega da unidade a prazo e preços certos, determinados ou determináveis,[17] mesmo quando o incorporador for pessoa física, deverão ser obedecidos os seguintes deveres: informar, por escrito, aos adquirentes, no mínimo semestralmente, o estado da obra (inc. I); responder pelos prejuízos advindos do fato de não se concluir a edificação ou de se retardar injustificadamente a conclusão das obras, cabendo-lhe ação regressiva contra o construtor, se for o caso e se a este couber a culpa (inc. II);[18] não alterar o projeto, seja no que se refere à unidade condominial, seja no que diz respeito às partes comuns, nem modificar as especificações ou o plano da construção, exceto por autorização unânime dos interessados ou exigência legal (inc. IV);[19] não modificar as condições de pagamento ou reajustar o preço das unidades, salvo expressa disposição contratual a respeito[20] (inc. V, do art. 43 da LCI).

Pactuada a incorporação mediante a entrega da unidade autônoma em prazo certo, ocorrendo a paralisação das obras por mais de 30 dias, ou o atraso excessivo no andamento destas, sem justa causa, poderá o interessado requerer a notificação judicial do incorporador para que, no prazo máximo[21] de 30 dias, as reinicie

17. A regra contida no art. 43 da LCI parece excluir de sua incidência as incorporações em que a construção se dá por administração, com importantes consequências práticas. Em não sendo assim, a norma abrangeria todas as espécies de incorporação, sendo, neste caso, despicienda a referência à contratação "a prazo e preços certos, determinados ou determináveis". Outrossim, o art. 43-A da LCI, incluído pela Lei nº 13.786, de 2018, determina que a entrega do imóvel em até 180 (cento e oitenta) dias corridos da data estipulada contratualmente como data prevista para conclusão do empreendimento, desde que expressamente pactuado, de forma clara e destacada no negócio incorporativo, não dará causa à resolução do contrato por parte do adquirente nem ensejará o pagamento de qualquer penalidade pelo incorporador. Caso a entrega do imóvel ultrapassar esse prazo, poderá ser pretendida, pelo adquirente, a resolução do contrato ou o pagamento de multa moratória (art. 43-A, §§ 1º, 2º e 3º, da LCI).

18. Nas incorporações em que a construção é contratada pelo regime de administração, os adquirentes serão os responsáveis pelo custo integral da obra (art. 58 da LCI) e, portanto, vinculados à conclusão da edificação e das obras.

19. Não obstante a expressa referência legal, ora em exame, nada obsta que seja pactuada a possibilidade de alteração de aspectos construtivos durante a execução da obra, inclusive outorgando o adquirente mandato para o incorporador agir em seu nome, legitimando-se essas alterações desde que feitas em razão das exigências do Poder Público e sem prejuízo para o interessado ou para o empreendimento como um todo.

20. Cf. julgado do TJRS, publicado na *RF* 220/235, decidiu-se pela inaplicabilidade da cláusula *rebus sic stantibus* quando o incorporador contrata a "preço fixo" e depois alega a impossibilidade de conclusão do negócio em razão da perda do poder aquisitivo do preço (citado por Caio Mário da Silva Pereira *Condomínio...*, n. 143, p. 251).

21. Muito embora a lei faça expressa menção a "prazo mínimo", percebe-se que a intenção era restringir o prazo a ser cumprido pelo incorporador (cf. Nascimento Franco e Gondo Nisske, op. cit., n. 75, p. 82; Waldemar Leandro, op. cit., p. 259).

ou retome o seu andamento normal. Em não sendo atendida a notificação, duas possibilidades avizinham-se: a maioria absoluta dos votos dos adquirentes poderá destituir o incorporador, facultando-lhes prosseguir na obra, isto sem prejuízo da responsabilidade civil ou criminal do empreendedor, que estará sujeito à cobrança executiva das importâncias comprovadamente devidas (inc. VI, do art. 43 da LCI); ou os adquirentes optarão, simplesmente, pela resolução judicial do contrato, responsabilizando o incorporador pelos prejuízos verificados.

Portanto, os requisitos necessários à caracterização da sanção civil de destituição (art. 43, VI, da LCI) prevista na legislação, para as construções a prazo e preço certos, são os seguintes: a) paralisação ou retardamento das obras por mais de 30 dias, sem justa causa comprovada; b) notificação judicial do incorporador para reinício das obras ou para que restabeleça seu ritmo normal, no prazo de 30 dias, a pedido do interessado; c) desatendimento, por parte do incorporador, à notificação enviada; d) realização de assembleia geral dos condôminos, que deliberará sobre a destituição, exigindo-se *quórum* especial que represente metade mais um da totalidade dos candidatos à aquisição das unidades condominiais efetivamente negociadas (maioria absoluta), destituição esta que se fará sem necessidade de recurso à autoridade judicial,[22] prosseguindo-se as obras sem que ao incorporador seja permitida qualquer intervenção;

r) requerer a averbação da construção após a expedição do auto de conclusão ("Habite-se")[23] e, em seguida, providenciar a elaboração do instrumento de instituição, especificação e discriminação do condomínio,[24] tomando por base os elementos constantes do processo de incorporação quanto à caracterização das unidades autônomas, coisas e áreas de uso comum, participação ideal no terreno etc., e considerando, ainda, os termos da convenção, respondendo perante os adquirentes pelas perdas e danos que resultem da demora. Na omissão do incorporador, o construtor deverá requerê-la, sob pena de, com ele, ficar solidariamente responsável (§ 1.º do art. 44 da LCI). Quando ambos violarem o dever estipulado, qualquer dos adquirentes poderá solicitar a averbação perante o registro imobiliário (art. 44, § 2.º, da LCI);

s) incluída no contrato com o incorporador a construção do bem incorporável, sob o regime de empreitada ou de administração, do ajuste deverão constar o prazo de entrega das obras, as condições e as formas de sua eventual prorrogação, bem

22. Cf. Caio Mário da Silva Pereira, *Condomínio...*, n. 143, p. 253.

23. Pela impossibilidade da averbação de obra parcialmente concluída, vejam-se os acórdãos publicados em *RT* 538/103 e *RDJ* 6/136.

24. Nascimento Franco e Nisske Gondo (op. cit., n. 75, p. 81, nota de rodapé n. 122) observam que a legalização do condomínio, com sua instituição registrada, constitui obrigação do incorporador (*RT* 316/144), devendo a esse ato comparecer todos os adquirentes cujos contratos tenham sido levados a registro (*RT* 431/137).

como dele deverão fazer parte integrante e complementar o projeto e o memorial descritivo das edificações (art. 48, §§ 1.º e 2.º);

t) comparecer às assembleias de contratantes da construção referida no (art. 49, § 3.º, da LCI);

u) no regime de construção por empreitada reajustável[25] incluída no contrato de incorporação, discriminar explicitamente, em toda publicidade ou propaganda escrita destinada a promover a venda (inclusive cartas, propostas, escrituras, contratos etc.), o preço da fração ideal do terreno e o da construção, com indicação expressa da reajustabilidade (art. 35-A, inciso V, c/c art. 56 da LCI);

v) no regime de incorporação com a construção por administração, mencionar no contrato a data em que se iniciará efetivamente a obra e o montante do orçamento do seu custo, elaborado em conformidade com as normas do art. 53, II, da LCI, atualizado esse montante no caso de ajustes, celebrados até as fundações, após o término das mesmas e nas transferências ou sub-rogações do contrato (art. 59 da LCI).

Nessa forma de incorporação, toda publicidade ou propaganda escrita, destinada a promover a venda das unidades condominiais, em que conste preço, deverá discriminar o preço da fração ideal de terreno e o montante do orçamento atualizado do custo da construção, na forma dos arts. 59 e 60 da LCI, indicando-se o mês a que se refere o orçamento e o tipo padronizado a este vinculado (art. 62 da LCI).

1.2 Direitos do incorporador considerados na Lei de Condomínio e Incorporação Imobiliária

A par dos deveres do incorporador estabelecidos na legislação, a serem obedecidos no curso do empreendimento, estão também consignados alguns direitos, a saber:

a) o incorporador tem direito ao registro provisório, para as solicitações de registro efetuadas até 30.06.1966 (art. 32, §§ 11 e 12, da LCI);

b) desistir do empreendimento, dentro do prazo de carência (fixada por declaração expressa, prevista na alínea "*n*", do art. 32 da LCI) de 180 dias, prazo este que poderá ser prorrogado por igual período, desde que seja revalidado o registro da incorporação no registro de imóveis (art. 33 da LCI). Na ausência da expressa declaração do incorporador, facultando-lhe a possibilidade de arrepender-se do empreendimento, com a denúncia do fato aos interessados e a restituição das importâncias pagas, os contratos firmados para a venda das unidades

25. Dever inexistente, portanto, na modalidade de contrato ajustado a preço fixo (cf. Waldemar Leandro, op. cit., p. 326).

incorporáveis serão válidos e quaisquer cláusulas estabelecendo prazo de carência, ineficazes.[26]

Interessante questão hermenêutica surge da confrontação dos §§ 2º e 6º, do art. 34 da LCI. Para Caio Mário da Silva Pereira,[27] o prazo de até 180 dias, concedido ao incorporador para arrepender-se do empreendimento, é único e improrrogável, sendo-lhe possível, apenas, revalidar o registro da incorporação, após uma melhor avaliação da reação do mercado e verificação de viabilidade do negócio.

De maneira diversa, acompanhamos a posição de Nascimento Franco e Nisske Gondo,[28] sustentando que uma interpretação conjugada dos §§ 2º e 6º, do artigo em questão conduz à possibilidade de revalidação simultânea do registro de incorporação e da prorrogação do prazo de carência, bastando, para tanto, que tal possibilidade fique expressamente ressalvada na declaração promovida junto ao registro de imóveis (alínea "*n*", do art. 32 da LCI), ficando os candidatos a proprietários cientes da possível prorrogação de sua vinculação ao negócio incorporativo por período maior do que aquele inicialmente previsto;

c) por força de uma característica específica do bem incorporável – a vinculação indissociável entre a unidade autônoma e a fração ideal do terreno (ver tópico 1.2.1 – Livro I, Parte I) –, consolidar-se-á na pessoa do titular da propriedade do imóvel incorporável (incorporador-alienante ou simples alienante), cujo em favor se opera a resolução do contrato de alienação do terreno ou de fração ideal, o direito sobre a construção porventura existente, ficando rescindidas as cessões ou promessas de cessão de direitos correspondentes à aquisição do terreno (art. 40, *caput*, e § 1.º, da LCI). Pela mesma razão, no caso de resolução do contrato de incorporação relativo à fração ideal de terreno e partes comuns, a pessoa em cujo favor se tenha operado a resolução sub-rogar-se-á nos direitos e obrigações contratualmente atribuídos ao inadimplente, com relação à construção (art. 42 da LCI);

d) contratada a incorporação por preço global, compreendendo cota de terreno e construção, poder-se-á estipular que, ocorrendo o inadimplemento do adquirente, seja quanto à parcela relativa à construção, seja quanto à parcela relativa à cota de terreno, os efeitos da mora recairão sobre ambas, ainda que uma delas esteja totalmente paga (art. 41, §§ 1.º e 2.º, da LCI);

e) o direito de retenção sobre a unidade condominial autônoma é garantido ao incorporador na hipótese de inadimplemento do contratante da construção, quando a incorporação for ajustada por prazo e preços certos (art. 52 c/c o art. 43 da LCI);

---

26. Cf. Nascimento Franco e Nisske Gondo, op. cit., n. 65, p. 69.
27. Cf. Caio Mário da Silva Pereira, *Condomínio*..., n. 135, p. 268.
28. Cf. Nascimento Franco e Nisske Gondo, op. cit., n. 66, p. 70. No mesmo sentido, Waldemar Leandro, op. cit., p. 259.

f) estipular nos contratos de incorporação cláusula resolutiva expressa especial,[29] sistema que procura proteger a massa condominial e impedir que o empreendimento seja prejudicado por eventual surto de inadimplência;

g) fiscalizar o pagamento, pelo construtor e empreiteiros, de contribuições fiscais, previdenciárias etc., pelas quais possam ser solidariamente responsáveis o proprietário do terreno, o dono da obra e o titular das unidades autônomas (art. 79, § 2.º, da Lei nº 3.807, de 26.08.1960, c/c o art. 4.º do Dec.-lei nº 1.958, de 09.09.1982).

29. Cf. tópico 16.4.5.3, p. 211, do nosso trabalho *Incorporação imobiliária*... cit.

2
Responsabilidade Subjetiva do Incorporador

Além dos deveres e direitos assinalados no tópico anterior, decorre para o incorporador uma série de responsabilidades derivadas da incorporação tanto em sentido amplo como estrito.[1] O pacto incorporativo aglutina os interesses voltados para a edificação do imóvel em regime condominial, abrangendo obrigações de dar, de fazer e de resultado,[2] "até a conclusão do edifício e a transferência definitiva das unidades autônomas aos seus proprietários, e do condomínio do terreno e das áreas de utilização comum aos condôminos".[3]

As obrigações estabelecidas para o incorporador, portanto, têm por escopo a promoção e a coordenação da construção – não necessariamente a de construir –, a formação do condomínio e a alienação das unidades condominiais, vinculadas a uma cota de terreno e a áreas comuns; para os tomadores de apartamentos, por sua vez, apresenta-se a aquisição de uma futura unidade condominial, mediante o pagamento do preço ajustado.

Seja no âmbito da atividade incorporativa, caracterizada por nexos de interdependência entre negócios, reunidos para a obtenção de uma finalidade econômica comum (conexão de contratos) e ligados por uma *fattispecie* complexa, seja no núcleo da incorporação imobiliária, quando as relações jurídicas típicas aparecem reunidas, complementares umas das outras, formando um negócio jurídico unitário, verdadeiro negócio jurídico coligado, não identificadas com a relação jurídica transitiva de consumo,[4] podemos examinar a responsabilidade subjetiva do incorporador nos âmbitos pré-contratual, contratual e pós-contratual.

---

1. Sobre a incorporação imobiliária *lato sensu* e *stricto sensu*, vejam-se os itens 1.2.3.1 e 1.2.3.2, Livro I, Parte I.
2. Cf. tópico 2.2.2 – Livro I, Parte I.
3. Cf. Maria Helena Diniz, *Tratado teórico e prático dos contratos*, p. 11.
4. Cf. tópico 2.2.3 – Livro I, Parte I.

2.1 Da responsabilidade pré-contratual

Como regra geral, as negociações preliminares entre incorporador e adquirente não obrigam as partes, como assinala Caio Mário da Silva Pereira.[5] Na estrutura peculiar da atividade incorporativa, a formação da obrigação pré-contratual prende-se, em primeiro lugar, ao registro do memorial de incorporação no registro de imóveis[6] e, em segundo lugar, à aceitação (pelo incorporador) de proposta feita

---

5. Caio Mário da Silva Pereira, *Condomínio e incorporações*, n. 145, p. 268.

6. Cf. tópico 1.2.4.2 – Livro I, Parte I. Considerando que a imposição legal não conduz à nulidade ou anulabilidade do compromisso firmado com o adquirente, temos o seguinte acórdão: "Incorporação – Alienação de unidades – Falta do arquivamento determinado pelo art. 32 da Lei 4.591/1964.

O desatendimento, pelo incorporador, daquela imposição legal não conduz à nulidade nem anulabilidade do compromisso de venda. O promitente-comprador poderá pleitear a resolução, assim como se abster de pagar as prestações enquanto não sanada a falta. Suprida essa, desaparecem as razões que justificam tais consequências". *JSTJ* e *TRF* (*Lex* 82/219-223).

No mesmo sentido: *JSTJ* e *TRF* (*Lex* 78/226-230); TJSP, Ap. 249.007-2/6, rel. Des. Paulo Franco, 29.06.1995, *BDI*, 1.º decêndio, out. 1995, n. 28, p. 13-14; *RT* 719/136-137; *RJTJESP* (*Lex* 130/182-185); *BDI*, 3.º decêndio, out. 1993, n. 30 ("O registro do empreendimento convalida os compromissos de compra e venda de unidades autônomas assumidos anteriormente, por suprida a finalidade da norma proibitiva"); *JTJ* 142/252-257 ("A falta de registro da incorporação imobiliária quando do *pré-contrato* ou contrato de compromisso de compra e venda acarreta sanções específicas de caráter criminal ao infrator, não implicando, por si, rescisão, nulidade ou anulabilidade do negócio"); *JTJ* 159/94-96 ("Incorporação imobiliária – Registro – Realização posterior à celebração do contrato, porém anterior à ação visando sua anulação – Ausência, ademais, de dano para o comprador – Ato convalidado – Recurso não provido"); *BDI*, 2º decêndio, dez. 1994, n. 35, p. 22-23.

Em sentido contrário: "Falta de arquivamento no Registro de Imóveis dos documentos previstos na Lei 4.591/64. Desconstituição do negócio jurídico" (TARS, Ap. 194144622, rel. Juiz João Adalberto Medeiros Fernandes, 23.08.1994, *BDI*, 2.º decêndio, abr. 1996, n. 11, p. 23); *RT* 712/162-167; *RJTJESP* (*Lex* 103/232-234); STJ, RE 7.119/SP, rel. Min. Nilson Naves, 09.04.1991, *BDI*, 1.º decêndio, set. 1991, p. 20-21 ["(...) À falta do registro, os contratos firmados com o adquirente deixam de ter validade, daí a correta incidência da multa prevista no § 5.º do art. 35"]. Veja-se o inteiro teor do acórdão exarado na Ap. com revisão nº 9046105-48.2001.8.26.0000 no Anexo III – Excertos de Jurisprudência, letra B-2, desta obra.

Interessante questão noticiou Biasi Ruggiero em seu artigo "Incorporação clandestina" (*Tribuna do direito*, jul. 1994, p. 2), em que a incorporadora procurou furtar-se ao dever estabelecido no art. 36 da LCI, que determina a devolução das quantias pagas pelos adquirentes, devidamente corrigidas, em se avizinhando a denúncia do negócio, sob a alegação de que a incorporação não se encontrava registrada no registro competente. O acórdão do TJGO foi reformulado pelo STJ, cedendo o formalismo da lei à equidade aplicável ao caso, determinando-se o prosseguimento da execução anteriormente promovida.

(pelo interessado), o que coloca aquele na posição de "oblato" e este na posição de "policitante", convidado a fazer uma proposta definida ao seu destinatário, por intermédio da divulgação pública do negócio realizado pelo incorporador (oferta pública).

Destarte, o lançamento da incorporação assume os contornos de uma oferta à pessoa indeterminada, ficando o incorporador a ela vinculado desde o momento em que essa oferta chega ao conhecimento do público.[7] Resulta inequivocamente do texto legal que o memorial registrado no Registro de Imóveis integra os contratos de incorporação, celebrados com os adquirentes das unidades autônomas (art. 32, § 3º, da LCI),[8] não podendo ser unilateralmente modificado por qualquer das partes, de tal forma que, para garantia do adquirente, é como se todos os dados do memorial estivessem transcritos no contrato de incorporação.[9] Logo, do registro resultam os seguintes efeitos:

a) somente após o registro o incorporador poderá negociar as unidades autônomas (art. 32, *caput*, da LCI);

b) o registro da incorporação (art. 32, § 1º, da LCI) é condição indispensável para a instituição da propriedade condominial, atribuindo ao imóvel o estado de "pré-horizontalidade";

c) o número do registro, bem como a indicação do cartório competente, deverá constar, obrigatoriamente, dos anúncios, impressos, publicações, propostas, contratos preliminares ou definitivos, referentes à incorporação (art. 32, § 3º, da LCI);

Destacando o papel da *boa-fé* na configuração da responsabilidade pré-contratual, podemos mencionar os seguintes julgados: "Incorporação imobiliária – Rescisão contratual – Unidades negociadas antes e sem o registro imobiliário da documentação exigida no art. 32 da Lei Federal 4.591/1964 – Ação procedente – Recurso não provido.

Não nega a ré e nem pode negar (ao contrário, confessou) que não cumpriu a lei e que prometeu a venda (pior ainda), recebeu dinheiro dos promitentes-compradores, antes de proceder ao registro da incorporação. É o bastante para justificar a rescisão dos contratos, vez que a gravidade da infração é razão suficiente para justificar o direito dos eventuais compradores de unidades à resolução contratual. A alegação de que obteve depois o registro da incorporação não elimina a mácula; a razão, a justificativa, que ensejava aos promitentes-compradores de unidades o direito à rescisão. *Há um dever pré-contratual de boa-fé* que preside a celebração de qualquer contrato", em *RJTJESP* (125):161-3; também neste sentido: *RJTJESP* 123/201-204; *RJTJESP* 125/160-163; *JSTJ* e *TRF* 53/97-106; *JTJ* 159/92-94; *RT* 645/92-96; *RT* 661/82-84; *JTJ* 157/99-104; *RJTJESP* 125/269-271; *RJTJESP* 126/151-152.

7. Cf. tópico 1.2 – Livro II, Parte II.
8. No mesmo sentido, o art. 30 do CDC.
9. Citando esta passagem do texto, veja-se Raimundo Gomes de Barros et. al., O dever de informar do incorporador quanto aos dados de registro da incorporação imobiliária, *RDC* 79/351.

d) o incorporador, a contar do termo final do prazo de carência (art. 34), se houver, terá o prazo máximo de 60 dias (art. 13, da Lei nº 4.864, de 29.11.1965) para promover a celebração do competente contrato relativo à fração ideal de terreno, e, bem assim, do contrato de construção e da convenção do condomínio (art. 35, *caput*, da LCI);

e) presunção de que os tributos relativos ao imóvel, bem como os débitos para com a Previdência Social, foram pagos até a data do pedido de registro (art. 32, *b* e *f*, da LCI);

f) presunção de que o imóvel incorporável não está sendo objeto de litígio judicial em ações reais, nem o incorporador responsabilizado pela prática de crime contra o patrimônio ou contra a administração pública em ações penais (art. 32, *b*, da LCI); e

g) possibilidade de o adquirente fundamentar qualquer ação ou defesa na Lei nº 4.591/1964.

Outrossim, a formalização do negócio com o candidato à aquisição pode ocorrer com a assinatura da "carta-proposta" ou do documento de ajuste preliminar, que poderão ser averbados no registro de imóveis, conferindo, na expressão da lei, direito real oponível a terceiros, com o consequente direito à obtenção compulsória do contrato correspondente (contrato relativo à fração ideal de terreno – art. 35, *caput* e § 4º, da LCI). Em outras palavras, o legislador conferiu aos adquirentes um direito real *sui generis*, cujo principal efeito é a obtenção, por intermédio da adjudicação compulsória, do contrato definitivo de compra e venda da unidade condominial.[10]

A retratação do incorporador somente é tolerada pela lei, obedecidos certos requisitos, porque o empreendimento requer a participação de uma pluralidade de interessados na aquisição das unidades autônomas. Descartada a retratação, o incorporador fica obrigado a firmar o instrumento da relação jurídica nascida condicionalmente com a formalização da proposta do adquirente, ambos responsáveis pela inexecução nos termos das negociações entabuladas e da legislação.

Na expressão de Orlando Gomes, o contrato de incorporação "(...) forma-se singularmente com protelação de sua eficácia determinada por uma condição autêntica que, embora estabelecida na lei, o integra como auto-limitação da vontade no contrato resultante da aceitação da oferta do incorporador (...)".[11]

Cumpre observar que, no ato pré-negocial de formação do contrato incorporativo, podem ser assinados documentos que não se confundem com a carta-proposta

---

10. Cf. tópico 1.2.4.2 – Livro I, Parte I. Destacando a impropriedade da linguagem utilizada no texto legal, veja-se Waldemar Leandro, *Condomínio de imóveis*, comentário ao art. 35, p. 259-264.

11. Orlando Gomes, Contrato de incorporação imobiliária, *RT* 461/16, n. 6.

ou com o documento de ajuste preliminar – citados no § 4º do art. 35 da LCI e passíveis de averbação no registro de imóveis –, *v.g.*, minutas de contratos,[12] recibos de reserva, os quais não possuem os dados essenciais do contrato definitivo, nem sequer definem a fração ideal sobre o que incidiria o direito real a ser constituído, tornando a averbação impossível.[13]

Tais documentos, comuns na esfera dos negócios de grande complexidade, em que há uma formação gradual do negócio, entre os quais o negócio incorporativo se enquadra, não trazem em si os elementos essenciais de um contrato preliminar, no qual as partes querem um contrato, mas não querem que todos os seus efeitos se operem de imediato. Ao contrário, afastam-se da figura da negociação preliminar referida, contendo apenas simples manifestações de vontade, sem caráter vinculativo, geradores de direitos pessoais, resolvendo-se os eventuais prejuízos na apuração de perdas e danos.[14]

O contrato preliminar, que na incorporação imobiliária pode assumir a forma de um compromisso de compra e venda com cláusula de irrevogabilidade e irretratabilidade, exige os mesmos requisitos dos contratos e negócios jurídicos em geral, outorgando a lei, como já sublinhado, diante da recusa do promitente-vendedor em outorgar a escritura definitiva, a permissão ao adquirente de obter uma sentença que substitua o contrato definitivo.

2.2 Da responsabilidade contratual

Fixadas as diretrizes obrigacionais a serem cumpridas pelo incorporador, incide a regra do art. 389 do CC, de acordo com a qual o incorporador pessoa física responde diretamente pelas perdas e danos decorrentes do descumprimento da obrigação ou inadimplemento parcial. Se pessoa jurídica, o patrimônio garantidor

12. Francesco Galgano (*El negocio jurídico*, n. 42, p. 177) distingue do contrato preliminar a minuta de contrato, na qual as partes manifestam sua concordância sobre alguns aspectos do futuro contrato, sem que seus pontos essenciais sejam fixados, o que afasta qualquer possibilidade de execução coativa do negócio.

13. Neste sentido, os seguintes acórdãos: "Incorporação imobiliária – Pré-contrato – Averbação impossível quando o documento não contém os dados essenciais do contrato definitivo – Ajuste preliminar que nem sequer define a fração ideal sobre o que incidiria o direito real a ser constituído – Recurso não provido" [*RJTJESP* (*Lex* 84/480-481]; "Compra e venda de imóvel – Pacto de opção ('termo de ocupação com opção de compra') – Instituto que não se confunde com a promessa de contrato – Desnecessidade de pronunciamento judicial para a sua rescisão" (TJSP, Ap. 256.508-2/9, rel. Mohamed Amaro, 28.09.1995, *BDI*, 2.º decêndio, jan. 1996, n. 2, p. 11-14).

14. Cf. Silvio de Salvo Venosa. *Direito civil – Teoria geral das obrigações e teoria geral dos contratos*, n. 19.8, p. 418-423.

do dever de indenizar, a princípio, fica adstrito aos haveres sociais, excepcionadas algumas hipóteses, tais como a de desconsideração da pessoa jurídica (art. 28 do CDC e art. 50 do CC) e a de responsabilidade subsidiária em caso de falência do incorporador (art. 43, III, da LCI).

Como contrapartida, a contraprestação do adquirente cinge-se, basicamente, na prestação pecuniária representativa do preço, que, no mais das vezes, é subdividido para cumprimento periódico e sucessivo no curso do tempo, podendo também ser satisfeita mediante a permuta das frações ideais do terreno com os apartamentos a construir.

Assim, por infringir o contrato de incorporação, não caracterizada a relação de consumo,[15] responde o incorporador por culpa, desde que caracterizada a falta contratual, seja a simples mora, seja a inexecução das obrigações assumidas, sujeitando-se, em todos os casos, à indenização correspondente aos prejuízos ocasionados ao adquirente (danos emergentes, lucros cessantes[16] – art. 402 do CC –, custas judiciais, salários dos peritos e honorários de advogado), ou ao pagamento da multa estabelecida em cláusula própria (veja-se o item seguinte), bem como poderá pleitear indenização pelas benfeitorias necessárias e úteis introduzidas no imóvel,[17] desde que não observada a ocorrência de uma das excludentes do nexo

---

15. Veja-se o item 2.2.3 – Livro I, Parte I.

16. Sobre a cobrança de lucros cessantes pelo atraso na entrega da obra, veja-se o seguinte acórdão: "Contrato – Compromisso de compra e venda – Rescisão – Atraso na entrega da obra – Culpa da construtora-ré – Lucros cessantes – Composição – Critério – Renda proporcional ao valor pago pelo autor – Embargos rejeitados" [*JTJ* (*Lex* 166/229-239)].

17. Tratando do ressarcimento das benfeitorias e, eventualmente, das acessões, com a interposição de embargos de retenção, selecionamos os seguintes julgados:

"Ementa oficial: As acessões úteis executadas pelo promitente-comprador devem ser indenizadas pelo proprietário do terreno, se a promessa de compra e venda foi rescindida. Embargos infringentes providos", publicado em *RDC* 48/285-286.

"Benfeitorias – Possuidor de má-fé – Realização de benfeitorias após o trânsito em julgado de ação que alterou o caráter da posse dos réus – Verba indevida – Recurso não provido", publicado em *RJTJESP* 106/44-47.

"Ação de declaração de nulidade de atos jurídicos, cumulada com reivindicação e perdas e danos. Acessão industrial introduzida, pelos réus, de boa-fé. Direito de retenção até indenização. (...) O direito de retenção abrange tanto as benfeitorias como as acessões industriais", publicado em *RDC* 50/272-275. Também neste sentido: *RJTJESP* 87/39-41 ("Benfeitorias – Direito de retenção – Possuidor de boa-fé – Indenização devida relativamente às benfeitorias assim como às acessões introduzidas no imóvel – Embargos procedentes – Recurso provido"), *RJTJESP* 86/170-173.

"Embargos de retenção por benfeitorias – Oposição após a sentença que determina a reintegração de posse – Inadmissibilidade – Decisão de natureza mandamental – Direito de retenção não reconhecido na fase de cognição que implica inexistência do juízo executório – Inteligência do art. 744 do CPC", publicado em *RT* 653/187-188. Também

de causalidade, ou alegar, em defesa, o descumprimento das obrigações assumidas pelo empreendedor (arts. 476 e 477 do CC – *exceptio non adimpleti contractus*).[18]

O quadro resumo do contrato incorporativo deverá trazer o termo final para obtenção do auto de conclusão da obra ("habite-se") e os efeitos contratuais da intempestividade prevista no art. 43-A da LCI (art. 35-A, inciso XII, da LCI). Conforme previsto no *caput* desse artigo, a entrega do imóvel em até 180 (cento e oitenta) dias corridos da data estipulada contratualmente como data prevista para conclusão do empreendimento, desde que expressamente pactuado, de forma clara e destacada, não dará causa à resolução do contrato por parte do adquirente nem ensejará o pagamento de qualquer penalidade pelo incorporador. Ultrapassado esse prazo, o adquirente terá, à sua escolha, as alternativas previstas nos parágrafos desse artigo (resolução do contrato ou indenização pelo atraso).

Outrossim, a prorrogação da data de entrega da unidade ocorrerá após a comprovação de motivo justo para a redução ou paralisação dos trabalhos (*v.g.*, o fato ocasionado pela outra parte, como a cessação dos pagamentos), caso fortuito ou força maior, na forma prevista no art. 393 do CC, o que deverá ser comunicado aos adquirentes para conhecimento e acompanhamento destes.

2.2.1 *Da incidência da pena convencional*

Situada no Código em um título que se epigrafa do inadimplemento das obrigações, a cláusula penal aparece dentro do nosso sistema civil como um elemento acidental ao vínculo obrigacional, com influência sobre os seus efeitos. Exemplo de pacto acessório à obrigação principal, a cláusula penal pode ser estipulada conjuntamente com esta ou em ato posterior, referindo-se à inexecução culposa completa da obrigação, à de alguma cláusula especial ou simplesmente à mora (art. 409 do CC).[19]

A *stipulatio poenae*, nas palavras de Washington de Barros Monteiro, constitui "*o pacto secundário e acessório, em que se estipula pena ou multa para a parte que se subtrair ao cumprimento da obrigação, a que se obrigara, ou que apenas retardar*".[20] Na maior parte das vezes, a cláusula penal é pactuada em pecúnia, nada obstando, entretanto, ser acordada na forma de uma prestação de outra natureza, funcionando

neste sentido: *RJTJESP* 112/416-426 (...) ("Circunstância que importa renúncia ao direito de reter").

18. Neste sentido, o seguinte acórdão: "O incorporador que não entrega o apartamento no prazo não pode exigir pagamento de prestações, mesmo que haja multa moratória para o atraso" (TJRJ, ADCOAS, 1982, n. 83.188, transcrito por Maria Helena Diniz, *Tratado teórico...*, p. 21).

19. Cf. nosso *Curso Avançado de Direito Civil – Direito das Obrigações*, tópico 5.1.1, p. 96.

20. Washington de Barros Monteiro, *Curso de direito civil*, vol. IV, p. 196.

como meio de coerção para a precisa satisfação do negócio entabulado e como liquidação antecipada do valor das perdas e danos, devidos à parte inocente pelo contratante que deixou de executar o contrato conforme combinado.

Nulificada a obrigação principal, segue-se a invalidação da cláusula penal, ficando a parte inocente onerada à demonstração dos prejuízos e à apuração do seu montante. Resolvido o contrato sem culpa do devedor, resolve-se a cláusula penal igualmente em obediência ao mesmo princípio de acessoriedade. Contudo, não obstante constitua prefixação das perdas e danos resultantes de culpa contratual, em havendo outros prejuízos decorrentes de culpa extracontratual, a indenização extrapolará os limites da cláusula penal, desde que assim as partes expressamente contemplem. Como doutrina Agostinho Alvim, a cláusula penal constitui exemplo na lei civil de dispensa da prova e, até mesmo, da alegação de prejuízo,[21] bastando para o credor da pena convencionada exigir o cumprimento da cláusula contratual.

Uma das consequências experimentadas pelo incorporador em face do descumprimento de uma das cláusulas contratuais do negócio incorporativo, tanto no âmbito da responsabilidade subjetiva como objetiva, mormente no que diz respeito ao prazo de entrega da unidade condominial, é a incidência de cláusula penal, desde que estipulada em conjunto com a obrigação ou em ato posterior.

Nos contratos de incorporação é comum a prévia inclusão de pena convencional pecuniária, à qual adere posteriormente o adquirente, podendo ser convencionada nas formas moratória e compensatória, além de ser plausível sua estipulação nos moldes de uma prestação de natureza diversa da pecuniária.

A pena convencional alcança dupla finalidade: como meio de coerção, serve ao incorporador, na hipótese do não pagamento do preço, e ao adquirente, sempre que o incorporador deixar de cumprir determinada obrigação inerente ao pacto incorporativo; e como meio de prefixação das perdas e danos, sempre que a disposição contratual expressar o desejo de serem evitados os incômodos da liquidação dos danos e da produção probatória.

No mais das vezes, o adquirente arcará com a pena convencional moratória, ficando configurada a mora pelo atraso no pagamento de alguma parcela do preço, enquanto o incorporador responderá pela pena convencional compensatória prevista na hipótese de inexecução de alguma cláusula especial (*v.g.*, a data inicialmente prevista para a entrega da obra).

Tanto numa situação como em outra, terá a parte inocente o arbítrio de exigir a satisfação da pena cominada, juntamente com o desempenho da obrigação principal (art. 411 do CC), desde que comprovado o descumprimento da obrigação e a não incidência de uma das excludentes de responsabilidade.

---

21. Agostinho Alvim, *Da inexecução das obrigações e suas conseqüências*, n. 145, p. 203.

2.2.2 Da revisão do pacto incorporativo

Como princípio, o Código Civil brasileiro adota a força obrigatória dos contratos (*pacta sunt servanda*), não estando o credor obrigado a receber prestação diversa da que lhe é devida, ainda que mais valiosa (art. 313 do CC/02, antes art. 863 do CC/16), não podendo o credor ser obrigado a receber, nem o devedor a pagar, por partes, se assim não se ajustou, ainda que a obrigação tenha por objeto prestação divisível (art. 314 do CC, antes art. 889 do CC/16).[22]

No entanto, quando por motivos imprevisíveis, sobrevier desproporção manifesta entre o valor da prestação devida e o do momento de sua execução, poderá o juiz corrigi-lo, a pedido da parte, de modo que assegure, quanto possível, o valor real da prestação (art. 317 do CC). A possibilidade de revisão também se nos apresenta diante da onerosidade excessiva, quando a resolução da avença poderá ser evitada, oferecendo-se o réu a modificar equitativamente as condições do contrato (art. 479 do CC). No âmbito das relações de consumo, far-se-á a revisão das cláusulas contratuais em razão de fatos supervenientes que as tornem excessivamente onerosas (art. 6º, inciso V, da CDC).[23]

O sistema jurídico brasileiro, portanto, com a entrada em vigor do Código Civil de 2002, adotou, em certa medida, a denominada cláusula *rebus sic stantibus*,[24]

---

22. No Código Civil italiano, encontramos o mesmo princípio: "*O contrato tem força de lei entre as partes. Só pode ser dissolvido por consentimento mútuo ou por causas permitidas por lei (arts. 1.671 e 2.227). O contrato não produz efeitos em relação a terceiros, exceto nos casos previstos na lei (arts. 1.239, 1.300 e seguintes, 1.411, 1.678, 1.737)*" (art. 1.372 – Vigência do contrato – do Código Civil italiano – tradução livre).
23. Após a alteração implementada em 2016, assim dispõe o art. 1.195 do Código Civil francês: "*Se uma mudança imprevisível nas circunstâncias da celebração do contrato tornar a execução excessivamente onerosa para uma parte que não concordou em assumir o risco, esta pode solicitar a renegociação do contrato ao seu cocontratante. Ele continua cumprindo suas obrigações durante a renegociação. Em caso de recusa ou descumprimento da renegociação, as partes podem acordar a resolução do contrato, na data e nas condições que determinarem, ou de comum acordo solicitar ao juiz que proceda à sua adaptação. Na falta de acordo num prazo razoável, o juiz pode, a pedido de uma das partes, rever o contrato ou resolvê-lo, na data e nas condições que fixar*" (tradução livre).
24. Marco Aurélio da Silva Viana (*Manual do condomínio...*, n. 66, p. 113) noticia a aplicação da cláusula *rebus sic stantibus* nos contratos de construção, observados os seguintes requisitos: a) contrato de construção por prazo dilatado com pagamento periódico; b) prejuízo intolerável e ruinoso; c) a causa do prejuízo é fato anormal e imprevisto; d) inexistência de cláusula vedando o reajustamento. Por sua vez, julgado publicado em *JTJ* (*Lex*-154/39-50) enumera estes: "Contrato – Teoria da imprevisão – Inocorrência – Circunstâncias imprevistas e imprevisíveis que não podem ser alegadas, em face do grave processo inflacionário em que se encontra o país – Recurso não provido – Votos vencedor e vencido.

    A ação baseia-se na denominada cláusula *rebus sic stantibus*: o violento processo inflacionário teria tornado o contrato excessivamente oneroso para os apelantes.

para alguns designada "teoria da imprevisão", para outros a "teoria da conservação da base objetiva do negócio jurídico". Não vislumbrava Paulo Carneiro Maia[25] no Código Civil de 1916 a inserção da regra de aplicação geral da teoria da imprevisão. Isso não obstante, a cláusula passou a ser considerada implícita em certos tipos contratuais, subordinando o vínculo negocial à manutenção do estado de fato existente ao tempo de sua formação, de modo que, sobrevindo o motivo superveniente e imprevisível, o ajuste poderia ser judicialmente revisto ou rescindido.

Karl Larenz, ao tratar da base do negócio jurídico e do cumprimento dos contratos, conclui seu trabalho afirmando que a transformação das circunstâncias existentes, necessárias à conclusão do contrato, somente poderia justificar o desaparecimento das bases negociais desde que presentes, cumulativamente, os seguintes requisitos: a) uma radical transformação da situação econômica, não adstrita ao devedor; b) o amparo judicial para a revisão dos contratos deve ter respaldo nas hipóteses legalmente estabelecidas ou em um procedimento adequado (a aplicação genérica dos §§ 157 e 242 do BGB não pode ser tolerada); c) o desaparecimento das circunstâncias esperadas pelas partes – base do negócio subjetiva – e imprescindíveis para a sua realização – base do negócio objetiva –, sem as quais o acordo de vontade não se teria realizado.[26]

No que tange à resolução do contrato incorporativo, no âmbito da relação jurídica civil, por onerosidade excessiva (art. 478 do CC), faz-se necessária a identificação de alguns requisitos cumulativos, a saber: a) considerar o contrato de incorporação como sendo de execução continuada ou diferida; b) acontecimento extraordinário, com alteração fundamental na condição fática existente por ocasião da celebração da avença em confrontação com aquela verificável no momento da execução (*v.g.*, a revisão do cálculo das áreas, a fixação do valor-base das unidades e a determinação das frações ideais), sempre que as alterações substanciais derroguem as premissas fáticas e impliquem alterações substanciais no edifício ou no local em que o mesmo se encontre;[27] c) onerosidade objetivamente excessiva (não apenas em relação ao devedor, mas a toda e qualquer pessoa que se encontre em sua posição) para um dos contratantes, mormente o incorporador, quanto à

Mas a aplicação da cláusula *rebus sic stantibus* depende da concorrência de três condições: a) a alteração radical do ambiente objetivo, que existia ao tempo da formação do contrato, alteração decorrente de circunstâncias imprevistas e imprevisíveis; b) onerosidade excessiva para o devedor, que se não compense por vantagens já auferidas, nem por outras ainda esperáveis; c) enriquecimento inesperado e injusto do credor, como consequência direta da superveniência imprevista (cf. Arnaldo Medeiros da Fonseca, *Caso fortuito e teoria da imprevisão*, p. 236, 2. ed., Imprensa Nacional, Rio de Janeiro, 1943)".

25. Paulo Carneiro Maia, *Da cláusula* rebus sic stantibus, p. 217, 258-259.
26. Karl Larenz *Base del negocio jurídico y cumplimiento de los contratos*, p. 223-224.
27. Cf. Luiz Adolpho Nardy, Incorporação de condomínio, n. 20, p. 24.

execução da obra que, num determinado momento, se tornou extremamente prejudicial, com influência sobre o custo da edificação; d) extrema vantagem para a outra parte; e) imprevisibilidade da modificação verificada, não bastando, portanto, a ocorrência de áleas ordinárias ou acontecimentos desfavoráveis, que as partes assumiram correr quando firmaram o contrato (*v.g.*, valorização ou desvalorização comercial do imóvel).[28]

Apesar dos pedidos de revisão aparecerem com mais constância nas alegações dos adquirentes do que naquelas formuladas pelos incorporadores, podemos encontrar certas pretensões elaboradas a propósito da depreciação monetária e da insuficiência do índice fixado como justificativas para a alteração nas condições de pagamento, articuladas infundadamente por incorporadores que, na qualidade de profissionais em sua área, devem prever as variações do mercado, próprias de um período inflacionário.[29]

Outrossim, igualmente encontramos pretensões objetivando a revisão de contratos denominados "a preço fixo" (art. 55, § 1º, da LCI), nos quais o princípio legal prevê a imutabilidade do preço, quaisquer que sejam as suas causas, inclusive as advindas da onerosidade superveniente. Nesse caso, sob a alegação de aumento imprevisto do material e da mão de obra, tais ações são promovidas tentando-se ocultar o mau planejamento do empreendimento sob o manto da corrosão inflacionária, quando, na verdade, a lei não deixa margem de dúvida sobre a invariabilidade do preço.

2.3 Da responsabilidade pós-contratual e aquiliana do incorporador

Cumpridas pelo incorporador as obrigações previstas no contrato incorporativo, pago o preço, extinguem-se os direitos e as obrigações dele originários pelo pagamento e cumprimento da avença, com as consequentes declarações de quitação expedidas pelas partes contratantes (art. 319 do CC) – dando o incorporador, por um lado, quitaçao dos valores recebidos, e o adquirente, por outro, quitaçao pelo recebimento do imóvel incorporado, valendo o termo de recebimento da unidade condominial como comprovante dessa quitação – e a extinção do vínculo jurídico antes existente.

28. Cf. Orlando Gomes, *Contratos*, nº 140, p. 208-210.

29. Neste sentido, o seguinte acórdão: "O incorporador tem a obrigação, como profissional, de prever as variações do mercado, e, contratando num período inflacionário e estabelecendo determinado índice para reajustamento das prestações, não pode invocar a depreciação monetária e a insuficiência do índice fixado como justificativas para a alteração nas condições de pagamento" (*JB* 147/320 – transcrito por Maria Helena Diniz em *Tratado teórico...*, p. 21).

Mesmo extinta a relação jurídica incorporativa, o legislador, preocupado em preservar a causa final da atividade jurídica, qual seja o atendimento pela coisa incorporada das qualidades pressupostas, alcançando o fim e uso para o qual foi concebida, outorgou ao adquirente garantias vinculadas aos direitos de consumo e à atividade construtiva, cobrando-se do incorporador, em razão das implicações sociais de sua atividade, uma responsabilidade de índole aquiliana, com remédios específicos, e que decorrem, ainda, do conteúdo do contrato incorporativo.[30]

Desse modo, identificados vícios ocultos nas áreas comuns do edifício ou na unidade incorporável, após a entrega e aceitação das obras, *v.g.*, infiltrações, vazamentos, defeitos nas instalações elétricas ou hidráulicas, aplica-se a teoria dos vícios redibitórios, assim entendidos os defeitos ocultos dos quais é portador o objeto do contrato incorporativo que o torna impróprio ao uso a que se destina ou lhe diminua sensivelmente o valor, sendo lícito ao adquirente, ao condomínio, ou a ambos, conforme o caso, no exercício da garantia prevista em lei, enjeitar a coisa, redibindo o contrato e devolvendo o bem. Podem, igualmente, utilizar da ação *quanti minoris*, requerendo a diminuição do preço, se o bem ainda puder ser utilizado.[31]

Por outro lado, impõe-se a cada uma das partes o dever genérico de omitir comportamentos suscetíveis de prejudicar o fim do contrato, o que nos leva a reconhecer a subsistência de deveres laterais à extinção das prestações convencionadas,[32] *v.g.*, a comunicação da transferência de titulação, aos órgãos públicos, pelo novo proprietário da unidade condominial.

---

30. Veja-se, a propósito, o Cap. 1, da Parte III, do Livro II infra.

31. Sobre a aplicação da teoria dos vícios redibitórios, vejam-se os seguintes acórdãos: "(...) O vendedor deve responder pela solidez e segurança da casa vendida. Quem, por força de um contrato comutativo, tem de entregar uma coisa, está obrigado, em princípio, a entregá-la com as qualidades pressupostas, sem os vícios e defeitos ocultos que a tornem imprópria para o fim e uso a que se destina ou lhe diminuam o valor a tal ponto que o recebedor da coisa, se os conhecesse, não a receberia ou por ela pagaria preço menor. *Se é o preço que experimenta a perda ou a degradação, depois de pago, o vendedor é que arcará com o prejuízo*". *RT* 727/164-166, g.n.

    "Compromisso de compra e venda – Imóvel em construção – Rescisão contratual – Pagamento pelo adquirente da primeira prestação, tendo sustado o cheque relativo à segunda – Alegação de vício oculto na coisa – Não propositura, porém, de ação redibitória ou de ação *quanti minoris* – Exceção de contrato não cumprido pela execução imperfeita que não se justifica, uma vez que inexiste prova de má-fé do vendedor – Devolução das partes ao *status quo ante* – Decisão mantida". *RT* 718/118-119.

    "Compromisso de compra e venda – Defeitos de construção verificados no imóvel – Ressarcimento devido – Abatimento do valor apurado do saldo a ser pago pelos autores-reconvindos – Recurso não provido" (TJSP, Ap 244.201-2/5, rel. Des. Ricardo Feitosa, 20.12.1994, *BDI*, 2º decêndio, nov. 1995, n. 32, p. 14-15).

32. Cf. Antônio Chaves, *Tratado de direito civil*, n. 21, p. 511-512.

No âmbito extracontratual, a responsabilidade do incorporador decorre genericamente do art. 186 e da interpretação dos arts. 618, 932 e 933 do CC. Não mais subsistindo o vínculo contratual entre o incorporador – causador do dano – e o prejudicado, a responsabilidade daquele resulta dos comandos normativos garantidores da atividade por ele desenvolvida. Ao lado da responsabilidade regulada pelo Código Civil, sempre que a relação incorporativa possa ser encartada dentro dos ditames do Código de Defesa do Consumidor, o incorporador responderá pelo fato ou vício do produto, na qualidade de fornecedor do produto incorporado.

Assim, não podemos olvidar outras possibilidades de solução para o prejudicado, como, *v.g.*, ser promovida a ação indenizatória, na qual será fixada a extensão do dano e o montante a ser indenizado, para futura recomposição física da coisa ou do patrimônio do lesado; a obtenção da tutela específica da obrigação ou das providências, que assegurem o resultado prático equivalente ao do adimplemento (art. 84 do CDC); e o ajuizamento de ação cominatória de obrigação de fazer, prevista em nossa codificação processual civil, obrigando-se o incorporador-construtor ou terceiros por ele a refazer as obras executadas com imperfeição.

2.4 Responsabilidade do incorporador por abuso de direito

Agindo dentro de sua esfera jurídica de atuação, o incorporador evita o surgimento de fato próprio, a partir do qual origina-se o dever de reparar os prejuízos causados a outrem.

No exercício do seu direito de propriedade e de uso, constrói o empreendimento imobiliário, tendo os confinantes de suportar os incômodos resultantes da atuação dentro da órbita estrita de seus direitos. Igualmente, o lançamento imobiliário de sucesso atrai os candidatos à aquisição do apartamento, que deixarão de adquirir unidades condominiais do incorporador-concorrente situado nas proximidades, sem que isso gere o dever de ressarcimento correspondente aos prejuízos advindos da ausência de vendas.

Todavia, quando o incorporador realiza sua atividade dentro das normas legais, mas excede manifestamente os limites impostos pelo seu fim econômico ou social, pela boa-fé ou pelos bons costumes (art. 187 do CC), impõe-se-lhe o dever de reparar o dano ocasionado. Mesmo sendo difícil divisar uma situação como essa, estando a construção de acordo com as normas técnicas e administrativas cabíveis, é possível exemplificar-se o abuso de direito com a carga e descarga de material construtivo fora do horário comercial, causando incômodo a vizinhos em face da inexistência de legislação municipal reguladora da matéria.

Podemos, ainda, mencionar o abuso do poder econômico e a concorrência desleal como exemplos de abuso de direito no campo civil, praticados por incorporadores inescrupulosos. Do primeiro, trazemos à lembrança a hipótese do domínio do mercado pelo mecanismo da redução de preço das unidades condominiais, com a única finalidade de eliminar a concorrência, para, depois, elevar o preço das unidades ainda não vendidas e recuperar o prejuízo advindo das vendas anteriores. Da concorrência desleal não criminosa, geradora de efeitos civis, fazemos menção à promessa ou entrega de dinheiro a terceiros com o objetivo de divulgar os aspectos negativos do local onde futuro empreendimento alheio será lançado.

Como tivemos anteriormente a oportunidade de destacar,[33] o Código Civil de 2002, em alguns de seus dispositivos, evidenciou a intenção como atributo do abuso de direito, em especial, no exercício do direito de propriedade. Arruda Alvim leciona que o § 2º, do art. 1.228, do Código Civil de 2002, é uma norma destinada ao proprietário, no que concerne ao exercício abusivo do direito de usar, gozar e dispor da coisa e reavê-la do poder de quem quer que injustamente a possua ou detenha.[34]

Ao disciplinar o abuso de direito no exercício do direito de propriedade, o legislador, a nosso sentir, se pautou na opção do sistema civil, implantado pelo Código Civil de 2002, que encartou o abuso de direito como modalidade de ato ilícito civil, obediente à diretriz da responsabilidade subjetiva estabelecida pelo art. 186 do Código Civil. Examinado sistematicamente, o § 2º, do art. 1.228, do Código Civil apresenta-se em sintonia com a diretriz da responsabilidade subjetiva estabelecida para o abuso de direito nas relações civis, presente na conjugação dos arts. 186 e 187 do Código Civil, sendo defeso ao titular do direito de propriedade pretender extrair dele faculdades ou vantagens que importem malefícios para outrem, quando animados pela intenção de prejudicar.[35]

Deveras, o art. 1.228, § 2º, do Código Civil, ao tratar do abuso de direito no exercício do direito de propriedade, estabelece que "São defesos os atos que não trazem ao proprietário qualquer comodidade, ou utilidade, e sejam animados pela intenção de prejudicar outrem". São defesos, portanto, os atos no exercício do direito de propriedade, animados por espírito emulativo, pela intenção de prejudicar outrem, que não tragam ao proprietário qualquer comodidade ou utilidade.

No comentário de Francisco Eduardo Loureiro: "O preceito em exame inclina-se de modo claro pela corrente subjetivista, exigindo, para a configuração do abuso de direito, a presença concomitante de dois requisitos. O primeiro é objetivo,

---

33. Vide item 2.1.2, Livro I, Parte II.

34. Arruda Alvim, *Comentários ao Código Civil brasileiro*, nº 4.3.7, p. 285. No direito italiano, o art. 833 aparece como norma correspondente: "*(Atos abusivos) O proprietário não pode praticar atos os quais não tenham outra finalidade senão aquela de prejudicar ou de molestar outrem*" (Código Civil Italiano, traduzido por Souza Diniz. Rio de Janeiro, Record Ed., 1961).

35. Cf. trabalho de nossa lavra, *Fundamentos da responsabilidade civil e o abuso de direito*. In: Everaldo Augusto Cambler (org.). *Fundamentos do direito civil brasileiro*, p. 105-117.

consistente em uma conduta que não traga proveito, vantagem ou utilidade ao proprietário; o segundo requisito é subjetivo, consistente no ânimo do proprietário de com tal conduta prejudicar outrem".[36]

Destarte, o incorporador proprietário do empreendimento deve limitar o exercício de seu direito às faculdades garantidas pela Constituição e pelas normas infraconstitucionais, em especial as faculdades de usar, gozar e dispor da coisa, e o direito de reavê-la do poder de quem quer que injustamente a possua ou detenha (art. 1.228, *caput*, do Código Civil). Quando o incorporador abusa de seu direito de propriedade, mas sem a intenção de prejudicar alguém, não estamos diante de um ato ilícito, mas de um exercício de direito que poderá ser refreado pela aplicação das normas do direito de vizinhança ou pela observância do perfil de propriedade traçado pelas normas municipais, que traçarão o perfil da função social da propriedade, ou pelos costumes locais.

36. Francisco Eduardo Loureiro, *Código Civil Comentado*, p. 1.150.

3

Da Solidariedade na Incorporação Imobiliária

3.1 Aspectos gerais[1]

A origem histórica da solidariedade é encontrada no direito romano, muito embora o instituto não possuísse uma designação específica. No Digesto a solidariedade foi regulada da seguinte maneira: "Quando dois ou prometeram ou estipularam uma mesma quantidade, por direito se deve a cada um *in solidum*, e cada um a deve, pelo que, pela petição e aceitação de um, se dissolve toda a obrigação".[2]

Na órbita contratual, de ordinário, o princípio prevalecente é o da divisibilidade do crédito, em que cada credor nada mais pode exigir a não ser a sua parte e cada devedor somente responde pela parte respectiva.[3] A obrigação com pluralidade de credores (ativa), devedores (passiva), ou credores e devedores (mista), cada qual com direito ou obrigado ao total, como se houvesse um só credor ou devedor, é denominada solidária (art. 264),[4-5] estando regulada no Código Civil em capítulo

---

1. Cf. trabalho de nossa lavra *Curso avançado de direito civil – Direito das obrigações*, n. 4.1.1, p. 80-85.
2. Cf. noticia Tito Fulgêncio, *Do direito das obrigações – Das modalidades das obrigações (arts. 863-927)*, p. 238. Ao corresponder textos do direito romano com artigos do Código Civil, Alexandre Correia e Gaetano Sciascia relacionam o art. 896 do CC/1916 (atual art. 264 do CC) com o texto indicado por Tito Fulgêncio: "D. 45,2,2, Iavol 3 ex Plaut: Cum duo eandem pecuniam aut promiserint aut stipulati sunt, ipso iure et singuli in solidum debentur et singuli debent: ideoque petitione acceptilatione unius tota solvitur obligatio" (*Manual de direito romano*, vol. I, p. 241).
3. Veja-se Orozimbo Nonato, *Curso de obrigações (generalidades – espécies)*, vol. II, p. 85.
4. Cf. Arnoldo Wald, *Curso de direito civil brasileiro: obrigações e contratos*, n. 23, p. 33. O Código Civil italiano, ao tratar da noção de solidariedade, expressa-se de maneira próxima àquela levada a efeito na codificação pátria: "Art. 1.292. A obrigação é solidária quando vários devedores estão obrigados, todos pela mesma prestação, de modo que cada um possa ser obrigado à execução pela totalidade, e a execução, por parte de um, libera os outros; ou então, quando, entre vários credores, tem cada um o direito de pedir a execução da obrigação inteira, e a execução realizada ante um deles libera o devedor ante todos os credores".

específico, que trata da solidariedade ativa (arts. 267 a 274), passiva (arts. 275 a 285) e de aspectos gerais (arts. 264 a 266), aplicáveis indistintamente a ambas as formas de solidariedade.

Como hipótese excepcional ao princípio da divisibilidade do crédito, a solidariedade nunca se presume, dependendo sempre de disposição legal expressa ou da vontade das partes (art. 265), de forma que, deixando a lei de assinalar determinado caso como de solidariedade ou deixando as partes de pactuá-la expressamente, o crédito ou o débito se dividem *pro numero virorum* entre os sujeitos passivos e ativos da obrigação.[6]

Do texto legal percebemos que a solidariedade tem por traço característico a *unidade da prestação*, ficando desnaturado o instituto quando estamos diante de um concurso de obrigações conexas, a cargo dos mesmos devedores. Além disso, a solidariedade se caracteriza pela multiplicidade de credores ou de devedores – obrigações subjetivamente múltiplas – e pela integralidade da dívida, de maneira que o credor/devedor tem direito ou está obrigado à totalidade da dívida.[7]

No que diz respeito às obrigações por atos ilícitos (responsabilidade aquiliana), quando o dano é um só, mas deriva de um concurso de causas ou puder ser atribuído a várias pessoas distintas, a responsabilidade é solidária por expressa disposição de lei (art. 942 do CC).

3.2 A SOLIDARIEDADE NA LCI

A solidariedade legal, cuja fonte é a vontade do legislador refletida na lei, existe para dar maior garantia às relações jurídicas, em que, pela natureza da atividade econômica, existe um risco assumido por quem acaba integrando o negócio jurídico.

---

5. Sobre a extensão do art. 264 do CC/2002 (anterior parágrafo único do art. 896 do CC/1916), selecionamos o seguinte julgado:

   "Indenização – Responsabilidade civil – Engenheiro e empreiteiro de obras – *Solidariedade* – Artigo 896 e parágrafo único do Código Civil – Desnecessidade de discriminação da exigência a um ou a outro, dentre as verbas pleiteadas – Inépcia da inicial inocorrente – Preliminar rejeitada.

   Inconsistente, todavia, a arguição, porquanto, desde a inicial, o autor alegara que havia responsabilidade solidária dos corréus, na medida em que indissociáveis as atribuições de um e de outro, com o empreiteiro sendo indicado pelo engenheiro, a este cabendo o encargo técnico de orientação, fiscalização e administração da obra, àquele tocando a sua execução (f.). (...) Percebe-se, pois, não ser o caso de presumir solidariedade, mas de divisá-la, manifesta, oriunda da vontade dos sócios, dando azo a que a cada um possa responder por toda obrigação" (f.), *JTJ* 152/134-149.

6. Cf. Orozimbo Nonato, op. cit., p. 94. Distinto princípio prevalece nos dispositivos do art. 1.294 do CC italiano e do § 427 do CC alemão, em que os codevedores estão obrigados solidariamente se, da lei ou do título, não resultar coisa diferente.

7. Cf. Tito Fulgêncio, op. cit., p. 242.

Sendo esse o caso da atividade incorporativa, a Lei do Condomínio e Incorporação Imobiliária faz referência, em alguns artigos, ao instituto jurídico da solidariedade, dentre os quais podemos destacar os seguintes:

a) o *caput* do art. 31 da LCI estabelece que a iniciativa e a responsabilidade pela incorporação imobiliária será do incorporador, podendo assumir essa qualidade quaisquer das pessoas enunciadas na letras *a* e *b* (construtor, corretor,[8] proprietário ou titular de direitos aquisitivos do terreno). Existindo mais de um incorporador, *ambos serão solidariamente responsáveis*, não importando qual o tipo de incorporação, forma de sua constituição, ou existência de período de carência (art. 31, § 3.º).[9]

Dessa maneira, o credor-adquirente poderá exigir de qualquer dos incorporadores, isoladamente ou de todos, conjuntamente, a totalidade da prestação,

---

8. A empresa corretora pode sofrer as sanções cabíveis às pessoas jurídicas que têm a obrigação de não veicular propaganda de imóvel em condomínio sem mencionar o número da incorporação no registro de imóveis. Sobre a *responsabilidade solidária da corretora*, vejam-se os seguintes acórdãos: "Contrato – Compromisso de compra e venda – Incorporação imobiliária – Rescisão – Cumulação com devolução das quantias pagas e perdas e danos – Corretor de vendas – Omissão quanto à irregularidade do negócio, firmando, inclusive, os recibos das quantias contratadas – Solidariedade com a incorporadora – Recurso não provido.

   (...) Assim, pouco importa que tenha figurado no negócio como mera intermediária, pois, se procedeu à venda das unidades e acabou firmando recibos das importâncias contratadas, deve também arcar com a restituição das quantias recebidas, bem como nas perdas e danos causados ao autor.

   (...) E, assim, associou-se à incorporadora do empreendimento que não chegou sequer a ser iniciado, quer fisicamente, bem como perante o Registro Imobiliário. Por isto que, nos termos do art. 159 do CC [o artigo pertence ao CC/1996 e corresponde ao art. 186 do CC em vigor], deve arcar com os prejuízos causados.

   (...) Resultando de ato ilícito a participação das rés no negócio, torna-se irrecusável a solidariedade passiva de ambas, (...)" [*JTJ* (*Lex* 164/45-48)].

   "(...) 1 – Empresas coligadas que, na promoção e incorporação de venda e compra de unidades imobiliárias, quer no ramo de construção, quer na publicidade e corretagem, resultam culpadas pela impossibilidade da construção, respondem perante o condômino compromissário-comprador, *solidariamente*, devendo devolver-lhe as prestações pagas e as arras em dobro a título de prefixação das perdas e danos. No caso, como deflui da solidariedade, a empresa publicitária ou corretora é legitimada passivamente para a ação" (grifo nosso) (STJ, REsp 9.943/SP, rel. Min. Waldemar Zveiter, j. 18.06.1991).

9. Nesse sentido, veja-se o seguinte acórdão: "(...) 2. Como disciplina o § 3.º do art. 31 da Lei 4.591/1964, toda e qualquer incorporação, independentemente da forma por que seja constituída, terá um ou mais incorporadores solidariamente responsáveis. No caso, a construtora era a proprietária do terreno, participando diretamente do negócio, ainda que sob a capa de outorgante de autorização para que a Chicaer agisse como se fosse a exclusiva figura do incorporador" (TJRJ, Ap 7.721/95, rel. Des. Menezes Direito, 21.12.1995, *BDI*, 1.º decêndio, jul. 1996, n. 19, p. 15).

sem benefício de ordem ou divisão da responsabilidade comum, ficando os coincorporadores pessoalmente obrigados, embora subsidiariamente, respondendo ilimitadamente com todos os seus bens;[10]

b) o proprietário do terreno, o promitente-comprador e cessionário deste ou promitente-cessionário, na qualidade de outorgantes do mandato referido no art. 31, § 1.º, da LCI, poderão denunciar a incorporação no prazo de cinco dias subsequentes ao prazo de carência, hipótese em que ficará *solidariamente responsável com o incorporador* pela devolução das quantias que os adquirentes ou candidatos à aquisição houver entregue ao incorporador, resguardado o direito de regresso (art. 35, § 3.º);[11]

c) após a concessão do "Habite-se", o incorporador deverá requerer a averbação da construção das unidades; caso não o faça, o construtor irá requerê-la sob pena de ficar *solidariamente responsável* perante os adquirentes (art. 44, § 1.º);

d) não participando o incorporador dos contratos incorporativos, *responderão solidariamente* pelas faltas prescritas no art. 66 da LCI o construtor, o corretor, o proprietário ou titular de direitos aquisitivos do terreno, desde que figurem no contrato, com direito regressivo sobre o incorporador, se as falhas cometidas lhe forem imputáveis.

3.3 A SOLIDARIEDADE EXPRESSA NO CDC

O instituto jurídico da solidariedade, previsto no Código de Defesa do Consumidor, deve ser aplicado a par dos parâmetros fixados pela lei civil, ou seja, aqueles traçados nos arts. 264 a 285 do CC, não sendo admissível o ajuste de cláusula restritiva da solidariedade, que exonere ou atenue a responsabilidade do fornecedor, de acordo com o estabelecido no art. 25 do CDC.[12]

---

10. Cf. Waldemar Leandro, *Condomínio de imóveis*, p. 237.

11. Destacamos, a respeito, o seguinte trecho de acórdão: "Incorporação imobiliária – Inexecução da obra – Responsabilidade do incorporador – Art. 35, § 5.º – Lei 4.591/1964 – Índice de correção monetária – I.P.C. Incorporação imobiliária. Empreendimento não concretizado. Responsabilidade. Culpa contratual das incorporadoras pela inexecução do conjunto residencial. Solidariedade configurada pela união inequívoca de vontade expressa das partes, objetivando a construção do empreendimento, que deixa evidente a incorporação a dois (art. 896, Código Civil). Obrigação de indenizar. Devolução das quantias pagas, corrigidas monetariamente e acrescidas da multa de 50%, prevista no art. 35, § 5.º, da Lei 4.591/1964 (...)". *BDI, Boletim do Direito Imobiliário*, 2.º decêndio, fev. 1994, n. 05.

12. Cf. Arruda Alvim et al. *Código do Consumidor comentado e legislação correlata*, comentários ao art. 18, p. 145; José Cretella Jr. et al. *Comentários ao Código do Consumidor*, comentários ao art. 18, p. 68.

Destarte, na qualidade de fornecedor de um produto durável, o incorporador é solidariamente responsável com o construtor pelos vícios de qualidade e quantidade, sejam aparentes, ocultos ou de estrutura, que forem verificados na edificação[13] e que a tornem imprópria ou inadequada ao consumo a que se destina, podendo o adquirente-consumidor exigir a substituição das partes viciadas (art. 18 do CDC) ou, esta não sendo levada a efeito, optar por quaisquer das alternativas oferecidas no § 1.º desse artigo.

Conforme já referido, a solidariedade não pode ser presumida, somente existindo em função de lei ou de convenção entre as partes, motivo pelo qual o legislador estabeleceu a solidariedade passiva pela reparação dos danos regulados pelo Código de Defesa do Consumidor sempre que a ofensa provier de mais de um autor (art. 25, § 1.º), asseverando-se ao devedor que saldou por inteiro a dívida o direito de receber dos outros devedores solidários o resultado da diferença entre o que efetivamente deveria pagar e o que desembolsou. É o que prescreve o parágrafo único do art. 13 do CDC, que garante, àquele que efetivar o pagamento ao prejudicado, o exercício do direito de regresso contra os demais responsáveis, segundo sua participação na causação do evento danoso.

Portanto, o comerciante poderá ser solidariamente responsabilizado com o fornecedor pelos danos causados aos consumidores por defeitos do produto, bem como as empresas coligadas, responsáveis pela impossibilidade da construção, que efetuarem a promoção, incorporação e venda de unidades imobiliárias.[14]

3.4 A QUESTÃO DA SOLIDARIEDADE RESULTANTE DA ATIVIDADE INCORPORATIVA

3.4.1 O vínculo jurídico entre o incorporador e a construtora[15]

No contrato de construção, firmado entre o incorporador e a construtora, a contratada compromete-se, sob sua exclusiva responsabilidade profissional, a executar[15] as obras ali especificadas, estando aí incluídos os cuidados quanto

---

13. Cf. conclusão n. 18, p. 263, do nosso trabalho *Incorporação imobiliária – Ensaio de uma teoria geral.*
14. Nesse sentido, acórdão do STJ, REsp 9.943, rel. Min. Waldemar Zveiter, 18.06.1991, *BDI*, 3.º decêndio, nov. 1991, p. 12: "Empresas coligadas que, na promoção e incorporação de venda e compra de unidades imobiliárias, quer no ramo de construção, quer na publicidade e corretagem, resultam culpadas pela impossibilidade da construção, respondem perante o condômino compromissário-comprador, solidariamente, devendo devolver-lhe as prestações pagas e as arras em dobro a título de prefixação das perdas e danos. No caso, como deflui da solidariedade, a empresa publicitária ou corretora é legitimada passivamente para a ação".
15. Citando essa passagem do texto, veja-se o acórdão proferido pelo STJ, REsp 884.367, j. 06.03.2012, rel. Raul Araújo (Anexo III, A, infra – Excertos de Jurisprudência).

à natureza dos materiais, equipamentos, máquinas, ferramentas e pessoal necessários e tudo aquilo que possa afetar o bom andamento das obras.

Com efeito, não obstante sejam os projetos, especificações e demais informações e instruções fornecidos pelo incorporador-contratante, a construtora invariavelmente se responsabiliza pela qualidade, exatidão de execução dos projetos e segurança das obras contratadas, devendo, inclusive, formalizar o pedido de providências necessárias para que sejam corrigidos os erros ou discrepâncias encontrados nos elementos fornecidos pelo incorporador.

Ao lado disso, tivemos a oportunidade de mencionar[16] que o incorporador, como parte da relação jurídica incorporativa, tem a obrigação e o dever de movimentar a obra e manter a construção em ritmo normal, sendo-lhe facultado, inclusive, substituir o construtor na execução da construção, caso essa providência se faça necessária para que o cronograma originariamente traçado seja integralmente cumprido.

Ao celebrar o contrato de construção, o incorporador estende a obrigação assumida junto aos adquirentes ao construtor, fazendo-se *substituir* por este, passando ambos a responder pela obrigação de resultado perante o contratante. Em razão da substituição havida, quem se faz substituir é responsável, juntamente com o substituto, pelos danos decorrentes quer de falta contratual, quer de falta delitual, desde que relacionados com o exercício da substituição.[17]

Assim, verificada a ofensa ou violação do direito do adquirente da unidade condominial, ou se impossibilitando a prestação por culpa de um dos devedores solidários ligados à atividade incorporativa, subsiste para todos o encargo de reparar o dano ou pagar o equivalente acrescido das perdas e danos, pelos quais responderá aquele que for diretamente culpado pelo dano (art. 279 do CC).

---

16. Cf. tópico 1.2.2.1 – Livro I, Parte I.

17. Interessante lembrar que o art. 766 do Projeto de Lei 634, de 1975, com vista a vir instituir o novo Código Civil brasileiro, determinava a solidariedade do incorporador e do empreiteiro, no que tange à responsabilidade pela obra, *in verbis*: "Qualquer que seja a modalidade de incorporação, responde o incorporador, solidariamente com o empreiteiro, pela solidez e segurança do edifício, pelo prazo de cinco anos, a contar da conclusão da obra". Sérgio Cavalieri Filho (*Programa de responsabilidade civil*, n. 109.3, p. 391-392), ao tratar dos efeitos oriundos da substituição havida na incorporação imobiliária, sustenta que: "Nas incorporações de imóveis, respondem solidariamente pelos defeitos da construção o incorporador e o construtor. O primeiro por ser o contratante; o segundo, não só em razão da garantia legal imposta por questão de ordem pública, mas, também, por ser o substituto do incorporador na execução do contrato de construção. Têm legitimidade para reclamar o ressarcimento os condôminos, em relação aos defeitos que se apresentarem em suas respectivas unidades, e o condomínio, no que respeita aos defeitos verificados nas partes comuns".

Ao lado do Código de Defesa do Consumidor, a LCI (arts. 48 a 62) e, subsidiariamente, o CC/2002 regem o contrato de incorporação de edifícios em condomínio, de maneira que o construtor-empreiteiro e o incorporador respondem pelos danos oriundos da execução do projeto construtivo e das especificações contratualmente estabelecidas em face dos adquirentes finais e, eventualmente, perante o dono do terreno.[18]

3.4.1.1 Da construção por administração ("a preço de custo")

Faz-se necessário tecer algumas considerações sobre a questão da solidariedade ligada à atividade incorporativa realizada sob o regime jurídico da construção de edificações em condomínio pelo sistema "a preço de custo".

Nessa espécie de incorporação, é de responsabilidade dos proprietários ou adquirentes o pagamento do custo integral da obra (art. 58 da LCI), estando a comissão de representantes investida dos poderes previstos no art. 61 da LCI, suficientes para o completo controle do empreendimento no que diz respeito à sua construção, de modo que todas as faturas, duplicatas, recibos e quaisquer documentos referentes às transações ou aquisições para construção são emitidos em nome do condomínio dos contratantes da construção (art. 58, I), bem como todas as contribuições dos condôminos para qualquer fim relacionado à construção

18. Tratando da eventual solidariedade existente entre o dono da obra, vendedor não incorporador e o construtor, vejam-se os seguintes julgados: *RJTJESP* 102/152-155 ("Indenização – Responsabilidade civil – Construção – Defeito grave – Responsabilidade solidária da promotora do empreendimento e da construtora – Sentença confirmada"); *JTJ* 147/115-118 ("Indenização – Responsabilidade civil – Construção – Defeitos – Proprietário do terreno que providenciou a obra – Qualidade de construtor inexistente – Ilegitimidade passiva de parte – Possibilidade de ser responsabilizado, perante o adquirente do imóvel, apenas por vícios ou defeitos ocultos, (...). Não se pode imputar ao dono da obra a qualidade de construtor, para o efeito de responsabilizá-lo por defeitos construtivos, se ele não é profissional habilitado a construir"); *RT* 620/88-91 ("Responsabilidade civil – Construção – Perdas e danos decorrentes de má execução da obra – Responsabilização solidária do construtor e do proprietário pretendida pelo comprador – Inadmissibilidade – Responsabilidade técnica e profissional do engenheiro quanto à segurança e solidez do prédio – (...) É inaceitável, *data venia*, o símile que se encontra na sentença e que faz a autora, entre o incorporador do edifício em condomínio e o simples vendedor ou promitente-vendedor de um imóvel. (...) Aquele realiza uma atividade empresarial, na qual há o 'intuito de promover e realizar a construção', a fim de vender as unidades autônomas. (...) É o que se vê do parágrafo único do art. 28 da Lei 4.591, de 16.12.1964. (...) 'Na configuração do incorporador – como diz Caio Mário da Silva Pereira (*Condomínio e incorporações*, 2. ed., Forense, 1969, p. 201) – cabe a construção do edifício', ou porque ele a realize diretamente, ou porque a promova indiretamente. (...) O mesmo não se pode dizer do vendedor, nem do promitente-vendedor, não incorporador de edifício em condomínio, que não se obriga nem a construir, nem a promover a construção".

serão depositadas em contas abertas em nome desse condomínio e movimentadas na forma a ser estipulada em contrato (art. 58, II).

Ao exercer as prerrogativas inerentes à sua função, a comissão de representantes fiscaliza a construção e pratica todos os atos necessários ao funcionamento regular do procedimento em condomínio. Dessa maneira, reduz-se, em certa medida, o âmbito da obrigação assumida pelo incorporador perante os adquirentes, deixando de responder pelos atos danosos praticados pela comissão de representantes no exercício dos poderes a ela conferidos.

Extinto o contrato incorporativo em razão do cumprimento de seu objeto, com a entrega e aceitação pelo adquirente da unidade condominial, realizada de acordo com o projeto de construção e o memorial descritivo, cumprindo-se, portanto, as exigências legais contidas no art. 32, alíneas *d* e *g*, da LCI, não há que se falar em execução imperfeita do contrato de incorporação ou em inadimplemento contratual do incorporador naqueles atos examinados, fiscalizados e realizados com a assistência da comissão de representantes.

Resultando da atividade incorporativa algum ato lesivo, faculta-se ao prejudicado cobrar o prejuízo separadamente de cada um, limitada cada demanda ao montante a que cada um deu causa, não estando presente o vínculo da solidariedade. Na obra por administração, em que a atuação e a fiscalização do adquirente são diretas, o princípio da responsabilidade total deverá ser aplicado casuisticamente, estando o comprador a par de todo o desenvolvimento da construção, o que descaracteriza a hipossuficiência e limita a verificação da responsabilidade de maneira indistinta.

Assim é porque o fundamento da responsabilidade, ainda que objetiva, não prescinde da verificação de seus pressupostos – ação ou omissão do agente, nexo de causalidade, dano.[19] A partir do escopo normativo são promovidas as ações de indenização contra o incorporador ou contra este conjuntamente com o construtor (art. 618 do CC),[20] cuja legitimidade ativa é reconhecida também aos sucessores do condômino originário, mesmo que o vício identificado derive de um vício oculto

---

19. Cf. Capítulo 2, Livro I, Parte II. Nesse sentido, o magistério de Agostinho Alvim (*Da inexecução das obrigações e suas consequências*, n. 196, p. 326-330) ao cogitar sobre a ausência da culpa como elemento da responsabilidade.

20. Distinta é a situação do dono da obra, cuja responsabilidade do empreiteiro ou do subempreiteiro é regida pelo direito comum, *in verbis*: "Empreitada – Indenização – Responsabilidade civil de direito comum do empreiteiro ou do subempreiteiro – *Solidariedade do dono da obra na empreitada e na subempreitada só ocorre na culpa 'in eligendo'* – Recurso improvido" [*RT* 690/144-145]. De maneira assemelhada: *RT* 620/:87-91 ["(...) Responsabilidade civil – Construção – Perdas e danos decorrentes de má execução da obra – Responsabilização solidária do construtor e do proprietário pretendida pelo comprador – Inadmissibilidade – Responsabilidade técnica e profissional do engenheiro quanto à segurança e solidez do prédio – Caracterização dos defeitos como vícios ocultos que poderiam responsabilizar o transmitente apenas nos termos dos arts. 1.101 e 1.106 do CC – Carência da ação de

ou de um defeito de construção não identificados pelo condômino originário, que recebeu a construção declarando-a em ordem.

3.4.2 Responsabilidade solidária pelas contribuições à Previdência Social

De acordo com a legislação da Previdência Social,[21] o profissional habilitado a construir deve estar matriculado no Instituto Nacional do Seguro Social – INSS, condição essencial para o fornecimento do alvará de licenciamento para construção, reforma ou acréscimo de edificação, devendo apresentar, além da comprovação da matrícula, prova de quitação das contribuições previdenciárias, para a concessão do "Habite-se".

Nos termos do texto normativo vigente, o adquirente de prédio ou unidade imobiliária não é solidariamente responsável pelo recolhimento das contribuições previdenciárias quando a operação imobiliária for realizada com empresa ou incorporadora de imóveis, conforme definido na Lei de Condomínio e Incorporação Imobiliária. Devem recolher as contribuições o construtor, na qualidade de principal responsável, solidarizando-se a incorporadora, na qualidade de empresa promotora, e a empresa comercializadora das unidades integrantes do condomínio, somente respondendo solidariamente os contratantes e o oficial que lavrar ou registrar o instrumento quando a compra for realizada diretamente com o vendedor, sem que previamente esse último tenha comprovado a quitação das contribuições devidas (art. 48, *caput*, da Lei nº 8.212/1991).

3.4.3 A solidariedade decorrente da responsabilidade trabalhista

Quando nos deparamos com a incorporação levada a efeito por incorporador não construtor, a regra é a da não incidência da solidariedade deste para com as obrigações e os encargos trabalhistas assumidos pela construtora contratada para a obra.

No entanto, o princípio da solidariedade legal entre as empresas existe, no direito do trabalho, para resguardar as relações de emprego em duas situações.

Verificada a existência de filiais ou *holdings*, ou seja, sempre que uma ou mais empresas, cada uma delas detentora de personalidade jurídica própria, estiverem sob a direção, controle ou administração de outra, constituindo grupo industrial, comercial ou de qualquer outra atividade econômica, serão, para os efeitos dos contratos de trabalho, solidariamente responsáveis a empresa principal e cada uma das subordinadas (art. 2.º, §§ 2º e 3º, da CLT).[22]

---

indenização quanto ao promitente-vendedor – Aplicação do art. 896 do referido Código."] (os artigos pertencem ao CC/1996 e correspondem aos arts. 441 e 265 do CC em vigor).

21. Ver Anexo I infra, E F.

22. "§ 2º Sempre que uma ou mais empresas, tendo, embora, cada uma delas, personalidade jurídica própria, estiverem sob a direção, controle ou administração de outra, ou ainda

Logo, existindo entre a incorporadora e o construtor apenas vínculo jurídico de caráter obrigacional, contido no contrato firmado para possibilitar a construção do empreendimento imobiliário, não se faz sentir os efeitos da solidariedade pelos reclamos oriundos das lides trabalhistas.

Outrossim, o contrato firmado entre a incorporadora e o construtor não pode ser confundido com o contrato de subempreitada (art. 455 da CLT), em que, por força da lei, o empreiteiro principal responde conjuntamente com o subempreiteiro pelas obrigações derivadas do contrato de trabalho que este celebrar.[23]

3.4.4 *Danos ocasionados a terceiros*

Na evolução jurisprudencial a respeito da responsabilidade construtiva por danos ocasionados a vizinhos e a terceiros, *v.g.*, aparecimento de rachaduras e

---

quando, mesmo guardando cada uma sua autonomia, integrem grupo econômico, serão responsáveis solidariamente pelas obrigações decorrentes da relação de emprego. (Redação dada pela Lei nº 13.467, de 2017)

§ 3º Não caracteriza grupo econômico a mera identidade de sócios, sendo necessárias, para a configuração do grupo, a demonstração do interesse integrado, a efetiva comunhão de interesses e a atuação conjunta das empresas dele integrantes" (Incluído pela Lei nº 13.467, de 2017, ao art. 2º da CLT).

23. Valentin Carrion observa que "(...) Esboça-se tendência no sentido de atribuir responsabilidades trabalhistas ao dono da obra que contrata o trabalho diretamente e responsabilizá-lo, subsidiariamente, no caso de insolvência do empreiteiro; a tendência é estimulada (...) pela responsabilidade solidária das obrigações previdenciárias atribuídas ao dono da obra (Consolidação das Leis da Previdência Social, art. 142, § 2.º). A maior parte dos autores afastam a responsabilidade do proprietário (...), o que, na hipótese de atividade não lucrativa, se justifica. Textualmente, o legislador não agasalha essa tendência protecionista; (...). Por isso, se é compreensível a extensão do princípio por razões sociais, estas mesmas razões devem impor cautela ao juiz; (...)".

A respeito do tema, o autor coleciona os seguintes julgados: "Na cobrança de crédito previdenciário, proveniente da execução de contrato de construção de obra, o proprietário, dono da obra ou condômino de unidade imobiliária, somente será acionado quando não for possível lograr do construtor, através de execução contra ele intentada a respectiva liquidação (TFR – Súmula 126)"; "Dono de obra. A contratação de construção civil, por longo tempo, com empreiteiro de obras autônomo, humilde e sem capacidade econômica para responder por suas obrigações trabalhistas, acarreta a condenação solidária do dono da obra por aplicação do art. 455 da CLT. Este refere-se apenas à subempreitada, mas há evidente riqueza de conclusões protecionistas que de lá se devem extrair (TRT-SP, RO 898/85, Valentin Carrion, ac. 8. T., 14.04.1986)"; "O dono da obra não tem responsabilidade trabalhista sobre os empregados do empreiteiro. Mesmo existindo corrente jurisprudencial em sentido contrário, o dono do prédio em construção não é solidariamente responsável se o empreiteiro tem suficiência econômica para suportar os ônus trabalhistas (TRT-RS, RO 5.392/86, José Prunes, ac. 2. T.)" (*Comentários à Consolidação das Leis do Trabalho*, nota 11 ao art. 2.º, p. 29-30).

abalos estruturais nos prédios lindeiros, quedas de objetos atingindo transeuntes, desabamento de parte ou de todo o prédio, é inegável a configuração do dissenso entre os julgados.

Nas cinco primeiras décadas do século XX, o STF modificou gradual e hesitantemente sua jurisprudência, de forma que, num primeiro momento, os acórdãos assentaram que a responsabilidade pela obra é do *construtor, e não do dono da obra*, salvo prova de culpa deste, *in eligendo*, ou, para alguns julgados menos numerosos, *in vigilando*.

Hely Lopes Meirelles[24] distingue, nesse passo, duas situações diversas: quando a atividade de construção causa danos a pessoas e bens sem qualquer situação de vizinhança, a responsabilidade é apurada de acordo com as normas comuns da indenização civil fundada na culpa extracontratual, assumindo o construtor, em princípio, essa responsabilidade na qualidade de pessoa física ou jurídica legalmente autorizada a construir, inclusive respondendo objetivamente pelos atos culposos de seus operários e prepostos na construção – mestres ou encarregados de obra (arts. 932, III, e 933 do CC). O proprietário somente responderia solidariamente na hipótese de ter confiado a obra a pessoa inabilitada para os trabalhos de engenharia e arquitetura, evidenciando-se a culpa *in eligendo*. Caso contrário, ficaria afastada a responsabilização do proprietário, pois não é admissível ao leigo fiscalizar o profissional na sua atividade técnica.[25]

Quando, ao invés, os danos decorrentes da obra atingem os vizinhos (arts. 1.280 e 1.299 do CC), a lei civil abre uma exceção ao responsabilizar o proprietário pelos danos resultantes da ruína de edifício ou construção carentes de reparos, cuja

24. Hely Lopes Meirelles, *Direito de construir*, p. 230-232.

25. Nesse sentido, julgado publicado na *RDC* 35/257-261, nos seguintes termos: "Ressarcimento de danos – Prédio – Construção em duas etapas por firmas diferentes – Responsabilidade solidária das firmas pelos danos causados ao prédio vizinho no período por inteiro da construção – Recurso improvido.

(...) O apelo da Construtora e Incorporadora 'P' Ltda. é igualmente insubsistente, pois fulcra-se com exclusividade na alegação de que não é solidariamente responsável pelos danos causados pela edificação, por força de disposição contratual e legislação vigente.

A disposição contratual responsabilizando a outra empresa construtora tem plena validade entre as partes contratantes, mas não pode ser imposta a terceiros alheios ao contrato.

É inegável que a responsabilidade dos danos é de quem os causou, e no caso de *construção por empreitada* a responsabilidade é do empreiteiro e não do proprietário da obra, se este não agiu com qualquer tipo de culpa.

(...) Os danos no prédio dos apelados, segundo alegam em sua exordial e não contestados, foram causados pela construção em seu todo, sem precisar o momento da sua ocorrência, por serem muitos e em várias ocasiões, assim, todos que concorreram para a efetiva construção são responsáveis solidários, já que contribuíram com eles em suas respectivas épocas de trabalho".

necessidade fosse manifesta (art. 937), solidarizando-se com o construtor se a obra estiver sendo reparada e mesmo assim ocasionar dano (art. 942), cumprindo distinguir essa responsabilidade daquela, *v.g.*, resultante da queda de um andaime ou de uma ferramenta que atinja um transeunte, quando, então, seria privativa do construtor, desde que comprovada a culpa pelo ato ou fato lesivo a terceiro. Logo, "a solidariedade pela composição do dano só ocorre quando se trata de lesão a vizinhos (Código Civil, art. 1.299) ou quando o proprietário tenha concorrido com culpa *in eligendo* na escolha do construtor a quem confiou os trabalhos de reparação ou de demolição da obra ruinosa".[26]

Na segunda metade do século XX, modificaram-se as decisões do Tribunal Superior, predominando a tendência da responsabilidade conjunta do construtor (ou incorporador-construtor) e do proprietário, que deveria ser *solidária* para a maioria dos acórdãos, podendo, para outros, ser a do construtor a *principal* e a do proprietário, a *subsidiária*, se inidôneo ou insolvente o empreiteiro.[27]

Em defesa da tese da solidariedade, diz-se que, se por um lado o dono da obra tem o direito de auferir os proveitos da construção, no exercício da prerrogativa de construir no seu terreno, nos termos do art. 1.299 do CC, por outro deve assegurar aos vizinhos e a terceiros a incolumidade física e patrimonial, resultando para o prejudicado ação de ressarcimento contra qualquer deles ou contra ambos, sem ter de demonstrar quem foi o responsável pelo defeito de construção do prédio. Posteriormente, nada impede que o dono da obra promova, por sua vez, ação regressiva contra o construtor para se ressarcir daquilo que tiver indenizado ao terceiro.[28]

---

26. Hely Lopes Meirelles, op. cit., p. 232.
27. Cf. acórdão publicado em *RTJ* 82/941-951. Sustentando a configuração da responsabilidade objetiva entre o proprietário e o construtor ou responsável técnico pela obra, no dano ocasionado a prédio vizinho, acórdão publicado na *RT* 673/108-110: "Construção – Dano a prédio vizinho – Denunciação da lide ao arquiteto descabível – Responsabilidade objetiva solidária entre este e o proprietário – Cabimento de chamamento ao processo – (...)".

    A jurisprudência hoje é tranquila no sentido de que a responsabilidade, nesses casos, é solidária entre o proprietário e o construtor ou responsável técnico pela obra. A ação de indenização pode ser proposta contra o proprietário e o construtor, conjunta e solidariamente responsáveis pelos danos (STF, *RJTJSP* 48/61).
28. Cf. Sérgio Cavalieri Filho, op. cit., n. 108.1, p. 388-389.

Parte II
A Responsabilidade do Incorporador como Produtor
1
Aspectos Gerais

No que tem de específica, a incorporação imobiliária é regida pela Lei de Condomínio e Incorporação Imobiliária[1]. Contudo, sobre ela também incide, no mais das vezes,[2] o Código de Defesa do Consumidor, que introduziu na sistemática jurídica princípios que procuram harmonizar o desenvolvimento econômico e tecnológico com a proteção ao consumidor, de maneira a garantir o justo ressarcimento do dano ocasionado e o normal transcurso da atividade econômica, ambos essenciais para a sociedade globalmente considerada.[3] Para alcançar esse estado de harmonização, necessária se faz a compreensão desses princípios fundamentais, contidos na base do sistema legal e que orientam a aplicação das normas de conduta ou de organização, de forma compatível com o objetivo da Política Nacional de Relações de Consumo (arts. 4.º e 5.º do CDC).

1.1 Princípios fundamentais

Tecemos algumas considerações a respeito da relação jurídica incorporativa como integrante da sistemática encontrada no Código de Defesa do Consumidor

1. Cf. tópico 5.2, p. 36-42, do nosso trabalho *Incorporação imobiliária – Ensaio de uma teoria geral*.
2. Conforme frisamos no tópico 2.2.3, Livro I, Parte I, em algumas situações, muito embora estejamos diante de uma relação jurídica incorporativa, não conseguimos delinear a relação jurídica de consumo. Nesse sentido: "Indenização – Responsabilidade civil – Ajuizamento por pessoa jurídica – Fundamentação no Código de Defesa do Consumidor – Inadmissibilidade – Bem adquirido para ser utilizado na sua atividade empresarial – Qualidade de consumidor inexistente – Interpretação do art. 2.º da Lei Federal 8.078/1990 – Sentença confirmada" [*JTJ* (*Lex*-173/96-103)].
3. Nesse sentido: "1. O contrato de incorporação, no que tem de específico, é regido pela lei que lhe é própria (Lei 4.591/1964), mas sobre ele também incide o Código de Defesa do

e, agora, estenderemos nossos comentários a alguns princípios merecedores de especial atenção, incidentes nas relações jurídicas de consumo.

1.1.1 Da vulnerabilidade do consumidor

O primeiro princípio a ser examinado é o da *vulnerabilidade do consumidor*. O Código de Defesa do Consumidor, refletindo a evolução social havida no que concerne ao consumo, constitui um sistema que procura tratar de situações vinculadas à distribuição em massa de produtos e serviços, com profundas alterações na concepção de culpa. O art. 4.º, I, do CDC faz referência ao princípio do reconhecimento da vulnerabilidade do consumidor no mercado de consumo. A interpretação do dispositivo legal deve ser realizada sob a ótica da distância existente entre o fornecedor e o consumidor quanto à sua capacitação tecnológica.[4]

Assim, mesmo que o consumidor detenha um patrimônio muito maior que o do fornecedor, ainda assim podemos identificar a vulnerabilidade do consumidor, que não possui as informações específicas caracterizadoras daquela atividade produtiva ou serviço, informações essas de conhecimento exclusivo do fornecedor, profissional do ramo e detentor de todas as noções primordiais que o distinguem em seu ramo de atividade.

1.1.2 Da proteção contra a publicidade enganosa, práticas abusivas e a possibilidade de modificação de cláusulas contratuais

A seguir, o Código de Defesa do Consumidor arrola, no Capítulo III, quais são os direitos básicos do consumidor, distinguindo-se, dentre eles, os contemplados em dois incisos do art. 6.º. O inc. IV assegura proteção contra a publicidade enganosa, além de mencionar os métodos comerciais coercitivos ou desleais. Importante destaque deve ser dado, nesse passo, aos anúncios das unidades condominiais, que deverão conter as especificações reais de metragem, bem como o cuidado que deverá ser tomado na elaboração do memorial descritivo da incorporação, especialmente na parte que faz referência à especificação de materiais, muito comumente encartados na categoria dos "similares".

Consumidor, que introduziu no sistema civil princípios gerais que realçam a justiça contratual, a equivalência das prestações e o princípio da boa-fé objetiva" (STJ, REsp 80.036/SP, rel. Min. Ruy Rosado de Aguiar, 12.02.1996, *BDI*, 1.º decêndio, maio 1996, n. 13, p. 13-14).

4. Flávio Tartuce e Daniel Amorim Assumpção Neves esclarecem que o conceito de hipossuficiência consumerista é mais amplo do que a noção de "falta de recursos", "devendo ser apreciado pelo aplicador do direito caso a caso, no sentido de reconhecer a disparidade técnica ou informacional, diante de uma situação de desconhecimento, conforme reconhece a melhor doutrina e jurisprudência" (*Manual de direito do consumidor*, n. 2.3, 2.4, p. 28 a 32).

Vale ressaltar que o art. 32, § 3.º, da Lei nº 4.591/1964 já previa o dever, por parte do incorporador, de indicar, nos anúncios, impressos, publicações, propostas, contratos preliminares ou definitivos, o número do registro realizado no registro de imóveis, previsto no § 1.º do mesmo artigo, sendo certo que o registro de imóveis deverá, sempre que solicitado, fornecer cópia da documentação ali arquivada ou autenticar cópia apresentada pela parte interessada (§ 4.º). Como o Código do Consumidor não faz qualquer ressalva a respeito do tipo de anúncio veiculado, parece-nos que a exceção apontada pela Lei nº 4.591/1964 não mais pode prevalecer.[5]

Mais do que as condições de contratação contidas no memorial de incorporação, toda informação prestada ao adquirente, verbal ou escrita, desde que suficientemente precisa, seja ela fornecida diretamente, por intermédio de material promocional (*v.g.*, folhetos, *reprints*, propaganda etc.), seja por meio de prepostos ou representantes autônomos (*v.g.*, empresa corretora), vincula o incorporador ao benefício prometido, sujeitando-o ao sistema coercitivo estabelecido pelo Código de Defesa do Consumidor para se obter o cumprimento da obrigação.

O inc. V do art. 6.º do CDC, por sua vez, autoriza a modificação das cláusulas contratuais que estabeleçam prestações desproporcionais ou a revisão dessas cláusulas, quando fatos supervenientes as tornarem excessivamente onerosas, firmando a jurisprudência posição no sentido de não incluir as variações dos índices de correção monetária como passíveis de inclusão na noção de "fato superveniente".

No que concerne às práticas abusivas, avulta a proibição de, na cobrança de débitos, expor o consumidor-adquirente inadimplente a qualquer tipo de constrangimento, ameaça ou situação ridícula (art. 42 do CDC), cabendo-lhe, na hipótese de cobrança de quantia indevida, o direito à repetição do indébito, acrescida da pena de devolução em dobro, tudo corrigido monetariamente somado aos juros legais, salvo hipótese de engano justificável (parágrafo único).

Destarte, dentro do sistema do consumidor, dois requisitos são necessários à aplicação da sanção imposta ao incorporador-credor inescrupuloso, quais sejam que se trate de dívida oriunda de relação de consumo e que se trate de cobrança extrajudicial,[6] ressalvada a comprovação do engano justificável, equiparável à boa-fé, bastando, nesse caso, a devolução ao consumidor da quantia indevidamente cobrada, corrigida monetariamente.[7]

---

5. Citando essa passagem do texto, veja-se decisão publicada na *RDC* 79/503.
6. Cf. Arruda Alvim, et al. *Código do Consumidor comentado e legislação correlata*, p. 222-225.
7. Nesse sentido: "(...) Como se faz evidente, *trata-se de repetir* (isto é, *cobrar de volta) quantia indevida*, exigindo, portanto, como de curial e intuitiva compreensão, tenha sido levado o consumidor *a efetuar pagamento indevido*. No caso, entretanto, tal pagamento não ocorreu. Os apelantes não pagaram essa quantia. Querem a aplicação "analógica" do artigo 42, parágrafo único, do Código do Consumidor, mas tal analogia, em sendo cominada

A lei civil codificada, antes mesmo da promulgação do Código de Defesa do Consumidor, já considerava ato ilícito a cobrança judicial da dívida pelo credor antes do vencimento, impondo a ele uma contraprestação, próxima mais a uma pena civil que a uma reparação eventual de prejuízo,[8] equivalente a esperar o tempo que faltava para o vencimento, a descontar os juros correspondentes e a pagar as custas em dobro (art. 939 do CC).

Igualmente, constitui ato ilícito a cobrança judicial de dívida já paga ou demandar por mais do que for devido (art. 940 do CC), apenando-se o credor, no primeiro caso, a pagar ao devedor o dobro do que lhe houver cobrado, e, no segundo, o equivalente do que dele exigir.

1.1.3 Da nulidade das cláusulas abusivas

O art. 51 do CDC determina a nulidade, de pleno direito, das cláusulas que, de uma forma geral, estejam em desacordo com o sistema de proteção ao consumidor, denominadas "abusivas". Podemos destacar o inc. XVI desse artigo, que determina a nulidade da cláusula que possibilita a renúncia do direito de indenização por benfeitorias necessárias, a exemplo do que já dispunha a respeito o art. 34 da Lei 6.766, de 19.12.1979, ao tratar do parcelamento do solo urbano.[9]

Como consequência da disposição normativa do art. 51 do CDC, que no *caput* utiliza a expressão "nulas de pleno direito", toda cláusula abusiva é ineficaz, não convalescendo nem pela passagem do tempo nem pelo fato de não ser alegada pela parte, podendo dita nulidade ser apreciada pelo juiz de ofício e a qualquer tempo.[10]

Ainda na seção que trata das cláusulas abusivas, nos contratos de compra e venda de imóveis (aí abrangido o compromisso de compra e venda, forma que

---

penalidade, é *absolutamente vedada*, ponto, pois, em que também procede o recurso de 'X'" [p. 50, *JTJ* (*Lex*-166/34-54)].

8. Cf. Silvio Rodrigues (*Direito civil*, vol. IV, n. 14, p. 34-36), que evidencia a necessidade de comprovação de dolo por parte do credor, equivalente ao abuso de direito. Nesse sentido, a Súmula 159 do STF estipula que a "cobrança excessiva, mas de boa-fé, não dá lugar às sanções do art. 1.531 do Código Civil [de 1916, hoje art. 940 do CC/02]".

9. Dispõe o art. 34: "Em qualquer caso de rescisão por inadimplemento do adquirente, as benfeitorias necessárias ou úteis por ele levadas a efeito no imóvel deverão ser indenizadas, sendo de nenhum efeito qualquer disposição contratual em contrário.

   § 1º Não serão indenizadas as benfeitorias feitas em desconformidade com o contrato ou com a lei.

   § 2º No prazo de 60 (sessenta) dias, contado da constituição em mora, fica o loteador, na hipótese do *caput* deste artigo, obrigado a alienar o imóvel mediante leilão judicial ou extrajudicial, nos termos da Lei 9.514, de 20 de novembro de 1997".

10. Cf. Tupinambá Miguel Castro do Nascimento, *Comentários ao Código do Consumidor*, n. 11, p. 68-69.

muitas vezes adquire o contrato de incorporação) ou móveis mediante pagamento em prestações, bem como nas alienações fiduciárias em garantia, são igualmente consideradas nulas de pleno direito as cláusulas que estabeleçam a perda total das quantias pagas em benefício do credor que, em razão do inadimplemento, pedir a resolução do contrato e a retomada do produto alienado (art. 53, *caput*, do CDC).[11]

A regra, hoje prevalente – em caso de desfazimento do contrato celebrado exclusivamente com o incorporador, mediante distrato ou resolução por inadimplemento absoluto de obrigação do adquirente – é a da restituição das quantias que houver pago diretamente ao incorporador, atualizadas com base no índice contratualmente estabelecido para a correção monetária das parcelas do preço do imóvel, delas deduzidas, cumulativamente, as quantias indicadas no art. 67-A da Lei nº 4.591/1964, incluído pela Lei nº 13.786/2018.

Dentre as cláusulas não consideradas abusivas, podemos citar aquela que indica o custo unitário básico da construção civil como fator de correção da parcela do preço, tendo em vista que esse custo não é estabelecido pelo próprio contratante. Como explana Caio Mário da Silva Pereira, o custo unitário básico é determinado por uma entidade estranha ao contrato e, mesmo que o incorporador seja filiado a ela, "não inviabiliza o adendo da correção porque não se enquadra

11. Concluindo pela abusividade da cláusula que estabelece a perda de 90% dos valores pagos, veja-se o seguinte julgado: "Compromisso de venda e compra – Perda de 90% das prestações pagas – Cláusula abusiva – Nulidade – Aplicação do Código do Consumidor" (TJSP, Ap. 260.873-2/8, rel. Des. Gildo dos Santos, 22.06.1995, *BDI*, 2.º decêndio, abr. 1996, n. 11, p. 10-11). No mesmo sentido: TJSP, Ap. 237.697-2/0, rel. Des. Oliveira Santos, 12.12.1995, *BDI*, 2.º decêndio, abr. 1995, n. 11, p. 24-25. Considerando não abusiva a cláusula que retarda a devolução do que foi pago: "(...) Tampouco se pode vislumbrar nulidade nas cláusulas que condicionam a devolução dos valores pagos ao ingresso de novo associado. O que o Código do Consumidor tem como cláusula nula nos contratos de compra e venda de móveis ou imóveis, em prestações, são as cláusulas que estabeleçam a perda total das prestações pagas em benefício do credor que, em razão do inadimplemento, pleitear a resolução do contrato e a retomada do produto alienado (art. 53), obviamente não se inserindo nesse campo cláusula que retarde a devolução das quantias pagas ou condicione tal devolução ao ingresso de novo associado na cooperativa" (TJSP, Ap. 237.276-2/0, rel. Des. Ruy Camilo, 21.06.1994, *BDI*, 1.º decêndio, dez. 1994, n. 34, p. 17-18).

Em função da solução dada pelo Código às quantias pagas pelo adquirente, houve por bem o Sr. Presidente da República vetar o § 1.º do art. 53, que possibilitava ao devedor inadimplente compensar ou pleitear a restituição das parcelas quitadas à data da resolução contratual, monetariamente atualizada, descontada a vantagem econômica auferida com a fruição, sob a seguinte fundamentação: "Torna-se necessário dar disciplina mais adequada à resolução dos contratos de compra e venda, por inadimplência do comprador. A venda de bens mediante pagamento em prestações acarreta diversos custos para o vendedor, que não foram contemplados na formulação do dispositivo. A restituição das prestações, monetariamente corrigidas, sem levar em conta esses aspectos, implica tratamento iníquo, de consequências imprevisíveis e danosas para os diversos setores da economia".

naquela categoria das condições que subordinam o ato ou seus efeitos ao arbítrio exclusivo do próprio contratante".[12]

Da mesma forma, não afronta o Código de Defesa do Consumidor a estipulação de cláusula em que as prestações, nas incorporações por administração, sejam reajustadas, não pela variação de um índice de reajuste determinado, mas de acordo com a cota de rateio do custo efetivamente apurado, sofrendo ambos, incorporador e adquirente, os riscos oriundos dos períodos inflacionários, quais sejam, para o incorporador, uma supervalorização do custo da obra, gerando prejuízos orçamentários, para o adquirente, a errônea estimativa do custo da obra, o que poderá comprometer sua capacidade de pagamento.[13]

1.1.4 Da facilitação da defesa – Inversão do ônus da prova

Levando-se em conta a debilidade do consumidor no âmbito da relação de consumo, a lei trata-o de maneira desigual, reconhecendo a dificuldade na realização da produção probatória para aquele que não dispõe dos meios necessários a enfrentar os pesados custos inerentes às demandas judiciais e possibilitando ao magistrado a inversão do ônus da prova a favor do consumidor no processo civil.

Deveras, o Código de Defesa do Consumidor consagra a facilitação da defesa dentre os direitos básicos do consumidor (arts. 6.º, VIII, 38 e 51, VI), sempre que, a critério do juiz, segundo as regras ordinárias da experiência, for reconhecida a hipossuficiência ou a verossimilhança da alegação.[14]

1.1.5 Da não exclusão de outras normas

A Lei de Introdução às Normas do Direito Brasileiro, no seu art. 6.º, *caput*, estabelece o princípio de que toda a lei em vigor tem efeito imediato e geral, respeitados o ato jurídico perfeito, o direito adquirido e a coisa julgada (cf. art. 5.º, XXXVI, da CF/1988). Assim, a regra da irretroatividade da lei existe como forma de garantia das relações jurídicas e dos direitos concebidos durante a vigência de

---

12. Caio Mário da Silva Pereira, Código de Defesa do Consumidor e as incorporações imobiliárias, *RT* 712/106.

    A respeito do critério de correção monetária aplicável aos contratos incorporativos, podemos gizar os seguintes julgados: "Compromisso de compra e venda – Prestação – Reajuste – Apartamento em construção – Adoção do índice do Sinduscon – Possibilidade – Recurso não provido – Voto vencido. (...) Tratando-se de aquisição de apartamento em construção é lícita a estipulação de o preço ser reajustado pelos índices de custos do Sinduscon", publicado em *JTJ* 151/39-45. No mesmo sentido: AASP 1.563/285.

13. Cf. Caio Mário da Silva Pereira, Código de Defesa..., p. 106-107.

14. Portanto, a inversão do ônus da prova não deriva da responsabilidade objetiva prevista no CDC, devendo ser apreciada, caso a caso, pelo magistrado.

determinados diplomas legais, não podendo ser desconstituídos pela edição de novos preceitos que alterem o *status* legal anterior.[15]

Outrossim, pelo princípio da continuidade, assente no art. 2.º da LINDB, não existe incompatibilidade entre o Código de Defesa do Consumidor, que aborda os meios e caminhos de defesa do consumidor no âmbito da relação de consumo, e as leis especiais existentes ou a codificação civil, aplicável às relações jurídicas civis.

1.1.6 Da boa-fé de ambas as partes

O Código Civil, seguindo a orientação axiológica dos idealizadores do projeto, recepcionou a probidade e a boa-fé objetiva no art. 422,[16] determinando que os contratantes são obrigados a guardar, assim na conclusão do contrato, como em sua execução, um comportamento de lealdade e honestidade, de modo que, se não puderem cooperar com o cumprimento da prestação, não deverão dificultar sua realização.[17]

Nosso diploma codificado seguiu, nessa passagem, a orientação existente em outras codificações, como, v.g., a alemã que, no § 242 do BGB,[18] preceitua "o devedor

---

15. Cf. Eduardo Espínola (*A Lei de Introdução ao Código Civil brasileiro*, vol. I, n. 117, p. 335-336), para quem a lei antiga tem efeito sobre todo o conteúdo, aplicando-se à interpretação do contrato, aos vícios redibitórios da coisa, à mora do credor ou do devedor, aos juros moratórios. Sobre as modalidades de perda de vigência da lei, vejam-se os comentários ao art. 2º da LINDB de Erik Frederico Gramstrup *Comentários à Lei de Introdução às Normas do Direito Brasileiro – comentários ao art. 2º*, p. 31-40.

16. "Art. 422. Os contratantes são obrigados a guardar, assim na conclusão do contrato, como em sua execução, os princípios de probidade e boa-fé." De maneira complementar, o art. 113 do CC/2002 prevê: "Os negócios jurídicos devem ser interpretados conforme a boa-fé e os usos do lugar de sua celebração. § 1º A interpretação do negócio jurídico deve lhe atribuir o sentido que: I – for confirmado pelo comportamento das partes posterior à celebração do negócio; II – corresponder aos usos, costumes e práticas do mercado relativas ao tipo de negócio; III – corresponder à boa-fé; IV – for mais benéfico à parte que não redigiu o dispositivo, se identificável; e V – corresponder a qual seria a razoável negociação das partes sobre a questão discutida, inferida das demais disposições do negócio e da racionalidade econômica das partes, consideradas as informações disponíveis no momento de sua celebração. § 2º As partes poderão livremente pactuar regras de interpretação, de preenchimento de lacunas e de integração dos negócios jurídicos diversas daquelas previstas em lei" (parágrafos incluídos pela Lei nº 13.874, de 2019 – LLE).

17. Veja-se, a propósito, Everaldo Augusto Cambler, *Comentários ao Código Civil brasileiro – Do direito das obrigações*, n. 2.3, p. 17 e ss., vol. III.

18. Ao discorrer sobre o conteúdo da prestação devida e do teor do §242 do BGB, Enneccerus, Kipp e Wolff (*Tratado de derecho civil*, § 4.º, p. 18-20) observam que é importante para o ordenamento jurídico o modo pelo qual se realiza a prestação e, por conseguinte, como pode ser ela exigida, resultando da boa-fé: a) a não ocorrência de abuso a partir de prestações formais ou aparentemente fundamentadas, protegendo-se o devedor – contra

está obrigado a executar a prestação como a boa-fé exige, em atenção aos usos e costumes"; ou a italiana, na qual o devedor e o credor devem, um ao outro, um comportamento concordante com as regras da honestidade (art. 1.175 do CCit).[19]

A inserção dos valores *probidade* e *boa-fé* na dogmática civil atende ao postulado da teoria contratual moderna, que utiliza as denominadas *cláusulas gerais*, ou seja, normas jurídicas incorporadoras de princípios éticos, orientadoras das partes e do Juiz na solução do caso concreto, autorizando-o a que estabeleça, de acordo com aquele princípio, a conduta que deveria ter sido originariamente adotada.

O exercício da probidade e da boa-fé deve estar presente, também, na gênese contratual, comportando-se as partes de acordo com elas no desenvolvimento das negociações e na formação do contrato (art. 1.337 do Código Civil italiano). Situada no campo das relações negociais, a boa-fé objetiva, portanto, quer significar que os que aí negociam devem agir honestamente; *ou seja, não devem lesar o outro*. Alguém que negocia deve esperar do outro uma conduta honesta, i.e., um não deve agir com o fito de lesar o outro.[20] Esse alguém deve agir em relação a outrem tal como desejaria que esse último agisse em relação a ele.

E nessa conduta honesta parece haver ponto fundamental em comum entre a chamada boa-fé subjetiva e a chamada boa-fé objetiva. *Em ambas as hipóteses se encontra o denominador comum de não lesar os outros*. Por outras palavras a boa-fé objetiva envolve a necessidade, para estar presente ou ser reconhecida como tal, de que o destinatário da declaração possa acreditar no declarante, porque esse haja declarado a verdade. O que declarou disse a verdade; não teve o fito de lesar o outro. E, na boa fé subjetiva, ignorando efetivamente que não podia adquirir, é certo que esse também não tem a consciência de poder estar lesando alguém. Em ambos os casos, é exigida a retidão e a honestidade. Este é elemento comum a ambas as modalidades de boa-fé, subjetiva e objetiva.

Podemos, doutra parte, dizer estar em pauta a *boa-fé objetiva,* quando se avalia a conduta de alguém em relação a outrem, e reciprocamente, determinando essa espécie de boa-fé uma conduta essencialmente baseada na honestidade (em relação à *boa-fé subjetiva,* ainda que o que haja de ser identificado seja a cognição ou não de um fato, *valorativamente* esse diz com a consciência da licitude da prática de um

---

exigências impertinentes do credor, contrárias ao direito e à equidade – e o credor – contra as condutas abusivas daquele; b) a ampliação do dever de prestar, inicialmente contido no contrato ou na lei, como, *v.g.*, o dever secundário de conservação imediata do bem; c) a atenuação do dever de prestar, liberando-se o devedor de determinado dever ou direito em razão de transformações importantes verificadas na relação contratual; d) a revisão das prestações afetadas pela guerra e pela inflação.

19. Veja-se, a propósito, Arruda Alvim, *Comentários ao Código Civil brasileiro*, n. 1.5, p. 51, vol. XI, t. I.

20. Veja-se, no direito alemão, a cláusula "Treu und Glauben" do §157 do BGB.

ato, no que está implicada também a ideia de não ter lesado outrem; ou seja, nesta também se pode surpreender transitividade em relação a outrem, *e esse outrem não é normalmente conhecido*).

Encontramos a consagração do princípio dentre os primados do Código de Defesa do Consumidor (art. 4.º, III), além da proibição das cláusulas que sejam incompatíveis com a boa-fé ou a equidade (art. 51, IV), de maneira que toda e qualquer relação de consumo deve existir de forma harmônica e transparente, mantendo-se o equilíbrio entre os contratantes.[21]

Destarte, a honradez deve estar presente em todos os momentos do estado obrigacional, consistindo a boa-fé objetiva no dever de lealdade que deve pautar o comportamento das partes, de maneira que tanto o incorporador imobiliário quanto o candidato à aquisição da unidade condominial devem responder civilmente quando afrontam o dever geral de cumprir todas as obrigações contratuais (*pacta sunt servanda*/boa-fé). A propósito, em suas conclusões, Rogério Donnini sublinha a importância do registro imobiliário, porquanto "*ameniza a dúvida da maioria desses acordos, em especial nas típicas avenças diretamente vinculadas a imóveis*".[22]

1.2 Extensão dos conceitos de oferta e aceitação[23]

Subscrito o contrato de incorporação da unidade condominial, a responsabilidade contratual do empreendedor tem sua causa eficiente materializada. Diversas obrigações, potencializadas no material publicitário e nos documentos preliminares, nascem para o incorporador, dentre as quais podemos evidenciar as essenciais[24] à tipificação do vínculo incorporativo: a) transferir a fração ideal do terreno, vinculada a uma unidade condominial, mediante a outorga da escritura definitiva, que ficará sobrestada até o integral pagamento do preço; b) promover e coordenar a construção do edifício e a instituição do condomínio horizontal, nada obstando a reunião do contrato de construção com o de incorporação em sendo o incorporador também o construtor; c) entregar a unidade condominial pronta e

21. Cf. Ada Pellegrini Grinover et al. *Código Brasileiro de Defesa do Consumidor: comentado pelos autores do anteprojeto*, p. 279-280.

22. Rogério Donnini *A boa-fé nos contratos imobiliários*, p. 233. Tratando da venda a *non domino* prevista nos arts. 54 e 55 da Lei nº 13.097/2015, veja-se a obra de Fabio Caldas de Araújo *O terceiro de boa-fé: proteção na aquisição de bens móveis e imóveis*.

23. Cf. trabalho de nossa lavra *O registro da incorporação imobiliária: pontos estratégicos e problemáticos*, item 2.2.1, p. 389-391 e nota de rodapé n. 283, do nosso trabalho, *Incorporação imobiliária...* cit.

24. Cf. tópico 1.2.3.2 – Livro I, Parte I.

acabada, adequada para a utilização, dentro dos padrões e especificações técnicas estabelecidos previamente no memorial de incorporação.[25]

O Código de Defesa do Consumidor concede instrumentos de defesa contra o fornecedor de produtos ou serviços que se recusa a cumprir a oferta (art. 35) e considera prática abusiva "recusar atendimento às demandas dos consumidores, na exata medida de suas disponibilidades de estoque, e, ainda, de conformidade com os usos e costumes" (art. 39, II).

A lei de consumo dá à oferta e à aceitação, desde que obedecidos certos requisitos, uma extensão maior do que aquela enunciada pelo CC/2002, art. 429 ("A oferta ao público equivale a proposta quando encerra os requisitos essenciais ao contrato, salvo se o contrário resultar das circunstâncias ou dos usos. Parágrafo único. Pode revogar-se a oferta pela mesma via de sua divulgação, desde que ressalvada essa faculdade na oferta realizada").

A propósito do princípio da vinculação contratual da oferta e até mesmo de uma simples mensagem publicitária, observa Antônio Junqueira de Azevedo que, "apresentada a oferta, o fornecedor cria um direito potestativo para o consumidor; este pode aceitar, ou não, o negócio que se propõe; o fornecedor está em pura situação de sujeição. *Se houver aceitação pelo oblato, o contrato está concluído*".[26]

No que tange especificamente à atividade da incorporação imobiliária, a regra do Código de Defesa do Consumidor importa até mesmo na atribuição do *status* de promitente comprador àquele que aceitou a oferta, como observa Marco Aurélio Bezerra de Melo: "A regra do CPDC [arts. 30 e 35] vem completar a lei das incorporações, de tal modo que, mesmo que o consumidor não averbe o contrato no Registro de Imóveis, estará ele investido da condição de promitente comprador, com todos os direitos que essa espécie de contrato confere".[27]

O lançamento da incorporação, após o registro da documentação relacionada no art. 32 da Lei nº 4.591/1964, assume as feições de uma oferta ao público, que vincula o incorporador mesmo antes de ser efetivamente aceita pelo eventual interessado na aquisição. O incorporador está obrigado a respeitar os termos do memorial de incorporação, considerando-se que o mesmo integra, para todos os

25. Cf. Maria Helena Diniz, *Tratado teórico*..., p. 17; Marco Aurélio da Silva Viana, *Manual do condomínio edilício*, n. 68, p. 117; Orlando Gomes, Contrato..., art. cit., n. 8, p. 17; *Contratos*, n. 386, p. 552.

26. Antônio Junqueira de Azevedo, Responsabilidade pré-contratual no Código de Defesa do Consumidor: estudo comparativo com a responsabilidade pré-contratual no Direito Comum, *RDC* 8/30.

27. Marco Aurélio Bezerra de Melo, Proteção do consumidor – Força vinculante da oferta na aquisição de lotes e unidades autônomas na incorporação imobiliária, *Carta Forense* 47/48.

fins de direito, o contrato incorporativo que vier a ser celebrado (art. 30 da Lei nº 8.078/1990).[28]

O legislador buscou disciplinar, em prol do consumidor, o conteúdo da oferta, devendo ser ela correta, clara, precisa, ostensiva e inteligível, sobre as características do produto ou serviço, qualidade, preço, garantia, entre outros dados específicos a cada tipo de produto – art. 31 do CDC.[29]

Realizada a oferta, esta vincula o ofertante, que deverá satisfazer os termos desta, sob pena de se ver obrigado a cumpri-la de maneira coercitiva, podendo o consumidor, ainda, optar pela aceitação de outro produto ou prestação de serviço equivalente ou resolver o contrato, com direito à restituição de quantia eventualmente antecipada, com correção monetária, além das perdas e danos, por desventura sofridas pelo mesmo.[30]

A lei permite ao consumidor, ainda, caso acione o fornecedor para exigir o cumprimento da oferta, optar entre diversas hipóteses, escolhendo aquela que lhe pareça mais vantajosa. Poderá inclusive, se assim desejar, formular pedidos em ordem sucessiva (art. 84 do CDC), sendo que o consumidor pleiteará o que deseja e, se não puder obter esse algo, fará com que o juiz aprecie o outro pedido na mesma sentença, tendo negado o pedido precedente.

Veiculada a oferta por intermédio de técnicas publicitárias, expressas em jornais, revistas, panfletos etc., esta deverá ser elaborada de tal forma que o adquirente fácil e imediatamente a identifique (art. 36 do CDC), integrando, da mesma forma que as negociações preliminares, o contrato incorporativo, constituindo elemento preponderante no convencimento do comprador, motivando a venda de um determinado bem e exercendo decisiva influência sobre o comportamento das pessoas, alterando ou reforçando valores e ideias.[31]

---

28. Citando essa passagem, veja-se Nelson Nery Jr., Incorporação imobiliária e a virtualidade do dano extrapatrimonial, *Soluções Práticas*, vol. 3, p. 209.

29. Cf. Arruda Alvim et al, *Código do Consumidor comentado...*, p. 191-192.

30. Flauzilino Araújo dos Santos adverte que, na hipótese de modificação total ou parcial do projeto de execução do empreendimento imobiliário, o registrador "atento ao que determina o art. 43, IV, da Lei de Condomínio e Incorporações, deverá exigir sempre anuência prévia de todos aqueles que possuem direitos reais registrados e decorrentes do mesmo empreendimento, a não ser que a alteração resulte do cumprimento de exigência legal" (*Condomínios e incorporações no registro de imóveis*, n. 24.2, p. 284).

31. Cf. Toshio Mukai et al, *Comentários ao Código de Proteção ao Consumidor*, p. 158. Exemplificativamente, transcrevemos trecho do acórdão proferido pelo TACMG, Ap 192.134-8, rel. Salatiel Resende, 30.11.1995, nos termos seguintes: "As benfeitorias constantes de folheto publicitário como parte integrante de conjunto arquitetônico, por serem capazes de exercer influência decisiva no comportamento dos compradores, devem ser realizadas pela construtora, sob pena de se configurar propaganda enganosa,

Igualmente, como decorrência das características do bem incorporável, observadas anteriormente,[32] a aplicação do Código de Defesa do Consumidor deve ser feita se levando em consideração as características próprias do referido bem.

Diante disso, antes da vigência da Lei nº 13.786/2018, sustentávamos a inaplicabilidade da regra contida no art. 49 do CDC às relações jurídicas incorporativas, pois o referido artigo disciplina a possibilidade de o consumidor desistir do contrato, no prazo de sete dias, a contar de sua assinatura ou do ato de recebimento do produto ou serviço. A particular feição do produto levou-nos a concluir pela irrelevância de o negócio ser ou não entabulado fora do estabelecimento comercial do incorporador, bem como considerávamos igualmente inaceitável infligir ao empreendedor um prazo de desistência que somente tem sentido nas vendas "porta-a-porta", situação totalmente distinta daquela em que o adquirente se dirige ao local de venda, tomando a iniciativa para a realização da aquisição do imóvel.[33] As opiniões doutrinárias[34] majoritárias igualmente concluíram pela inaplicabilidade desse artigo, na compra e venda de bens imóveis, tendo em vista que a negociação não pode ficar subordinada à desistência imotivada do adquirente, principalmente naquelas situações em que os imóveis são alienados na fase de produção, com entrega prevista após um espaço de tempo muito dilatado. Nessa situação, a desistência imotivada romperia todo o processo produtivo, prejudicando os demais consumidores envolvidos na atividade incorporativa e o incorporador.

---

não se admitindo, para eximir-se do compromisso, a alegação de tratar-se de especificações estranhas ao contrato" (ADCOAS 8150495).

32. Cf. tópico 2.2.4 – Livro I, Parte I.

33. Nesse sentido: "(...) O pedido de desfazimento do contrato de promessa de compra e venda do apartamento, fundado no direito de arrependimento consagrado no art. 49 do Código de Defesa do Consumidor, não podia realmente ser aceito, porquanto a disposição codificada não se aplica ao caso dos autos. O prazo de reflexão ali previsto tem sua razão de ser na prática comercial exercida fora do estabelecimento comercial, quando a iniciativa do negócio é comumente do vendedor, posto o comprador em condições desfavoráveis para refletir sobre as propostas que lhe são apresentadas, sofrendo a insistência da oferta. Admitindo que o promissário-comprador, autor da ação, tivesse sido procurado por corretores para a celebração do contrato, teria ele o prazo de sete dias para arrepender-se. Pretender que tal período somente começaria a fluir depois da conclusão da obra e entrega do bem é dar ao dispositivo legal invocado extensão e propósito que lhe são estranhos" (STJ, REsp 57.789-SP, rel. Min. Ruy Rosado de Aguiar, 25.04.1995). Da mesma forma: *JTJ* (*Lex*-156/32-35) ("A regra do art. 49 do CDC, relativamente ao direito de desistir do contrato, não se aplica às transações imobiliárias, por ser impróprio referir-se a 'imóveis' como 'produto', bem como ser irrelevante que o negócio seja ou não entabulado fora de algum 'estabelecimento comercial'); (*Lex*-166/34-54 ('O art. 49 do CDC é inaplicável às promessas de venda e compra de imóveis. No que tange a produtos, o texto deve ser entendido como se referindo a bens móveis, tal o seu conteúdo manifesto'" – p. 34).

34. Por exemplo, Marcelo Terra, A venda de imóvel e o Código do Consumidor, p. 14-15; Caio Mário da Silva Pereira, Código de defesa..., p. 104-105.

Todavia, a inclusão dos arts. 35-A e 67-A no texto da LCI pela Lei nº 13.786/2018 permitiu ao adquirente o exercício do direito de arrependimento, previsto no art. 49 do CDC, durante o prazo improrrogável de 7 (sete) dias, com a devolução de todos os valores eventualmente antecipados, inclusive a comissão de corretagem, quando os contratos forem firmados em estandes de vendas e fora da sede do incorporador (art. 67-A, § 10, LCI), cabendo ao adquirente demonstrar o exercício tempestivo do direito de arrependimento por meio de carta registrada, com aviso de recebimento, considerada a data da postagem como data inicial da contagem do prazo a que se refere o § 10 do art. 67-A (§ 11).

A informação a respeito da possibilidade do exercício, por parte do adquirente do imóvel, do direito de arrependimento deverá constar do Quadro Resumo dos contratos de compra e venda, promessa de venda, cessão ou promessa de cessão de unidades autônomas integrantes de incorporação imobiliária (art. 35-A, inciso VIII, LCI), sendo certo que, transcorrido o prazo de 7 (sete) dias a que se refere o § 10º do art. 67-A da LCI, sem que tenha sido exercido o direito de arrependimento, será observada a irretratabilidade do contrato de incorporação imobiliária, conforme disposto no § 2º do art. 32 da LCI.

1.3 Abusividade da cláusula penal compensatória por atraso da obra

Os contratos incorporativos, formulados por conceituadas empresas do ramo, costumam trazer cláusulas penais compensatórias, responsabilizando o incorporador pelo pagamento de determinada quantia mensal, correspondente ao tempo transcorrido de atraso para a entrega da obra.

Como consequência da natureza de prefixação da cláusula penal,[35] quando o valor previamente fixado for tão insignificante a ponto de colocar o consumidor em desvantagem exagerada, ou seja, a cláusula for incompatível com a boa-fé ou a equidade (art. 51, IV, do CDC), a disposição poderá ser declarada nula, considerados a natureza e o conteúdo do contrato, o interesse das partes e outras circunstâncias peculiares ao caso concreto (art. 51, § 1.º, III, do CDC), arbitrando-se, judicialmente, o correto valor das perdas e danos experimentadas.[36]

1.4 Causas de exclusão da responsabilidade

A responsabilidade objetiva, contemplada no Código de Defesa do Consumidor, não se confunde com a *responsabilidade absoluta*. Em razão disso, o art. 12,

35. Cf. tópico 2.2.1 Livro II, Parte I.

36. Citando essa passagem, veja-se Rodrigo Azevedo Toscano de Brito, Cláusulas abusivas nos contratos de incorporação imobiliária e o Código de Defesa do Consumidor, *RDI* 49/81.

§ 3.º, do texto codificado prevê algumas excludentes, arcando o responsável, em qualquer das hipóteses, com o ônus da prova a ser produzida em juízo.

1.4.1 As excludentes apontadas na lei para os defeitos e vícios do produto e do serviço

A responsabilidade pelo fato do produto ou do serviço poderá ser afastada ou atenuada caso o fabricante, o construtor, o produtor ou importador provar: que não colocou o produto no mercado (inc. I do § 3.º do art. 12 do CDC), desvinculando-se o prejuízo sofrido pelo consumidor das atividades desenvolvidas pelo agente; que, embora haja colocado o produto no mercado, o defeito inexiste (inc. II do § 3.º do art. 12 do CDC); a culpa exclusiva do consumidor ou de terceiro (inc. III do § 3.º do art. 12 do CDC), atenuando-se a responsabilidade do produtor quando verificada a culpa concorrente do consumidor.

Como anota Antonio Herman Benjamin,[37] não há razão que impeça o transporte das excludentes enumeradas para os acidentes de consumo para o âmbito dos vícios de quantidade e qualidade por inadequação, motivo pelo qual as mesmas razões poderão afastar ou atenuar a responsabilidade dos agentes enumerados no art. 18 do CDC.

1.4.2 A força maior ou o fortuito externo

Muito embora os arts. 12 e 18 do CDC não a contemplem especificamente, é forçoso admitir que o texto codificado não afastou a força maior como excludente obstativa do nexo causal e, por consequência, do dever de indenizar.[38]

Antonio Herman de Vasconcelos e Benjamin ressalva que "(...) não é caso fortuito ou força maior o fato que se origina na própria atividade produtiva, em si considerada. A inevitabilidade há que decorrer de elementos que se encontrem fora desta. Por exemplo, não caracteriza a excludente a alegação de que, em produção massificada, é inevitável a colocação no mercado de produtos com vícios de qualidade. Trata-se, aí, de inevitabilidade materializada no interior da atividade econômica. Não há contribuição externa, alheia a si mesma. É uma inevitabilidade que se comporta como verdadeira consequência natural da atividade. Por isso mesmo, não exime o responsável do dever de reparar. Não se pode, a pretexto de

---

37. Toshio Mukai et al., *Comentários ao Código de Proteção ao Consumidor*, comentários ao art. 12, n. 7-8, p. 65-67; ao art. 14, p. 79; ao art. 18, p. 114-115.

38. Passando ao largo das discussões conceituais a respeito do caso fortuito e da força maior optamos, nesse passo, por remeter o leitor às observações feitas no tópico 5.3 Livro I, Parte II.

abrigar tais excludentes, reintroduzir o requisito da culpa, de resto totalmente contrário ao sistema do Código".[39]

Plínio Lacerda Martins, por sua vez, argumenta que não foi intenção do legislador eliminar a força maior do rol das excludentes da responsabilidade do fornecedor, "preocupando-se em delimitar entre inúmeras hipóteses que regulam as relações entre consumidores e fornecedores aquelas causas objetivas descritas na norma do consumidor".[40]

39. Antonio Herman de Vasconcelos e Benjamin, *Comentários ao Código de Proteção do Consumidor*, comentário ao art. 18, n. 3, p. 114-115).

40. Plínio Lacerda Martins, *O caso fortuito e a força maior como causas de exclusão da responsabilidade no Código do Consumidor*, p. 290.

2
Da Responsabilidade pelo Fato e pelo Vício do Produto e do Serviço

Tradicionalmente, o princípio da proteção do comprador está estribado no direito resultante da evicção (arts. 447 a 457 do CC) e na teoria dos vícios redibitórios, redibindo-se o contrato (art. 441 do CC), ou pretendendo-se o abatimento do preço (ação *quanti minoris* – art. 442 do CC).

O princípio de garantia correspondente ao vício redibitório deve estar assentado em alguns requisitos e características, a saber: a) a coisa tenha sido recebida em virtude de contrato comutativo ou de doação com encargo; b) o vício deve tornar a coisa imprópria ao seu uso regular ou diminuir-lhe o valor; c) não ser insignificante ou ostensivo, e sim de natureza grave e oculto ao adquirente, de maneira a influenciar e motivar a aquisição; d) existir por ocasião do ato aquisitivo e não de maneira superveniente a ele.[1]

As modificações no âmbito contratual, denunciadas por Jaime Santos Briz,[2] sobretudo no campo da compra e venda, em que a produção e a distribuição em massa dificultam ou tornam impossível ao consumidor o ressarcimento do dano sofrido, e a busca de um novo paradigma, observada por Alberto Amaral Jr.,[3] a partir da consciência de que o instrumental teórico, antes existente, deveria evoluir para diagnosticar e atuar sobre uma realidade em constante mutação, encontraram

1. Cf. Washington de Barros Monteiro, *Curso de direito civil*, vol. V, p. 55. Caio Mário da Silva Pereira (*Responsabilidade civil*, n. 153, p. 183-184) aponta os seguintes elementos de direito comparado, enunciativos do princípio em termos análogos: arts. 2.164 do CC argentino de 1869, atual art. 1.051, b, do Código Civil e Comercial argentino de 2014; 1.641 do CC francês, 1.497 do CC italiano, 913 do CC português, §§433 e ss. do BGB; podemos acrescentar os arts. 1.484 do CC espanhol, 1.718 do CC uruguaio.
2. Jaime Santos Briz, *La responsabilidad civil: derecho sustantivo y derecho procesal*, cap. XVIII, § 5.º, p. 707-709 e 720.
3. Alberto Amaral Jr., *Proteção do consumidor no contrato de compra e venda*, p. 93.

respaldo no Código de Defesa do Consumidor com a implantação dos sistemas de responsabilização pelo fato e vício do produto e do serviço.

Deveras, como bem denota Antonio Herman Benjamin,[4] a estreiteza de alcance da teoria dos vícios redibitórios, em um contexto de produção e consumo em massa, leva-nos às inconveniências para a tutela do consumidor em face dessa teoria, dentre as quais distinguimos as *deficiências jurídicas* – a exigência de vínculo contratual; a exiguidade dos prazos para reclamar; a estreiteza do conceito de vício redibitório, que não consegue recepcionar todas as modalidades de vícios de *qualidade por inadequação* (vícios que comprometem o desempenho e a durabilidade do produto ou serviço, dentro da expectativa legítima do consumidor, sendo descabida a garantia quando o consumidor conhece plenamente a desconformidade), nem abrange os vícios de *qualidade por insegurança* (acidentes de consumo que afetam a incolumidade físico-psíquica do consumidor ou seu patrimônio) ou os vícios de *quantidade* (com regime jurídico muito assemelhado ao do vício de qualidade por inadequação); a exclusão da garantia de durabilidade; insuficiência das opções satisfativas, que não permite ao consumidor a substituição das partes viciadas ou a substituição do próprio produto por outro da mesma espécie, em perfeitas condições de uso; a internalização dos custos sociais da atividade produtiva, sendo devida a indenização pelas perdas e danos ao consumidor somente quando o fornecedor estiver de má-fé; a disponibilidade da garantia; a dificuldade de prova do vício, sem a possibilidade de inversão do ônus da prova; a irrelevância da profissionalidade da vítima – e as *deficiências fáticas* – a ignorância da garantia; os óbices da via judicial.

Em resposta a essas deficiências, o Código de Defesa do Consumidor rompeu com as restrições encontradas no sistema civil, retirando do âmbito dispositivo das partes a exoneração do fornecedor (arts. 1.º; 24; 25, *caput*; 51, I – em confronto com os arts. 441 e 447 do CC), estendendo a proteção aos vícios aparentes ou de fácil constatação (art. 26 do CDC) e dispensando a comprovação da gravidade do vício, substituindo-a pela insatisfação do consumidor.

O art. 12 do CDC trata da responsabilidade civil em razão do fato do produto ou, em outras palavras, cuida dos acidentes de consumo, denominada por Carlos Roberto Gonçalves[5] como "extrínseca". O art. 18 do CDC, por sua vez, aborda os vícios do produto (responsabilidade intrínseca), ou seja, aqueles defeitos de qualidade e quantidade que acarretam prejuízo ao consumidor, surgindo o dever de indenizar quando o defeito torna a coisa imprópria ou inadequada para o uso a que se destina.

---

4. Toshio Mukai et al, *Comentários ao Código de Proteção ao Consumidor*, nota ao art. 12, p. 29-36 e 39-40.
5. Carlos Roberto Gonçalves, *Responsabilidade civil – De acordo com o novo Código Civil*, n. 60, p. 391.

Esses artigos estabelecem a dicotomia entre os defeitos e os vícios dos produtos. Aqueles são os causadores de danos ao consumidor de maneira mediata, *v.g.*, a falta de segurança do imóvel que ocasiona vítimas. Estes constituem o próprio dano, prejudicando o consumidor de maneira imediata, *v.g.*, inadequação, limitação ou desconforto para o uso da coisa pelo adquirente.

2.1 DA RESPONSABILIDADE PELO FATO DO PRODUTO E DO SERVIÇO

A responsabilidade pelo acidente de consumo emerge do fato do produto quando ocasiona dano preponderante à incolumidade físico-psíquica do consumidor ou de terceiro.[6] Carlos Pinto Del Mar, ao distinguir os defeitos dos vícios no CDC, considera que o produto ou serviço defeituoso é aquele que se mostra perigoso, colocando em risco a segurança do consumidor (artigos 12 a 17 do CDC), razão pela qual a responsabilidade do fornecedor é mais extensa, devendo ser reparada a totalidade dos danos patrimoniais e extrapatrimoniais sofridos pelo consumidor.[7]

O próprio Código de Defesa do Consumidor traz a noção de produto defeituoso (art. 12, § 1.º) – aquele que não oferece a segurança que dele legitimamente se espera, levando-se em consideração não as expectativas subjetivas do lesado, mas as expectativas objetivas do homem médio, dos consumidores em geral[8]–, não sendo considerado defeituoso o produto pelo fato de outro de melhor qualidade ter sido colocado no mercado (§ 2.º).

No julgamento do caso concreto, o magistrado deverá levar em consideração as peculiaridades do produto e as seguintes circunstâncias, exemplificativamente enumeradas pela lei:

a) a apresentação do produto (art. 12, § 1.º, I, do CDC), que envolve a análise do processo de comercialização (*marketing*), adequação das informações e advertências sobre os perigos que o produto apresenta, bem como acerca das instruções quanto ao seu uso correto,[9] *v.g.*, a entrega ao adquirente da unidade condominial do "manual do proprietário", com indicações a respeito da utilização do imóvel, conservação dos sistemas hidráulicos e elétricos etc.;

b) o uso e o risco razoavelmente esperados (art. 12, § 1.º, inc. II), devendo-se ter em conta se o produtor, ao conceber o produto, considerou não só a utilização conforme o fim ou destino dele pretendido em condições normais, mas também outros usos razoavelmente previsíveis que do mesmo possam ser feitos, *v.g.*, detalhes

6. Cf. Toshio Mukai et al. *Comentários ao Código...*, nota ao art. 12, p. 28.
7. Carlos Pinto Del Mar *Direito na construção civil*, nº 8.5, p. 141.
8. Cf. Roberto Norris, *Responsabilidade civil do fabricante pelo fato do produto*, n. 5.1.3, p. 42.
9. Cf. João Calvão da Silva, *Responsabilidade civil do produtor*, n. 112, p. 637.

arquitetônicos potencialmente perigosos, não podendo ser responsabilizado o produtor quando haja, por parte do consumidor, abuso ou uso aberrante, não previsível, com que razoavelmente não se possa contar;[10]

c) a época em que o produto foi colocado em circulação (art. 12, § 1.º, inc. III), considerando-se perfeito o produto, mesmo se, posteriormente, venha a ser aperfeiçoado pelo produtor, satisfazendo as expectativas de segurança do público no momento de sua colocação no mercado,[11] *v.g.*, a não instalação de sistemas hidráulicos contra incêndio nos edifícios residenciais.

A classificação dos defeitos em relação à sua origem, enumerados no *caput* do art. 12 do CDC, pode ser expressa nas seguintes categorias: defeitos de concepção, fabricação e informação. O *defeito de concepção* tem sua origem no planejamento e preparação da produção: é o defeito associado à concepção do projeto ou *design* e antecede a fabricação ou construção propriamente dita, podendo ocorrer na atividade de desenvolvimento do produto ou serviço, na escolha do tipo de material utilizado e no modo de utilização do mesmo, na eleição da técnica de fabricação.

Espécie de vício de qualidade por insegurança em razão da periculosidade adquirida (em contraste com os vícios de qualidade por inadequação), na nomenclatura utilizada por Antonio Herman Benjamin,[12] o defeito de concepção submete o consumidor a um risco de dano desarrazoado, não obstante sua produção tenha respeitado meticulosamente os planos detalhados e as especificações, assumindo, então, três características principais: a inevitabilidade,[13] principalmente nos casos em que o conhecimento técnico à época não permitia sua identificação ou previsão, a dificuldade de previsão estatística e a manifestação universal, aparecendo em todos os produtos daquela série ou em todos os serviços executados, o que aumenta o potencial coletivo de dano.

Por sua vez, o *defeito de fabricação* se localiza na fase propriamente dita de fabricação do produto, como consectário de falhas mecânicas ou humanas. Igualmente aqui encontramos tríplice traço fundamental: a inevitabilidade, a previsibilidade

---

10. Idem, n. 113, p. 639-640.
11. Idem, n. 114, p. 644-645.
12. Cf. Toshio Mukai et al, op. cit., nota ao art. 12, p. 46-47 e 63-64. O autor demonstra que o conceito de vício de qualidade por insegurança exige a presença de dois elementos fundamentais: a desconformidade com uma expectativa legítima – desconformidade essa capaz de provocar acidentes, ultrapassados os patamares da normalidade (traço objetivo) e da previsibilidade do risco (traço subjetivo) – e a capacidade para provocar acidentes.
13. Luiz Gastão Paes de Barros Leães (*A responsabilidade do fabricante pelo fato do produto*, p. 148) observa que, em decorrência dos modernos processos de produção em grande escala, há sempre uma margem inevitável de produtos defeituosos que não podem ser imputados à falta de diligência do produtor, o que resultaria na exoneração de sua responsabilidade, caso esta não fosse objetiva.

estatística, facilitando a contratação de seguro pelo fornecedor; e a manifestação limitada, provocando danos apenas a um número reduzido de consumidores.[14]

Por último, os *defeitos de informação* igualmente tornam o produto inseguro como consequência de insuficiência ou inadequação de publicidade, apresentação e informação insuficiente ou inadequada sobre o uso e os perigos dele decorrentes. Esses defeitos, ao contrário dos anteriores, que aparecem como materiais e intrínsecos ao produto, são extrínsecos e dizem respeito à forma de colocação do produto no mercado, resultando no desrespeito ao dever de informar, afeto ao "princípio da veracidade" (arts. 4.º e 6.º do CDC), de acordo com o qual o empresário deve "informar, instruir e advertir devidamente os destinatários de seus produtos, sob pena de se ver responsabilizado pelos danos que possam advir de eventual falta ou deficiência das informações necessárias à correta utilização dos produtos colocados no mercado de consumo".[15]

Uma das novidades mais importantes introduzidas pelo Código, no ordenamento jurídico do mercado de consumo, foi a instituição do princípio da responsabilidade civil objetiva para os fatos do produto e do serviço.[16] A introdução do sistema da responsabilidade objetiva para a tutela do consumidor rompe com a sistemática da responsabilidade baseada na culpa, permitindo a restituição ou a indenização apenas com a comprovação do nexo causal e do dano, causado pelo fornecedor do produto ou prestador do serviço, bem como por informações insuficientes ou inadequadas sobre sua utilização e riscos. Assim, o incorporador, em razão do risco proveniente de sua atuação profissional, responde, a princípio, perante o adquirente pelos fatos e vícios do produto. Em contrapartida, o candidato a proprietário assume os riscos próprios da aquisição de um produto dentro do mercado de consumo imobiliário.[17]

Optou o legislador, ao tratar dos acidentes de consumo, por excluir o comerciante da incidência da norma contida no art. 12, em que a responsabilidade recai sobre o fabricante, o produtor, o construtor, nacional ou estrangeiro, e o importador, mesmo não tendo o consumidor com eles contratado. Na verdade, o comerciante (distribuidor atacadista ou varejista) somente poderá ser responsabilizado nas hipóteses contempladas no art. 13, quais sejam a impossibilidade de identificação do fabricante, do construtor, do produtor ou do importador (inc. I); o fornecimento

14. Cf. Toshio Mukai et al, op. cit., nota ao art. 12, p. 62-63.

15. Arruda Alvim et al, *Código do Consumidor comentado e legislação correlata*, nota ao art. 12, p. 104.

16. Cf. tópico 4.3 – Livro I, Parte II.

17. "Se o comprador, em face da modificação do mercado, constata que comprou mal, deve arcar com as consequências de seu ato unilateral e perder em favor do vendedor as parcelas já pagas, ao pleitear a rescisão do contrato", publicado em *JTJ* 156/43-47.

do produto sem a identificação clara desses últimos (inc. II); ou, ainda, caso o comerciante não conserve adequadamente os produtos perecíveis (inc. III).

Devendo oferecer segurança contra acidentes de consumo, se uma parede mal erguida ou um chuveiro instalado de maneira incorreta vem a prejudicar a saúde do consumidor, os responsáveis – incorporador, construtor, fabricantes dos produtos incorporados à obra etc. – ficam obrigados a reparar os danos causados,[18] prescrevendo em cinco anos a ação adequada para a reparação desses prejuízos, iniciando-se a contagem do prazo a partir do conhecimento do dano e de sua autoria (art. 27).

2.2 Da responsabilidade pelo vício do produto e do serviço

A responsabilidade intrínseca se manifesta em razão dos vícios do produto, assim considerados aqueles defeitos de qualidade e quantidade que acarretam prejuízo de natureza econômica ao consumidor, surgindo o dever de indenizar quando o defeito torna a coisa imprópria ou inadequada para o uso a que se destina.

O art. 18 do CDC considera impróprios ao uso e consumo os produtos cujos prazos de validade estejam vencidos (§ 6.º, inc. I), aqueles em desacordo com as normas regulamentares de fabricação, distribuição ou apresentação (§ 6.º, inc. II), os produtos que, por qualquer motivo, revelem-se inadequados ao fim a que se destinam (§ 6.º, inc. III).

Há alguma discussão sobre a aplicação da responsabilidade objetiva para os casos de responsabilidade por vício do produto e do serviço, porquanto não há expressa menção no Código de Defesa do Consumidor a respeito. Alguns afirmam que a responsabilidade é objetiva, também para os casos de responsabilidade por vício do produto e do serviço, pois isso defluiria, inequivocamente, de todo o sistema do Código.[19] Outros entendem que a responsabilidade seria subjetiva, mas a culpa do fornecedor estaria relativamente presumida, admitindo prova em contrário mediante a inversão do ônus da prova. Parece-nos que a primeira postura deve prevalecer, pois explicar a responsabilidade por vício do produto ou do serviço pelo critério da culpa contraria todo o sistema estabelecido no Código de Defesa do

18. Cf. Walter Francisco Lafenina et al, *Manual do mercado imobiliário – Código de Defesa do Consumidor*, p. 13.

19. Destarte, ao regular as responsabilidades dos fornecedores de bens, produtos e serviços, o Código de Defesa do Consumidor, nos arts. 12 a 25, previu a responsabilidade objetiva destes, que devem indenizar os consumidores, independentemente da existência de culpa, pelos danos causados por defeitos relativos aos fatos do produto e do serviço, restando ressalvada a responsabilidade do profissional liberal, que dependerá da apuração de culpa (art. 14, § 4.º) – cf. Hely Lopes Meirelles, *Direito de construir*, cap. VIII, p. 216.

Consumidor, que procura resguardar a situação do consumidor, presumidamente hipossuficiente.[20]

Três requisitos básicos são necessários para que o consumidor possa exigir a garantia legal prevista nas normas codificadas: a) existência de um contrato na origem da introdução do produto no mercado, motivo pelo qual se opõe a adequação do produto para certo fim não apenas com relação ao adquirente, mas a qualquer consumidor que invoque a garantia legal; b) ocorrência do vício, anterior ou contemporâneo à entrega do produto ou à prestação do serviço, que se manifesta pela desconformidade do produto para certo fim ou pela diferença de peso ou medida; c) reclamação nos prazos estabelecidos em lei.[21]

Os vícios de *qualidade*, assim considerados os que apresentam desconformidade de adequação, são classificados pelo Código de Defesa do Consumidor em função da natureza (insegurança e inadequação) e do grau de evidência (aparentes, de fácil verificação ou ocultos).[22] Não sendo sanado o vício no período especificado na lei (trinta dias – § 1.º do art. 18), poderá o consumidor exigir a solução do problema por intermédio de uma das formas apontadas no art. 18, além daquelas declinadas nos artigos subsequentes.

Para obtermos uma noção apropriada de "adequação", devemos reunir três elementos principais, porém não exclusivos, quais sejam a expectativa legítima dos consumidores – apreciada em abstrato, i.e., dentro do que é razoavelmente esperado nas condições técnicas e econômicas existentes –, a conformidade com outros produtos existentes no mercado e o respeito aos padrões regulamentares, públicos ou privados, estabelecidos para aferir a qualidade dos produtos e serviços.[23]

Em sendo *aparentes* os vícios (v.g., pintura, esquadrias de madeira, ferragens, gesso, revestimentos de pisos e paredes, vidros, forros de madeira, caixilhos, telefones, aquecedor, funcionamento de instalações hidráulicas e sanitárias etc.), o art. 26,

---

20. No mesmo sentido, Arruda Alvim et al, *Código do Consumidor*..., comentário ao art. 18, p. 143. Maria Helena Diniz (*Curso de direito civil brasileiro*, vol. I, p. 127), por exemplo, opina pela aplicação da responsabilidade objetiva das pessoas jurídicas pelo fato e por vício do produto e do serviço, independentemente da verificação de culpa e da responsabilidade subjetiva para garantir a incolumidade econômica do consumidor ante os incidentes de consumo em razão de vício de quantidade e qualidade por inadequação. Antonio Herman Benjamin, em sentido contrário, advoga a favor de um regime diferenciado para os vícios de quantidade e qualidade por inadequação, no qual há verdadeira presunção absoluta de culpa (Toshio Mukai et al *Comentários ao Código*..., nota ao art. 18, p. 82).
21. Cf. Alberto do Amaral Júnior, op. cit., p. 274.
22. Como referido no tópico 2.2.4 Livro I, Parte I, vale ressaltar a diferença na vida útil entre os diversos produtos integrantes do imóvel, devendo-se distinguir, por exemplo, a durabilidade da estrutura de um edifício com a de sua pintura externa e assim por diante (cf. Walter Francisco Lafenina et al, op. cit., p. 14).
23. Cf. Alberto do Amaral Júnior, *op. cit.*, p. 276.

I e II, do CDC dispõe que o direito de demandar decai em *trinta dias* tratando-se do fornecimento de serviços e produtos não duráveis e em *90 dias* quando do fornecimento de serviços e produtos duráveis, dentre os quais se encontra o bem incorporável, iniciando-se a contagem do prazo da entrega efetiva do produto, mesmo que o consumidor demore a habitá-lo.[24] Contudo, cumpre frisar que providências acauteladoras, eventualmente tomadas pelo incorporador (*v.g.*, a realização com os adquirentes de vistorias prévias à entrega efetiva da unidade condominial, com a assinatura por estes de termos comprobatórios da formalização do ato de entrega e recebimento do imóvel incorporado) tornam sem efeito a garantia legal, passando o consumidor a conhecer plenamente as desconformidades existentes. Deveras, as polêmicas usuais, no que tange aos vícios aparentes, prendem-se à ausência de um termo descritivo do estado geral do imóvel e seus acessórios, quando da transferência da posse para o comprador, documento esse que deve descrever todo o estado do imóvel e apontar todas as eventuais deficiências da edificação, com o posterior aceite da obra mediante a realização das retificações cabíveis.

Em sendo *ocultos* os vícios (*v.g.*, impermeabilização, condições das instalações elétricas e hidráulicas, qualidade dos materiais incorporados à construção, fundações, estrutura etc.), o prazo para a propositura da ação reparatória ou indenizatória é de 90 (noventa) dias, contados da data em que ficar evidenciado o defeito (art. 26, § 3.º, do CDC). Considerando a necessidade do estabelecimento de parâmetros para o balizamento do prazo de garantia derivado dos vícios ocultos, deve-se levar em conta a vida útil desses materiais, que Carlos Pinto Del Mar define como "*a medida temporal da expectativa de duração de um sistema construtivo, durante a qual atende os requisitos para os quais foi projetado, desde que sejam feitas as ações de manutenção necessárias*".[25] Em função da impossibilidade de controle direto sobre esse tipo de problema, os incorporadores previdentes, que não são ao mesmo tempo construtores, mantêm um serviço de atendimento ao condômino para essa espécie de defeito.

Outrossim, o incorporador responde pelos defeitos de qualidade e quantidade, eventualmente encontrados nos apartamentos, que os tornem impróprios à utilização ou lhes diminuam o valor (art. 18, *caput*, do CDC), bem como por aqueles decorrentes da disparidade com as indicações constantes da oferta ou da mensagem publicitária (art. 20, *caput*, da Lei nº 8.078/1990). Nesse caso, o consumidor poderá exigir, alternativamente e à sua escolha: a reexecução dos serviços, sem custo adicional e quando cabível (inc. I); a restituição imediata da quantia paga,

---

24. Cf. Walter Francisco Lafenina et al, op. cit., p. 14.

25. Carlos Pinto Del Mar *Direito na construção civil*, nº 12.1, p. 212. Sobre a responsabilidade dos usuários quanto à realização das atividades de manutenção definidas pela NBR 15.575 ("Norma de desempenho"), vejam-se os comentários do autor no Livro 7, Capítulo 32 dessa mesma obra.

monetariamente atualizada, sem prejuízo de eventuais perdas e danos (inc. II); o abatimento proporcional do preço (inc. III).

A reexecução dos serviços que se fizerem necessários na unidade condominial poderá ser realizada pelo próprio incorporador-construtor, pela construtora contratada ou por terceiros devidamente capacitados, por conta e risco do incorporador, sempre que existam elementos que desabonem a qualidade dos serviços do prestador faltoso, evitando que a reparação do dano seja ineficiente ou inadequada, geradora de consequências graves e indesejadas (art. 20, § 1.º, do CDC).

Os vícios do produto por defeito de *quantidade* (desconformidade de medidas), carreadores de prejuízos ao consumidor-adquirente de unidades condominiais, suscitam um grande número de demandas envolvendo o negócio incorporativo. De fato, são corriqueiras nos anais dos tribunais reclamações de consumidores que recebem imóveis com metragem inferior àquela discriminada no contrato de promessa de compra e venda, em evidente prejuízo ao consumidor.[26] Verificado o prejuízo do adquirente, resultante da discrepância entre a área real e aquela inicialmente prevista no plano registrado no Cartório de Registro de Imóveis, poderá a incorporadora responder mediante pagamento de indenização correspondente a um percentual sobre o valor comercial da unidade adquirida proporcional à área indevidamente negociada; restituir parte do valor pago pelo adquirente ou, ainda, receber as parcelas do preço com abatimento,[27] sem prejuízo das demais opções postas à disposição do consumidor pela lei.

O incorporador estará isento de responsabilidade quando, incorporado o imóvel estritamente de acordo com as especificações constantes do projeto aprovado pela administração pública, ficar provado que o adquirente, por sua conta e risco,

26. Para se apurar o efetivo prejuízo do consumidor, parece razoável a adoção do critério existente na lei civil, utilizado como parâmetro para a promoção da ação *ex empto*: "Compromisso de compra e venda – Rescisão – Área do imóvel – Diferença superior a 1/20 da extensão – Ação *ex empto* como meio cabível.

Bem diversamente do afirmado na contrariedade da ré, inexiste qualquer carecimento de ação, por parte dos autores, já que, tendo eles sido levados a adquirir um apartamento com determinadas dimensões e que se afeiçoariam a seus interesses, não podem eles ser obrigados a receber uma unidade com as dimensões discrepantes das anunciadas, discrepâncias estas muito bem apuradas no laudo do perito judicial e, também, nos laudos críticos dos assistentes técnicos, e que apequenaram, seriamente, o apartamento em todos os seus cômodos, a tal ponto de torná-lo desinteressante para a utilização dos promitentes-compradores". *RDC* 37/267-269.

27. Nesse sentido: "Contrato – Compromisso de compra e venda – Área privativa do imóvel inferior à contratada – Depósito das prestações com abatimento – Admissibilidade – Procedimento que visa evitar o desequilíbrio contratual entre as partes mediante pagamentos a maior – Possibilidade jurídica do pedido – Requisitos da medida cautelar plenamente presentes – Liminar deferida – Recurso provido para esse fim". *JTJ* (*Lex* 172/43-45).

alterou unilateralmente o projeto original de construção do imóvel, substituindo os materiais e peças relacionados no memorial descritivo.[28]

Ao contrário do que estabelece o art. 12 do Código de Defesa do Consumidor para a responsabilidade pelo fato do produto ou serviço, o art. 18, ao tratar da responsabilidade pelo vício do produto ou serviço, não exclui o comerciante, responsabilizando a todos, igualmente, designando-os de forma genérica como "fornecedores". Efetuando, o distribuidor, o pagamento ao prejudicado, poderá, ato contínuo, exercer o direito de regresso contra os demais responsáveis, de acordo com a participação de cada um no evento (art. 13, parágrafo único, do CDC).

---

28. Cf. tópico 19.2, p. 246-247 do nosso trabalho *Incorporação imobiliária – Ensaio de uma teoria geral*.

Parte III
Modalidades de Responsabilidade do Incorporador

1
Da Responsabilidade Construtiva

Vista a responsabilidade agora por outro prisma, o da realização da construção, estudaremos a responsabilidade do incorporador, que, dependendo da qualificação técnica que possua – executor ou não da construção –, assume contornos contratuais, em função da execução da obrigação pactuada perante quem integra a relação jurídica incorporativa, e legais, em virtude da perfeição do trabalho, solidez e segurança da obra, danos a vizinhos e a terceiros.

Da incorporação promovida pelo incorporador-construtor, seja ele pessoa física ou jurídica, decorrem as responsabilidades normalmente atribuídas ao incorporador, disciplinadas no âmbito civil, bem como aquelas disposições éticas e normativas regulamentadoras do exercício da engenharia e da arquitetura, de maneira que aos técnicos da construção são imputados encargos e direitos próprios dos profissionais legalmente habilitados, agravando a responsabilidade civil comum.[1]

---

1. Cf. Hely Lopes Meirelles, *Direito de construir*, cap. VIII, p. 219. Nos termos do § 12 do art. 31-A da Lei nº 4.591/1964, a "contratação de financiamento e constituição de garantias, inclusive mediante transmissão, para o credor, da propriedade fiduciária sobre as unidades imobiliárias integrantes da incorporação, bem como a cessão, plena ou fiduciária, de direitos creditórios decorrentes da comercialização dessas unidades, não implicam a transferência para o credor de nenhuma das obrigações ou responsabilidades do cedente, do incorporador ou do construtor, permanecendo estes como únicos responsáveis pelas obrigações e pelos deveres que lhes são imputáveis"; de maneira semelhante, o § 1.º do art. 31-C da Lei nº 4.591/1964, determina que a comissão de representantes e a instituição financiadora da construção poderão nomear, às suas expensas, pessoa física ou jurídica para fiscalizar e acompanhar o patrimônio de afetação, sem que essa nomeação transfira "para o nomeante qualquer responsabilidade pela qualidade da obra, pelo prazo de entrega do imóvel ou por qualquer outra obrigação decorrente da responsabilidade do incorporador ou do construtor, seja legal ou a oriunda dos contratos de alienação das unidades imobiliárias, de construção e de outros contratos eventualmente vinculados à incorporação".

Excetuada a incidência da lei do consumidor, percebe-se que o tratamento legislativo dispensado ao incorporador adota a teoria subjetiva da caracterização da culpa como pressuposto para a indenização. Considerando que a lei especial veda a leigos inabilitados celebrar ajustes referentes a qualquer ramo da engenharia ou da arquitetura (art. 15 da Lei nº 5.194/1966), ao incorporador, que não exerce a atividade construtiva, somente pode ser imputada a responsabilidade proveniente de atividade expressamente reservada pela lei aos engenheiros, arquitetos e agrônomos – como, por exemplo, a execução de desenho técnico (art. 7.º da Lei nº 5.194/1966) – em razão da extensão ao construtor da obrigação assumida pelo incorporador perante os adquirentes.[2]

De qualquer maneira, a responsabilização do incorporador não depende da sua condição subjetiva (profissionalidade na venda das unidades) ou da habitualidade de sua atividade, bastando para a sua qualificação como incorporador o simples fato da realização da incorporação, com a alienação das unidades condominiais, antes ou durante a construção, vinculadas a frações ideais sob o regime condominial (art. 29 da LCI).

O contrato de construção, tipificado na Lei nº 4.591/1964, faz parte integrante da pluralidade de negócios interligados, vinculados por uma *fattispecie* complexa,[3] motivo pelo qual se aplica subsidiariamente ao incorporador o regime jurídico regulado no art. 618 do CC, equiparando-se a responsabilidade civil do incorporador àquela daquele contratado para a construção do edifício. Em face da peculiar forma de responsabilização contida na Lei de Condomínio e Incorporação Imobiliária, o incorporador responde, juntamente com o construtor, pela solidez e segurança do edifício incorporado, cabendo-lhe o direito de, regressivamente, denunciar à lide o realizador técnico da obra,[4] ressarcindo-se de eventuais prejuízos que possa sofrer como decorrência de falhas construtivas no empreendimento. O mesmo pode ocorrer em relação aos prepostos contratados pelo construtor, porquanto, nas construções de grande porte, a execução de parte ou de toda a obra é feita por prepostos, dirigidos pelo construtor e por quem ele se responsabiliza, podendo, posteriormente, ressarcir-se regressivamente.

2. Cf. tópico 3.4.1 – Livro II, Parte I.
3. Cf. tópico 1.2.3.1 – Livro I, Parte I.
4. Posicionando-se em sentido contrário, Marcelo Terra sustenta a inaplicabilidade do art. 1.245 do CC/1916 (atual art. 618 do CC) para a hipótese da contratação da incorporação diretamente com o incorporador não construtor (art. 43, V, da LCI), quando o adquirente firma contrato de compra e venda da unidade condominial, não de empreitada, sendo que o Código Civil, "ao criar a regra excepcional do prazo de garantia de cinco anos para as construções consideráveis, fê-lo e o restringiu aos contratos de empreitada" (Responsabilidade civil do incorporador e do construtor, p. 11).

1.1 Responsabilidade contratual – Espécies de contratos construtivos

Duas são as espécies de empreitada estabelecidas pela lei civil (art. 610), a saber: a empreitada de mão de obra ou de lavor e a empreitada de material. Fornecendo ou não o material necessário à execução do serviço, o empreiteiro loca o seu serviço ao proprietário, obrigando-se o locador a fazer ou mandar fazer certa obra, mediante retribuição determinada ou proporcional ao trabalho executado (*locatio operis*).[5]

Distinguem-se a locação de serviços e a empreitada, pois na primeira a remuneração atende ao tempo despendido e ao serviço em si mesmo considerado e, na segunda, ao serviço realizado, cuja finalidade é a produção de obra material ou certa porção dela. Escolhida a modalidade de empreitada de construção e subscrito o contrato, o construtor assume a responsabilidade pela fiscalização e execução da obra, suportando os riscos dela decorrentes, liberando-se dos compromissos assumidos somente por acordo bilateral ou pela entrega das unidades concluídas e acabadas, obedecidas as especificações negociais e legais.

1.1.1 *Sistema "preço fechado"*[6]

A Lei de Condomínio e Incorporação Imobiliária prevê a possibilidade de a incorporação imobiliária assumir dois regimes de construção de edifício, a saber:

---

5. Tratando do contrato de construção *fidic new red book*, confira-se a obra de André Cordelli Alves *Contrato de Construção Fidic New Red Book*.

6. Podemos destacar os seguintes julgados versando sobre esse regime de incorporação:

"Improcede ação para abatimento do preço, com perdas e danos sob a alegação de construção da unidade com dimensão inferior à constante da promessa de compra e venda, firmada com a empresa incorporadora – Uma vez comprovada, à luz das disposições legais aplicáveis e das próprias disposições contratuais, que a área da unidade prometida à venda dizia respeito à unidade como um todo, e não apenas à compreendida nas partes privativas da mesma unidade, o que seria impossível juridicamente.

Entende-se por área da unidade a soma da área privativa com aquela de uso comum proporcional à correspondente fração ideal do terreno. Não cabe, pois, a aplicação do art. 1.136 do CC", publicado em *RDI* 19-20/118-119.

"Cabe ação de rescisão de contrato de promessa de compra e venda, cumulada com perdas e danos, se modificado pela firma o projeto inicial de construção do prédio, que implicou redução da área e alteração substancial em prejuízo dos condôminos", publicado em *RDC* 53/267-269.

"Compromisso de compra e venda – Rescisão – Incorporação imobiliária – Atraso na entrega da obra – Incorporador não notificado na forma do art. 43, VI, da Lei Federal 4.591/1964 – Ajuizamento, ademais, após ser constituído em mora pelo réu, quando já concluído o prédio e obtido o 'habite-se' – Ação improcedente – Recurso não provido – Votos vencedor e vencido", publicado em *JTJ* 160/45-51.

a) aquele estabelecido nos arts. 55 a 57, designada construção por empreitada ("a preço fechado"), a preço fixo ou reajustável, por índices previamente determinados; b) aquele previsto nos arts. 58 a 62, denominada construção pelo regime da administração, também chamada "a preço de custo".

Na primeira hipótese, o adquirente poderá pactuar o contrato de construção diretamente com o incorporador-construtor ou prevê-lo naquele que assinar com o incorporador, que se obriga a contratar a construção do edifício respeitando as condições ajustadas. Firma-se, nesse caso, contrato de incorporação com "compromisso" de celebração do contrato de construção.

No sistema "preço fechado", quando a entrega da unidade for contratada a prazo e preço certos, determinados ou determináveis, o incorporador responde pela promoção da incorporação, indenizando os adquirentes ou compromissários pelos prejuízos que sofrerem com a interrupção das obras ou seu retardamento injustificado, cabendo-lhe o direito de regresso contra o construtor, se a demora for provocada por ele (art. 43, II, da LCI).[7]

1.1.2 Sistema "a preço de custo"[8]

A ressalva existente no art. 29 da LCI, que restringe a responsabilidade do incorporador "conforme o caso" pela entrega das obras concluídas, deve ser

---

"Compromisso de compra e venda – Rescisão – Incorporação imobiliária – Notificação prévia do incorporador, prevista no inc. VI do art. 43 da Lei Federal 4.591/1964 – Desnecessidade (...)", publicado em *RJTJESP* 126/ 316-319.

"Alteração da incorporação.

Ação de ressarcimento de dano. Incorporação registrada. Alteração da incorporação: indispensável à anuência do total dos compromissários titulares. Lei 4.591/1964, arts. 43, IV e 49.

O assentimento de todos os compromissários titulares de direito real é condição legal para que se introduza qualquer alteração no plano de incorporação registrada", publicado em *RDC* 17-18/62-67.

7. Cf. tópicos, 1.1, *q*, Livro II, Parte I.

8. Sobre o limite de responsabilidade do incorporador nessa espécie de incorporação, vejam-se os seguintes acórdãos:

"Condomínio e incorporação. Construção por administração. Atraso nas obras. Resolução de contratos, pretendida por adquirentes, por aplicação da cláusula resolutória tácita. Lei 4.591/1964, art. 43, VI, 58", publicado em *JSTJ* e *TRF* 54/172-178.

"Condomínio – Construção por administração ou a preço de custo – Despesas contratadas – Responsabilidade da construtora-incorporadora no caso.

A circunstância de responderem os adquirentes das unidades condominiais pelos custos integrais da construção não impede que a construtora-incorporadora se obrigue pelo pagamento de despesas parciais, conforme decorre de sua participação no contrato e de seu comportamento na execução da avença". *RDC* 61/199-200.

compreendida em face da diversidade de situações jurídicas, nas quais encontramos o incorporador, pois distintas são as responsabilidades advindas do contrato de construção por empreitada e por administração.[9]

Na incorporação contratada pelo regime de administração, também denominada "a preço de custo", o incorporador promove o empreendimento e administra a sua execução, ficando a cargo da empresa construtora a execução da obra, sendo de responsabilidade dos proprietários ou adquirentes das unidades condominiais o custo integral da obra (art. 58, *caput*). A unidade condominial é oferecida mediante a prévia estimativa de seu valor, pagando o adquirente o preço com o transcurso da obra, arcando com o custo efetivo dos insumos utilizados, *v.g.*, compra de materiais, variação salarial da mão de obra, custo de administração da obra etc., como se ele próprio a estivesse executando. Logo, o reajuste do preço não está adstrito a um "índice" de correção monetária, eventualmente estabelecido para o pagamento de elementos integrantes da coisa incorporável e do contrato de incorporação, que possuem preço previamente conhecido, *v.g.*, fração ideal do terreno, percentual da empresa auditora etc.[10]

"Contrato – Cláusula – Cobrança de diferenças entre o custo final e o custo estimado – Nulidade – Inocorrência – Inexistência de violação de dispositivos legais – Disposições contratuais derivadas de a construção ser a preço de custo, não tendo a cooperativa finalidade lucrativa – Recurso não provido" (*BDI*, 1.º decêndio, dez. 1994, n. 34, p. 17-18).

"Incorporação imobiliária – Construção pelo regime de preço de custo – Rescisão contratual – Prazo de entrega não atendido – Valores pagos.

Contratada a construção pelo regime de 'preço de custo', o ritmo e conclusão da obra dependerão dos recursos fornecidos pelos condôminos, os quais se obrigam pelo seu custo integral. (...)

As obras estão sendo realizadas, como constatou o perito, e seu ritmo, bem como a sua conclusão, dependerão do fluxo de recursos fornecidos pelos condôminos. Não há, assim, o inadimplemento contratual por parte da ré, na forma como lhe atribuem os autores, posto que não se obrigou ela a entregar as unidades autônomas a prazo e preços certos, assumindo os riscos do empreendimento, visando a obtenção de lucro" (TJSP, Ap 262.827.2/3, rel. Des. Ruiter Oliva, 08.08.1995, *BDI*, 1.º decêndio, dez. 1995 n. 34, p. 20-21). No mesmo sentido: TJSP, Ap 252.825-2/6, rel. Des. Gildo dos Santos, 19.10.1995, *BDI*, 3.º decêndio, mar. 1996, n. 9, p. 22-24.

9. Citando essa passagem do texto, veja-se o julgado do TJSP, Ap 58.503-4/0, 6.ª Câm., j. 26.11.1998, rel. Antonio Carlos Munhoz Soares, *RT* 763/204, maio 1999, com a seguinte ementa: "Incorporação imobiliária – Contrato de construção a preço de custo ou simples administração – Rescisão contratual, com devolução das parcelas pagas, fundada no atraso das obras – Inadmissibilidade se a construtora não deu causa voluntariamente à demora na conclusão do empreendimento – Voto vencido".

10. Cf. Caio Mário da Silva Pereira, Código de Defesa do Consumidor e as incorporações imobiliárias, p. 107.

Em razão das peculiaridades da espécie, houve por bem o legislador conceder o controle da incorporação por administração à comissão de representantes, eleita na forma do art. 50 da LCI, cujos poderes, muito mais abrangentes do que na incorporação por empreitada, incluem a função representativa dos contratantes e fiscalizadora da construção, praticando todos os atos necessários ao funcionamento regular do condomínio (art. 61, alínea *e*, da LCI).[11]

Como observamos anteriormente,[12] na incorporação por administração o incorporador e o construtor são cumpridores da vontade dos adquirentes, expressa por intermédio da comissão de representantes, que efetivamente dirige a construção do empreendimento, provendo a caixa do numerário correspondente. Deveras, as faturas, duplicatas, recibos de pagamento, encomendas são emitidos em nome do condomínio dos contratantes (art. 58, I), devendo os recursos para a construção serem recolhidos em contas abertas em nome desse condomínio (art. 58, II). O contrato de incorporação discriminará o orçamento do custo da obra (art. 59), que, no entanto, será periodicamente revisto de acordo com as necessidades da construção. Assim sendo, entendemos que, naquelas situações previstas na Lei de Condomínio e Incorporação Imobiliária, em que a comissão de representantes exerce poderes em nome de todos os contratantes (art. 61), não surge para o incorporador o dever de ressarcir eventuais danos oriundos de atos por ela fiscalizados ou praticados.

Na hipótese de eventual inadimplemento de um dos adquirentes, a lei de incorporações prevê um sistema de proteção à massa condominial, de maneira que a execução do empreendimento sofra o menos possível em função do inadimplemento. Esse sistema se constitui no leilão público e extrajudicial dos direitos à respectiva fração ideal de terreno e à parte construída adicionada, previsto no § 1.º do art. 63 da LCI, em que encontramos um instrumento rápido e eficaz, fornecido pelo legislador à comissão de representantes, pelo qual é realizada a substituição do condômino faltoso, de modo a não serem prejudicados os demais condôminos, com a ausência de custeio na respectiva quota-parte do condômino que não honrou seus compromissos.[13]

Do preço apurado no leilão, serão deduzidas as quantias em débito, revertendo ao condômino faltoso somente o saldo do que foi apurado, se houver (art. 63, § 4.º, da LCI). Dessa maneira, a comissão de representantes preserva a massa condominial do impacto trazido pelo inadimplemento, recebendo da lei a investidura de mandato irrevogável, transmitindo, em nome do condômino inadimplente, domínio, direito e ação (art. 63, § 5.º, da LCI).

---

11. Veja-se o tópico 1.2.2.2, Livro I, Parte I.
12. Veja-se o tópico 3.4.1.1, Livro II, Parte I.
13. Sobre a constitucionalidade dos leilões extrajudiciais, vide o tópico 1.2.3 – Livro II, Parte IV.

1.2 Responsabilidade extracontratual ou legal

Acompanhando a lição de Hely Lopes Meirelles,[14] identificamos, além das responsabilidades contratualmente previstas pelo incorporador-construtor e pelo adquirente da unidade condominial, outras, legais e extracontratuais, de ordem pública, envolvendo o incorporador, o construtor, o autor do projeto, o proprietário-dono da obra, a saber:

a) pela perfeição da obra: decorrente da inobservância das instruções e planos recebidos, desobediência das normas técnicas apropriadas para a obra, aplicação de material inadequado ou insuficiente, falta de cuidados usuais na elaboração do projeto ou na sua execução etc.

Os defeitos podem ser aparentes, cessando a responsabilidade após a entrega e o recebimento definitivo e formal da obra, sem ressalvas,[15] remediando-se os casos em que a obra apresenta defeitos aparentes de maior vulto com a aplicação dos arts. 615 e 616 do CC, que facultam ao dono da obra enjeitá-la ou recebê-la com abatimento de preço;[16] ou ocultos (vícios redibitórios), assim considerados aqueles que, existentes ao tempo da entrega da obra, só se apresentam com o transcurso do tempo, tornando a obra imprópria ao uso a que se destina ou diminuindo-lhe o valor (art. 441 do CC), geradores das pretensões redibitória ou de abatimento do preço, respeitado o prazo decadencial de um ano (art. 445 do CC), contados a partir da entrega da obra, excetuadas as relações jurídicas abrangidas pelo Código de Defesa do Consumidor;

b) pela solidez e segurança da obra (art. 618 do CC), em que os defeitos são capazes de ocasionar o desabamento da construção (ameaça de ruína), desconsiderando o legislador o princípio ordinário, segundo o qual a obra entregue e paga foi verificada (art. 614, § 1º, do CC), pois os vícios dessa espécie dificilmente são perceptíveis no prazo de seis meses, que é concedido para a propositura da ação redibitória. Logo, a garantia aqui estabelecida não se confunde com aquela conferida aos vícios redibitórios, podendo os defeitos estruturais de construção existir ou não ao tempo da entrega da obra, de ordinário aparecendo muito tempo depois do término da mesma;

c) por danos a vizinhos e a terceiros: quanto aos danos causados pelo prédio em construção ao prédio vizinho ou a terceiros, José de Aguiar Dias sustenta que a responsabilização somente ficará caracterizada mediante a comprovação da

---

14. Hely Lopes Meirelles, op. cit., cap. VIII, p. 296 e ss.
15. Veja-se o tópico 2.2 – Livro II, Parte II.
16. Sustentando a impossibilidade de ser pleiteada indenização por vícios visíveis e aparentes, recebida a obra pelo proprietário sem ressalvas, podemos mencionar os seguintes julgados: *RT* 189/720, 245/179, 262/505.

culpa do dono da obra. Para a caracterização da responsabilidade objetiva, far-se-ia necessário, em primeiro lugar, a existência de texto legal expresso a respeito; em segundo, a averiguação do nexo de causalidade, em função da causa própria, que não pode ser percebida na hipótese de construção, com relação ao dono da obra. De fato, a iniciativa do proprietário, consubstanciada no exercício do direito de construir, não contém, em si, qualquer nocividade, carreando danos para o prédio vizinho apenas por via reflexa, o que torna indispensável a produção probatória evidenciadora da culpa e afasta a possibilidade de entendermos a responsabilidade como decorrente do risco profissional, própria daquele que detém o poder de direção na atividade de que ela resultou;[17]

d) ético-profissional;

e) trabalhista;

f) por fornecimentos;

g) por tributos;

h) administrativa;

i) penal por desabamento;

j) por construção clandestina.

1.2.1 Responsabilidade quinquenal prevista no art. 618 do CC

Clóvis Bevilaqua, ao comentar o art. 1.245 do CC/16, correspondente ao art. 618 do CC/02, observa que o Código abriu uma exceção à regra do termo final para a responsabilização do empreiteiro em relação à aceitação da obra, ante a dificuldade em se perceber os vícios em obras de grande porte, como edifícios, pontes, reservatórios d'água, estradas de ferro. Essa responsabilidade excepcional caberia somente ao empreiteiro de materiais e de trabalho, que toma para si o encargo de entregar a obra pronta, com os materiais adquiridos, onde os haja, mas não fornecidos pelo dono da obra.[18]

Essa excepcionalidade, a princípio, excluiria da incidência da norma outras espécies contratuais, porquanto a norma excepcional, estabelecida por motivo ou considerações particulares, não admite interpretação extensiva ou analógica, não se estendendo além dos casos e tempos que designam expressamente.[19]

Não obstante encontremos argumentos doutrinários indicativos da não incidência do art. 618 do CC aos contratos incorporativos, entendemos como sustentável a opinião contrária. Por um lado, a evolução interpretativa conduz à

17. Cf. José de Aguiar Dias, *Da responsabilidade civil*, n 135, p. 462-468.
18. Clóvis Bevilaqua, *Código Civil dos Estados Unidos do Brasil*, vol. II, observação n. 1, p. 350.
19. Cf. Carlos Maximiliano, *Hermenêutica e aplicação do direito*, n. 272, p. 184.

aplicação da norma, não apenas para o empreiteiro de materiais e mão de obra, mas, principalmente, para o construtor de obra considerável, qualquer que seja a modalidade contratual adotada para a execução dos serviços, seja por empreitada ou por administração, tendo em vista as peculiaridades técnicas dessa atividade e os altos riscos a que está exposta a sociedade.[20]

Por outro lado, ao tratarmos da tipificação do contrato incorporativo[21] evidenciamos que esse negócio constitui uma espécie contratual de traços inconfundíveis e que sua tipicidade reuniu, numa unidade complexa, contratos distintos, inclusive o de promoção da edificação.

Tendo em vista a satisfação de uma obrigação de resultado,[22] materializada na entrega da unidade autônoma, em contraprestação ao recebimento do preço efetuado pelo subscritor, a atividade do incorporador, construtor ou não, exercida com o intuito de promover e coordenar a construção, responsabilizando-se pela entrega, a certo prazo, preço e determinadas condições, das obras concluídas (arts. 28 e 29 da LCI), gera e absorve a responsabilidade excepcional prevista na codificação civil.

Deveras, promovendo direta ou indiretamente a construção do edifício, o incorporador se responsabiliza pela promoção e realização da obra (art. 28, parágrafo único, da LCI), em função de sua atividade empresarial, tanto em face do proprietário do terreno como perante os adquirentes das unidades, que ficam sub-rogados nos direitos daquele ao suportarem o prejuízo advindo do defeito.[23]

Como corolário da natureza extracontratual da responsabilidade prevista no art. 618 do CC e inexistindo texto legal expresso a respeito, a responsabilidade imputável ao incorporador e ao construtor é subjetiva, verificável mediante o preenchimento dos requisitos próprios a essa espécie de responsabilidade.[24]

---

20. Cf. Sérgio Cavalieri Filho, *Programa de responsabilidade civil*, n. 76.1, p. 233-234.
21. Veja-se o tópico 3.6.2 – Livro I, Parte I.
22. Veja-se o tópico 2.2.2 – Livro I, Parte I.
23. Nesse sentido: Mazeaud, Mazeaud e Tunc, *Tratado teórico y práctico de la responsabilidad civil delictual y contratual*, t. II, vol. I, n. 1.062, p. 53, e os acórdãos publicados em *RT* 567/242-244; ADCOAS 119789 ("A responsabilidade do incorporador e construtor do edifício não se mantém apenas em relação à pessoa encomendante ou dono do edifício, mas, sim, transmite-se aos adquirentes das unidades, que ficam sub-rogados nos direitos daquele").
24. Em sentido contrário, sustentando, quanto à natureza da responsabilidade criada pelo art. 618 do CC, ser ela aquiliana e objetiva e, ao mesmo tempo, criticando a opção do legislador pela teoria do risco, veja-se Silvio Rodrigues (*Direito civil aplicado*, vol. III, parecer n. 1, n. 32-4, p. 14-15), que afirma ser impossível ao empreiteiro a prova da não culpa, só se alforriando se demonstrar a existência de caso fortuito ou força maior, solução injusta em face das modernas condições da indústria da construção, onde é impossível ao construtor ter absoluto controle sobre tudo o que se passa na obra, *in verbis*: "(...) o construtor é, basicamente, um montador. Ele recolhe os materiais e os aplica em um edifício,

1.2.1.1 Natureza do prazo quinquenal

Caio Mário da Silva Pereira,[25] ao tratar da responsabilidade do empreiteiro, não só considera como decadencial o prazo quinquenal, dentro do qual deverá a reclamação ser concretizada ou ajuizada sob pena de extinção da obrigação,[26] como responderia ele independentemente da ideia de culpa.

A natureza jurídica do prazo de cinco anos previsto no art. 618 do CC, que estabelece o período de responsabilidade do empreiteiro-construtor perante o dono da obra pela solidez e segurança de edifícios e outras construções consideráveis, em nosso entender e no entendimento da doutrina majoritária, não é prescricional ou decadencial, mas sim de garantia da construção,[27] funcionando como uma presunção de culpa do obreiro,[28] de maneira que, aparecendo o defeito no prazo

---

subempreita as fundações, os projetos de hidráulica, de eletricidade, (...) etc. Cada um dos subempreiteiros é altamente especializado, como cada uma das técnicas é de grande sofisticação. É óbvio que o construtor, que é um técnico na montagem, não pode testar cada tijolo, cada cano, cada manilha, cada metro quadrado de reboco. Ele deve orientar-se pelo conceito de que cada empresa ou cada produto desfruta no mercado, pois não tem acesso à especificação dos materiais e ainda menos à linha de montagem de cada indústria. Se fosse testar cada peça, o preço e a demora da construção não teriam limites" (*Direito civil aplicado*, n. 42, p. 17).

25. Caio Mário da Silva Pereira, *Instituições de direito civil*, vol. III, n. 243, p. 227-228; *Responsabilidade civil*, n. 178, p. 206. Sugere o autor que as partes fixem a responsabilidade do empreiteiro por um certo prazo e que se estabeleça outro, contado da denúncia do defeito, para que a ação seja proposta, sob pena de decadência, acompanhando a sugestão o sistema com variantes de prazo, contido, v.g., no CC português, art. 1.225, em que o prazo de garantia é de cinco anos, contados da entrega da obra, a denúncia dos prejuízos deve ser feita dentro do prazo de um ano e a indenização deve ser pedida no ano seguinte à denúncia.

26. Igualmente, no mesmo sentido: Silvio Rodrigues, *Direito civil aplicado*, vol. III, parecer n. 1, n. 20, p. 11.

27. Nesse sentido, Hely Lopes Meirelles, op. cit., cap. VIII, n. 2.1, p. 298; Washington de Barros Monteiro, *Curso de direito civil*, vol. V, p. 200; Marco Aurélio S. Viana, *Contrato de construção e responsabilidade civil – Teoria e prática*, n. 21.2, p. 61.

28. Cf. tópico 2.1.2 – Livro I, Parte II. Em sentido contrário, encontramos a posição de Sérgio Cavalieri Filho, op. cit., n. 76.1, p. 234. Notamos que a alteração do art. 1.792 do CC francês, fonte inspiradora do nosso art. 618 do CC (anterior art. 1.245 do CC/16), feita por intermédio da Lei 78-12, de 11 de janeiro de 1978, parece conduzir, não à responsabilidade objetiva, mas à presunção de responsabilidade, não ocorrendo a responsabilização se o construtor demonstrar que os danos resultaram de causa estranha, *in verbis*: "Todo construtor de uma obra é responsável de pleno direito em relação ao proprietário ou adquirente da construção, pelos danos ocorridos, mesmo que estes resultem de defeito do solo, dos seus elementos constitutivos ou dos equipamentos, que tornem a obra imprópria à sua destinação. *Tal responsabilidade não ocorre se o construtor demonstrar que os danos resultaram de uma causa estranha*" (grifo nosso).

prescrito em lei, o prejudicado poderá articular sua pretensão indenizatória mesmo após o seu transcurso.[29] Caso o interessado não propuser a ação cabível nos cento e oitenta dias seguintes ao aparecimento do vício ou defeito, decairá do direito de reclamar dos danos derivados da ausência de solidez e segurança da obra (art. 618, parágrafo único, do CC).[30]

Considerado como legal ou extracontratual, não contratual, o prazo de garantia pelos vícios de construção e concepção, este não admite interrupção ou suspensão, podendo, apenas, ser ampliado contratualmente, caso assim pactuem as partes, ressaltando-se que, se contratual fosse a responsabilidade advinda do dispositivo legal, não poderíamos estendê-la além da relação jurídica formada entre o dono da obra e o empreiteiro.[31]

1.2.1.2 Os conceitos "segurança e solidez de edifícios ou outras construções consideráveis"

A norma codificada, ao cuidar dos vícios ali referidos, somente abrange as construções imobiliárias – parte integrante do elemento objetivo configurador

---

29. Esse o indicativo da Súmula 194 do Superior Tribunal de Justiça: "*Prescreve em vinte anos a ação para obter, do construtor, indenização por defeitos da obra*" (publicada no DJ 03.10.1997, p. 49.345). Com a entrada em vigor do Código Civil de 2002, o prazo prescricional máximo passou para dez anos (art. 205). De modo diferenciado, sustentando a somatória dos prazos para a interposição da ação judicial competente, ou seja, vinte e cinco anos, veja-se Ann Helen Wainer *Responsabilidade civil do construtor – natureza jurídica do prazo quinquenal*, p. 128.
30. Sobre o início da contagem do prazo de garantia, vale lembrar o disposto no anexo D da NBR 15.575-1:2020 ("Norma de desempenho"), que indica como termo inicial a data da expedição do "Auto de Conclusão" ("Habite-se") – D.3.2.1. A contagem do prazo para a verificação da ruína ou defeito de coisas imóveis, nos termos do art. 1.669 do CCit., principia a partir da conclusão da obra (cf. Roberto de Ruggiero *Instituições de direito civil*, § 112, p. 323); assim também prescrevendo o art. 1.591 do Código Civil espanhol, enquanto que o CCarg de 2014 adota o critério do recebimento da obra (arts. 1.055, 1.272, 1.275), critério preferido por Mazeaud, Mazeaud e Tunc, *Tratado teórico y práctico de la responsabilidad civil delictual y contratual*, t. II, vol. 1, n. 1.062, p. 50.
31. Cf. Hely Lopes Meirelles, op. cit., cap. VIII, p. 226; Sérgio Cavalieri Filho, op. cit., n. 77.1, p. 235-236; Ann Helen Wainer, Responsabilidade civil do construtor – Cláusula de exoneração da responsabilidade quinquenal, p. 131. Em sentido contrário, podendo as partes alterar o referido prazo, para mais ou para menos, estando em foco exclusivamente o interesse privado, Caio Mário da Silva Pereira, *Instituições...*, vol. III, n. 243, p. 227-228. Arnoldo Wald (Da interpretação do artigo 1.245 do Código Civil, p. 118-119). A atual redação do § 2º, do art. 113, do CC parece corroborar esse entendimento: "*§ 2º As partes poderão livremente pactuar regras de interpretação, de preenchimento de lacunas e de integração dos negócios jurídicos diversas daquelas previstas em lei*" (Incluído pela Lei nº 13.874, de 2019).

da incorporação imobiliária[32] –, não incluindo os equipamentos em geral e os sistemas de geração em particular (acessórios não necessários do imóvel), assim consideradas as obras de aderência permanente, feitas acima ou abaixo da superfície, e incorporadas permanentemente ao solo, como os edifícios e as construções, de modo que não se possam retirar sem destruição, modificação, fratura ou dano.

Tormentosa na doutrina e na jurisprudência se mostra a questão da fixação do conceito de "segurança" do prédio. Os vícios ocultos, de que trata o art. 618, devem ser tais que afetem a segurança e solidez da construção. Por um lado, restringe-se a aplicação do art. 618 do CC, afirmando-se que somente os vícios de solidez e segurança da obra propiciam a sua incidência, não podendo ser evocados simples defeitos ou imperfeições; por outro, amplia-se em certa medida o âmbito do dispositivo legal, interpretando-o dentro da realidade construtiva dos dias atuais, segundo a qual também não é seguro um edifício que não propicie a seus moradores as condições normais de salubridade.

A noção de segurança, afastada daquela "lincada" à estabilidade da construção, tem como causa a construção, mas atina com os perigos de incêndio, umidade grave, anti-higiene e gases, todos ameaçadores à saúde dos moradores do prédio. Logo, a segurança abrange não apenas a eventualidade de desabamento do prédio, "mas também as perfeitas condições de habitabilidade e de salubridade da edificação".[33]

No entanto, o conceito de segurança vinculado ao sujeito não é extensivo a defeitos de menor monta, *v.g.*, problemas de revestimento ou trincas superficiais.

---

32. Cf. tópico 1.2.1 – Livro II, Parte I. O art. 1.245 do CC/1916 fazia referência, em sua parte final, na possibilidade de exoneração do empreiteiro de materiais e execução, em relação ao proprietário da obra e a terceiros, quando, não estando sólido e seguro o solo, prevenia o dono da obra a tempo. Insurgindo-se contra a possibilidade de utilização da previsão final do art. 1.245 do CC/1916, parte da doutrina entendia que o dispositivo civil se encontra superado com base nas disposições reguladoras do próprio exercício profissional do construtor, seja ele engenheiro ou arquiteto (Lei nº 5.194, de 24.12.1966), que impõem deveres éticos e obrigações técnicas incompatíveis com essa exoneração de responsabilidade, responsabilidade esta legal e extracontratual, própria das profissões liberais, cujo exercício pressupõe a independência quanto à realização do trabalho, agindo com imperícia ou negligência aquele que constrói em solo sem a firmeza necessária, mesmo com prévia comunicação ao dono da obra, devendo, nesse caso, recusar-se a executar a obra encomendada. Essa divergência hoje resta superada, em face da supressão dessa possibilidade na redação do art. 618 do CC/2002.
33. Note-se que, ao lado dos vícios construtivos, geram responsabilidade os vícios de concepção da obra (*v.g.*, erros de cálculo do projeto quanto às cargas e resistências), mesmo não expressamente referidos no Código Civil.

Como bem anota Luiz Rodrigues Wambier,[34] configuram-se como extremos indesejáveis tanto a vinculação dos conceitos de solidez e segurança a todo tipo de defeito como a vinculação desses conceitos apenas a casos de risco de ruína da obra.

34. Luiz Rodrigues Wambier, Responsabilidade civil do construtor, *RT* 639/16.

2
Responsabilidade por Danos ao Meio Ambiente

2.1 Aspectos gerais

A constitucionalização da proteção ao meio ambiente decorreu de um processo de agregação da "função social" ao conceito de propriedade privada. Com a elaboração de novas Constituições nos países latino-americanos, o meio ambiente passou a delas receber reconhecimento e proteção direta, não mais legitimando o direito de propriedade, em razão de sua "função social ambiental", a degradação do meio ambiente e a utilização não sustentável dos recursos naturais.[1]

Com a entrada em vigor da Constituição Federal de 1988, foi estabelecida uma política nacional do meio ambiente, regulando-se a matéria, de maneira bastante genérica, no Capítulo VI do Título "Da Ordem Social" (art. 225 e parágrafos),[2] bem como fixada a competência comum da União, dos Estados, do Distrito Federal e dos Municípios para proteger o meio ambiente e combater a poluição em qualquer das suas formas (art. 23, inc. VI), preservar as florestas, a fauna e a flora (art. 23, VII), promover a melhoria das condições de saneamento básico (inc. IX), registrar, acompanhar e fiscalizar as concessões de direitos de pesquisa e exploração

---

1. Cf. Antonio Herman V. Benjamin, A proteção do meio ambiente nos países menos desenvolvidos: o caso da América Latina, n. 8, p. 424-425.
2. O art. 225, § 3.º, da CF determina: "As condutas e atividades consideradas lesivas ao meio ambiente sujeitarão os infratores, pessoas físicas ou jurídicas, a sanções penais e administrativas, independentemente da obrigação de reparar os danos causados". Por intermédio desse dispositivo, o constituinte criou os espaços territoriais especialmente protegidos (§ 1.º, III) que, na lição de Marcelo Augusto Santana de Melo (O meio ambiente e o registro de imóveis, *RDI* 57/111), são divididos em quatro grupos: áreas de proteção especial, áreas de preservação permanente, reservas legais e as unidades de conservação. A propósito, veja-se a Emenda Constitucional nº 96, de 2017, que incluiu o § 7º no art. 225, não considerando cruéis as práticas desportivas que utilizem animais, desde que sejam manifestações culturais.

de recursos hídricos e minerais em seus territórios (inc. XI), além de reconhecer *legitimatio ad causam* do cidadão brasileiro para a propositura da ação civil pública voltada à proteção do meio ambiente.[3]

Com o objetivo de traçar diretrizes gerais acerca da política urbana e regulamentar os arts. 182 e 183 da CF, o Estatuto da Cidade, assim denominada a Lei nº 10.257, de 10.07.2001, criou, ao lado o Estudo de Impacto Ambiental (EIA) previsto na Constituição Federal (art. 225, § 1º, IV), o Estudo de Impacto de Vizinhança (EIV), arts. 36 a 38, que não se confunde com o EIA e não o dispensa, devendo a legislação municipal e ambiental definir os empreendimentos e as atividades, públicos e privados em área urbana, que dependerão de cada qual.[4]

Outrossim, os Municípios brasileiros receberam do texto constitucional a competência para a execução das leis protetivas e ações materiais em matéria ambiental (art. 23, III, VI e VII, da CF), além da competência suplementar para legislar – à União e aos Estados membros foi concedida competência concorrente e principal (art. 24, VI, VII e VIII, da CF) –, e a relativa a assuntos de interesse local (art. 30, I e II, da CF).[5] Em função disso e também por isso, cabe à legislação municipal estabelecer as exigências fundamentais de ordenação da cidade, em especial aquelas expressas no plano diretor, assegurando o atendimento das necessidades dos cidadãos quanto à qualidade de vida, à justiça social e ao desenvolvimento das atividades econômicas (art. 182, § 2.º, da CF; art. 39 da Lei nº 10.257/2001).[6]

No âmbito infraconstitucional, a Lei Federal nº 6.938/1981 criou o projeto de uma ampla política nacional de proteção ambiental, envolvendo a União, os Estados e os Municípios, além de prever o regime da responsabilidade objetiva

---

3. Tratando da reparação, prevenção e precaução de danos na Constituição Federal e como elementos integrantes do princípio *neminem laedere* no direito ambiental, veja-se Rogério Donnini *Prevenção de danos e a extensão do princípio neminem laedere*, nº 3 e 4, p. 492-498.
4. Cf. Vanêsca Buzelato Prestes, Plano diretor, estudo de impacto ambiental (EIA) e estudo de impacto de vizinhança (EIV), *RDI* 42/241.
5. Dentro da perspectiva do direito ambiental no Mercosul, a partir da assinatura do Tratado de Assunção, de 16.03.1991, José Rubens Morato Leite e Marcelo Buzaglo Dantas (Os instrumentos de proteção ambiental e o Mercosul. *RT* 725/39-48) enfatizam dois exemplos de instrumentos de proteção ambiental, quais sejam a implantação do consórcio intermunicipal e do estudo prévio de impacto ambiental (EPIA – consubstanciado em um procedimento administrativo prévio à instalação de um projeto de desenvolvimento de grande porte), objetivando a proteção dos efeitos transfronteiriços da poluição.
6. Nesse sentido, a conclusão de Daniela Rosário Rodrigues (Função social da propriedade privada diante do meio ambiente artificial, *RDI* 70/83): "Para isso, houve por bem o legislador em delegar ao Poder Público municipal a complementaridade da estipulação das formas pelas quais haverá o cumprimento da política urbana por conta das necessidades da sua população, de seu território e dos critérios necessários à definição local de sustentabilidade".

para reparação de danos causados ao meio ambiente. O Sistema Nacional de Meio Ambiente (Sisnama) compreende o Conselho Nacional do Meio Ambiente (Conama), a Secretaria do Meio Ambiente (Semam), o Instituto do Meio Ambiente e dos Recursos Naturais Renováveis (Ibama) – art. 6.º, incisos II, III, IV.

Além de fixar os princípios da política nacional do meio ambiente, a Lei nº 6.938/1981 especificou quais os instrumentos de combate à poluição poderiam ser utilizados. Dentre eles, a necessidade de fixação de padrões de qualidade ambiental (art. 9.º, I); o zoneamento ambiental (inc. II), a avaliação de impacto ambiental (inc. III), o licenciamento e a revisão de atividades efetiva ou potencialmente polidoras (inc. IV), incentivos para produção e instalação de equipamentos, voltados para a melhoria da qualidade ambiental (inc. V).[7]

O CC/2002, por sua vez, absolutamente harmônico com a Constituição Federal, estabelece que "o direito de propriedade deve ser exercido em consonância com as suas finalidades econômicas e sociais e de modo que sejam preservados, de conformidade com o estabelecido em lei especial, a flora, a fauna, as belezas naturais, o equilíbrio ecológico e o patrimônio histórico e artístico, bem como evitada a poluição do ar e das águas" (art. 1.228, § 1.º).

José Afonso da Silva, analisando o influxo legislativo constitucional atinente à matéria ambiental, conceitua o meio ambiente como "a interação do conjunto de elementos naturais, artificiais e culturais que propiciem o desenvolvimento equilibrado da vida em todas as suas formas",[8] integrando ao conceito as concepções de recursos naturais e culturais. Como corolário, no sentido arquitetônico, ambiência é o espaço organizado e animado, constituindo um meio físico e, ao mesmo tempo, estético e psicológico, especialmente preparado para o exercício de atividades humanas.[9]

Do conceito, três aspectos podem ser revelados dentro da ótica jurídica ambiental: a) o meio ambiente artificial, assim considerado o espaço urbano construído, consubstanciado no conjunto de edificações; b) o meio ambiente cultural, diferenciado do anterior em razão do valor especial adquirido em virtude das peculiaridades culturais predominantes (*v.g.*, patrimônio histórico, artístico, paisagístico); c) meio ambiente natural ou físico, previsto no art. 3.º, I, da Lei nº 6.938, de 31.08.1981, no qual estão contidos o solo, a água, o ar atmosférico, a flora e todo o conjunto físico que permite a interação dos seres físicos com o seu meio.[10]

7. Cf. Fernando Reverendo Vidal Akaoui, Direito ambiental, *Manual de direitos difusos*, n. 4.3, p. 34-35.
8. José Afonso da Silva, *Direito ambiental constitucional*, p. 2.
9. Cf. Orlando Soares, *Responsabilidade civil no direito brasileiro: teoria, prática forense e jurisprudência*, n. 9, p. 171.
10. Cf. José Afonso da Silva, op. cit., p. 3.

A atividade incorporativa interage e influencia aspectos vinculados às três categorias mencionadas, motivo pelo qual nos animamos a tratar desse assunto neste tópico específico, de modo a integrar todos esses aspectos numa visão unitária de atuação do incorporador, cuja atividade deve estar a serviço da melhoria da qualidade de vida humana e formação de um meio ambiente urbano sustentável.

2.2 Requisitos essenciais do dever de indenizar

Na lição de Fábio Dutra Lucarelli,[11] encontramos dois requisitos essenciais para se impor o dever de indenização por dano ambiental, quais sejam a caracterização do dano ambiental e a verificação, no caso concreto, do liame entre ação ou omissão do agente, causa eficiente para o surgimento do prejuízo ecológico (nexo causal).

O suporte fático do ato ilícito ambiental prescinde do nexo psicofísico da culpa,[12] representando avanço significativo o fato do art. 14, § 1.°, da Lei n° 6.938/1981, ter consagrado a responsabilidade objetiva do causador do dano[13] e a proteção aos interesses individuais e supraindividuais, conferindo legitimidade ao Ministério Público da União e dos Estados[14] para propor ação de responsabilidade civil e criminal por danos causados ao meio ambiente, não se mostrando suficiente a demonstração de legalidade do ato.[15]

---

11. Fábio Dutra Lucarelli, Responsabilidade civil pelo dano ecológico, *RT* 700/7-26.
12. No dizer de Pontes de Miranda, *Tratado de direito privado,* t. LIII, § 5.499, n. 2, p. 48.
13. Patrícia Faga Iglecias Lemos anota que, na prática, no direito italiano, o sistema de responsabilidade ambiental italiano é "quase objetivo", na medida em que o art. 2.050 atribui a responsabilidade somente se não ficar provado que adotou todas as medidas necessárias para evitar o dano e o art. 2.051 só exime de responsabilidade na ocorrência de caso fortuito (*Responsabilidade civil por dano ao meio ambiente*, p. 65).
14. Antônio Chaves anota, como único reparo, que a defesa judicial do meio ambiente não deveria ficar concentrada exclusivamente nas mãos do Ministério Público, quando um tema tão relevante quanto o patrimônio ambiental requer um alargamento de atribuições (*Ecologia: a política internacional e nacional do meio ambiente. Sistema e instrumentos*, n. 5, p. 127), crítica essa que foi atenuada com a promulgação da Lei n° 7.347/1985, que disciplina a ação civil pública de responsabilidade por danos causados ao meio-ambiente, ao consumidor, a bens e direitos de valor artístico, estético, histórico, turístico e paisagístico, dentre outras providências. e determinou a ampliação da legitimidade ativa para outras entidades.
15. Cf. Carlos Roberto Gonçalves, *Responsabilidade civil – De acordo com o novo Código Civil*, n. 19.2, p. 88. A existência de licença do Poder Público para a realização da atividade pelo agente poluidor não o isenta de responsabilidade em face da ocorrência do dano ecológico, não obstante venha acompanhada da presunção de legitimidade inerente aos atos administrativos.

Por sua vez, para caracterizarmos o dano ambiental, suficiente ao surgimento da obrigação de indenizar, três fatores se apresentam: a anormalidade, a periodicidade e a gravidade do prejuízo. A anormalidade se configura quando as propriedades físicas e químicas dos elementos da natureza são modificadas em função da atividade realizada, de tal forma que o elemento perca, parcial ou totalmente, sua utilidade. A gravidade do prejuízo verificado surge como requisito básico do dano ambiental quando ultrapassa o limite máximo de tolerância que o ecossistema permite. Por último, a periodicidade se caracteriza quando a agressão perdura pelo espaço de tempo suficiente à produção de um dano anormal e grave, não necessariamente significando que a periodicidade deva ocorrer em lapsos temporais distintos um do outro.

Para Fábio Dutra Lucarelli,[16] em se tratando de dano ecológico há uma diminuição da relevância do nexo causal, porquanto a causa do prejuízo pode estar apenas potencializada, responsabilizando-se aquele que lucra com uma atividade de risco ou pelas desvantagens dela resultantes. Salienta o autor que o Poder Público poderá ser responsabilizado solidariamente com o poluidor (pessoa física ou jurídica), sempre que àquele incumbir o dever da prevenção e fiscalização da atividade desenvolvida, ficando assegurado a ele – Poder Público – o direito de regresso.[17]

2.3 O MEIO AMBIENTE E A PROTEÇÃO DA SAÚDE DO CONSUMIDOR

A saúde e a segurança do consumidor vêm reguladas em diversos artigos do Código de Defesa do Consumidor (*v.g.*, arts. 6.º, I; 8.º a 10; 25; 39, VIII; 51, I; 56; 63 a 66; 101 e 102), que tratam da tutela de sua incolumidade físico-psíquica. Antonio Herman V. Benjamin,[18] ao cuidar da responsabilidade civil e acidentes de consumo no Código de Defesa do Consumidor, concebe duas órbitas de proteção ao consumidor: a primeira protege sua saúde e segurança contra os acidentes de consumo, gerados por produtos ou serviços defeituosos; a segunda procura assegurar a sua incolumidade econômica.

16. Fábio Dutra Lucarelli, Responsabilidade civil..., p. 12.

17. José Renato Nalini anota que o Município, como entidade estatal, integrante da federação, responde objetivamente pelos danos causados a terceiros por seus agentes e nessa qualidade, ao ocupar o polo passivo na relação jurídica processual instaurada mediante ação civil pública, por adoção da teoria do risco administrativo ou da falta de serviço, devendo ser afastada a possibilidade ou restringi-la a grau mínimo, considerando-se a amplitude da vulneração ao ambiente, nunca imputável à comunidade dos prejudicados (*Magistratura e meio ambiente. JSTJ* e TRF 83, n. IV, p. 15-17).

18. Cf. Antonio Herman V. Benjamin, Responsabilidade civil e acidentes de consumo no Código de Defesa do Consumidor, n. 2, p. 17.

De maneira preponderante, a tutela do consumidor dentro da primeira esfera de proteção – incolumidade físico-psíquica – passa pela proteção ao meio ambiente. Por meio da dispersão pelo meio ambiente, certos produtos e serviços acabam causando danos diretos (riscos imediatos) ou indiretos (riscos mediatos, por via transversa) não apenas ao consumidor, mas a toda coletividade. Não olvidando dos acontecimentos que se sucedem ao redor do consumidor individual, o Código de Defesa do Consumidor não deixou ao desamparo os riscos mediatos, contemplando dispositivos de índole eminentemente ambiental (arts. 37, § 2.º, e 51, XIV).

Logo, a responsabilização do fornecedor abrange, igualmente, essa esfera de cuidados, contida no conceito de adequação às exigências sociais de um produto ambientalmente inócuo, importando não só o risco imediato para o consumidor singularmente considerado, mas também o risco indireto, que se apresenta quando o produto, de nocividade extremada, ataca o meio ambiente, causando danos irreparáveis à coletividade.[19]

2.4 A TUTELA AMBIENTAL E A SISTEMÁTICA INCORPORATIVA

Em ocorrendo o dano ambiental, vinculado ao desenvolvimento da atividade incorporativa, o adquirente da unidade condominial integrante da relação jurídica de consumo ou terceiros[20] poderá individualmente se socorrer do Poder Judiciário, com fulcro no art. 6.º, VI, c/c o art. 81 do CDC, que relaciona, dentre os direitos básicos do consumidor, a efetiva prevenção e reparação de danos patrimoniais e morais, individuais, coletivos e difusos. A tutela individual, portanto, deverá se concretizar com a aplicação conjugada dos sistemas do Código de Processo Civil, do Código de Defesa do Consumidor e dos Juizados Especiais de Pequenas Causas (art. 5.º, IV, do CDC).[21]

A gestão ecológica deve ser uma das preocupações fundamentais do incorporador imobiliário em sua atividade, dentro do novo paradigma de desenvolvimento sustentável do sistema econômico, que deve deixar para trás o já superado modelo de desenvolvimento industrial capaz de destruir completamente o habitat do ser humano. Nesse contexto, a funcionalidade de qualificação registral representa

19. Idem, n. 4, p. 18-19.

20. Vale lembrar que o art. 17 do CDC equipara a consumidor todas as vítimas do evento, que resultem de fato do produto e do serviço.

21. Cf. Ada Pellegrini Grinover et al. *Código Brasileiro de Defesa do Consumidor: comentado pelos autores do anteprojeto*, comentário ao art. 81, p. 506. Nelson Nery Jr. (Responsabilidade civil e meio ambiente, p. 37) destaca que: "(...), o particular não pode ajuizar ação de indenização pelos danos ambientais, pois carece de legitimidade para tanto. Poderia, sim, deduzir pretensão individual se ofendido seu patrimônio pessoal pelo agente predador do meio ambiente".

importante papel no controle preventivo urbanístico, como aduz Vicente de Abreu Amadei: "Considerando a funcionalidade de qualificação registral, verifica-se a instrumentalidade do registro imobiliário na duplicação do controle preventivo urbanístico, como, por exemplo, se nota na averbação de construção, no registro de parcelamento do solo, na averbação de desdobros ou de desmembramentos de pequeno porte (dispensado o registro especial), no registro de Incorporação imobiliária e no registro de Instituição, Especificação e Convenção de condomínio em edifício mediante construção direta".[22]

Para evitar o dano ambiental, consubstanciado, por exemplo, na poluição sonora, muito comum na promoção e realização de construções, os incorporadores e os construtores comumente empregam materiais e sistemas de vedação de propagação de sons, que ultrapassem os limites estabelecidos pela legislação pertinente.[23]

José Afonso da Silva adverte que as grandes obras urbanas ocasionam sérios impactos ambientais, cuidando-se para a preservação do exercício das funções sociais da cidade, quais sejam habitar, trabalhar, circular e recrear. Assim, a ordenação dos espaços urbanos deve servir como instrumento da política de meio ambiente, de forma que os textos legais, que regulamentam a promoção do desenvolvimento urbano e a aprovação dos projetos de construção das unidades edilícias, precisam conter disposições adequadas a respeito da altura dos edifícios, a taxa de ocupação do solo, coeficiente de aproveitamento, afastamentos ou recuos de frente, de fundo e dos lados etc., permitindo uma ordenação adequada dos espaços citadinos.[24]

O problema do crescimento demográfico desordenado, para o qual a incorporação de imóveis é uma das soluções mais destacadas, deve passar pela mudança do gerenciamento das empresas, com uma mudança de rumo em direção a um desenvolvimento sustentável. Os programas mundiais de qualidade – conjunto de normas técnicas que estabelece minuciosos padrões de qualidade para processos de produção ou produtos – certamente auxiliarão o empresariado a atender as exigências que tratam da gestão ambiental ou gerenciamento ecológico, degraus imprescindíveis para o futuro.

---

22. Vicente de Abreu Amadei, Anotações para uma reflexão sobre o aspecto instrumental do registro imobiliário no controle urbanístico da propriedade, *RDI* 31/22.

23. Paulo Affonso Leme Machado (*Direito ambiental brasileiro*, n. 9.2 e 10, p. 671-674) admite, para a hipótese de poluição sonora, a interposição e ação civil pública, pois atinge pessoas várias, que, na maioria das vezes, são indeterminadas, podendo ser utilizados os seguintes fundamentos: ausência de análise, no EIA, da poluição acústica; omissão, no licenciamento ambiental, da análise da poluição sonora; fornecimento de produto com ruído acima do legalmente permitido; necessidade de instalação de equipamentos antissom; necessidade de cumprimento, pelo poluidor, gestor da obra ou empresa da obrigação de vedar, ou reduzir a emissão de som a partir de sua geração.

24. Cf. José Afonso da Silva, op. cit., p. 76 e 151-152.

A tutela coletiva municia a sociedade de elementos para penalizar os que provocam prejuízos ao meio ambiente, tratando de minorar os efeitos da agressão sofrida com a reparação do prejuízo, na medida do possível, e com a aplicação de sanções que desestimulem o comportamento punível.

Como muito bem salientou Nelson Nery Jr.,[25] será difusa a pretensão que se deduza em juízo buscando reparação por dano causado ao meio ambiente, sendo indivisível o objeto do direito. Na expressão do CDC – art. 81, parágrafo único, I – interesses ou direitos difusos são aqueles transindividuais, de natureza indivisível, de que sejam titulares pessoas indeterminadas e ligadas por circunstância de fato. Estamos no universo dos interesses coletivos, onde os adquirentes das unidades condominiais – habitantes de uma determinada região – e consumidores do produto imobiliário estão sujeitos às consequências do empreendimento desenvolvido pelo incorporador.

A legitimidade *ad causam* nas ações coletivas pressupõe não a existência de um vínculo jurídico específico, mas situações fáticas, acidentais e mutáveis, comuns a todos aqueles pertencentes a determinada comunidade. A participação de todos os possíveis interessados na comunhão indivisível se configura porque a satisfação da pretensão de um só dos sujeitos implica, de modo inafastável, a solução da questão para toda a coletividade. Com efeito, a comunidade condominial é integralmente afetada caso a pretensão individual do condômino seja atendida.

Os instrumentos mais adequados para reprimir ou impedir danos ao meio ambiente, nos quais são formuladas pretensões transindividuais, são a ação popular (Lei nº 4.717/1965) para a declaração de nulidade de atos lesivos ao patrimônio público (art. 1.º da Lei nº 4.717/1965) e a ação civil pública (Lei nº 7.347/1985), que constitui um dos instrumentos processuais mais efetivos para a proteção do ecossistema, do consumidor e de bens e direitos de valor artístico, estético, histórico, turístico e paisagístico, responsabilizando o agente pelos danos causados ao meio ambiente (art. 1.º, I, da Lei nº 7.347/1985).[26]

A ação civil pública de responsabilidade por danos causados ao meio ambiente será promovida pelo Ministério Público; Defensoria Pública; União, Estados, Distrito Federal e Municípios; autarquia, empresa pública, fundação ou sociedade de economia mista e as associações que especifica (art. 5.º, I a V),[27] podendo ser

---

25. Nelson Nery Jr., Responsabilidade civil..., p. 36-37.

26. Sérgio Shimura (*Tutela coletiva e sua efetividade*, São Paulo: Método, p. 19) lembra que inúmeros são os diplomas legais que regulamentam a defesa dos direitos coletivos *lato sensu*, como, por exemplo, a Lei 8.069/1990 (Estatuto da Criança e do Adolescente), a Lei 8.078/1990 (Código de Defesa do Consumidor), a Lei 10.741/2003 (Estatuto do Idoso).

27. A atribuição de legitimidade às associações civis para a propositura da ação civil pública, na visão de José Alfredo de Oliveira Baracho Jr., prende-se ao fato de que os direitos

precedida ou acompanhada de medida cautelar nominada ou inominada, pedido cominatório para impedir ou minimizar o dano ecológico, bem como da suspensão liminar do ato ou fato impugnado (art. 12). Ambas têm em comum a defesa dos interesses difusos da coletividade, não o amparo do direito individual de seus autores,[28] razão pela qual aquele que se sentir prejudicado em seu patrimônio pessoal pelo incorporador, no momento em que este atuar como agente predador do meio ambiente, não poderá deduzir pretensão coletiva de indenização pelos danos ambientais, faltando-lhe legitimidade *ad causam* para tanto. Ao invés disso, poderá deduzir pretensão individual, com fulcro nos dispositivos legais antes referidos.

---

difusos têm naquelas um espaço privilegiado para alcançar consistência argumentativa (*Responsabilidade civil por dano ao meio ambiente*, p. 289).

28. Cf. Carlos Roberto Gonçalves, op. cit., n. 18.4, p. 75.

3
Responsabilidade pelo Dano Moral

3.1 Aspectos gerais

Nas relações obrigacionais do incorporador com os adquirentes a aplicação dos princípios atinentes ao patrimônio não sofre qualquer exceção. Além do dever do incorporador de cumprir a prestação, que corresponde à obrigação de entregar as unidades condominiais concluídas (art. 29, *caput*, da LCI), igualmente se torna responsável, por meio de seu patrimônio, pela satisfação coativa do direito do credor. Consequentemente, segue que o direito creditício dos adquirentes não seria apenas um direito a certo ato do devedor (prestação), mas também um direito sobre o seu patrimônio (sujeição).

Considerando que os interesses dos adquirentes e do próprio incorporador têm características econômicas e morais, o patrimônio de cada um pode ser alcançado pelo outro em ocorrendo o ato ilícito (contratual ou extracontratual), não necessitando o sujeito prejudicado de prévia previsão legal para respaldar o reconhecimento do seu direito.[1]

No que se refere especificamente à esfera do dano moral, estamos diante de um dos efeitos da lesão jurídica ocasionada aos interesses coexistentes e antecedentes de um mesmo direito subjetivo do paciente,[2] razão pela qual é perfeitamente possível

1. Ao contrário do Código Civil italiano, que, no art. 2.059, limita o ressarcimento do dano não patrimonial aos expressos casos previstos em lei, *v.g.*, a condenação que pode ser oposta à parte pelo juiz, em razão do uso de expressões inconvenientes e ofensivas (art. 89 do CPC italiano).
2. Cf. Maria Helena Diniz. A responsabilidade civil por dano moral, p. 8. Interessante acórdão reputa indenizável o dano moral somente em razão de ilícito doloso, nos seguintes termos: "(...) É imperioso lembrar ainda que o dano moral só se justifica quando o ilícito resulte de ato doloso, em que a carga de repercussão ou perturbação nas relações psíquicas, na tranquilidade, nos sentimentos e nos afetos de uma pessoa se reflita como

a cumulação do pleito de reparação material com o da dor moral, não objetivando, propriamente, o valor reclamado pela vítima, uma reparação equivalente ao preço da dor, mas, concomitantemente, uma função satisfativa das consequências da lesão jurídica para o ofensor.[3]

Em sua monografia a respeito da reparação civil por danos morais, Carlos Alberto Bittar aponta, de forma genérica, a noção de dano moral como aquele que se manifesta "nas esferas interna e valorativa do ser como entidade individualizada",[4] atingindo os aspectos íntimos da personalidade humana (*v.g.*, intimidade, consideração pessoal) ou o da valoração da pessoa no meio em que vive (*v.g.*, reputação, consideração social).[5]

Com efeito, não é qualquer tipo de desgosto ou frustração que justifica a responsabilidade pelo dano moral. Somente se justifica a qualificação de "dano moral" àquele dano que possui o caráter atentatório à personalidade, lesando elementos essenciais da individualidade, que devem ser protegidos em defesa dos valores básicos da pessoa e do relacionamento social. Como evidencia Antônio Chaves, propugnar pela ressarcibilidade do dano moral não significa o "reconhecimento que todo e qualquer melindre, toda suscetibilidade exacerbada, toda exaltação do amor-próprio pretensamente ferido, a mais suave sombra, o mais ligeiro roçar das asas de uma borboleta, mimos, escrúpulos, delicadezas excessivas, ilusões insignificantes desfeitas, possibilitando sejam extraídas da caixa de Pandora do direito centenas de milhares de cruzeiros".[6]

---

decorrência da repulsa ao ato intencional do autor do crime. Tal carga, à evidência, não pode ser encontrada num delito culposo, especialmente como no caso destes autos, sem demonstração de culpa, em qualquer de suas modalidades e, ressalte-se, duvidosa até a prova da ocorrência do apontado erro médico" [*JTJ* (*Lex* – 144/73-79)].

3. Muito embora concordemos que o dano moral não é reparatório, pois não existe correspondente material ao sofrimento, o que se pretende é proporcionar à vítima um *status* material, uma alegria, adquirível com o dinheiro, e que contrabalance a angústia sentida, minimizando-a (cf. Mazeaud, Mazeaud e Tunc, *Tratado teórico y práctico de la responsabilidad civil delictual y contratual*, t. 1, vol. 1, n. 313, p. 438-439; René Savatier, *Traité de la responsabilité civile en droit français: civil, administratif, professional, procédural*, t. II, n. 527, p. 92-93).
4. Carlos Alberto Bittar, *Responsabilidade civil por danos morais*, n. 6, p. 34.
5. Idem, n. 7, p. 41. A esses dois aspectos do ser como entidade individualizada José Eduardo Callegari Cenci denomina os aspectos interno e externo, ambos mensuráveis na avaliação do dano moral para fins indenizatórios, o primeiro correspondente ao aspecto do corpo e da alma, que pode ser mensurado com o suporte da medicina legal; o segundo atinente à repercussão social, que dependerá do prudente arbítrio do julgador, ambos observados em separado, mas aplicados cumulativamente, quando o caso concreto assim exigir (Reflexões sobre o dimensionamento do dano moral para fins de fixação indenizatória, n. 4, p. 264).
6. Antônio Chaves, *Tratado de direito civil*, vol. III, p. 637.

Sob pena de ser extensível a todas as situações da vida psíquica humana, em que contrariar o mero capricho poderia dar ensejo a verdadeiras extorsões de caráter patrimonial, a reparação civil por danos morais deve encontrar limite nas situações que não produzem efeito negativo algum na personalidade do lesado ou de maneira nenhuma ameacem a preservação da individualidade da pessoa; em contrapartida, deve alcançar o acontecimento grave, capaz de deixar marcas profundas na generalidade das pessoas, no homem e na mulher medianos.[7] Destarte, *v.g.*, a mera expectativa da entrega de determinada coisa, objeto de contrato de compra e venda, não pode ser fator determinante para a responsabilização civil do vendedor, do mesmo modo que a resolução do contrato pelo inadimplemento do comprador não pode gerar direito de ressarcimento para o alienante, "frustrado" em sua esperança de receber o preço convencionado.

Além disso, devemos lembrar que, não existindo pena sem prévia cominação legal (art. 5.º, XXXIX, da CF) e apresentando-se o dano como elemento indispensável ao surgimento do dever de indenizar, no direito brasileiro se mostra inaplicável o efeito pedagógico-punitivo dos danos morais. Nesse sentido, o escólio de Arruda Alvim: "i) O dano é elemento indispensável da responsabilidade civil, sendo certo que não havendo o que compensar, não há dever de indenizar; ii) Para se configurar o dano moral é indispensável a ocorrência de grave lesão a direito da personalidade. (...); iii) O mero inadimplemento contratual não é apto a gerar dever de indenizar danos morais; (...) v) a aplicação da indenização por dano moral com caráter pedagógico-punitivo enfrenta limitações de ordem constitucional e infraconstitucional; (...)".[8]

3.2 A RESPONSABILIZAÇÃO DO INCORPORADOR

No exercício de sua atividade, caso o incorporador atente contra a personalidade, honra, liberdade, profissão do adquirente ou de terceiros, poderá ser demandado para indenizar o prejuízo causado, ficando ao arbítrio do magistrado a identificação do delito civil e a fixação do quanto a ser indenizado. Como exemplo, podemos

7. No mesmo sentido, Sérgio Cavalieri Filho assim configura o dano moral: "Mero dissabor, aborrecimento, mágoa, irritação ou sensibilidade exacerbada estão fora da órbita do dano moral, porquanto, além de fazerem parte da normalidade do nosso dia a dia, no trabalho, no trânsito, entre os amigos e até no ambiente familiar, tais situações não são tão intensas e duradouras, a ponto de romper o equilíbrio psicológico do indivíduo. Se assim não se entender, acabaremos por banalizar o dano moral, ensejando ações judiciais em busca de indenizações pelos mais triviais aborrecimentos" (*Programa de responsabilidade civil*, n. 19.4, p. 76). Veja-se, ainda, Antônio Lindbergh C. Montenegro, *Do ressarcimento de danos pessoais e materiais*, n. 49, p. 158-159.

8. Arruda Alvim, Responsabilidade contratual – Inaplicabilidade do efeito pedagógico-punitivo do dano moral, *Soluções práticas de direito – Pareceres*, vol. II, p. 1056.

citar o desconforto moral e psíquico decorrente de uma situação de injusto constrangimento imposto à vítima pela indevida imputação da pecha de má pagadora, com o registro do nome do adquirente no Serviço de Proteção ao Crédito, levada a efeito por incorporador malicioso.[9]

Todavia, em algumas circunstâncias, comuns dentro do universo incorporativo, podemos identificar algumas situações nas quais essa forma de dano não ocorre, como, *v.g.*, a perda da privacidade na utilização da piscina ou do jardim, em virtude da construção do edifício vizinho; ou a perda da vista panorâmica, em face do posicionamento do edifício.

Na hipótese mais expressiva, quando o incorporador dá azo à resolução do contrato por descumprimento das obrigações nele contidas, não nos parece plausível a identificação do dano moral. Isso porque a dor consubstanciada na frustração da concretização do negócio, que envolve "o sonho da aquisição da casa própria", não constitui motivo suficiente à indenização, coexistindo essa tristeza com tantas outras sentidas no correr da existência humana.[10]

---

9. Nesse sentido, *RT* 717/148-150; *JTJ* (*Lex* 170/35-39; *JTJ* (*Lex* 172/226-232; *JTJ* (*Lex* 176/77-81; AASP 1.783/84-85. "(...) Talvez melhor, aliás, do que outro especialista qualquer, mercê da riqueza e variedade de suas vivências profissionais e do diuturno convívio com a sofrida variegada clientela do verdadeiro hospital de almas que é o Foro. (...) O precedente desta Corte, citado pela apelante, destaca que a violência moral cometida contra a pessoa injustamente 'negativada' em um cadastro de devedores relapsos não tem como única consequência a dor da injustiça sofrida e a agressão à autoestima, mas também a necessidade da dolorosa e desgastante peregrinação pelos escritórios de advocacia e repartições forenses em busca da reparação (*RJTJRGS* 134/372)".

10. "No que se refere à indenização pelo dano moral, deve ser também acolhida a pretensão do Autor. (...)

    Não se objete ser irreparável a dor pela frustração na concretização do negócio, principalmente envolvendo o 'sonho da casa própria', cada dia mais difícil em nosso país." Cf. sentença exarada pelo juízo da 4ª Vara Cível do Foro Regional I – Santana – Proc. 400/93 – em 20.09.1993 – Juiz João Pazine Neto.

    Essa decisão foi reformada por acórdão transitado em julgado, exarado pelo TJSP, Ap. 232.789-2/4, rel. Des. Gilberto Gama, 01.11.1994, a propósito do julgamento do recurso interposto na ação antes referida: "(...) No caso de resolução de compromisso de compra e venda, somente o patrimônio material foi atingido e está sendo recomposto pelo pagamento das perdas e danos.

    Não se coaduna com a doutrina afirmar que houve dor, mágoa e tristeza indenizável pelo fato de o apelado não conseguir realizar 'o sonho da casa própria'. Essa tristeza, como tantas outras no correr da existência humana, não é indenizável no ordenamento jurídico nacional."

    Ainda nesse sentido: *JTJ* (*Lex* – 167/44-54 ("Contrato – Compromisso de compra e venda – *Incorporação imobiliária* – Rescisão – Atraso na entrega da obra – Dano moral – Conceito no qual não se enquadra o simples constrangimento decorrente do insucesso do negócio – Indenização não devida – Recurso não provido"), *JTJ* (*Lex* 144/32-37

Muito embora não mais seja questionável a indenizabilidade do dano moral, este, além de demonstrável, há de ser grave, não ficando o Poder Judiciário à mercê de pessoas inescrupulosas, capazes de tentar tirar proveito da proteção jurídica em vigor, existente para dar amparo às vítimas de lesões morais efetivas.

O texto constitucional – art. 5.º, X – assegura a indenização pelo dano moral, restringindo-o à violação da intimidade, da vida privada, da honra e da imagem das pessoas, enfim, sempre que ocorra a violação aos direitos fundamentais do ser humano. Assim, o simples "desconforto", a mera "frustração", a não concretização de um negócio não se enquadram dentre as possíveis violações aos direitos contemplados na Carta Magna.[11]

("Indenização – Perdas e danos – Inexecução de *pactum de contrahendo* – Inexistência de prejuízo dela decorrente – Verba não devida – Interpretação do art. 1.060 do Código Civil – Ação improcedente – Recurso provido para esse fim.

Pelo descumprimento de *pactum de contrahendo* a indenização deve se limitar aos danos emergentes da violação do referido pacto. (...), as consequências resultantes do inadimplemento de contrato preliminar não podem ser iguais às do próprio contrato definitivo e devem ser limitadas aos denominados *interesses negativos*. (...) Como certa feita disse Carlos Maximiliano, não se indenizam esperanças desfeitas").

11. Citando essa passagem do texto, veja-se o julgado do TJSP, Ap c/ Rev 152.789-4/9-00, 8.ª Câm. de Dir. Privado, j. 24.01.2007, v.u., rel. Luiz Ambra, publicado na *RT* 861/159, jul. 2007.

Parte IV
Da Responsabilidade Civil do Adquirente
Capítulo Único – Responsabilidade Civil Contratual

Considerada a incorporação imobiliária em seu sentido estrito, somos levados a contemplar as obrigações do adquirente ou candidato à aquisição da unidade condominial, genericamente lastreadas no dever geral de cumprir todas as obrigações contratuais (*pacta sunt servanda*, boa-fé objetiva) e, especialmente, na obrigação correspondente ao pagamento das prestações que se obrigou a solver, devidamente corrigidas monetariamente.

Caio Mário da Silva Pereira[1] chama à atenção para o ponto de partida das relações contratuais entre o incorporador e o adquirente: a proposta. Após as negociações preliminares, eventualmente originadoras da responsabilidade pré-contratual, o adquirente da unidade condominial (proponente) faz a assinatura de uma proposta (normalmente materializada em um impresso preparado pelo corretor), em resposta às ofertas e aos convites (publicidade, anúncios, prospectos) veiculados pelo incorporador (oblato).

Assinada a proposta compreendida como ato inicial de formação do contrato, esta obriga o proponente-candidato à aquisição da unidade condominial (art. 427 do CC, art. 30 do CDC), que não a pode retirar sob pena de responder pelas perdas e danos daí derivadas. Havendo a Lei de Condomínio e Incorporação Imobiliária assinalado prazo para que o incorporador promova a celebração dos contratos relativos à fração ideal do terreno, de construção e da convenção de condomínio e, em sendo obrigatória para o proponente a proposta, "daí advém para o subscritor da proposta ou policitante a correlata obrigação de comparecer a Cartório, ou ao lugar designado, para a assinatura desses documentos",[2] acudindo ao incorporador a alegação da *exceptio non adimpleti contractus*, no caso de descumprimento pelo adquirente, em ocorrendo o retardamento do início da construção.

---

1. Caio Mário da Silva Pereira, *Condomínio e incorporações*, n. 145, p. 267 e ss.
2. Idem, n. 145, p. 268-269. No mesmo sentido, Marco Aurélio da Silva Viana, *Manual do condomínio edilício*, n. 69, p. 118-119.

Tendo o incorporador direito ao recebimento das parcelas do preço do bem incorporável, nas incorporações contratadas por preço global, pagas no modo, tempo e local convencionados, os efeitos da mora recairão sobre a fração ideal de terreno e sobre a parte construída (art. 41, *caput* e § 1.º, da LCI); operando-se a sub-rogação nos direitos e obrigações contratualmente atribuídos ao inadimplente em favor de quem tenha se operado a resolução do contrato relativo à fração ideal de terreno e partes comuns (art. 42 da LCI), em decorrência do princípio legal da incindibilidade da unidade imobiliária, da fração ideal do solo e das coisas comuns da unidade autônoma, que são consideradas partes inseparáveis (art. 1.331, §§ 2.º e 3.º, do CC).

Está garantida pela lei, no caso de resolução do contrato de alienação do terreno e fração ideal, a resolução das cessões ou promessas de cessão de direitos, firmados pelos adquirentes (art. 40, *caput*, da LCI). O incorporador, nesse caso, tem a garantia de que o direito sobre a construção, porventura existente, correspondente ao contrato resolvido, consolidar-se-á a seu favor, mesmo que os cessionários tenham registrado seus instrumentos. Salvo a hipótese de culpa do adquirente dos direitos relativos à unidade condominial, quando as perdas e os danos sofridos pelo incorporador poderão ser avaliados, descontando-se do valor pago os prejuízos daí advindos, os ex-titulares de direitos à aquisição de unidades autônomas haverão por inteiro o valor da parcela da construção que haja adicionado à unidade. O incorporador não poderá voltar a negociar as unidades, sob pena de nulidade do negócio, sem que haja reembolsado os ex-adquirentes, que poderão utilizar esses direitos como garantia na cobrança judicial do que lhes for devido.[3]

Sempre que o incorporador, pessoa física ou jurídica, tiver seu nome, reputação ou imagem atingidos no meio comercial por ato ilícito do adquirente, poderá pleitear o correspondente ressarcimento, responsabilizando-se o candidato a proprietário pelos danos morais sofridos.

Não sendo um bem personalíssimo, exclusivo do ser humano, a honra constitui atentado contra o incorporador-pessoa jurídica, que pode demandar pelos danos morais sofridos. Nesse sentido, distingue-se a honra em seu sentido subjetivo – dignidade, decoro e autoestima –, e em seu sentido objetivo – reputação, bom nome e imagem perante a sociedade. Sempre que o incorporador for atingido em seu bom nome comercial por ato praticado pelo adquirente, investindo contra sua honra profissional, pode procurar sancionar o infrator, pretendendo justa punição contra aquele que macula a honra, o nome ou a imagem empresarial.

1.1 Cláusula resolutiva

A cláusula que estabelece o efeito resolutório, decorrente da mora do adquirente no pagamento das prestações ou no cumprimento de outras obrigações a que se

3. Cf. tópico 1.1 – Livro II, Parte I, alínea *o*.

tenha vinculado, deriva da natureza bilateral do contrato de incorporação. Portanto, mesmo se a cláusula resolutiva não tenha sido expressamente convencionada, o incorporador poderá pleitear a resolução em razão da inexecução da obrigação, além das perdas e danos, seguindo a regra geral do art. 475 do CC, caso não prefira a alternativa de exigir a prestação inadimplida ("*A parte lesada pelo inadimplemento pode pedir a resolução do contrato, se não preferir exigir-lhe o cumprimento, cabendo, em qualquer dos casos, indenização por perdas e danos*"), ou mesmo o vencimento antecipado da dívida, se existir expressa disposição nesse sentido.

Deveras, a cláusula resolutiva, seja ela expressa ou tácita, é própria dos contratos incorporativos que assumem o perfil de uma promessa de venda e compra ou promessa de cessão de direitos e, muitas vezes, resultam na extinção do contrato na hipótese de descumprimento das obrigações acordadas, em especial diante do inadimplemento no pagamento das prestações a que o adquirente tenha se obrigado.

Nos contratos incorporativos de compra e venda com pacto adjeto de garantia fiduciária, por força do sistema de aplicação da garantia prevista em lei, o contrato que serve de título ao negócio fiduciário ficará resolvido caso não purgada a mora no Registro de Imóveis competente, consolidando-se a propriedade do imóvel em nome do credor-fiduciário (art. 26 da Lei nº 9.514/1997).

O regime da alienação fiduciária de bens imóveis, aplicado aos contratos incorporativos, neles potencializa sua função social, porquanto, tendo o incorporador ou agente financeiro direito às prestações do preço ou às parcelas do financiamento e ao pagamento pontual dessas prestações, faz-se indispensável a existência de mecanismos eficientes que previnam a ocorrência da mora e do inadimplemento contratuais, em razão da imperiosa necessidade de sustentação do fluxo de caixa e, por via de consequência, do ritmo das obras, da preservação dos direitos dos adquirentes adimplentes e de boa-fé e do bom funcionamento do Sistema Financeiro Imobiliário.

Quando as unidades condominiais forem contratadas pelo sistema "preço global", poder-se-á estipular que a resolução do contrato de incorporação não se opere somente no que diz respeito à quota-parte do terreno, ou sobre a parte construída, mas sobre ambas, ainda que uma ou outra tenha sido totalmente paga (art. 41, §§ 1.º e 2.º, da LCI).

Além da cláusula resolutiva expressa, outras penalidades podem ser estabelecidas contratualmente, como a multa e os juros moratórios. Esses encargos prescindem de interpelação, operando *pleno iure* após o vencimento da obrigação ("*Incorre de pleno direito o devedor na cláusula penal, desde que, culposamente, deixe de cumprir a obrigação ou se constitua em mora*" – art. 408 do CC).

1.1.1 A constituição da mora

Vencida e não paga a dívida no tempo, lugar e forma estabelecidos na lei ou a na convenção, responde o adquirente pelos prejuízos a que deu causa, mais juros moratórios, cláusula penal moratória, atualização dos valores monetariamente corrigidos e honorários advocatícios (arts. 394 e 395 do CC), Contudo, a resolução do contrato incorporativo, seja a cláusula resolutiva expressa ou tácita, requer a notificação do adquirente para que, no prazo de quinze dias, purgue a mora, conforme determina o art. 1.º do Dec.-lei nº 745, de 07.08.1969, que prevê, para a constituição em mora do promissário-comprador, nos contratos a que ser refere o art. 22 do Dec.-Lei nº 58/1937,[4] a prévia interpelação judicial ou extrajudicial, por intermédio do cartório de registro de títulos e documentos.[5]

---

4. A Lei nº 13.097, de 2015 conferiu a seguinte redação ao art. 1º do Dec.-lei nº 745: "*Art. 1º Nos contratos a que se refere o art. 22 do Decreto-Lei nº 58, de 10 de dezembro de 1937, ainda que não tenham sido registrados junto ao Cartório de Registro de Imóveis competente, o inadimplemento absoluto do promissário comprador só se caracterizará se, interpelado por via judicial ou por intermédio de cartório de Registro de Títulos e Documentos, deixar de purgar a mora, no prazo de 15 (quinze) dias contados do recebimento da interpelação.*

   Parágrafo único. Nos contratos nos quais conste cláusula resolutiva expressa, a resolução por inadimplemento do promissário comprador se operará de pleno direito (art. 474 do Código Civil), desde que decorrido o prazo previsto na interpelação referida no caput, sem purga da mora".

5. Exemplificando a posição jurisprudencial, no sentido da necessidade de notificação prévia para constituir o réu em mora, podemos citar o seguinte julgado: "Compromisso de compra e venda – Imóvel – Necessidade de notificação para a constituição em mora de todos aqueles que figuraram como compradores no compromisso firmado, como também de suas cônjuges, em sendo casados – Ausência dessa formalidade que configura nulidade processual insanável, ainda que não registrado o contrato – Impossibilidade, por outro lado, da modificação da causa de pedir após a citação dos réus para a ação – Recurso improvido" (TJSP, Ap 143.219-4/8-00, 3.ª Câm. de Dir. Privado, rel. Des. Flávio Pinheiro, 09.03.2004).

   No mesmo sentido: *JTJ* (*Lex* 165/43-46; TJSP, Ap 234.380-2/2, rel. Des. Itamar Gaino, 16.06.1994, *BDI*, 1.º decêndio, mar. 1995, p. 14-15; TJSP, Ap 259.203-2/9, rel. Des. Hermes Pinotti, 27.06.1995, *BDI*, 3.º decêndio, abr. 1996, p. 12; STJ, Ag. 90.531/SC, rel. Min. Eduardo Ribeiro, 12.12.1995, *BDI*, 3.º decêndio, jan. 1996, p. 14-15.

   Em parecer de sua lavra, Arruda Alvim reafirma essa necessidade, nos seguintes termos: "Mesmo tendo sido proposta a ação de consignação em pagamento, e mesmo diante da improcedência desta, há necessidade para que seja ajuizada ação de rescisão de compromisso de compra e venda, de interpelação do devedor, nos termos do art. 1.º do Dec.-lei 745/1969". *RePro* 56/174-178.

   Concluindo pela desnecessidade da interpelação, quando já ajuizada ação de consignação em pagamento, acórdão do STJ, publicado em *JSTJ* e *TRF* (*Lex* 63/194-198), nos seguintes termos: "(...) A pretendida interpelação judicial – replica o v. acórdão recorrido –, como pressuposto da ação de rescisão do contrato, era de todo desnecessária, (...) porque seria até absurdo que se interpelasse alguém a efetuar pagamento quando este pagamento já estava se pretendendo realizar através de ação de consignação em pagamento por iniciativa do próprio devedor, como previsto no art. 941 do CC". Também nesse sentido: *RT* 567/62-63; José Osório de Azevedo Jr., *Compromisso de venda e compra*, n. 123, p. 165.

Transcorrido o prazo fixado em lei, a sua purgação posterior dependerá da aquiescência do credor, não sendo possível ao inadimplente efetuar o depósito da quantia devida no prazo de contestação da ação de rescisão contratual, ou em ação autônoma, quando o caso.[6] O inadimplente, ao invés, poderá arguir a imprecisão do *quantum debitoris*, fato que impede a constituição do devedor em mora e conduz à carência de ação do autor da demanda.[7]

No âmbito dos contratos incorporativos firmados sob o regime da alienação fiduciária, após o transcurso do prazo de carência, o fiduciante, ou seu representante legal ou procurador regularmente constituído, será intimado, a requerimento do fiduciário, pelo oficial do competente Registro de Imóveis, a satisfazer, no prazo de quinze dias, a prestação vencida e as que se vencerem até a data do pagamento, os juros convencionais, as penalidades e os demais encargos contratuais, os encargos legais, inclusive tributos, as contribuições condominiais imputáveis ao imóvel, além das despesas de cobrança e de intimação (art. 26, §§ 1º e 2.º, da

---

Sustentando a desnecessidade da prévia interpelação: a) quando os devedores confessam a existência da mora: TJPR, Ap 0021736-5, rel. Des. Oto Sponholz, 01.09.1992, *BDI*, 3.º decêndio, jan. 1993, p. 24; b) equiparando a interpelação à citação para efeito de purgação da mora: *RT* (539):219-24 ["(...) Dispensa da notificação prévia estabelecida no art. 1.º do Dec.-lei 745/1969 – (...) Aplicação da jurisprudência, segundo a qual a citação para a causa equivale à interpelação para efeito de purgação da mora ou rescisão do contrato"]. A propósito da falta de registro do compromisso de compra e venda, veja-se a Súmula do STJ 76: "A falta de registro do compromisso de compra e venda de imóvel não dispensa a prévia interpelação para constituir em mora o devedor". Acompanhando a regra sumulada: *RT* 676/200-202; 686/208-210; *JSTJ* e *TRF* (*Lex* 32/235-243). Em sentido contrário: "Ação de rescisão contratual c/c restituição de importâncias pagas. Contrato não registrado. Notificação prévia dispensável. Devolução das parcelas pagas. Incidência de correção monetária. 1. Não estando inscrito no registro imobiliário, o contrato de compromisso de compra e venda, carece de efeitos reais, prevalecendo apenas os pessoais, sendo dispensável a notificação prévia para constituir em mora o promitente inadimplente. 2. (...)" (TJGO, ApCiv 33.919-5/188, 2.ª Câm. Civ., rel. Des. Noé Gonçalves Ferreira, *DJ* 11.920, de 11.10.1994, p. 9), *RJTJESP* (*Lex* 112/61; *Lex* 125/78 79; *RDC* 35/221-224; 37/254-257).

6. Entendendo pela inadmissibilidade da emenda da mora no prazo da contestação, constituído em mora o promitente comprador, na forma do Dec.-lei 745, de 07.08.1969: "Promessa de compra e venda. Promitente comprador constituído em mora na forma estabelecida no Dec.-lei 745/1969. Inadmissibilidade da sua purgação no prazo concernente à contestação da ação de rescisão do contrato" (*RTJ* 106/1.216, rel. Min. Soares Muñoz). Reconhecendo a prevalência do entendimento jurisprudencial nesse sentido, veja-se José Osório de Azevedo Jr.: "O que se tem entendido é que, existindo cláusula resolutória expressa, o contrato estará resolvido após o escoamento do prazo da notificação, nada mais podendo fazer o juiz do que declarar a ocorrência daquela prévia resolução" (*Compromisso de venda e compra*, n. 110, p. 144). *Contra*, admitindo a emenda no prazo da contestação, mas em ação ajuizada sem prévia interpelação: *JTJ* (*Lex* 147/121-124).
7. Cf. julgado publicado em *RJTJESP* 136/237-243.

Lei nº 9.514/1997); transcorrido esse prazo, o contrato firmado entre o devedor fiduciante e o credor fiduciário se resolve de pleno direito, com a consolidação da propriedade em nome deste.

Gize-se que, no regime da alienação fiduciária de bem imóvel, o procedimento é extrajudicial, não tendo cabimento, portanto, o ajuizamento da ação de resolução contratual, muito menos a emenda da mora para além do prazo previsto em lei, salvo nos procedimentos de cobrança, purgação de mora e consolidação da propriedade fiduciária relativos às operações de financiamento habitacional – inclusive as operações do Programa Minha Casa, Minha Vida, instituído pela Lei nº 11.977, de 7 de julho de 2009, com recursos advindos da integralização de cotas no Fundo de Arrendamento Residencial (FAR) –, que ficaram sujeitos às normas especiais estabelecidas no artigo 26-A da LSFI, incluído pela Lei nº 13.465, de 2017, assegurando-se ao devedor fiduciante, até a data da averbação da consolidação da propriedade em nome do credor fiduciário, pagar as parcelas da dívida vencidas e as despesas de que trata o inciso II do § 3º do art. 27, hipótese em que convalescerá o contrato de alienação fiduciária.[8]

1.1.2 Necessidade de decisão judicial para a resolução de promessa de venda e compra

Assumindo o contrato incorporativo o perfil de uma promessa de venda e compra, cindem-se a doutrina e a jurisprudência a respeito da necessidade de manifestação do Poder Judiciário para a resolução do contrato incorporativo diante da existência de cláusula resolutória expressa.

Caio Mário da Silva Pereira, por exemplo, entende que, se a resolução foi expressamente pactuada, opera a cláusula de pleno direito, havendo necessidade de interpelação do adquirente pela via judicial apenas na falta de ajuste explícito, de maneira que somente na falta de atendimento à notificação é possível ter lugar a extinção do contrato.[9]

---

8. A propósito do tema, confira-se o trabalho elaborado por Rodrigo Cesar Salustiano *A purga da mora e leilões extrajudiciais na alienação fiduciária de bem imóvel*, p. 201-220.
9. Caio Mário da Silva Pereira, *Condomínio...*, n. 147, p. 270-271; *Instituições de direito civil*, vol. III, n. 214; no mesmo sentido, Marco Aurélio da Silva Viana, *Manual do condomínio...*, n. 66, p. 116. Sobre o assunto, destacamos o julgado publicado em *JTJ* (*Lex* 170/197-206), em que encontramos a seguinte ementa: "Contrato – Compromisso de compra e venda – Cláusula resolutória expressa – Reintegração de posse, após verificada a condição – Desnecessidade para o ajuizamento da prévia ação de rescisão contratual ou de interpelação para constituir o devedor em mora – Art. 119 e parágrafo único do Código Civil não revogados pelo Decreto-lei Federal 745, de 1964, pela Constituição da República ou pelo Código de Defesa do Consumidor – Recurso não provido – Voto vencido.

Em nosso sentir, faz-se basilar o pronunciamento do Poder Judiciário para a resolução de promessa de venda e compra de unidade condominial incorporável, mesmo quando expressamente pactuada a resolução do negócio jurídico, modificando-se, apenas, nesse caso, a natureza da decisão judicial, que assume natureza declaratória.[10] Esse o sentido do disposto no art. 475 do CC, que possibilita à parte lesada *pedir* a resolução do contrato, pedido esse que somente parece possível fazer ao Poder Judiciário ou ao árbitro.[11]

Vale sublinhar, como tivemos a oportunidade de demonstrar em outra passagem,[12] que, no âmbito do sistema jurídico brasileiro, em função, como regra, da irretratabilidade do negócio incorporativo (arts. 32, § 2º; 67-A, § 12, da LCI), impossibilitando o arrependimento, a desistência ou a resilição unilateral do contrato incorporativo, resta à parte – além das demais alternativas da lei (v.g., exceção do contrato não cumprido, onerosidade excessiva) – inocente, lesada pelo inadimplemento culposo, pedir a resolução do contrato, podendo optar por exigir o seu cumprimento, cabendo, em qualquer dos casos, indenização por perdas e danos (art. 475 do CC/02).[13]

Na expressão de Carvalho de Mendonça "*O inadimplente por outro lado não pôde pedir rescisão por inadimplemento*", porquanto esta é uma faculdade da parte

---

A cláusula resolutiva expressa, além de excluir a necessidade de interpelação para constituir o devedor em mora, rescinde automaticamente o contrato, podendo, em vista disso, o promitente-vendedor ser reintegrado, desde logo, na posse do imóvel". No mesmo sentido: *RT* 650/101-104; *RTJ* 74/449-457 ("Embargos de divergência conhecidos em parte, mas rejeitados. Ação de reintegração. Desnecessidade de prévia ação para reconhecimento judicial da rescisão de promessa de compra e venda. Falta de pertinência da invocada Súmula 456").

10. Citando essa passagem do texto, veja-se Hamid Charaf Bdine Júnior, Compromisso de compra e venda em face do Código Civil de 2002: contrato preliminar e adjudicação compulsória, *RT* 843/58; *Doutrinas Essenciais de Direito Registral*, vol. 3, p. 819.

11. O § 7º do art. 67-A da LCI, incluído pela Lei nº 13.786, de 2018, parece reconhecer como desnecessário esse pronunciamento ao tratar da revenda da unidade condominial: "§ 7º *Caso ocorra a revenda da unidade antes de transcorrido o prazo a que se referem os §§ 5º ou 6º deste artigo, o valor remanescente devido ao adquirente será pago em até 30 (trinta) dias da revenda*".

12. Everaldo Augusto Cambler e Rennan Faria Kruger Thamay *Aspectos da responsabilidade civil do adquirente de imóvel incorporável*, nº 1, p. 210-217.

13. O mesmo princípio pode ser encontrado no derrogado Código Comercial de 1850 ("*Art. 202 – Quando o vendedor deixa de entregar a coisa vendida no tempo aprazado, o comprador tem opção, ou de rescindir o contrato, ou de demandar o seu cumprimento com os danos da mora; salvo os casos fortuitos ou de força maior*"); na Consolidação de Teixeira de Freitas, art. 532; nas Ordenações Filipinas 4, 5, § 3º; no direito alienígena: §323 do BGB, art. 1.217 do CCfr. (versão em vigor desde 01 de outubro de 2018, alterado pela Lei nº 2018-287, de 20 de abril de 2018 – art. 10), art. 1.453 do CCit., art. 801, nº 2, do CCpor., art. 1.083 do CCarg/2014.

inocente nos contratos bilaterais, que, tendo cumprido sua obrigado, não recebeu a contraprestação.[14] No mesmo diapasão, Caio Mário da Silva Pereira evidencia que "*Mas é óbvio que somente o contratante prejudicado pode invocá-la; o inadimplente não pode, pois não se compadece com os princípios jurídicos que o faltoso vá beneficiar-se da própria infidelidade*"[15] e Francisco Eduardo Loureiro, ao tratar dos pressupostos da resolução do contrato por inadimplemento, aponta os seguintes: a) existência de contrato bilateral, b) incumprimento definitivo da obrigação e c) a medida seja pedida por credor não inadimplente. A propósito desse último pressuposto, o autor afirma: "*Há um pressuposto lógico para a resolução: quem inadimpliu não pode resolver, porque a resolução existe para proteger o contratante fiel da violação provocada pelo parceiro. Aliás, o art. 475 do Código Civil contém expresso preceito a respeito, ao facultar apenas à parte 'lesada' pedir a resolução*".[16]

Assim, presente ou não a cláusula resolutiva expressa, a função social dos contratos incorporativos potencializa a importância da segurança jurídica, preservando à parte inocente, não ao inadimplente culposo, a resolução do negócio incorporativo. Tendo o incorporador direito às prestações do preço e ao pagamento pontual dessas prestações, faz-se indispensável a existência de mecanismos eficientes que previnam a ocorrência da mora e do inadimplemento contratuais, em razão da imperiosa necessidade de sustentação do fluxo de caixa e, por via de consequência, do ritmo das obras do empreendimento, da preservação dos direitos dos demais adquirentes adimplentes e de boa-fé, que acabam, de maneira inexorável, prejudicados pela ausência de pagamento do adquirente faltoso.[17]

---

14. Carvalho de Mendonça *Doutrina e prática das obrigações*, nº 636, p. 769.
15. Caio Mário da Silva Pereira *Instituições de Direito Civil – contratos*, nº 214, p. 158. No regime da alienação fiduciária de bem imóvel, o procedimento é extrajudicial, não tendo cabimento, portanto, o ajuizamento da ação de resolução (rescisão) contratual, muito menos a emenda da mora para além do prazo previsto em lei, sendo certo que, após esse prazo, o pacto de garantia firmado entre o fiduciante e o fiduciário se resolve de pleno direito, com a consolidação da propriedade em nome deste.
16. Francisco Eduardo Loureiro *Extinção dos contratos*, *in Teoria geral dos contratos*, p. 634. Sem razão, portanto, com a devida vênia, a primeira parte da Súmula nº 1 do TJSP (*O compromissário comprador de imóvel, mesmo inadimplente, pode pedir a rescisão do contrato...*).
17. Concluindo pela impossibilidade da resolução de compromisso de venda e compra por incompatibilidade com a teoria contratual, veja-se a seguinte passagem de julgado exarado pelo E. Tribunal de Justiça de São Paulo: "*Ora, ninguém que se acusa inadimplente, pode valer-se dessa situação para dela tirar proveito em detrimento da parte contratante contrária, raciocínio que vale não só para equacionar o problema da devolução das importâncias pagas e da multa contratual, mas também o da responsabilidade pela sucumbência, além dos aspectos decorrentes da inexecução das obrigações e suas consequências. (...) O compromitente comprador do imóvel diz-se em mora e daí não pode tirar proveitos não amparados pela ordem legal instituída e repudiados por toda a teoria contratual*" (TJSP – AC nº 236.120-2/1 – 14ª Câmara de Direito Privado – rel. Des. Franciulli Neves – j. 21.6.94. Igualmente concluindo pela

Em suma, o ordenamento brasileiro reconhece o inadimplemento culposo como fundamento da pretensão resolutiva apenas para a parte inocente, sendo da maior valia essa solução nos negócios incorporativos, que envolvem os interesses da massa condominial de boa-fé e de toda a sociedade.

1.1.3 Da consolidação da propriedade em favor do fiduciário[18]

Vencida e não paga a dívida, no todo ou em parte, e constituído em mora o fiduciante, "*consolidar-se-á, nos termos deste artigo, a propriedade do imóvel em nome do fiduciário*" (art. 26, *caput*, da Lei nº 9.514/1997), de maneira a permitir, uma vez consolidada a propriedade em nome do fiduciário, que este, no prazo de trinta dias, contados da data de registro da consolidação da propriedade em nome do fiduciário, promova público leilão para a alienação do imóvel (art. 27, *caput*, LSFI); bem como promova a reintegração na posse do imóvel, que será concedida liminarmente, para desocupação no prazo de 60 dias (art. 30 da LSFI).[19]

Com a entrada em vigor da Lei nº 13.465, de 2017, ao art. 30 da LSFI foi acrescido o parágrafo único, que prevê – uma vez averbada a consolidação da propriedade fiduciária – a resolução em perdas e danos (não obstando a reintegração de posse em favor do fiduciário) das ações judiciais que tenham por objeto controvérsias sobre as estipulações contratuais ou os requisitos procedimentais de cobrança e leilão, excetuada a exigência de notificação do devedor fiduciante, nas operações de financiamento imobiliário, inclusive nas operações do Programa Minha Casa, Minha Vida, instituído pela Lei nº 11.977, de 7 de julho de 2009, com recursos advindos da integralização de cotas no Fundo de Arrendamento Residencial (FAR).

---

impossibilidade de rescisão pelo contratante inadimplente, veja-se o seguinte julgado do E. Superior Tribunal de Justiça: "*Código de Defesa do Consumidor. Rescisão contratual. Cláusula resolutiva. Dedução de prestações. Ofensa ao art. 53 não caracterizada, operando, no caso, a cláusula resolutiva em favor do credor. A rescisão não pode ser pleiteada pelo contratante inadimplente. Recurso especial não conhecido*" (STJ – RESP nº 61.190/SP – 3ª Turma – rel. Min. Carlos Alberto Menezes Direito, rel. para o acórdão Min. Paulo Costa Leite – j. em 17/03/98). Essa solução, no entanto, não vem sendo reiterada em todos os julgados, existindo decisões, do próprio Egrégio Superior Tribunal de Justiça em sentido contrário, como, v.g., o seguinte julgado: "*A C. 2.ª Seção do STJ, em posição adotada por maioria, admite a possibilidade de resilição do compromisso de compra e venda por iniciativa do devedor, se este não mais reúne condições econômicas para suportar o pagamento das prestações avençadas com a empresa vendedora do imóvel. O desfazimento do contrato dá ao comprador o direito à restituição das parcelas pagas, porém não em sua integralidade. Fixação de percentual de retenção*" (ementa oficial – Revista dos Tribunais 822/205).

18. Cf. tópico 3.2 do nosso trabalho intitulado O regime jurídico da alienação fiduciária em garantia após o advento da Lei 10.931/04, *Atualidades de Direito Civil*, vol. I, p. 251-252.

19. Igual direito é assegurado ao cessionário do fiduciário, ou sucessores, inclusive o adquirente do imóvel por força do público leilão de que tratam os §§ 1.º e 2.º do art. 27 da Lei 9.514/1997.

Ainda que o fiduciante não pague no vencimento, *não responderá* pela alienação fiduciária feita como depositário infiel, arcando, em compensação, com o pagamento ao fiduciário, "*(...) ou a quem vier a sucedê-lo, a título de taxa de ocupação do imóvel, por mês ou fração, valor correspondente a 1% (um por cento) do valor a que se refere o inciso VI ou o parágrafo único do art. 24 desta Lei, computado e exigível desde a data da consolidação da propriedade fiduciária no patrimônio do credor fiduciante até a data em que este, ou seus sucessores, vier a ser imitido na posse do imóvel*" (art. 37-A da LSFI, com a redação dada pela Lei nº 13.465, de 2017).

Não parece ser proveitoso, ao fiduciante, que participa do sistema legalmente estabelecido, suscitar o argumento do excesso de garantia em favor do credor ou pretender a substituição do bem alienado, na medida em que, por um lado, o bem não mais pertence a ele, fiduciante, para ser substituído; por outro, vendido o imóvel em hasta pública, o fiduciário entregará ao devedor a importância que sobejar, "*considerando-se nela compreendido o valor da indenização de benfeitorias, depois de deduzidos os valores da dívida e das despesas e encargos de que tratam os §§ 2.º e 3.º [do art. 27 da Lei nº 9.514/1997], fato esse que importará em recíproca quitação, não se aplicando o disposto na parte final do art. 516 do Código Civil*" (art. 27, § 4.º, da LSFI).

Igualmente por acréscimo determinado pela Lei nº 13.465, de 2017, após a averbação da consolidação da propriedade fiduciária no patrimônio do credor e até a data da realização do segundo leilão, é assegurado ao fiduciante o direito de preferência para adquirir o imóvel por preço correspondente ao valor da dívida, somado aos encargos e despesas (art. 27, § 2º, LSFI), aos valores correspondentes ao imposto sobre transmissão *inter vivos* e ao laudêmio, se for o caso, pagos para efeito de consolidação da propriedade fiduciária no patrimônio do fiduciário, e às despesas inerentes ao procedimento de cobrança e leilão, incumbindo, também, ao fiduciante o pagamento dos encargos tributários e despesas exigíveis para a nova aquisição do imóvel oriunda da preferência, inclusive custas e emolumentos (art. 27, § 2º-B, LSFI).

1.2 Cláusula resolutiva expressa especial (leilão extrajudicial)[20]

1.2.1 Aspectos gerais

A lei de incorporações prevê um sistema de proteção à massa condominial, de acordo com o qual o empreendimento não é prejudicado por eventual inadimplência de um dos adquirentes, reservado pela praxe às incorporações realizadas

20. Cf. tópico 16.4.5.2, p. 211-14, do nosso trabalho *Incorporação imobiliária – Ensaio de uma teoria geral.*

"a preço de custo", muito embora nada exista na lei que restrinja a aplicação dessa figura contratual à incorporação "a preço fechado".

Esse sistema constitui-se no leilão público e extrajudicial dos direitos à respectiva fração ideal de terreno e à parte construída adicionada, previsto no § 1.º do art. 63 da Lei nº 4.591/1964. De acordo com o texto legal, a comissão de representantes[21] fica, desde logo, de pleno direito, autorizada a executar, no prazo que fixar, os direitos do candidato a proprietário, protegendo-se a massa condominial, não sofrendo o empreendimento qualquer prejuízo em sua continuidade em virtude do inadimplemento do condômino e da falta de recursos financeiros daí proveniente. A alienação dos direitos do devedor para a liquidação do débito ocorrerá por meio do leilão extrajudicial, desde que as partes tenham providenciado a prévia estipulação da cláusula penal expressa especial,[22] garantindo-se a rápida e eficaz substituição do condômino faltoso e a retomada do custeio de sua respectiva quota-parte.

A alienação deve ser instrumentalizada por escritura pública, caso o valor supere aquele estabelecido pela lei civil (art. 108 do CC). Na hipótese de o negócio não alcançar o valor estabelecido pela lei, a alienação poderá ser instrumentalizada por instrumento particular de venda e compra. Caso o leilão extrajudicial se instrumentalize na forma de instrumento particular de compromisso de compra e venda, de compromisso de cessão de direitos ou instrumento de cessão de direitos, não importará o valor da transação.[23]

De resto, nenhuma dificuldade se apresenta junto aos cartórios de registros públicos, na atividade de registro das escrituras de leilões extrajudiciais, desde

---

21. Cf. Nascimento J. Franco, Incorporações imobiliárias, p. 353; Caio Mário da Silva Pereira, *Condomínio...*, n. 154, p. 252. A comissão de representantes age dentro dos poderes a ela conferidos pelos condôminos, sendo-lhe vedado exorbitar esses poderes, não vinculando nesse caso os representados.

22. Cf. Arnaldo Rizzardo, *Contratos*, vol. III, p. 1289.

23. Marcelo Terra (O leilão extrajudicial e as incorporações imobiliárias – Aspectos registrários. *RT* 650/234-246) enumera os motivos pelos quais as alienações previstas no art. 63 da Lei 4.591/1964, deverão assim se instrumentalizar: "1. O sistema da Lei 4.591/1964 é o de se achar a comissão de representantes investida de mandato legal para alienar os direitos do condômino faltoso (art. 63, § 5.º). Ora, se o meio fosse a Carta de Arrematação, dispensável seria a outorga de mandato. 2. O mesmo § 5.º do art. 63 estabelece que a Comissão de Representantes, no exercício de seu mandato, poderá outorgar as competentes escrituras e contratos. Dessa forma, devendo a Comissão de Representantes celebrar escrituras e contratos, óbvio que o legislador afastou da Lei 4.591/1964 a Carta de Arrematação como título instrumentalizador da alienação em Leilão Extrajudicial. 3. A profissão de Leiloeiro acha-se regulada pelo Decreto 21.981/1932. O art. 27 estabelece que, após o Leilão, será lavrada a Escritura de venda, não se encontrando, em passo algum deste decreto, qualquer menção à expedição de Carta de Arrematação".

que devidamente historiadas, com referências à existência do débito, à notificação ratificatória da mora e, por fim, ao leilão extrajudicial e seu resultado.[24]

A exceção legal, que permite prescindir da prestação jurisdicional para resolver o contrato firmado pelo adquirente, explica-se como consequência da necessidade de se suprir de recursos o conjunto dos contratantes da construção, outorgando-se à comissão de representantes os poderes necessários para, em nome do condômino inadimplente, transmitir o domínio sobre os direitos objeto de leilão (art. 63, § 5.º), inclusive tendo preferência na aquisição dos bens, caso em que serão adjudicados ao condomínio (art. 63, § 3.º, da LCI).

Na hipótese de o incorporador submeter a incorporação ao regime da afetação, de maneira a manter apartados de seu patrimônio o terreno, acessões, bens e direitos vinculados à incorporação, constituindo patrimônio afetado (arts. 31-A e ss. da Lei nº 4.591/1964, incluídos pela Lei nº 10.931/2004), ocorrendo a falência ou a insolvência dele, incorporador, e decidindo os adquirentes pela continuação da obra, a comissão de representantes, para cumprimento do seu encargo de administradora da incorporação, ficará investida de mandato legal, em caráter irrevogável, para, em nome do incorporador ou do condomínio de construção, conforme o caso, dentre outras providências, praticar todos os atos relativos ao leilão de que trata o art. 63 ou os atos relativos à consolidação da propriedade e ao leilão de que tratam os arts. 26 e 27 da Lei nº 9.514/1997, devendo realizar a garantia e aplicar na incorporação todo o produto do recebimento do saldo do preço e do leilão (art. 31-F, § 12, II, da Lei nº 4.591/1964).

1.2.2 A aplicação do art. 63 da LCI em confronto com o Código de Defesa do Consumidor

Na hipótese de resolução por inadimplemento do negócio imobiliário com cláusula resolutiva expressa especial, parece-nos que não há como identificar a relação de consumo incorporativa. Isso porque a comissão de representantes, que toma todas as providências e detém os poderes advindos da lei para coibir as consequências do inadimplemento, representa os demais condôminos, que evidentemente não atuam como fornecedores do bem incorporável.

Realizado o leilão extrajudicial, não há como se responsabilizar o incorporador por qualquer excesso eventualmente ocorrido, com base no Código de Defesa do Consumidor. Como tivemos a oportunidade de frisar anteriormente,[25] por um lado, a comissão de representantes atua sempre como mandatária, ficando investida de poderes irrevogáveis para realizar as atividades previstas no § 5.º do art. 63, em nome do condômino inadimplente; por outro, o condomínio somente estará

24. Encontramos referências de jurisprudência sobre esse assunto nos acórdãos publicados em *RTJ* 89/500 e *RT* 467/202.

25. Cf. tópico 1.2.2.2 – Livro I, Parte I.

constituído após o registro da instituição de condomínio,[26] motivo pelo qual a lei confere poder aquisitivo ao grupo dos contratantes da construção (art. 58, incisos I e II, da LCI) das unidades condominiais, não propriamente ao condomínio ainda não instituído, emprestando a elas o nome fixado no memorial de incorporação para que, reunidas sob a designação do condomínio em fase de incorporação, possam adjudicar a unidade leiloada.[27]

Os atos praticados em decorrência do inadimplemento do condômino faltoso, pela comissão de representantes, não podem ser questionados tendo como parâmetro o Código de Defesa do Consumidor, sabendo-se que as relações jurídicas ali contempladas pressupõem, em primeiro lugar, a hipossuficiência do consumidor, ausente na hipótese vislumbrada. Deveras, a comissão de representantes tem sua existência justificada para assegurar o regular desenvolvimento da atividade incorporativa, conforme expressão do art. 49 da LCI, que delimita o objetivo da comissão dentro dos parâmetros próprios aos seus específicos interesses, quais sejam os interesses dos próprios condôminos.

Em segundo lugar, criou-se uma nova relação jurídica com a arrematação havida por ocasião do leilão. No momento em que a nova aquisição se opera, o novo adquirente está a par de toda a circunstância negocial da unidade, razão pela qual não há que se falar em desconhecimento ou desigualdade de posição jurídica com relação aos demais adquirentes e à própria comissão de representantes, concluindo-se, igualmente, pela não incidência das regras de consumo.

1.2.3 Da constitucionalidade do leilão extrajudicial

A discussão quanto à não recepção, pela Constituição Federal, do leilão extrajudicial, restou, há muito, superada. A Lei nº 9.514/1997 foi criada, fundamentalmente,[28] para propiciar um conjunto de garantias mais eficazes que a hipoteca, o penhor e a anticrese no que diz respeito às desvantagens vinculadas ao alto custo e morosidade em executá-las.

Fator fundamental a garantir essa eficácia, o procedimento do leilão extrajudicial, promovido pelo credor fiduciário, não constitui fenômeno estranho ao nosso direito, estando previsto, v.g., nas vendas reguladas pelos arts. 63, § 1.º, da Lei nº 4.591/1964; 1.364 do CC/2002 (propriedade fiduciária); 29 e ss. do Dec.-lei nº 70/1966 (imóvel hipotecado nas condições permitidas para o SFH).

---

26. Cf. tópico 2.1.2 – Livro I, Parte I.
27. Cf. Biasi Ruggiero, Proteção ao consumidor na incorporação, *Tribuna do Direito*, out. 1994, p. 2; Caio Mário da Silva Pereira, Código de Defesa do Consumidor e as incorporações imobiliárias, p. 109.
28. Cf. tópico 4 do nosso trabalho intitulado O sistema financeiro imobiliário e a execução extrajudicial no âmbito da Lei nº 9.514/97, *Direito imobiliário – Questões contemporâneas*, p. 191-192.

Nessas hipóteses o TJSP, ao tratar da constitucionalidade do leilão extrajudicial, concluiu pela sua plena validade, porquanto, se ilegítima a venda efetuada pelo credor, por inobservância da lei ou do contrato, terá o interessado, a seu dispor, a ação própria para anulá-la, sem que a realização do leilão extrajudicial constitua ofensa ao mandamento constitucional garantidor da apreciação judicial de qualquer lesão a direito individual.[29]

De igual modo, o STF reafirmou a constitucionalidade da venda extrajudicial, até em razão da prevalência do interesse coletivo de manter o fluxo financeiro para a obra, sobre o interesse individual do devedor, sustentando a possibilidade de o devedor, a qualquer tempo, postular judicialmente o contraditório, impugnando o ato atentatório ao sistema jurídico posto, preservando-se, assim, o princípio constitucional do devido processo legal. Nesse sentido, o Tribunal, por maioria, apreciando o tema 249 da repercussão geral, negou provimento ao recurso extraordinário e fixou a seguinte tese: "É constitucional, pois foi devidamente recepcionado pela Constituição Federal de 1988, o procedimento de execução extrajudicial, previsto no Decreto-lei nº 70/66" (Plenário, Sessão Virtual de 26.3.2021 a 7.4.2021).[30]

Na mesma linha de sentir, Arruda Alvim ensina que não há afronta a qualquer dos princípios encontrados na Magna Carta, vez que o devedor é cientificado da mora, por intermédio do Oficial de Registro de Imóveis, em um procedimento formal previsto em lei para o resguardo dos interesses do devedor. Ademais, há prazo legal para a purgação da mora, se for o caso, e para a tomada de medidas judiciais preventivas, pelo devedor fiduciante, se houver necessidade de arguir qualquer irregularidade.[31]

---

29. Nesse sentido: *RJTJESP* 68/121-123, 70/100-102, 71/189-192, 123/279-280, com ênfase ao voto nº 8.714, proferido pelo Des. Manoel de Queiroz Pereira Calças, que, em julgamento unânime do AgIn 880.879-0, examinou os arts. 22 a 30 da Lei nº 9.514/1997 e reconheceu inexistir qualquer afronta à Constituição Federal.

30. De maneira exemplificativa, cite-se o RE 141.320, relatado pelo Min. Octavio Gallotti, que reconheceu a constitucionalidade do procedimento extrajudicial de cobrança e de realização da garantia prevista em contrato de alienação fiduciária de bem móvel; o REsp. 46.050, relatado pelo Min. Garcia Vieira a respeito do leilão extrajudicial do Dec.--lei nº 70/1966, dentre outros. Diversos outros julgados tratam da constitucionalidade do leilão extrajudicial, realizado no âmbito do Dec.-lei nº 70/1966 (arts. 31 e 32), concluindo pela sua plena eficácia, porquanto, se ilegítima a venda efetuada pelo agente, por inobservância da lei ou do contrato, terá o interessado, a seu dispor, a ação própria para anulá-la, sem que a realização do leilão extrajudicial constitua ofensa ao mandamento constitucional garantidor da apreciação judicial de qualquer lesão a direito individual. Nesse sentido: RJTJESP 68/121-23, 70/100-102, 71/189-192, 123/279-280; *RTJ* 175/02; BAASP 1.552/223-e, de 14.09.1988.

31. "(...) havendo ameaça ou lesão de direito, terá o mutuário as ações judiciais cabíveis para atacar o ato ou fato lesivo ou ameaçador, quando, então, o contraditório e a ampla defesa, com os meios e recursos a ela inerentes, serão plenamente garantidos" (Arruda Alvim, *Direito privado*, p. 45. Coleção Estudos e Pareceres).

1.3 Cláusula penal moratória

Prática comum nos contratos de incorporação imobiliária, a fixação de cláusula penal moratória procura desestimular os adquirentes impontuais, que se subtraem ao cumprimento da obrigação com o incorporador e prejudicam o bom andamento do empreendimento como um todo. Essa espécie de pena convencional, prevista para os casos de mora (art. 409 do CC), destina-se, portanto, a induzir o devedor a satisfazer o prometido, assegurando o cumprimento da obrigação ao impor à parte um desfalque ao seu patrimônio.[32]

Nas relações incorporativas de consumo deve incidir o disposto no § 1.º do art. 52 do CDC, que limita a multa de mora a 2% (antes 10%) do valor das prestações atrasadas pelo adquirente. Antes da mudança legislativa, o legislador havia retomado a fórmula anteriormente adotada pela Lei da Usura (Dec. nº 22.626) com vantagem para o devedor, tendo descartado o valor total da dívida como parâmetro de cálculo da pena convencional.[33]

1.4 Cláusula penal compensatória

Além da multa decorrente da mora, mencionada no tópico anterior, o incorporador poderá exigir, desde que pactuados, juros compensatórios e cláusula penal compensatória, que não poderá exceder a 25% (vinte e cinco por cento) da quantia paga (art. 67-A, inciso II, LCI) ou 50% (cinquenta por cento) da quantia paga, quando a incorporação estiver submetida ao regime do patrimônio de afetação, de que tratam os arts. 31-A a 31-F da LCI (art. 67-A, § 5º, LCI). De fato, as alterações promovidas pela Lei nº 13.876/2018 estabeleceram critérios distintos para a apuração dos valores, a serem restituídos ao adquirente, em caso de desfazimento do contrato por inadimplemento dele, adquirente, celebrado com o incorporador ou com o loteador.

Diante do empreendimento idealizado segundo o regime jurídico da Lei nº 4.591/64, a redação de seu art. 67-A prevê, em face do inadimplemento absoluto de obrigação do adquirente, a restituição das quantias que houver pago diretamente ao incorporador, atualizadas com base no índice contratualmente estabelecido para a correção monetária das parcelas do preço do imóvel, delas deduzidas, cumulativamente: a integralidade da comissão de corretagem; a pena convencional, nos limites antes indicados; as quantias correspondentes aos impostos reais incidentes sobre o imóvel, as cotas de condomínio e contribuições devidas a associações de moradores, no período em que o adquirente teve disponibilizada a unidade imobiliária, bem como o valor correspondente à fruição do imóvel, equivalente à 0,5% (cinco décimos por cento) sobre o valor atualizado do contrato, pro rata die, os demais encargos incidentes sobre o imóvel e despesas previstas no contrato.

32. Cf. Washington de Barros Monteiro, *Curso de direito civil*, vol. IV, p. 197.

33. Cf. Arruda Alvim et al. *Código do Consumidor comentado e legislação correlata*, comentário ao art. 52, p. 259.

A inovação legislativa acompanhou a posição firmada pelo STJ pela licitude da retenção, pelo vendedor, entre 10% e 25% dos valores pagos, como, por exemplo, nos seguintes julgados: AgInt no AgRg no AREsp 816.434/DF, Rel. Ministro Marco Aurélio Bellize, Terceira Turma, julgado em 27/09/2016, DJe 06/10/2016; AgInt no REsp 1361921/MG, Rel. Ministro Marco Aurélio Bellize, Terceira Turma, julgado em 23/06/2016, DJe 01/07/2016.[34]

Vale frisar que, para a incidência da cláusula penal compensatória, faz-se necessária a caracterização culposa da *mora debitoris* (art. 396 do CC), defluindo não do mero retardamento, mas sim da persistência do retardamento após a interpelação válida feita pelo empreendedor.

Antes do advento do Código de Defesa do Consumidor, nos contratos imobiliários que assumiam o perfil de uma promessa de venda e compra ou promessa de cessão de direitos, diante da inadimplência do promitente-comprador, era lícita a inclusão de cláusula prevendo a perda total das prestações já pagas em benefício do promitente-vendedor.[35] Com a entrada em vigor da lei protetiva, somente a cláusula que prevê a perda parcial das prestações pagas passou a ser tolerada, sem prejuízo da possibilidade de estipulação de cláusula que permita a opção pela efetiva cobrança das perdas e danos, quando estes ultrapassarem em muito o valor estabelecido previamente, ressarcindo-se o incorporador da vantagem econômica de fruição obtida pelo devedor (cobrança de aluguel pela utilização do imóvel), bem como dos lucros cessantes, despesas gerais decorrentes do inadimplemento, encargos, despesas e benefícios realizados para a comercialização e desenvolvimento do empreendimento (*v.g.*, despesas relativas à corretagem e publicidade etc.).[36]

---

34. Confira-se, a propósito, a Súmula nº 543 do Superior Tribunal de Justiça: "*Na hipótese de resolução de contrato de promessa de compra e venda de imóvel submetido ao Código de Defesa do Consumidor, deve ocorrer a imediata restituição das parcelas pagas pelo promitente comprador – integralmente, em caso de culpa exclusiva do promitente vendedor/construtor, ou parcialmente, caso tenha sido o comprador quem deu causa ao desfazimento*" (aprovada em 26/8/2015).

35. Nesse sentido, *STJ*, REsp 50.871-1, rel. Min. Costa Leite, 16.08.1994, *BDI*, 2.º decêndio, fev. 1995, p. 22; *JTJ* (*Lex* 151/46-48; 157/38-52; *Lex* 159/41-44 e 44-45; *Lex* 160/32-36 e 45-51; *RT* 631/248-255; 664/69; 679/202-204; 694/92-94; *RJTJESP* 128/353).

36. Cf. Caio Mário da Silva Pereira, Código de Defesa do Consumidor e as incorporações imobiliárias, p. 105. Sobre o abatimento de um percentual por sobre o montante a ser restituído, a título de ressarcimento por despesas de corretagem, propaganda e administração, veja-se TJSP, Ap 218.020-2/3, rel. Des. Pereiras Calças, 21.12.1993, *BDI*, 2.º decêndio, abr. 1994, p. 16-18. A restituição integral das quantias pagas pelo adquirente foi matéria vetada no texto legal, uma vez que a negociação de unidades condominiais terminaria por pertencer àquelas atividades próprias da "ciranda financeira", transferindo-se para o incorporador todo o risco do negócio. Além do mais, retomando o incorporador a unidade condominial, nem sempre poderá revendê-la nas mesmas condições e preços anteriores, fatores dependentes do mercado imobiliário e da inflação da moeda, sem contar com os gastos que a reposição dessa unidade no mercado acarreta (Cf. Caio Mário da Silva Pereira, Código de Defesa..., p. 103).

Conclusões

1. Definimos o negócio jurídico incorporativo como negócio jurídico coligado, pois dimana da combinação de outros contratos de tipo determinado, com uma finalidade única, resultante da manifestação de vontade dos sujeitos principais (incorporador, adquirente da unidade autônoma) e, eventualmente, dos sujeitos secundários, integrantes da atividade incorporativa, objetivando a produção de unidades condominiais vinculadas a frações ideais, negociadas antes ou durante a fase construtiva, com a consequente criação do direito real de aquisição da propriedade ou com a própria transferência da propriedade ao adquirente (alienação fiduciária), conforme o caso, cumpridas as exigências registrárias prescritas em lei, responsabilizando-se o incorporador pela entrega das obras concluídas.[1]

2. Para uma adequada aplicação do Código de Defesa do Consumidor, no que se refere à relação incorporativa, faz-se necessária a apreciação das seguintes características do imóvel como objeto de consumo, que o distinguem, sobremaneira, dos demais bens ou produtos perecíveis e consumíveis: a) a aquisição do bem imóvel é, em geral, mais ponderada e complexa do que a de outros bens; b) a produção não é instantânea, demandando prazos longos; c) o prazo de pagamento pressupõe um vínculo igualmente prolongado entre quem fornece e quem consome; d) o processo produtivo artesanal é, em geral, a regra; e) a vida útil variável do produto depende de uma manutenção e utilização adequadas; f) o imóvel incorpora inúmeros componentes de outros fornecedores, assemelhando-se a uma linha de produção e gerando responsabilidades conjuntas.

Essas características peculiares fazem com que a aplicação da norma codificada seja feita com parcimônia, ajustando-se a generalidade e a abstração da regra jurídica à realidade da produção do produto, aplicando-se, no que for cabível, as normas especiais e codificadas vigentes.[2]

1. Cf. tópico 1.2.3.2 – Livro I, Parte I.
2. Cf. tópico 2.2.4 – Livro I, Parte I.

3. A própria Lei nº 4.591/1964 estabelece a natureza adesiva do negócio incorporativo, ao dispor que as cláusulas comuns a todos os adquirentes não precisarão figurar expressamente nos respectivos contratos (art. 67, § 1.º), obrigando-se o incorporador a entregar ao adquirente cópia impressa ou mimeografada, autenticada, do "contrato padrão", que conterá essas cláusulas comuns, sendo certo que os contratos individuais conterão exclusivamente as cláusulas, termos ou condições variáveis ou específicas (art. 67, *caput* e § 3.º).[3]

4. A fonte da responsabilidade civil reside numa conjugação de dois elementos: a autoproteção do interesse do indivíduo correspondente à reparação a uma agressão e a fórmula jurídica adequada à proteção desse interesse, abrangido ou não por uma norma específica; em outras palavras, o interesse público se conjuga com o individual, transformando o interesse protegido do titular num interesse tutelado pelo Estado, somando-se a vontade do particular com a do Estado, de modo que o fim prático do direito protegido se faz valer contra o causador do dano.[4]

5. O rompimento das negociações preliminares sem motivo justificável, sem uma satisfação convincente, originando prejuízo ao cocontratante pelas despesas despendidas, pelo tempo inutilizado, pelo esforço que ficou sem qualquer proveito no período preparatório do contrato, pelo desperdício de outras oportunidades, implica o surgimento da obrigação de indenização das despesas que tenham sido feitas ou nos lucros que tenham sido perdidos, na esperança de um resultado positivo.[5]

6. A Lei de Condomínio e Incorporação Imobiliária impõe e garante ao incorporador deveres e direitos, intercalados nos arts. 32 a 47, do Título II, Capítulo II. De maneira imprópria, o Capítulo II traz como título "Das *obrigações* e direitos do incorporador", quando, na verdade, são distintos os conceitos de "dever" (em sentido estrito) e "obrigação", correspondendo àquele uma causa legislativa e a esta uma causa volitiva, cujo descumprimento conduz à responsabilidade pelo inadimplemento. São as impropriamente denominadas "obrigações legais", instituídas por expressa disposição legal com o intuito de preservar os direitos de determinadas categorias de pessoas, *v.g.*, os adquirentes de unidades autônomas, antes, durante e depois do término da construção.[6]

7. Ao lado dos deveres tradicionalmente apontados pela doutrina, podemos identificar o dever de indenizar derivado da proteção ao consumidor, previsto em diversos preceitos do Código de Defesa do Consumidor, dentre os quais evidenciamos o dever de indenizar proveniente da garantia de segurança.

---

3. Cf. tópico 3.4.2 – Livro I, Parte I.
4. Cf. tópico 1.4.3 – Livro I, Parte II.
5. Cf. tópico 1.5.1.2 – Livro I, Parte II.
6. Cf. tópico 1.1 – Livro II, Parte I.

O dever de indenizar oriundo de defeitos do produto ou do serviço está expresso no art. 8.º do CDC e prevê que os produtos e serviços colocados no mercado não acarretarão riscos à saúde e à segurança dos consumidores, exceto aqueles considerados normais e previsíveis em decorrência de sua natureza e fruição.

Esse dever de garantia alcança o responsável independentemente da prévia configuração do vínculo contratual ou do ato ilícito, não lhe sendo permitido alegar ignorância do vício ou mesmo carência de culpa, em face da colocação do produto defeituoso ou viciado no mercado, devendo ser cobertos todos os danos patrimoniais e morais sofridos pela vítima; e decorre da proposital ausência no Código de Defesa do Consumidor de uma noção uniforme de consumidor, existindo, ao lado do conceito geral previsto no art. 2.º, dois outros especiais, um para as práticas comerciais e contratuais (art. 29) e outro para os acidentes de consumo (art. 17).[7]

8. Filiamo-nos à teoria do risco criado (ou do risco profissional), admitindo, portanto, excludentes, tais como a força maior, a ação de terceiros ou da própria vítima.

Logo, o acontecimento interno (caso fortuito), relacionado ao sujeito ou à empresa, produzido normalmente no interior do círculo obrigacional, não exclui o nexo de causalidade quando a responsabilidade é objetiva, decorrente do risco assumido pelo agente em função de sua atividade.[8]

9. Podemos citar algumas condições de validade das cláusulas de não indenizar: serem resultantes da livre manifestação da vontade das partes, motivo pelo qual não são admitidas nos contratos adesivos; estarem de acordo com a ordem pública e os bons costumes; não resultarem de dolo praticado pelo agente, sendo vedado a qualquer pessoa sustentar a pretensão com base em atos praticados com o objetivo de prejudicar ou fraudar outrem; não estarem expressamente vedadas por disposição legal, na forma já referida no Código de Defesa do Consumidor.[9]

10. A Lei de Condomínio e Incorporação Imobiliária estabelece para o incorporador os seguintes deveres legais:

a) quando do lançamento comercial da incorporação, deve ser expressa e ostensivamente indicado o nome do incorporador, tanto no local de vendas como no da construção (art. 31, § 2.º, da LCI);

b) submetida a incorporação ao regime da afetação (Capítulo I-A da Lei nº 4.591/1964, acrescido pela Lei nº 10.931/2004), incumbe ao incorporador (art. 31-D): promover todos os atos necessários à boa administração e à preservação do patrimônio de afetação (inc. I); manter apartados os bens e direitos objeto de

7. Cf. tópico 3.1.1.4 – Livro I, Parte II.
8. Cf. tópico 4.1.2 – Livro I, Parte II.
9. Cf. tópico 5.4 – Livro I, Parte II.

cada incorporação (inc. II); entregar à Comissão de Representantes, no mínimo a cada três meses, demonstrativo do estado da obra e de sua correspondência com o prazo pactuado ou com os recursos financeiros que integrem o patrimônio de afetação recebidos no período (inc. IV); manter e movimentar os recursos financeiros do patrimônio de afetação em conta de depósito aberta especificamente para tal fim (inc. V); manter escrituração contábil completa (inc. VIII);

c) o incorporador somente poderá negociar as unidades autônomas após ter efetuado o registro da incorporação no registro de imóveis competente (art. 32, § 1.º, da LCI, e art. 167, I, item 17, da LRP), mediante o arquivamento dos documentos relacionados nas alíneas *a* a *p* do art. 32 da LCI;

d) a indicação do número do registro da incorporação em todos os anúncios insertos nos jornais (salvo os publicados na seção de anúncios sobre imóveis incorporados) e quaisquer papéis relativos ao empreendimento (art. 32, § 3.º, da LCI);

e) atualizar a documentação a que se refere o art. 32 da LCI se, no prazo de 180 dias, a incorporação não se houver concretizado, sem o que não poderá ser negociada nenhuma unidade, revalidando-se o registro por igual prazo (art. 33 da LCI c/c o art. 12 da Lei nº 4.864/1965);

f) consignar em todos os documentos preliminares o prazo de carência (art. 34, § 3.º, da LCI);

g) denunciar formalmente a desistência da incorporação ao registro de imóveis, sob pena de ineficácia (art. 35, § 2.º, da LCI), comunicando-a imediatamente aos adquirentes e informando-lhes os fatos que justifiquem a desistência, tais como aumento do custo do material e mão de obra, greve, calamidade pública, retração do mercado etc., sob pena de responsabilidade civil e criminal do incorporador (art. 34, § 4.º, da LCI). A formalização da denúncia também pode ser feita pelo outorgante do mandato de que trata o § 1.º do art. 31 da LCI, desde que o faça nos cinco dias subsequentes ao escoamento do prazo de carência, hipótese em que ficará solidariamente responsável com o incorporador pela devolução das quantias que os adquirentes ou candidatos à aquisição houver a ele entregue, resguardado o direito de regresso contra o incorporador (art. 35, § 3.º, da LCI);

h) no prazo de 60 dias (a Lei nº 4.864/65 alterou o prazo máximo concedido ao incorporador de 45 para 60 dias), promover a celebração do competente contrato relativo à fração ideal de terreno, do contrato de construção e da convenção de condomínio, prazo esse contado do término do prazo de carência, se houver, ou da data de qualquer documento de ajuste preliminar (art. 35, *caput* e § 1.º, da LCI). Descumprido o dever legal, o interessado poderá averbar a carta-proposta ou o documento de ajuste preliminar no registro de imóveis, averbação essa que conferirá direito real oponível a terceiros, com o consequente direito à obtenção compulsória do contrato correspondente (art. 35, § 4.º, da LCI). Além disso, suportará o incorporador o pagamento de uma multa de 50% sobre a quantia que efetivamente houver recebido, cobrável por via executiva, em favor do adquirente ou candidato à aquisição (art. 35, § 5.º, da LCI);

i) fazer expressamente constar nos contratos de construção, ressalvados aqueles regulados pelo art. 43 da LCI (aquisição da unidade condominial a prazo e preço certos), a menção dos responsáveis pelo pagamento da construção de cada uma das unidades, respondendo o incorporador, em igualdade de condições com os demais contratantes, pelo pagamento da construção das unidades que não tenham seu custeio assumido por terceiros (art. 35, § 6.º, da LCI);

j) restituir aos adquirentes, no caso de denúncia da incorporação (art. 34 da LCI), no prazo de trinta dias a contar da denúncia, as importâncias pagas por estes, corrigidas monetariamente (calculada se aplicando o índice ajustado contratualmente para os pagamentos, adotando-se, caso nenhum índice contratual possa ser aplicado, aquele que melhor reflita a corrosão inflacionária) e acrescidas de juros legais. Deixando de realizar a restituição mencionada, o incorporador ficará sujeito à cobrança judicial das quantias devidas, promovendo-se a execução do título (*v.g.*, documento de ajuste preliminar, contrato relativo à fração ideal), ao qual a lei atribui força executiva (art. 36 da LCI c/c o art. 585, VII, do CPC). Falindo o incorporador e não sendo possível à maioria dos adquirentes prosseguir na execução das edificações, os subscritores ou candidatos à aquisição de unidades serão credores privilegiados pelas quantias que houver pagado ao incorporador, respondendo subsidiariamente os bens pessoais deste (art. 43, III, da LCI);

l) iniciar por quadro-resumo os contratos de compra e venda, promessa de venda, cessão ou promessa de cessão de unidades autônomas integrantes de incorporação imobiliária, que deverá conter, dentre outras informações exigidas pela lei (art. 35-A, incisos I a XII e §§ 1º e 2º, incluído pela Lei nº 13.786, de 2018) , a indicação dos ônus que recaiam sobre o imóvel, em especial quando o vinculem como garantia real do financiamento destinado à construção do empreendimento (art. 35-A, inciso X, da LCI)existindo ônus sobre o imóvel, seja ele real, fiscal, ou mesmo a ocorrência de qualquer ação que possa comprometê-lo, fatos que deverão o fato deverá ser expressos em todos os documentos de ajuste, com a indicação de sua natureza e das condições de liberação (art. 37 da LCI);

m) da mesma maneira, estando ocupado o imóvel, o fato deverá ser consignado nos documentos de ajuste, bem como a que título se deve essa ocupação e as condições de seu término (art. 38 da LCI);

n) discriminar em todos os documentos de ajuste, quando a incorporação for promovida se adquirindo o terreno mediante pagamento total ou parcial em unidades a serem construídas, a parcela que, se houver, será paga em dinheiro (inc. I do art. 39 da LCI), ou a cota-parte, expressa em metros quadrados, da área das unidades a serem dadas em pagamento (inc. II do art. 39 da LCI). Deve ser ressalvada, igualmente, a existência de qualquer prestação ou encargo a que ficou sujeito o alienante (parágrafo único do art. 39 da LCI);

o) na hipótese de resolução de contrato de alienação do terreno ou de fração ideal, quando ficarão também rescindidas as cessões ou promessas de cessão de direitos correspondentes à aquisição do terreno (*caput*), o incorporador-alienante ou o simples alienante deverá restituir a parcela de construção que haja recebido do adquirente (§ 2.º do art. 40 da LCI), excetuada a ocorrência de culpa por parte deste último. Enquanto tal providência não for efetivada, o incorporador-alienante ou o simples alienante, em cujo favor se operou a resolução, não poderá voltar a negociar seus direitos sobre a unidade autônoma anteriormente compromissada (§ 3.º do art. 40 da LCI), além de estar sujeito à cobrança judicial do que for devido, estando especificamente previsto na lei o bem a ser penhorado: a unidade autônoma e sua correspondente fração ideal de terreno (§ 4.º do art. 40 da LCI);

p) em sendo contratada a incorporação por preço global, compreendendo cota de terreno e construção, inclusive com parte do pagamento após a entrega da unidade, discriminar-se-ão nos contratos a parte do preço correspondente à cota de terreno e à construção (art. 41 da LCI);

q) contratada a entrega da unidade a prazo e preços certos, determinados ou determináveis, mesmo quando o incorporador for pessoa física, deverão ser obedecidos os seguintes deveres: informar, por escrito, aos adquirentes, no mínimo semestralmente, o estado da obra (inc. I do art. 43); responder pelos prejuízos advindos do fato de não se concluir a edificação ou de se retardar injustificadamente a conclusão das obras, cabendo-lhe ação regressiva contra o construtor, se for o caso e se a este couber a culpa (inc. II do art. 43); não alterar o projeto, seja no que se refere à unidade condominial, seja no que diz respeito às partes comuns, nem modificar as especificações ou o plano da construção, exceto por autorização unânime dos interessados ou exigência legal (inc. IV do art. 43); não modificar as condições de pagamento nem reajustar o preço das unidades, salvo expressa disposição contratual a respeito (inc. V do art. 43 da LCI);

r) requerer a averbação da construção após a expedição do auto de conclusão ("Habite-se") e, em seguida, providenciar a elaboração do instrumento de instituição, especificação e discriminação do condomínio, tomando por base os elementos constantes do processo de incorporação quanto à caracterização das unidades autônomas, coisas e áreas de uso comum, participação ideal no terreno etc., e considerando, ainda, os termos da convenção, respondendo perante os adquirentes pelas perdas e danos que resultem da demora. Na omissão do incorporador, o construtor deverá requerê-la, sob pena de, com ele, ficar solidariamente responsável (§ 1.º do art. 44 da LCI). Quando ambos descumprirem o dever estipulado, qualquer dos adquirentes poderá solicitar a averbação perante o registro imobiliário (§ 2.º do art. 44 da LCI);

s) incluída no contrato com o incorporador a construção do bem incorporável, sob o regime da empreitada ou de administração, do ajuste deverão constar o prazo de entrega das obras e as condições e formas de sua eventual prorrogação, bem como dele deverão fazer parte integrante e complementar o projeto e o memorial descritivo das edificações (art. 48, §§ 1.º e 2.º);

t) comparecer às assembleias de contratantes da construção referida no art. 49, § 3.º, da LCI;

u) no regime de construção por empreitada reajustável incluída no contrato de incorporação, discriminar explicitamente, em toda publicidade ou propaganda escrita destinada a promover a venda (inclusive cartas, propostas, escrituras, contratos etc.), o preço da fração ideal do terreno e o da construção, com indicação expressa da reajustabilidade (art. 35-A, inciso V, c/c art. 56 da LCI);

v) no regime do contrato incorporativo com a construção por administração, mencionar no contrato a data em que se iniciará efetivamente a obra e o montante do orçamento do seu custo, elaborado de conformidade com as normas do art. 53, II, da LCI, atualizando-se esse montante no caso de ajustes, celebrados até as fundações, após o término das mesmas e nas transferências ou sub-rogações do contrato (art. 59 e §§ da LCI).

Também sob essa forma de regime, toda a publicidade ou propaganda escrita destinada a promover a venda das unidades condominiais, em que conste preço, discriminar o preço da fração ideal de terreno e o montante do orçamento atualizado do custo da construção, na forma dos arts. 59 e 60 da LCI, indicando o mês a que se refere o orçamento e o tipo padronizado a que se vincule o mesmo (art. 62 da LCI).[10]

11. A par dos deveres do incorporador estabelecidos na legislação, a serem obedecidos no curso do empreendimento, ficaram também consignados alguns direitos, a saber:

a) o incorporador tem direito ao registro provisório, para as solicitações de registro efetuadas até 30.06.1966 (art. 32, § 11, da LCI);

b) desistir do empreendimento, dentro do prazo de carência (fixada por declaração expressa, prevista na alínea *n* do art. 32 da LCI) de 180 dias, prazo esse que poderá ser prorrogado por igual período, desde que seja revalidado o registro da incorporação no registro de imóveis (art. 33 da LCI). Na ausência da expressa declaração do incorporador, facultando-lhe a possibilidade de se arrepender do empreendimento, com a denúncia do fato aos interessados e a restituição das importâncias pagas, os contratos firmados para a venda das unidades incorporáveis serão válidos e ineficazes quaisquer cláusulas estabelecendo prazo de carência;

c) por força de uma característica específica do bem incorporável, qual seja a vinculação indissociável entre a unidade autônoma e a fração ideal do terreno,

10. Cf. tópico 1.1 – Livro II, Parte I.

consolidar-se-á na pessoa do titular da propriedade do imóvel incorporável (incorporador-alienante ou simples alienante), em cujo favor se opera a resolução do contrato de alienação do terreno ou de fração ideal, o direito sobre a construção porventura existente, ficando rescindidas as cessões ou promessas de cessão de direitos correspondentes à aquisição do terreno (art. 40, *caput* e § 1.º, da LCI). Pela mesma razão, no caso de resolução do contrato de incorporação relativo à fração ideal de terreno e partes comuns, a pessoa em cujo favor se tenha operado a resolução sub-rogar-se-á nos direitos e obrigações contratualmente atribuídos ao inadimplente, com relação à construção (art. 42 da LCI);

d) contratada a incorporação por preço global, compreendendo cota de terreno e construção, poder-se-á estipular que, em ocorrendo o inadimplemento do adquirente, seja quanto à parcela relativa à construção, seja quanto à parcela relativa à cota de terreno, os efeitos da mora recairão sobre ambas, ainda que uma delas esteja totalmente paga (art. 41, §§ 1.º e 2.º, da LCI);

e) o direito de retenção sobre a unidade condominial autônoma é garantido ao incorporador na hipótese de inadimplemento do contratante da construção, quando a incorporação for ajustada por prazo e preços certos (art. 52 c/c o 43 da LCI);

f) estipular nos contratos de incorporação cláusula resolutiva expressa especial, sistema pelo qual a lei de incorporações procura proteger a massa condominial e impedir que o empreendimento seja prejudicado por eventual surto de inadimplência;

g) fiscalizar o pagamento, pelo construtor e empreiteiros, de contribuições fiscais, previdenciárias etc., pelas quais possam ser solidariamente responsáveis o proprietário do terreno, o dono da obra e o titular das unidades autônomas (art. 79, § 2.º, da Lei 3.807, de 26.08.1960, c/c o art. 4.º do Dec.-lei nº 1.958, de 09.09.1982).[11]

12. Como princípio, o Código Civil brasileiro adota a força obrigatória dos contratos (pacta sunt servanda), não estando o credor obrigado a receber prestação diversa da que lhe é devida, ainda que mais valiosa (art. 313 do CC/02, antes art. 863 do CC/16), não podendo o credor ser obrigado a receber, nem o devedor a pagar, por partes, se assim não se ajustou, ainda que a obrigação tenha por objeto prestação divisível (art. 314 do CC, antes art. 889 do CC/16).

No entanto, quando por motivos imprevisíveis, sobrevier desproporção manifesta entre o valor da prestação devida e o do momento de sua execução, poderá o juiz corrigi-lo, a pedido da parte, de modo que assegure, quanto possível, o valor real da prestação (art. 317 do CC). A possibilidade de revisão também se nos apresenta diante da onerosidade excessiva, quando a resolução da avença poderá ser evitada, oferecendo-se o réu a modificar equitativamente as condições do contrato

11. Cf. tópico 1.2 – Livro II, Parte I.

(art. 479 do CC). No âmbito das relações de consumo, far-se-á a revisão das cláusulas contratuais em razão de fatos supervenientes que as tornem excessivamente onerosas (art. 6º, inciso V, da CDC).[12]

13. Responsabilidade por abuso de direito: agindo dentro de sua esfera jurídica de atuação, o incorporador evita o surgimento de fato próprio, a partir do qual se origina o dever de reparar os prejuízos causados a outrem.

No exercício do seu direito de propriedade e de uso, constrói o empreendimento imobiliário, tendo os confinantes que suportar os incômodos resultantes da atuação dentro da órbita estrita de seus direitos. Igualmente, o lançamento imobiliário de sucesso atrai os candidatos à aquisição do apartamento, que deixarão de adquirir unidades condominiais do incorporador-concorrente situado nas proximidades, sem que isso gere o dever de ressarcimento correspondente aos prejuízos advindos da ausência de vendas.

Todavia, quando o incorporador realiza sua atividade dentro das normas legais, impõe-se-lhe o dever de reparar o dano ocasionado. Mesmo sendo difícil divisar uma situação como essa, estando a construção de acordo com as normas técnicas e administrativas cabíveis, é possível se exemplificar o abuso de direito com a carga e descarga de material construtivo fora do horário comercial, causando incômodo a vizinhos em face da inexistência de legislação municipal reguladora da matéria.[13]

14. Ao celebrar o contrato de construção, o incorporador estende a obrigação assumida junto aos adquirentes ao construtor, fazendo-se *substituir* por este, passando ambos a responder pela obrigação de resultado perante o contratante. Em razão da substituição havida, quem se faz substituir é responsável, juntamente com o substituto, pelos danos decorrentes quer de falta contratual, quer de falta delitual, desde que relacionados com o exercício da substituição.[14]

15. Dentro do sistema do consumidor, dois requisitos são necessários à aplicação da sanção imposta ao incorporador-credor inescrupuloso, quais sejam que se trate de dívida oriunda de relação de consumo e que se trate de cobrança extrajudicial, ressalvada a comprovação do engano justificável, equiparável à boa-fé, bastando, nesse caso, a devolução ao consumidor da quantia indevidamente cobrada, corrigida monetariamente.[15]

16. Com a inclusão dos arts. 35-A e 67-A no texto da LCI pela Lei nº 13.786/2018, permitiu-se ao adquirente o exercício do direito de arrependimento, previsto no art. 49 do CDC, durante o prazo improrrogável de 7 (sete) dias, com a devolução

12. Cf. tópico 2.2.2 – Livro II, Parte I.
13. Cf. tópico 2.4 Livro II, Parte I.
14. Cf. tópico 3.4.1 – Livro II, Parte I.
15. Cf. tópico 1.1.2 – Livro II, Parte II.

de todos os valores eventualmente antecipados, inclusive a comissão de corretagem, quando os contratos forem firmados em estandes de vendas e fora da sede do incorporador (art. 67-A, § 10, LCI), cabendo ao adquirente demonstrar o exercício tempestivo do direito de arrependimento por meio de carta registrada, com aviso de recebimento, considerada a data da postagem como data inicial da contagem do prazo a que se refere o § 10 do art. 67-A (§ 11).

A informação a respeito da possibilidade do exercício, por parte do adquirente do imóvel, do direito de arrependimento deverá constar do Quadro Resumo dos contratos de compra e venda, promessa de venda, cessão ou promessa de cessão de unidades autônomas integrantes de incorporação imobiliária (art. 35-A, inciso VIII, LCI), sendo certo que, transcorrido o prazo de 7 (sete) dias a que se refere o § 10º do art. 67-A, da LCI, sem que tenha sido exercido o direito de arrependimento, será observada a irretratabilidade do contrato de incorporação imobiliária, conforme disposto no § 2º do art. 32 da LCI.[16]

17. Devendo oferecer segurança contra acidentes de consumo, se uma parede mal erguida ou um chuveiro instalado de maneira incorreta vem a prejudicar a saúde do consumidor, os responsáveis – incorporador, construtor, fabricantes dos produtos incorporados à obra etc. – ficam obrigados a reparar os danos causados, prescrevendo em cinco anos a ação adequada para a reparação desses prejuízos, iniciando-se a contagem do prazo a partir do conhecimento do dano e de sua autoria (art. 27 do CDC).[17]

18. O incorporador responde pelos defeitos de qualidade, eventualmente encontrados nos apartamentos, que os tornem impróprios à utilização ou lhes diminuam o valor, bem como por aqueles decorrentes da disparidade com as indicações constantes da oferta ou da mensagem publicitária (art. 20 da Lei nº 8.078/1990). Nesse caso, o consumidor poderá exigir, alternativamente e à sua escolha: a reexecução dos serviços, sem custo adicional e quando cabível (inc. I); a restituição imediata da quantia paga, monetariamente atualizada, sem prejuízo de eventuais perdas e danos (inc. II); o abatimento proporcional do preço (inc. III).

A reexecução dos serviços que se fizerem necessários na unidade condominial poderá ser realizada pelo próprio incorporador-construtor, pela construtora contratada ou por terceiros devidamente capacitados, por conta e risco do incorporador, sempre que existam elementos que desabonem a qualidade dos serviços do prestador faltoso, evitando que a reparação do dano seja ineficiente ou inadequada, geradora de consequências graves e indesejadas (art. 20, § 1.º, do CDC).[18]

16. Cf. tópico 1.2, Livro II, Parte II.

17. Cf. tópico 2.1 – Livro II, Parte II.

18. Cf. tópico 2.2 – Livro II, Parte II.

19. O contrato de construção, tipificado na Lei nº 4.591/1964, faz parte integrante da pluralidade de negócios interligados, vinculados por uma *fattispecie* complexa, motivo pelo qual se aplica subsidiariamente ao incorporador o regime jurídico regulado no art. 618 do CC, equiparando-se a responsabilidade civil do incorporador àquela daquele contratado para a construção do edifício. Em face da peculiar forma de responsabilização contida na Lei de Condomínio e Incorporação Imobiliária, o incorporador responde, juntamente com o construtor, pela solidez e segurança do edifício incorporado, cabendo-lhe o direito de, regressivamente, denunciar à lide o realizador técnico da obra, ressarcindo-se de eventuais prejuízos que possa sofrer como decorrência de falhas construtivas no empreendimento. O mesmo pode ocorrer em relação aos prepostos contratados pelo construtor, porquanto nas construções de grande porte a execução de parte ou de toda a obra é feita por prepostos, dirigidos pelo construtor e por quem ele se responsabiliza, podendo, posteriormente, ressarcir-se regressivamente.[19]

20. Notemos que, na incorporação por administração, o incorporador e o construtor são cumpridores da vontade dos adquirentes, expressa por meio da comissão de representantes, que efetivamente dirige a construção do empreendimento, provendo a caixa do numerário correspondente. Deveras, as faturas, duplicatas, recibos de pagamento, encomendas são emitidos em nome do condomínio dos contratantes (art. 58, I, da LCI), devendo os recursos para a construção ser recolhidos em contas abertas em nome desse condomínio (art. 58, II, da LCI). O contrato de incorporação discriminará o orçamento do custo da obra (art. 59 da LCI), que, no entanto, será periodicamente revisto de acordo com as necessidades da construção. Assim sendo, entendemos que, naquelas situações previstas na Lei de Condomínio e Incorporação Imobiliária, em que a comissão de representantes exerce poderes em nome de todos os contratantes (art. 61 da LCI), não surge para o incorporador o dever de ressarcir eventuais danos oriundos de atos por ela fiscalizados ou praticados.[20]

21. Tendo em vista a satisfação de uma obrigação de resultado, materializada na entrega da unidade autônoma, em contraprestação ao recebimento do preço efetuado pelo subscritor, a atividade do incorporador, construtor ou não, exercida com o intuito de promover e coordenar a construção, responsabilizando-se pela entrega, a certo prazo, preço e determinadas condições, das obras concluídas (arts. 28, parágrafo único, e 29 da LCI), gera e absorve a responsabilidade excepcional prevista na codificação civil.

Deveras, promovendo direta ou indiretamente a construção do edifício, o incorporador se responsabiliza pela promoção e realização da obra (art. 28,

19. Cf. Capítulo 1, Livro II, Parte III.
20. Cf. tópico 1.1.2 – Livro II, Parte III.

parágrafo único, da LCI), em função de sua atividade empresarial, tanto em face do proprietário do terreno como perante os adquirentes das unidades, que ficam sub-rogados nos direitos daquele ao suportarem o prejuízo advindo do defeito.[21]

22. O problema do crescimento demográfico desordenado, para o qual a incorporação de imóveis é uma das soluções mais destacadas, deve passar pela mudança do gerenciamento das empresas, com uma mudança de rumo em direção a um desenvolvimento sustentável. Os programas mundiais de qualidade – conjunto de normas técnicas que estabelece minuciosos padrões de qualidade para processos de produção ou produtos – certamente auxiliarão o empresariado a atender as exigências que tratam da gestão ambiental ou gerenciamento ecológico, degraus imprescindíveis para o futuro.[22]

23. No exercício de sua atividade, caso o incorporador atente contra a personalidade, honra, liberdade, profissão do adquirente ou de terceiros, poderá ser demandado para indenizar o prejuízo causado, ficando ao arbítrio do magistrado a identificação do delito civil e a fixação do quanto a ser indenizado. Como exemplo, podemos citar o desconforto moral e psíquico decorrente de uma situação de injusto constrangimento imposto à vítima pela indevida imputação da pecha de má pagadora, com o registro do nome do adquirente no Serviço de Proteção ao Crédito, levada a efeito por incorporador malicioso.

Todavia, em algumas circunstâncias, comuns dentro do universo incorporativo, podemos identificar algumas situações nas quais essa forma de dano não ocorre, como, *v.g.*, a perda da privacidade na utilização da piscina ou do jardim, em virtude da construção do edifício vizinho; ou a perda da vista panorâmica, em face do posicionamento do edifício.

Na hipótese mais expressiva, quando o incorporador dá azo à resolução do contrato por descumprimento das obrigações nele contidas, não nos parece plausível a identificação do dano moral. Isso porque a dor consubstanciada na frustração da concretização do negócio, que envolve "o sonho da aquisição da casa própria", não constitui motivo suficiente à indenização, coexistindo essa tristeza com tantas outras sentidas no correr da existência humana.

Muito embora não mais seja questionável a indenizabilidade do dano moral, este, além de demonstrável, há de ser grave, não ficando o Poder Judiciário à mercê de pessoas inescrupulosas, capazes de tentar tirar proveito da proteção jurídica em vigor, existente para dar amparo às vítimas de lesões morais efetivas.[23]

24. Realizado o leilão extrajudicial, não há como se responsabilizar o incorporador por qualquer excesso eventualmente ocorrido, com base no Código de

21. Cf. tópico 1.2.1 – Livro II, Parte III.
22. Cf. tópico 2.4 – Livro II, Parte III.
23. Cf. tópico 3.2 – Livro II, Parte III.

Defesa do Consumidor. Como tivemos a oportunidade de frisar anteriormente, a comissão de representantes, muito embora possua a faculdade outorgada pela lei (art. 63, § 3.º, da LCI) de adquirir direitos, não constitui, assim como o condomínio, pessoa jurídica. Por um lado, a comissão de representantes atua sempre como mandatária, ficando investida de poderes irrevogáveis para realizar as atividades previstas no § 5.º do art. 63 em nome do condômino inadimplente; por outro, o condomínio somente estará constituído após o registro da instituição de condomínio, motivo pelo qual a lei confere poder aquisitivo ao grupo dos contratantes da construção (art. 58, I e II) das unidades condominiais, não propriamente ao condomínio ainda não instituído, emprestando a elas o nome fixado no memorial de incorporação para que, reunidas sob a designação do condomínio em fase de incorporação, possam adjudicar a unidade leiloada.[24]

25. Além da multa decorrente da mora, o incorporador poderá exigir, desde que pactuados, juros compensatórios e cláusula penal compensatória, que não poderá exceder a 25% (vinte e cinco por cento) da quantia paga (art. 67-A, inciso II, LCI) ou 50% (cinquenta por cento) da quantia paga, quando a incorporação estiver submetida ao regime do patrimônio de afetação, de que tratam os arts. 31-A a 31-F da LCI (art. 67-A, § 5º, LCI). De fato, as alterações promovidas pela Lei nº 13.876/2018 estabeleceram critérios distintos para a apuração dos valores, a serem restituídos ao adquirente, em caso de desfazimento do contrato por inadimplemento dele, adquirente, celebrado com o incorporador ou com o loteador.[25]

---

24. Cf. tópico 1.2.2 – Livro II, Parte IV.

25. Cf. tópico 1.4 – Livro II, Parte IV.

Referências

ABREU, José. *O negócio jurídico e sua teoria geral*. São Paulo: Saraiva, 1984.

AKAOUI, Fernando Reverendo Vidal. Direito ambiental. In: Vidal Serrano Nunes Júnior (coord.). *Manual de direitos difusos*. São Paulo: Verbatim, 2009.

ALBALADEJO, Manuel. *El negocio jurídico*. Barcelona: Bosch, 1958.

ALLEMAR, Aguinaldo. *Legislação de consumo no âmbito da ONU e da União Europeia – textos coligidos, ordenados, traduzidos e anotados*. Curitiba, Juruá Editora, 2002.

ALLENDE, Guillermo L. *Panorama de Derechos reales*. Buenos Aires, La Ley, 1967.

ALPA, Guido; BESSONE, Mario. *La responsabilità civile*. 2. ed. Milano: Giuffrè, 1980.

ALSINA, Jorge Bustamante. *Teoría general de la responsabilidad civil*. 7. ed. ampl. Buenos Aires: Abeledo-Perrot, 1992.

ALTERINI, Atilio Anibal. *Responsabilidad civil*. 3. ed. 1. reimp. Buenos Aires: Abeledo--Perrot, 1992.

ALVES, André Cordelli. Alienação fiduciária em garantia de bens imóveis. *Revista de Direito Bancário e do Mercado de Capitais*. vol. 56. p. 171 e ss. São Paulo: Ed. RT, abr. 2012.

______. *Contrato de Construção Fidic New Red Book*. São Paulo, Almedina, 2021.

ALVES, José Carlos Moreira. *Direito romano*. 14ª ed. revista, corrigida e aumentada. Rio de Janeiro, Forense, 2007.

ALVIM, Agostinho. *Da inexecução das obrigações e suas conseqüências*. 2. ed. São Paulo: Saraiva, 1955.

ALVIM, Thereza. Aplicabilidade da teoria da desconsideração da pessoa jurídica no processo falimentar. *Revista de Processo*. vol. 87. p. 211-220. São Paulo: Ed. RT, jul. 1997.

AMADEI, Vicente de Abreu Anotações para uma reflexão sobre o aspecto instrumental do registro imobiliário no controle urbanístico da propriedade. *Revista de Direito Imobiliário*. vol. 31. p. 22. São Paulo: Ed. RT, jan. 1993; *Doutrinas Essenciais de Direito Registral*. São Paulo: Ed. RT, dez. 2011. vol. 2. p. 859.

______; AMADEI, Vicente Celeste. *Como lotear uma gleba*. 3. ed. Campinas: Milennium, 2012.

AMARAL JR., Alberto. *Proteção do consumidor no contrato de compra e venda*. São Paulo: Ed. RT, 1993.

ANDRADE, Manuel A. Domingues de. *Teoria geral da relação jurídica*. Coimbra: Almedina, 1987. vol. I.

ARAÚJO, Fabio Caldas de. *O terceiro de boa-fé: proteção na aquisição de bens móveis e imóveis*. 2ª tiragem. São Paulo, Thomson Reuters – Revista dos Tribunais, 2020.

ARISTÓTELES. *Metafísica: livros 1 e 2 et al*. Trad. de Vincenzo Cocco et al. São Paulo: Abril Cultural, 1979.

ARRUDA ALVIM et al. *Código do Consumidor comentado e legislação correlata*. 2. ed. rev. e ampl. São Paulo: Ed. RT, 1995.

______. *Manual de direito processual civil*. 19ª ed. rev., atual. e ampl. São Paulo: Thomson Reuters – Revista dos Tribunais, 2020. Revisora: Thereza Alvim.

______. *Tratado de direito processual civil*. 2. ed. refundida do Código de Processo Civil comentado (arts. 1.º a 6.º). São Paulo: Ed. RT, 1990. vol. I.

______. *Breves anotações para uma teoria geral dos direitos reais*. In: Yussef Said Cahali. Jurisp.: Francisco José Cahali, Yussef Said Cahali (coord.). *Posse e propriedade: doutrina e jurisprudência*. São Paulo: Saraiva, 1987.

______. *Direito processual civil: teoria geral do processo de conhecimento*. São Paulo: Ed. RT, 1972. vol. I.

______. *Rescisão do compromisso de compra e venda – Interpelação – Necessidade, sempre, ainda que tenha sido proposta e julgada improcedente ação de consignação em pagamento – Possibilidade de reconvenção em ação de consignação em pagamento*. *Revista de Processo*. vol. 56. p. 174-178. São Paulo: Ed. RT, out. 1989.

______. *Direito privado*. São Paulo: Ed. RT, 2002. Coleção Estudos e Pareceres.

______. *Comentários ao Código Civil brasileiro*. Rio de Janeiro: Forense, 2009. vol. XI, t. I. Coordenadores: Arruda Alvim e Thereza Alvim.

______. *Responsabilidade contratual – Inaplicabilidade do efeito pedagógico-punitivo do dano moral*. *Soluções práticas de direito – Pareceres*. São Paulo: Ed. RT, 2011. vol. II.

______. *Validade de compromisso de compra e venda*. *Soluções práticas de direito – Pareceres*. São Paulo: Ed. RT, 2011. vol. II.

______. *Teoria da desconsideração da pessoa jurídica*, in *Soluções práticas de direito – pareceres*. São Paulo, Revista dos Tribunais, 2011. Vol. III.

ARRUDA ALVIM, Teresa Celina de. Prescrição e decadência. *Revista de Processo*. vol. 29. p. 57-71. São Paulo: Ed. RT, jan. 1983; *Doutrinas Essenciais de Direito Civil*. São Paulo: Ed. RT, out. 2010. vol. 5.

______. *Aplicabilidade da Teoria da desconsideração da pessoa jurídica no processo falimentar*, in *Revista de Processo* vol. 87/ 211-220. Jul – Set / 1997.

ASCENSÃO, José de Oliveira. *Eficácia do registro imobiliário sobre os direitos substantivos*. *Revista Forense*. vol. 293. p. 31-42. Rio de Janeiro: Forense, jan.-mar. 1986.

______. *A desconstrução do abuso de direito*. In: Mário Luiz Delgado; Jones Figueiredo Alves (coord.). *Novo Código Civil – Questões controvertidas no direito das obrigações e dos contratos*. São Paulo: Método, 2005.

______. *Direito Civil – reais*. 5ª ed. revista e ampliada. Coimbra, Coimbra editora, 1993.

______; ASCENSÃO, Maria Teresa Pereira de Castro. *Instituição, incorporação e convenção de condomínio*. *Revista de Direito Civil*. vol. 10. p. 143-157. out.-dez. 1919; *Doutrinas Essenciais de Direito Registral*. São Paulo: Ed. RT, dez. 2011. vol. 4.

ASSIS, Araken de. *Resolução do contrato por inadimplemento*. São Paulo: Ed. RT, 1991.

AVVAD, Pedro Elias. *Condomínio em edificações*. *2ª ed*. Rio de Janeiro Renovar. 2007.

AZEVEDO, Álvaro Villaça. *Curso de direito civil: teoria geral das obrigações e responsabilidade civil*. 12. ed. São Paulo: Atlas, 2011.

______. Proposta de classificação da responsabilidade objetiva: pura e impura. *Revista dos Tribunais*. vol. 698. p. 7-11. São Paulo: Ed. RT, dez. 1993.

AZEVEDO, Antônio Junqueira de. Responsabilidade pré-contratual no Código de Defesa do Consumidor: estudo comparativo com a responsabilidade pré-contratual no Direito Comum. *Revista de Direito do Consumidor*. vol. 8. p. 30. São Paulo: Ed. RT, 1996; *Doutrinas Essenciais de Direito do Consumidor*. São Paulo: Ed. RT, 2011. vol. 4.

AZEVEDO JR., José Osório de *Compromisso de compra e venda*. 5. ed. revista e ampliada. São Paulo: Malheiros, 2006.

BANDEIRA DE MELLO, Celso Antônio. *Curso de direito administrativo*. 6. ed. rev. atual. amp. São Paulo: Malheiros, 1995.

BANDEIRA DE MELLO, Oswaldo Aranha. *Princípios gerais de direito administrativo*. 2. ed. Rio de Janeiro: Forense, 1979 (vol. I); 1969 (vol. II).

BARROS, Raimundo Gomes de et. al. O dever de informar do incorporador quanto aos dados de registro da incorporação imobiliária. *Revista de Direito do Consumidor*. vol. 79. p. 351. São Paulo: Ed. RT, jul. 2011.

BASTOS, Celso Ribeiro; MARTINS, Ives Gandra. *Comentários à Constituição do Brasil: promulgada em 5 de outubro de 1988*. São Paulo: Saraiva, 1988-1989. vol. II.

BATALHA, Wilson de Souza Campos. *Loteamentos e condomínios: sistema jurídico da propriedade fracionada*. São Paulo: Max Limonad, 1953. t. I e II.

BDINE JR., Hamid Charaf Compromisso de compra e venda em face do Código Civil de 2002: contrato preliminar e adjudicação compulsória. *Revista dos Tribunais*. vol. 843. p. 58. São Paulo: Ed. RT, jan. 2006; *Doutrinas Essenciais de Direito Registral*. vol. 3. p. 819. São Paulo: Ed. RT, dez. 2011.

BENJAMIN, Antonio Herman V. Responsabilidade civil e acidentes de consumo no Código de Defesa do Consumidor. *Revista do Advogado*. vol. 33. p. 16-34. São Paulo: AASP, dez. 1990.

______. A proteção do meio ambiente nos países menos desenvolvidos: o caso da América Latina. *Uma vida dedicada ao direito – Homenagem a Carlos Henrique de Carvalho: o editor dos juristas*. São Paulo: Ed. RT, 1995. p. 403-433.

BENUCCI, Eduardo Bonasi. *La responsabilidad civil*. Barcelona: Bosch, 1958.

BESSONE, de Oliveira Andrade Darcy. *Direitos reais*. São Paulo: Saraiva, 1988.

BETTI, Emílio. *Teoria geral do negócio jurídico*. Campinas: Servanda, 2008.

BEVILAQUA, Clóvis. *Teoria geral do direito civil*. 2. ed. rev. e atual. por Caio Mário da Silva Pereira. Ed. histórica. Rio de Janeiro: Rio, 1980.

______. *Código Civil dos Estados Unidos do Brasil*. Ed. histórica. Rio de Janeiro: Rio, 1980. vol. I e II.

BITTAR, Carlos Alberto. *Responsabilidade civil por danos morais*. 4ª ed. revista, aumentada e modificada por Eduardo C. B. Bittar. São Paulo: Saraiva, 2015.

______. *Direitos do consumidor: Código de Defesa do Consumidor (Lei 8.078 de 11 de setembro de 1990)*. 2. ed. Rio de Janeiro: Forense Universitária, 1991.

BITTAR FILHO, Carlos Alberto. Da cláusula *rebus sic stantibus*. *Revista de Direito Civil, Imobiliário, Agrário e Empresarial*. vol. 61. p. 43-57. São Paulo: Ed. RT, jul.-set. 1992.

BOCCANERA, Ney da Fontoura. Culpa aquiliana. *Revista de Direito Civil, Imobiliário, Agrário e Empresarial*. vol. 24. p. 106-108. São Paulo: Ed. RT, abr.-jun. 1983.

BONVICINI, Eugenio. *La responsabilità civile*. Milano: Giuffrè, 1973.

BOULOS, Daniel M. *Abuso de direito no novo Código Civil*. São Paulo: Método, 2006. Coleção Prof. Arruda Alvim.

BRANDÃO, Wilson de Andrade. *Lesão e contrato no direito brasileiro*. 3. ed. Rio de Janeiro: Aide, 1991.

BRITO, Rodrigo Azevedo Toscano de. *Incorporação imobiliária à luz do CDC*. São Paulo: Saraiva, 2002.

______. Cláusulas abusivas nos contratos de incorporação imobiliária e o Código de Defesa do Consumidor. *Revista de Direito Imobiliário*. vol. 49. p. 81. São Paulo: Ed. RT, jul. 2000.

BRIZ, Jaime Santos. *La responsabilidad civil: derecho sustantivo y derecho procesal*. 7. ed. rev. e actual. Madrid: Montecorvo, 1993.

BUENO, Rogério Ferreira Márcio. *Código de Defesa do Consumidor comentado para o mercado imobiliário*. Florianópolis: Edição do Autor, 1991.

CAHALI, Yussef Said (coord.). *Responsabilidade civil: doutrina e jurisprudência*. (Jurisprudência: Francisco José Cahali, Yussef Said Cahali). 2. ed. atual. São Paulo: Saraiva, 1988.

______. *Dano e indenização*. São Paulo: Ed. RT, 1980.

CAMBLER, Everaldo Augusto. *Incorporação imobiliária – Ensaio de uma teoria geral*. São Paulo: Ed. RT, 1993. vol. I. Coleção Estudos em Homenagem ao Ministro e Professor Moreira Alves.

______. *Condomínio edilício*. In: Antonio Rulli Neto; Luiz Fernando do Vale de Almeida Guilherme (coord.). *Estudos em homenagem ao Acadêmico Ministro Moreira Alves*. São Paulo: Fiúza Editores, 2003.

______. *Condomínio edilício, incorporação imobiliária e loteamento*. *Revista Autônoma de Direito Privado*. n. 2. p. 277-285. Curitiba: Juruá, 2007.

______. *Condomínio edilício*. In: Silvio de Salvo Venosa, Rafael Villar Gagliardi, Paulo Magalhães Nasser (coord.). *10 anos do Código Civil – Desafios e perspectivas*. São Paulo: Atlas, 2012. p. 599-619.

______. *O sistema financeiro imobiliário e a execução extrajudicial no âmbito da Lei n. 9.514/97*. In: José Roberto Neves Amorim, Rubens Carmo Elias Filho (coord.). *Direito imobiliário – Questões contemporâneas*. Rio de Janeiro: Elsevier, 2008.

______. *Noções de responsabilidade civil*. *Revista Autônoma de Direito Privado*. n. 1. p. 179--194. Curitiba: Juruá, 2006.

______. *Pressupostos da responsabilidade civil*. In: Angélica Arruda Alvim e Everaldo Augusto Cambler (coord.). *Atualidades de Direito Civil – Estudos sobre responsabilidade civil*. Curitiba: Juruá, 2007. vol. II. p. 61-73.

______. In: Arruda Alvim e Thereza Alvim (coord.) *Comentários ao Código Civil brasileiro – Introdução à parte geral*. Rio de Janeiro, Forense, 2005. vol. I.

______. In: Arruda Alvim e Thereza Alvim (coord.). *Comentários ao Código Civil brasileiro – Arts. 233 a 303*. Rio de Janeiro, Forense, 2003. vol. III.

______. *Fundamentos da responsabilidade civil e o abuso de direito*. In: Everaldo Augusto Cambler (org.). *Fundamentos do direito civil brasileiro*. Campinas: Millennium, 2012.

______. *Curso avançado de Direito Civil – Direito das obrigações*. São Paulo: Ed. RT, 2001. vol. 2. Coordenador: Everaldo Augusto Cambler.

______. *O regime jurídico da alienação fiduciária em garantia após o advento da Lei 10.931/04*. In: Angélica Arruda Alvim e Everaldo Augusto Cambler (coord.). *Atualidades de Direito Civil*. vol. I. p. 235-255. Curitiba: Juruá, 2006.

______. *Documentos eletrônicos e o registro imobiliário*. In: José Roberto Neves Amorim; Rubens Carmo Elias Filho (coord.). *Estudos avançados de Direito Imobiliário*. Rio de Janeiro: Elsevier, 2014.

______. *O registro da incorporação imobiliária: pontos estratégicos e problemáticos*. In: Consuelo Yatsuda M. Yoshida, Marcelo Figueiredo, Vicente de Abreu Amadei (coord.). *Direito notarial e registral avançado*. São Paulo: Ed. RT, 2014. p. 381-396.

______. *A resolução por inadimplemento e a alienação fiduciária em garantia de bens imóveis, in Alienação fiduciária de bem imóvel e outras garantias*. Indaiatuba/SP, Editora Foco, 2019. Coordenadores: Tatiana Bonatti Peres, Marcelo Terra, José Guilherme Gregori Siqueira Dias.

______. *Impossibilidade de registro da alienação fiduciária superveniente ou condicionada (2º grau)*, in *Alienação fiduciária de bem imóvel – 20 anos da Lei nº 9.514/1997: aspectos polêmicos*. São Paulo, Editorial Lepanto, 2018. Coordenadores: Mauro Antônio Rocha, Marcus Vinicius Kikunaga.

______. *Parecer – Publicidade, lançamento e venda de unidades de edifícios sem registro da incorporação. Contrato de incorporação imobiliária. Lei nº 4.591/1964 (dispõe sobre o condomínio em edificação e incorporações imobiliárias). Código de defesa do consumidor*. Rio de Janeiro: Revista Forense, 2008. Vol. 400/333-343.

______. *Comentários à Tese nº 9: A convenção do condomínio pode fixar o rateio das contribuições condominiais de maneira diversa da regra da fração ideal pertencente a cada unidade, in Teses jurídicas dos Tribunais Superiores*. São Paulo, Thomson Reuters – Revista dos Tribunais, 2019. Vol. 6, Tomo II. Coordenação: Arruda Alvim, Thereza Arruda Alvim, Everaldo Augusto Cambler, Angélica Arruda Alvim.

______. *Comentários à Tese nº 16: É possível a reforma ou a utilização exclusiva de área comum de condomínio desde que exista autorização da assembleia geral, in Teses jurídicas dos Tribunais Superiores*. São Paulo, Thomson Reuters – Revista dos Tribunais, 2019. Vol. 6, Tomo II. Coordenação: Arruda Alvim, Thereza Arruda Alvim, Everaldo Augusto Cambler, Angélica Arruda Alvim.

______. *Comentários à Tese nº 17: A loja térrea, com acesso próprio à via pública, não concorre com gastos relacionados a serviços que não lhe sejam úteis, salvo disposição condominial em contrário, in Teses jurídicas dos Tribunais Superiores*. São Paulo, Thomson Reuters – Revista dos Tribunais, 2019. Vol. 6, Tomo II. Coordenação: Arruda Alvim, Thereza Arruda Alvim, Everaldo Augusto Cambler, Angélica Arruda Alvim.

______. *Os limites da responsabilidade no âmbito da desconsideração da personalidade jurídica, in Estudos em homenagem à professora Thereza Alvim*. São Paulo, Thomson Reuters – Revista dos Tribunais, 2020. Coordenadores: Arruda Alvim [et.al.].

______. *A relação incorporativa de consumo, in 25 anos do Código de Defesa do Consumidor – panorama atual e perspectivas futuras*. Rio de Janeiro, LMJ Mundo Jurídico, 2017. Coordenadores: Angélica Arruda Alvim, Eduardo Arruda Alvim, Marcelo Chiavassa de Mello Paula Lima.

CAMBLER, Everaldo Augusto e THAMAY, Rennan Faria Kruger. *Aspectos da responsabilidade civil do adquirente de imóvel incorporável, in Temas de Direito Imobiliário*. São Paulo, Editora IASP, 2017. Tomo I. Coordenadores: Everaldo Augusto Cambler, Alexandre Jamal Batista, André Cordelli Alves. Homenagem ao Prof. José Osório de Azevedo Jr.

CANOTILHO, J. J. Gomes. *Proteção do ambiente e direito de propriedade: crítica de jurisprudência ambiental*. Coimbra: Coimbra, 1995.

CARRION, Valentin. *Comentários à Consolidação das Leis do Trabalho*. 18. ed. atualizada e ampl. São Paulo: Ed. RT, 1994.

CASILLA, Gustavo Ordoqui. Obligación de compensar daños causados por conductas licitas. *Revista dos Tribunais*. vol. 726. p. 11-23. São Paulo: Ed. RT, abr. 1996.

CASILLO, João. *Dano à pessoa e sua indenização*. São Paulo, s.c.p., 1984.

CAVALIERI FILHO, Sérgio. *Programa de responsabilidade civil*. 10. ed. revista e ampliada. São Paulo: Atlas, 2012.

CENCI, José Eduardo Callegari. Reflexões sobre o dimensionamento do dano moral para fins de fixação indenizatória. *Revista dos Tribunais*. vol. 702. p. 261-264. São Paulo: Ed. RT, abr. 1994.

CHALHUB, Melhim Namem. *Da incorporação imobiliária*. 4ª ed. revista, atualizada e ampliada. São Paulo: Forense, 2017.

______. *Trust – Perspectivas do direito contemporâneo na transmissão da propriedade para administração de investimentos e garantia*. Rio de Janeiro: Renovar, 2001.

______. O contrato de incorporação imobiliária sob a perspectiva do Código de Defesa do Consumidor. *Revista de Direito Imobiliário*. vol. 50. p. 92. São Paulo: Ed. RT, jan. 2001; *Doutrinas Essenciais de Direito do Consumidor*. vol. 4. p. 1.245. São Paulo, abr. 2011; *Doutrinas Essenciais de Direito Registral*. vol. 4. São Paulo: Ed. RT, dez. 2011.

______. *Alienação fiduciária – negócio fiduciário*. 5º ed. revista, atualizada e ampliada. Rio de Janeiro, Forense, 2017.

CHAVES, Antônio. *Tratado de direito civil*. São Paulo: Ed. RT, 1985. vol. III.

______. *Responsabilidade pré-contratual*. São Paulo: Lejus, 1997.

______. Responsabilidade pré-contratual. *Revista de Direito Civil*. vol. 23. p. 16-25. jan.-mar. 1983; *Doutrinas Essenciais de Responsabilidade Civil*. São Paulo: Ed. RT, out. 2011. vol. 2; *Doutrinas Essenciais de Direito do Trabalho e da Seguridade Socail*. São Paulo: Ed. RT, set. 2012. vol. 2.

______. Ecologia: a política internacional e nacional do meio ambiente. Sistema e instrumentos. *FMU Direito*. vol. 7. p. 115-143. São Paulo: Faculdade de Direito das Faculdades Metropolitanas Unidas, nov. 1993.

______. Incorporação imobiliária. *Revista dos Tribunais*. vol. 498. p. 27-51. São Paulo: Ed. RT, abr. 1977. *Doutrinas Essenciais de Direito Registral*. São Paulo: Ed. RT, dez. 2011.

CHICUTA, Kioitsi. Condomínio de casas térreas ou assobradadas. In: Francisco Antonio Casconi e José Roberto Neves Amorim (coord.). *Condomínio edilício – Aspectos relevantes – Aplicação do novo Código Civil*. São Paulo: Método, 2005. p. 127-151.

______; LIMA, Ary José de; JACOMINO, Sérgio Algumas linhas sobre a informatização do registro imobiliário brasileiro. *Registro de Imóveis – Estudos de direito registral imobiliário*. Porto Alegre: Sergio Fabris Editor, 1997.

CHIOVENDA, Giuseppe. *Instituições de direito processual civil*. Trad. da 2. ed. italiana por J. Guimarães Menegale. 3. ed. São Paulo: Saraiva, 1969. vol. I.

COELHO, Fábio Ulhôa. *Código Comercial e legislação complementar anotados*. São Paulo: Saraiva, 1995.

______. Lineamentos da teoria da desconsideração da pessoa jurídica. *Revista do Advogado*. vol. 36. p. 38-44. mar. 1992.

COMPARATO, Fábio Konder. Obrigações de meios, de resultado e de garantia. *Enciclopédia Saraiva de Direito* (55): 420-30. São Paulo: Saraiva, 1980.

COPI, Irving Marmer. *Introdução à lógica*. 2. ed. Trad. por Álvaro Cabral. São Paulo: Mestre Jou, 1978.

CORREIA, Alexandre; SCIASCIA, Gaetano. *Manual de direito romano*. São Paulo: Saraiva, 1951 (vol. II), 1953 (vol. I).

COSTA, José da Silva. *Estudo teórico e prático sobre a satisfação do dano*. Rio de Janeiro: Perseverança, 1878.

COTRIM Neto, A. B. *Do contrato de incorporação do condomínio como negócio jurídico nominado, in Doutrinas Essenciais de Direito Registral – registro imobiliário: modificações da propriedade*. 2ª ed. ampliada. São Paulo, Thomson Reuters – Revista dos Tribunais, 2013. Vol. IV. Organizadores: Ricardo Dip, Sérgio Jacomino.

COUTURE, Eduardo J. *Fundamentos del derecho procesal civil*. 3. ed. Buenos Aires: Depalma, 1988.

COVELLO, Sérgio Carlos. *A presunção em matéria civil*. São Paulo: Saraiva, 1983.

______. Fontes das obrigações (será a lei uma delas?). *Revista de Direito Civil*. vol. 40. p. 62-65. abr.-jun. 1987. *Doutrinas Essenciais Obrigações e Contratos*. São Paulo: Ed. RT, jun. 2011. vol. 1.

CRETELLA JR., José. *Curso de direito romano*. 13. ed. rev. e aum. Rio de Janeiro: Forense, 1991.

______ et al. *Comentários ao Código do Consumidor*. Rio de Janeiro: Forense, 1992.

CRUZ, Gisela Sampaio da. *O problema do nexo causal na responsabilidade civil*. Rio de Janeiro: Renovar, 2005.

DE PLÁCIDO E SILVA. *Vocabulário jurídico*. 7. ed. Rio de Janeiro: Forense, 1982. vols. III e IV.

DELGADO, José Augusto et al. *Comentários ao Código Civil brasileiro – Dos fatos jurídicos*. Rio de Janeiro: Forense, 2008. vol. II. Coordenadores: Arruda Alvim e Thereza Alvim.

DELMANTO, Celso. *Código penal comentado*. 2. ed. ampl. e atual. Rio de Janeiro: Renovar, 1988.

DEL MAR, Carlos Pinto. *Direito na construção civil – qualidade, desempenho, normalização, garantias e responsabilidades*. São Paulo, PINI – LEUD, 2015.

DESCARTES, René. *Discurso sobre o método*. Trad. Por Paulo M. Oliveira. São Paulo: Athena Editora, 1939.

DIAS, José de Aguiar. *Da responsabilidade civil*. 11 ed. ver., atual. e ampl. de acordo com o Código Civil de 2002 por Rui Berford Dias. Rio de Janeiro: Renovar, 2006.

DINIZ, Maria Helena. *Curso de direito civil brasileiro*. 26. ed. São Paulo: Saraiva, 2012. vol. VII.

______. ______. 6. ed. aum. e atual. São Paulo: Saraiva, 1991. vol. II.

______. ______. 28. ed. São Paulo: Saraiva, 2012. vol. III.

______. ______. 11. ed. aum. e atual. São Paulo: Saraiva, 1995. vol. I.

______. ______. 27. ed. São Paulo: Saraiva, 2012. vol. IV.

______. *Tratado teórico e prático dos contratos*. São Paulo: Saraiva, 1993. vol. II.

______. *Código Civil anotado*. 16. ed. São Paulo: Saraiva, 2012.

______. *Compêndio de introdução à ciência do direito*. 6. ed. atual. São Paulo: Saraiva, 2004.

______. A responsabilidade civil por dano moral. *Revista Literária de Direito*. vol. 9. p. 7-14. São Paulo, jan.-fev. 1996.

DIREITO, Carlos Alberto Menezes. A livre negociação dos índices: leis de ordem pública e teoria da imprevisão. *Revista dos Tribunais*. vol. 672. p. 72-79. São Paulo: Ed. RT, out. 1991. Doutrinas Essenciais Obrigações e Contratos. São Paulo: Ed. RT, jun. 2011. vol. 4.

DONATO, Maria Antonieta. *Proteção ao consumidor: conceito e extensão*. São Paulo: Ed. RT, 1993.

DONNINI, Rogério Prevenção de danos e a extensão do princípio *neminem laedere*. In: ______; Rosa Maria de Andrade Nery (coord.). *Responsabilidade civil – Estudos em homenagem ao professor Rui Geraldo Camargo Viana*. São Paulo: Ed. RT, 2009.

______. *Comentários ao Código Civil brasileiro – Arts. 854 a 965*. Rio de Janeiro: Forense, 2013. Coordenadores: Arruda Alvim e Thereza Alvim.

______. *Responsabilidade Pós-Contratual – No Direito Civil, Direito do Consumidor, no Direito do Trabalho, no Direito ambiental e no Direito Administrativo*. 3ª ed. revista, ampliada e atualizada. São Paulo: Saraiva, 2011.

______. *Responsabilidade civil na pós-modernidade – felicidade, proteção, enriquecimento com causa e tempo perdido.* Porto Alegre, Sergio Antônio Fabris Editor, 2015.

______. *A boa-fé nos contratos imobiliários*, in *Temas de Direito Imobiliário*. São Paulo, Editora IASP, 2017. Tomo II. Coordenação: Everaldo Augusto Cambler, Alexandre Jamal Batista, André Cordelli Alves. Obra coletiva em homenagem ao Prof. José Osório de Azevedo Jr.

DUARTE, José Cândido Pimentel. *Edifício de apartamentos*. Rio de Janeiro: Typografia do Jornal do Comércio, 1935.

ELIAS, Paulo Sá. *Contratos eletrônicos e a formação do vínculo*. São Paulo: Lex, 2008.

ELIAS FILHO, Rubens Carmo. *Condomínio de lotes, após a vigência da Lei 13.465/2017*, in *Estatuto Fundiário Brasileiro – Comentários à Lei nº 13.465/17*. São Paulo, Editora IASP, 2018. Tomo I. Coordenação: Everaldo Augusto Cambler, Alexandre Jamal Batista, André Cordelli Alves. Obra coletiva em homenagem ao Prof. José Manoel de Arruda Alvim Netto.

______. *Condomínio edilício – aspectos de direito material e processual*. São Paulo, Atlas, 2015.

______. *Os megacondomínios e as convenções de condomínio*, in *Direito imobiliário – questões contemporâneas*. Rio de Janeiro, Elsevier, 2008. Coordenadores: José Roberto Neves Amorim, Rubens Carmo Elias Filho.

ENNECCERUS, Ludwig; KIPP, Theodor; WOLFF, Martin. *Tratado de derecho civil*. 2. ed. Trad. Blas Pérez González y José Alguer. Barcelona: Bosch, 1953. vol. I, t. II. Vol. II, t. I e II.

ESPÍNOLA, Eduardo. *Sistema do direito civil brasileiro*. Ed. histórica. Rio de Janeiro: Rio, 1977.

______. *A Lei de Introdução ao Código Civil Brasileiro*. 2. ed. Rio de Janeiro: Renovar, 1995. vol. I.

______. *Dos contratos nominados no direito brasileiro*. Rio de Janeiro: Conquista, 1956.

ESTEVILL, Luis Pascual. *Hacia un concepto actual de la responsabilidad civil; La responsabilidad contractual; La responsabilidad extracontractual, aquiliana o delictual*. Barcelona: Bosch, 1989-1992. t. I – parte general; vol. 1, t. II – parte especial; vol. 2, t. II – parte especial.

FAZANO, Haroldo Guilherme Vieira. *Da propriedade horizontal e vertical*. Campinas: CS Edições, 2003.

FERRAZ JR., Tercio Sampaio. *A função social da dogmática jurídica*. São Paulo: Ed. RT, 1980.

______. *A ciência do direito*. 2. ed. São Paulo: Atlas, 1980.

______. *Introdução ao estudo do direito – Técnica, decisão, dominação*. São Paulo: Atlas, 2003.

FILOMENO, José Geraldo Brito. *Manual de direitos do consumidor*. São Paulo: Atlas, 1991.

FRANÇA, R. Limongi. *Instituições de direito civil*. 4. ed. atual. São Paulo: Saraiva, 1996.

______. Responsabilidade civil e abuso de direito. *Revista do Advogado*. vol. 19. p. 40-45. São Paulo: AASP, out. 1985.

FRANCO, João Nascimento. Incorporações imobiliárias II. *Enciclopédia Saraiva do Direito*. vol. 43. p. 346-57. São Paulo: Saraiva, 1977.

______. *Condomínio*. 5. ed., rev., atual. e ampl. São Paulo: Ed. RT, 2005.

______; GONDO, Nisske. *Incorporações imobiliárias*. 2. ed. São Paulo: Ed. RT, 1984.

FRANCO, Vera Helena de Mello. Aspectos polêmicos na lei brasileira de tutela do consumidor. *Revista do Advogado*. vol. 36. p. 104-119. São Paulo: AASP, mar. 1992.

FREITAS, Augusto Teixeira de. *Consolidação das leis civis*. 2. ed. Rio de Janeiro: Laemmert, 1865.

______. *Esboço do Código Civil*. Brasília: Ministério da Justiça: Fundação Universidade de Brasília, 1983. 2 vol.

FREITAS, Heitor Ronaldo de. *Direito real de habitação periódica e multipropriedade: comparativos entre os sistemas português e brasileiro)*. Coimbra, no prelo, 2019. Dissertação no âmbito do Curso de Pós-Graduação em Direito Notarial e Registal, orientada pela Professora Doutora Mónica Vanderleia Alves de Sousa Jardim e apresentada ao Centro de Estudos Notariais e Registais – CENoR, da Faculdade de Direito da Universidade de Coimbra.

FULGÊNCIO, Tito. *Do direito das obrigações – Das modalidades das obrigações (arts. 863-927)*. 2. ed. atual. por José de Aguiar Dias. Rio de Janeiro: Forense, 1958.

GAGLIARDI, Rafael Villar *Usucapião administrativa e usucapião coletiva, in Estatuto da Cidade*., São Paulo, Thomson Reuters – Revista dos Tribunais, 2014. Coordenadores: Arruda Alvim, Everaldo Augusto Cambler.

GALGANO, Francesco. *Sommario di diritto civile*. Padova: Giuffrè, 1990.

______. *El negocio jurídico*. Trad. por Francisco de P. Blasco Gascó y Lorenzo Prats Albentosa. Valencia: Tirant lo Blanch, 1992.

GALHANONE, Álvaro Luiz Damásio. O incorporador como empresa. *RJTJSP*. vol. 78. p. 13-26. São Paulo: Lex, set.-out. 1982.

______. A cláusula de não indenizar. *Revista dos Tribunais*. vol. 565. p. 21-31. São Paulo: Ed. RT, nov. 1982.

GARCEZ NETO, Martinho. *Prática da responsabilidade civil*. 4. ed. aum. São Paulo: Saraiva, 1989.

GATTI, Edmundo *Teoria General de los derechos reales*. Buenos Aires, Abeledo-Perrot, s.d.

GIORGIO, Grasselli *La proprietà immobiliare*. Padova, CEDAM, 2010.

GOLDSCHMIDT, James. *Derecho procesal civil*. Trad. por Leonardo Prieto Castro. Barcelona: Labor, 1936.

GOMES, Orlando. *Obrigações*. 12. ed. Rio de Janeiro: Forense, 1999.

______. *Direitos reais*. 19. ed. Rio de Janeiro: Forense, 2004. Atualizador: Luiz Edson Fachin.

______. *Introdução ao direito civil*. 7. ed. Rio de Janeiro: Forense, 1983.

______. Tendências modernas na teoria da responsabilidade civil. *Estudos em Homenagem ao Prof. Silvio Rodrigues*. São Paulo: Saraiva, 1989. p. 291-301.

______. Contrato de incorporação imobiliária. *Revista dos Tribunais*. vol. 461. p. 11-19. São Paulo: Ed. RT, mar. 1974.

______. *Contratos*. 24. ed. Rio de Janeiro: Forense, 2001.

GONÇALVES, Carlos Roberto. *Responsabilidade civil – De acordo com o novo Código Civil*. 9. ed. 2. tiragem. São Paulo: Saraiva, 2006.

______. *Comentários ao Código Civil – Arts. 927 a 965*. São Paulo: Saraiva, 2003. vol. 11.

______. *Direito Civil brasileiro – Direito das coisas*. 9ª ed. São Paulo, Saraiva, 2014. Vol. 5.

______. *Direito Civil brasileiro – contratos e atos unilaterais*. 11ª ed. São Paulo, Saraiva, 2011. Vol. 3.

GONÇALVES, Luiz da Cunha. *Tratado de direito civil*. 2. ed. atual. e aum. e 1. ed. brasileira. Anotado por Cantidiano Garcia de Almeida. São Paulo: Max Limonad, 1956. vol. XII, t. I e II.

GONZALEZ, Juliana Pesqueira. *Condomínio urbano simples, in Estatuto fundiário brasileiro: comentários à Lei nº 13.465/17*. São Paulo, Editora IASP, 2018. Tomo I. Coordenação: Everaldo Augusto Cambler, Alexandre Jamal Batista, André Cordelli Alves. Obra coletiva em homenagem ao Prof. José Manoel de Arruda Alvim Netto.

GRAMSTRUP, Erik Frederico e RAMOS, André de Carvalho. *Comentários à Lei de Introdução às Normas do Direito Brasileiro*. São Paulo, Saraiva, 2016.

GRINOVER, Ada Pellegrini et al. *Código Brasileiro de Defesa do Consumidor: comentado pelos autores do anteprojeto*. 10. ed. rev., atual. e reformulada. Rio de Janeiro: Forense, 2011. vol. I.

GUIMARÃES, Octávio Moreira. *Da boa-fé no direito civil brasileiro*. São Paulo: Saraiva, 1953.

HEDEMANN, J. W. *Tratado de derecho civil – Derecho de obligaciones*. Trad. Jaime Santos Briz. Madrid: Revista de Derecho Privado, 1958. vol. III.

HIRONAKA, Giselda Maria F. Novaes *Estudos de direito civil*. Belo Horizonte, Del Rey, 2000.

HONORAT, Jean. *L'idée d'acceptation des risques dans la responsabilité civile*. Paris: Librairie Générale de Droit et de Jurisprudence, 1969.

JESUS, Damásio Evangelista de. *Direito penal – Parte geral*. 10. ed. rev. São Paulo: Saraiva, 1985. vol. I.

JORGE, Fernando Pessoa. *Ensaio sobre os pressupostos da responsabilidade civil*. Coimbra: Almedina, 1995.

JOSÉ, Rosendo Dias. *Responsabilidade civil do construtor e do vendedor pelos defeitos*. Lisboa: Petrony, 1984.

JOSSERAND, Louis. Evolução da responsabilidade civil. Trad. Raul Lima. *Revista Forense*. p. 548-559. Rio de Janeiro: Forense, jun. 1941.

JUSTO, A. Santos. *Direitos reais*. 2ª ed. Coimbra, Wolters Kluwer – Coimbra Editora, 2010.

KELSEN, Hans. *Teoria pura do direito*. 4. ed. Trad. João Baptista Machado. Coimbra: Arménio Amado, 1976.

KERN, Marinho Dembinski Kern. *Condomínio de lotes e loteamentos fechados*. São Paulo, Instituto de Registro Imobiliário do Brasil – IRIB, 2019. Coleção cadernos IRIB.

KIKUNAGA, Marcus Vinicius. *Aspectos gerais da alienação fiduciária de bem imóvel, in Alienação fiduciária de bem imóvel – 20 anos da Lei nº 9.514/1997 – aspectos polêmicos*. São Paulo, Editorial Lepanto, 2018. Coordenadores: Mauro Antônio Rocha, Marcus Vinicius Kikunaga.

______. *Direito Notarial e Registral à luz do Código de Defesa do Consumidor: visão estruturada da atividade extrajudicial*. São Paulo, Editorial Lepanto, 2019.

KONDER, Carlos Nelson *Contratos conexos*. Rio de Janeiro, Renovar, 2006.

LAFENINA, Walter Francisco et al. *Manual do mercado imobiliário – Código de Defesa do Consumidor*. São Paulo: Secov, s.d.

LALOU, Henri. *Traité pratique de la responsabilité civile*. 5. ed. Paris: Dalloz, 1955.

LARENZ, Karl. *Base del negocio jurídico y cumplimiento de los contratos*. Madrid: Revista de Derecho Privado, s.d.

______. *Tratado de derecho civil alemán – Parte general*. Trad. e notas de Miguel Izquierdo y Macías-Picavea. Madrid: Revista de Derecho Privado, 1978.

LEÃES, Luiz Gastão Paes de Barros. *A responsabilidade do fabricante pelo fato do produto*. São Paulo: Saraiva, 1987.

LEANDRO, Waldemar. *Condomínio de imóveis*. 5. ed. reformulada e atual. São Paulo: Universitária de Direito, 1985.

LEÃO, Antônio Carlos Amaral. Considerações em torno do dano moral e a pessoa jurídica. *Revista dos Tribunais*. vol. 689. p. 7-13. São Paulo: Ed. RT, mar. 1993.

LEHMANN, Heinrich. *Tratado de derecho civil*. Madrid: Revista de Derecho Privado, 1956. vol. I – parte general.

LEITE, Iolanda Moreira. Responsabilidade civil do construtor. In: Yussef Said Cahali. Jurisprudência: Francisco José Cahali. Yussef Said Cahali (coord.). *Responsabilidade civil: doutrina e jurisprudência*. 2. ed. atual. São Paulo: Saraiva, 1988. p. 131-54.

LEITE, José Rubens Morato; DANTAS, Marcelo Buzaglo. Os instrumentos de proteção ambiental e o Mercosul. *Revista dos Tribunais*. vol. 725. p. 39-48. São Paulo: Ed. RT, mar. 1996. Doutrinas Essenciais de Direito Ambiental. São Paulo: Ed. RT, 2011. vol. 6.

LEME, Lino de Moraes. *Da responsabilidade civil fora do contrato*. São Paulo: Saraiva, 1927.

LIEBMAN, Enrico Tullio. *Processo de execução*. Atual. por Joaquim Munhoz de Mello. 4. ed. São Paulo: Saraiva, 1980.

LIMA, Alvino. *Culpa e risco*. 2. ed. rev. e atual. por Ovídio Rocha Barros Sandoval. São Paulo: Ed. RT, 1998.

______. *A responsabilidade civil pelo fato de outrem*. Rio de Janeiro: Forense, 1973.

LIMA, Frederico Henrique Viegas de. *Condomínio em edificações*. São Paulo, Saraiva. 2010.

______. *Sobre o contrato de promessa de permuta imobiliária, in Doutrinas Essenciais de Direito Registral – registro imobiliário: aquisição da propriedade*. 2ª ed. ampliada. São Paulo, Thomson Reuters – Revista dos Tribunais, 2013. Vol. III. Organizadores: Ricardo Dip, Sérgio Jacomino.

LIMA, João Franzen de. *Curso de direito civil brasileiro*. 2. ed. Rio de Janeiro: Forense, 1955.

LOPES, João Batista. *Condomínio*. 8. ed. rev. atual. e ampl. de acordo com o novo Código Civil. São Paulo: Ed. RT, 2003.

______. *Perspectivas atuais da responsabilidade civil no direito brasileiro. Revista de Jurisprudência do Tribunal de Justiça do Estado de São Paulo. Lex*. n. 57. p. 13-25. São Paulo: Lex, 1979.

______ [et al]. *Comentários ao Código Civil brasileiro – arts. 1.277 a 1.389*. Rio de Janeiro, Forense, 2004. Vol. XII. Coordenadores: Arruda Alvim, Thereza Alvim.

LOPES, Miguel Maria de Serpa. *Curso de direito civil*. 8. ed. Rio de Janeiro, Freitas Bastos, 1996. vol. I. rev. por José Serpa Santa Maria.

______. ______ 4. ed. rev. e atual. Rio de Janeiro: Freitas Bastos, 1995. vol. V.

______. ______. 4. ed. rev. e atual. Rio de Janeiro, Freitas Bastos, 1991. vol. III.

LOPES, Othon de Azevedo. *Responsabilidade jurídica – horizontes, teoria e linguagem*. São Paulo, Quartier Latin, 2006.

LOPEZ, Teresa Ancona. Exercício do direito e suas limitações: abuso do direito. In: Rosa Maria de Andrade Nery e Rogério Donnini (coord.). *Responsabilidade civil – Estudos em homenagem ao professor Rui Geraldo Camargo Viana*. São Paulo: Ed. RT, 2009.

LORENZETTI, Ricardo L. *Comércio eletrônico*. Trad. Fabiano Menke. São Paulo: Ed. RT, 2004.

LOTUFO, Renan *Código Civil comentado – Arts. 1º a 232*. São Paulo: Saraiva, 2003. vol. 1.

LOUREIRO, Francisco Eduardo. *Usucapião coletivo e habitação popular, in Doutrinas Essenciais de Direito Registral*. 2ª ed. ampliada. São Paulo: Ed. RT, dez. 2013. Vol. III.

______. *Código Civil comentado*. 2ª ed. revisada e atualizada. Barueri/SP, Manole, 2008. Coordenador: Cezar Peluso.

______. *Extinção dos contratos, in Teoria geral dos contratos*. São Paulo, Atlas, 2011. Coordenadores: Renan Lotufo e Giovanni Ettore Nanni.

LOURENÇO, Paula Meira. *A função punitiva da responsabilidade civil*. Coimbra, Coimbra Editora, 2006.

LUCARELLI, Fábio Dutra. Responsabilidade civil por dano ecológico. *Revista dos Tribunais*. vol. 700. p. 7-26. São Paulo: Ed. RT, fev. 1994.

MACHADO, Paulo Affonso Leme. *Direito ambiental brasileiro*. 17. ed. rev., atual. e ampl. São Paulo: Malheiros, 2009.

MAGALHÃES, Roberto Barcelos de. *Teoria e prática do condomínio*. 3. ed. rev. e atual. Rio de Janeiro: Liber Juris, 1988.

MAIA, Paulo Carneiro. *Da cláusula* rebus sic stantibus. São Paulo: Saraiva, 1959.

______. *Sobre a individualização da responsabilidade na execução do projeto condominial*. São Paulo: Ed. RT, 1957.

MARANHÃO, Ney Stany Morais. *Responsabilidade civil objetiva pelo risco da atividade – Uma perspectiva civil-constitucional*. São Paulo: Método, 2010.

MARINO, Francisco Paulo De Crescenzo. *Contratos coligados no Direito brasileiro*. São Paulo: Saraiva, 2009.

MARQUES, Claudia Lima. *Contratos no Código de Defesa do Consumidor: o novo regime das relações contratuais*. 5. ed. rev., atual. e ampl. São Paulo: Ed. RT, 2005. Biblioteca de Direito do Consumidor.

MARTINS, Pedro Baptista *O abuso de direito e o ato ilícito*. 3. ed. histórica. Rio de Janeiro, Forense, 2002.

MARTINS, Plínio Lacerda. O caso fortuito e a força maior como causas de exclusão da responsabilidade no Código do Consumidor. *Revista dos Tribunais*. vol. 690. p. 287-291. São Paulo: Ed. RT, abr. 1993.

MATOS, Eneas de Oliveira. *Dano moral e dano estético*. Rio de Janeiro, Renovar, 2008.

MAXIMILIANO, Carlos. *Condomínio: terras, apartamentos e andares perante o direito*. 3. ed. Rio de Janeiro: Freitas Bastos, 1950.

______. *Hermenêutica e aplicação do direito*. 19. ed. Rio de Janeiro: Forense, 2004.

MAZEAUD, Henry; MAZEAUD, Leon; TUNC, André. *Tratado teórico y práctico de la responsabilidad civil delictual y contratual*. Trad. da 5. ed. francesa por Luis Alcalá-Zamora y Castillo. Buenos Aires: Jurídicas Europa-América, 1962. vol. 1, t. I; vol. 2, t. I; vol. 1, t. II; vol. 2, t. II; vol. 1, t. III; vol. 2, t. III.

MEIRELLES, Hely Lopes. *Direito de construir*. 10. ed. atual. São Paulo: Malheiros, 2011.

MELO, Albertino Daniel de. *A responsabilidade civil – Pelo fato de outrem nos direitos francês e brasileiro*. Rio de Janeiro: Forense, 1972.

MELO, Marcelo Augusto Santana. O meio ambiente e o registro de imóveis. *Revista de Direito Imobiliário*. vol. 57. p. 111. São Paulo: Ed RT, jul. 2004; *Doutrinas Essenciais de Direito Ambiental*. São Paulo: Ed. RT, mar. 2011. vol. 3.

______. Multipropriedade imobiliária. *Revista de Direito Imobiliário*. vol. 70. p. 19. São Paulo: Ed. RT, jan. 2011; *Doutrinas Essenciais de Direito Registral*. São Paulo: Ed. RT, dez. 2011. vol. 3. p. 421.

MELO, Marco Aurélio Bezerra de. Proteção do consumidor – Força vinculante da oferta na aquisição de lotes e unidades autônomas na incorporação imobiliária. *Carta Forense*. n. 47. p. 48. abr. 2007.

MENDONÇA, Manoel Ignácio Carvalho de. Doutrina e prática das obrigações ou Tratado Geral dos Direitos de Crédito. Curityba, Impr. Paranaense, 1908.

MEZZARI, Mario Pazutti. *Condomínio e incorporação no Registro de Imóveis*. Porto Alegre, Norton. 2002.

MONTEIRO, António Pinto. *Cláusulas limitativas e de exclusão de responsabilidade civil*. Coimbra, Almedina, 2003 (reimpressão da obra publicada em 1985).

MONTEIRO, Washington de Barros. *Curso de direito civil*. 33. ed. São Paulo: Saraiva, 1995. vol. I.

______. ______. 24. ed. atual. São Paulo: Saraiva, 1990. vol. IV.

______. ______. 18. ed. rev. e atual. São Paulo: Saraiva, 1983. vol. V.

MONTEL, Alberto *Problemi della responsabilità civil e del dano*. 2. ed. Padova: Dott, 1971.

MONTENEGRO, Antônio Lindbergh C. *Do ressarcimento de danos pessoais e materiais*. 4. ed. Rio de Janeiro: Âmbito Cultural, 1992.

MOREIRA ALVES, José Carlos. *A retrovenda*. 2. ed. rev. atual. e aum. São Paulo: Ed. RT, 1987.

______. *Posse – Estudo dogmático*. 2. ed. Rio de Janeiro: Forense, 1997. vol. II, t. I.

MOTTA, J. A. de Faria. *Condomínio e vizinhança: direito e ações*. 2. ed. São Paulo: Saraiva, 1955.

MUKAI, Toshio et al. In: Juarez de Oliveira (coord.). *Comentários ao Código de Proteção ao Consumidor*. São Paulo: Saraiva, 1991.

MULHOLLAND, Caitlin *Internet e contratação – Panorama das relações contratuais eletrônicas de consumo*. Rio de Janeiro: Renovar, 2006. Biblioteca de teses.

NALINI, José Renato. Magistratura e meio ambiente. *JSTJ* e *TRF* (83): 9-21. São Paulo: Lex, 1996.

NANNI, Giovanni Ettore. *Contratos coligados, in Teoria geral dos contratos*. São Paulo, Atlas, 2011. Instituto de Direito Privado – IDP. Coordenadores: Renan Lotufo, Giovanni Ettore Nanni.

NARDY, Luiz Adolpho. Incorporação de condomínio. *Revista dos Tribunais*. vol. 336. p. 13--27. São Paulo: Ed. RT, out. 1963.

NASCIMENTO, Tupinambá Miguel Castro do. *Comentários ao Código do Consumidor*. Rio de Janeiro: Aide, 1991.

NERY JR., Nelson. Responsabilidade civil e meio ambiente. *Revista do Advogado*. vol. 37. p. 36-47. São Paulo: AASP, set. 1992.

______. Ação de indenização – Apelante menor de idade – Intervenção do Ministério Público – Responsabilidade objetiva da administração por danos causados a terceiros. *Revista de Processo*. vol. 49. p. 140-145. São Paulo: RT, jan. 1988.

______. Incorporação imobiliária e a virtualidade do dano extrapatrimonial. *Soluções Práticas*. São Paulo: Ed. RT, 2010. vol. 3. p. 209.

______; NERY, Rosa Maria de Andrade. *Código Civil comentado*. 11ª ed. rev., ampl. e atual. São Paulo: Thomson Reuters – Revista dos Tribunais, 2014.

______. *Instituições de Direito Civil – contratos*. São Paulo, Thomson Reuters – Revista dos Tribunais, 2016. Vol. III.

NONATO, Orozimbo. *Curso de obrigações (generalidades – espécies)*. Rio de Janeiro: Forense, 1959. vol. II.

NORAT, Markus Samuel Leite. *O condomínio edilício – doutrina, prática, casos concretos*. Leme/SP, EDIJUR, 2014

NORRIS, Roberto. *Responsabilidade civil do fabricante pelo fato do produto*. Rio de Janeiro. Forense, 1996.

NUNES, Luiz Antonio. *Empresa e Código de Defesa do Consumidor*. São Paulo: Artpress, 1991.

OLIVEIRA, Cláudia Vieira de. Cláusula de não indenizar. *Revista de Direito Civil*. vol. 58. p. 27-42. out.-dez. 1991. *Doutrinas Essenciais de Responsabilidade Civil*. São Paulo: Ed. RT, 2001. vol. 4.

OLIVEIRA, José Lopes de. *Curso de direito civil: parte geral*. São Paulo: Sugestões Literárias, 1981. vol. I.

PAIVA, Alfredo de Almeida. Responsabilidade qüinqüenal do empreiteiro – Construtor. *Revista Forense*. vol. 145. p. 30-37. Rio de Janeiro: Forense, jan.-fev. 1953.

PARDAL, Francisco Rodrigues e FONSECA, Manuel Baptista Dias da. *Da propriedade horizontal no Código Civil e legislação complementar*. 4ª ed. revista e actualizada. Coimbra, Coimbra Editora, 1986.

PEDROTTI, Irineu Antônio. *Compêndio de responsabilidade civil*. 2. ed. rev. atual. e ampl. São Paulo: Leud, 1995. vol. I e II.

PEREIRA, Caio Mário da Silva. *Condomínio e incorporações*. 11. ed. rev., atual. e ampl. Rio de Janeiro: Forense, 2014. Atualizadores: Sylvio Capanema de Souza, Melhim Namem Chalhub.

______. *Propriedade horizontal*. Rio de Janeiro: Forense, 1961.

______. *Responsabilidade civil*. 9ª ed. Rio de Janeiro: Forense, 2001.

______. Responsabilidade civil do construtor. *Revista Forense*. vol. 291. p. 23-27. Rio de Janeiro: Forense, jul.-set. 1985.

______. *Instituições de direito civil*. 20. ed. Rio de Janeiro: Forense, 2004. vol. I.

______. ______. Rio de Janeiro: Forense, 1991. vol. II.

______. ______. 11ª ed. revista e atualizada de acordo com o Código Civil de 2002. Rio de Janeiro, Forense, 2004. Vol. III.

______. ______. 18. ed. Rio de Janeiro: Forense, 2003. vol. IV.

______. Código de Defesa do Consumidor e as incorporações imobiliárias. *Revista dos Tribunais*. vol. 712. p. 102-111. São Paulo: Ed. RT, fev. 1995; *Doutrinas Essenciais de Direito do Consumidor*. São Paulo: Ed. RT, 2001. vol. 4.; *Doutrinas Essenciais Obrigações e Contratos*. São Paulo: Ed. RT, 2011. vol. 6.

______. Incorporação imobiliária. *Revista de Direito Imobiliário*. vol. 4. p. 9-18. São Paulo: Ed. RT, jul.-dez. 1979; *Doutrinas Essenciais de Direito Registral*. 2ª ed. ampliada. São Paulo: Ed. RT, dez. 2013. Vol. III.

______. A nova tipologia contratual no direito civil brasileiro. In: Adahyl Lourenço Dias et al. *Estudos em Homenagem ao Professor Washington de Barros Monteiro*. São Paulo: Saraiva, 1982. p. 127-54.

______. Contrato de incorporação imobiliária – Cessão de direitos. *Revista Forense*. vol. 228. p. 54-59. Rio de Janeiro: Forense.

PERES, Fábio Henrique *Cláusulas contratuais excludentes e limitativas do dever de indenizar*. São Paulo: Quartier Latin, 2009.

PERES, Tatiana Bonatti. Abuso do direito. *Revista de Direito Privado*. vol. 43. p. 9-71. São Paulo: Ed. RT, jul. 2010.

PINHEIRO, Patrícia Peck *Direito digital*. 4. ed. rev. atual. e ampl. São Paulo: Saraiva, 2010.

PINHO, Ruy Sérgio Rebello. *A reparação do dano causado pelo crime e o processo penal*. São Paulo: Atlas, 1987.

PINTO, H. Sobral. O prazo do art. 1.245 do Código Civil é de garantia. *Arquivo Judiciário, Suplemento*. vol. 59. p. 113-116. Rio de Janeiro: Jornal do Commercio, jul.-set. 1941.

PINTO, Nelson Luiz Guedes Ferreira. O mandato para incorporar como forma de mandato sem representação. *Revista de Direito Imobiliário*. vol. 71. p. 139 e ss. São Paulo: Ed. RT, jul. 2011.

PLANIOL, Marcel. *Traité élémentaire de droit civil*. 9. ed. Paris: Librairie Générale de Droit et de Jurisprudence, 1923. vol. II.

PONTES DE MIRANDA. *Tratado de direito privado*. 4. ed. 2. tiragem. São Paulo: Ed. RT, 1983. t. XII e XVII.

______. ______. 3. ed. reimpressão. Rio de Janeiro: Borsoi, 1972; t. LIII e XLIV.

______. ______. Rio de Janeiro: Borsoi, 1963.

______. *Tratado de direito predial*. Rio de Janeiro: Konfino, 1947. vol. II.

PORTO, Mário Moacyr. *Temas sobre responsabilidade civil*. São Paulo: Ed. RT, 1989.

______. O artigo 159 do Código Civil. *Revista Forense*. vol. 294. p. 405-406. Rio de Janeiro: Forense, abr.-jun. 1986.

______. Algumas notas sobre dano moral. *Revista de Direito Civil*. vol. 37. p. 9-13. São Paulo, jul.-set. 1986.

PRESTES, Vanêsca Buzelato. Plano diretor, estudo de impacto ambiental (EIA) e estudo de impacto de vizinhança (EIV). *Revista de Direito Ambiental*. vol. 42. p. 241. São Paulo: Ed. RT, abr. 2006; *Doutrinas Essenciais de Direito Ambiental*. São Paulo: Ed. RT, mar. 2011. vol. 3.

PUGLIATTI, Salvatore. *Responsabilità civile*. Milano: Dott. A. Giuffrè, 1968.

RACCIATTI, Hernan. *Propiedad por pisos o por departamentos*. 3. ed. Buenos Aires: Depalma, 1975.

RADBRUCH, Gustav. *Filosofia do direito*. 6. ed. rev. Trad. L. Cabral de Moncada. Coimbra: Arménio Amado, 1979.

RANALDO Filho, Antônio. *Comentários à Tese: O direito à adjudicação compulsória não se condiciona ao registro do compromisso de compra e venda no cartório de imóveis, in Teses jurídicas dos Tribunais Superiores*. São Paulo, Thomson Reuters – Revista dos Tribunais, 2019. Vol. 6, Tomo II. Coordenação: Arruda Alvim, Thereza Arruda Alvim, Everaldo Augusto Cambler, Angélica Arruda Alvim.

RÁO, Vicente. *Ato jurídico*. 4. ed. anotada e revista e atualizada por Ovídio Rocha Ramos Sandoval. São Paulo: Ed. RT, 1997.

REALE, Miguel. *O projeto do Código Civil*. São Paulo: Saraiva, 1986.

______. *Filosofia do direito*. 9. ed. São Paulo: Saraiva, 1982.

REBOUÇAS, Rodrigo Fernandes Direitos reais no Código Civil de 2002: inovações. *Revista de Direito Imobiliário*. vol. 71. p. 155. São Paulo: Ed. RT, jul. 2011.

RIBEIRO, Benedito Silvério. *Tratado de usucapião*. 2ª ed. São Paulo, Saraiva, 1998. Vol. I.

RIBEIRO, Joaquim de Sousa. *Direito dos contratos – estudos*. Coimbra, Coimbra Editora, 2007.

RIZZARDO, Arnaldo. *Da ineficácia dos atos jurídicos e da lesão no direito*. Rio de Janeiro: Forense, 1983.

______. *Contratos*. Rio de Janeiro: Aide, 1988. 3 vols.

______. *Promessa de compra e venda e parcelamento do solo urbano, Lei 6.766/79 e 9.785/99*. 6ª ed. rev., ampliada e atual. de acordo com o novo Código Civil. São Paulo: Ed. RT, 2003.

ROCHA, Mauro Antônio. *O regime da afetação patrimonial na incorporação imobiliária – uma visão crítica da lei, in Doutrinas Essenciais de Direito Registral*. 2ª ed. ampliada. São Paulo: Ed. RT, dez. 2013. Vol. IV.

ROCHA, Silvio Luís Ferreira da. *Curso avançado de Direito Civil – contratos*. São Paulo, Revista dos Tribunais, 2002. Vol. 3. Coordenador: Everaldo Augusto Cambler.

RODRIGUES, Daniela Rosário Função social da propriedade privada diante do meio ambiente artificial. *Revista de Direito Imobiliário*. vol. 70. p. 83. São Paulo: Ed. RT, jan. 2011; *Doutrinas Essenciais de Direito Registral*. São Paulo: Ed. RT, 2013. vol. 7.

RODRIGUES, Silvio. *Direito civil*. 25. ed. atual. São Paulo: Saraiva, 1995. vol. I.

______. ______. 8. ed. rev. e atual., 1978. vol. II.

______. ______. 21. ed. atual., 1993. vol. III.

______.______. 14. Ed. atual., 1995. Vol. IV.

______. *Direito civil aplicado*. 2. ed. São Paulo: Saraiva, 1988 (vol. I), 1983 (vol. II), 1986 (vol. III), 1987 (vol. IV).

ROMAN, Jose Ignacio Bubio San. *La responsabilidad civil en la construcción*. Madrid: Colex, 1987.

ROMITTI, Mário Muller. *Comentários ao Código Civil brasileiro – Arts. 1.390 a 1.510*. Rio de Janeiro: Forense, 2004. vol. XIII. Coordenadores: Arruda Alvim e Thereza Alvim.

ROPPO, Enzo *O contrato*. Coimbra, Almedina, 2009. Tradução de Ana Coimbra e M. Januário C. Gomes.

ROQUE, Sebastião José. *Direito contratual civil-mercantil*. São Paulo: Ícone, 1994.

ROSENVALD, Nelson. *As funções da responsabilidade civil – a reparação e a pena civil*. São Paulo, Atlas, 2013.

RUGGIERO, Biasi. Proteção ao consumidor na incorporação. *Tribuna do Direito*. out. 1994. p. 2.

______. Incorporação clandestina. *Tribuna do Direito*. jul. 1994. p. 2.

RUGGIERO, Roberto de. *Instituições de direito civil*. Trad. da 6. ed. italiana, com notas remissivas aos Códigos Civis brasileiro e português por Ary dos Santos. São Paulo: Saraiva, 1937. vol. III.

SÁ, Fernando Augusto Cunha de. *Abuso de direito*. 2. reimpressão da edição de 1975. Coimbra, Almedina, 2005.

SALUSTIANO, Rodrigo Cesar. *A purga da mora e leilões extrajudiciais na alienação fiduciária de bem imóvel, in Temas de Direito Imobilário*. São Paulo, Editora IASP, 2017. Tomo II. Coordenação: Everaldo Augusto Cambler, Alexandre Jamal Batista, André Cordelli Alves. Obra coletiva em homenagem ao Prof. José Osório de Azevedo Jr.

SANTOS, Flauzilino Araújo dos *Condomínios e incorporações no registro de imóveis – Teoria e prática*. São Paulo: Mirante, 2012.

SANTOS, Francisco José Rezende dos. *Comentários aos arts. 173-181, in Lei de registros públicos comentada – Lei nº 6.015/73*. 2ª ed. revista, atualizada e ampliada. Rio de Janeiro, GEN – Forense, 2019. Coordenadores: Arruda Alvim, Alexandre Laizo Clápis, Everaldo Augusto Cambler.

SANTOS, J. M. Carvalho. *Código Civil brasileiro interpretado*. 4. ed. Rio de Janeiro: Freitas Bastos, 1950. vol. III.

SANTOS, Ulderico Pires dos. *A responsabilidade civil na doutrina e na jurisprudência*. Rio de Janeiro: Forense, 1984.

SAVATIER, René. *Traité de la responsabilité civile en droit français: civil, administratif, professional, procédural*. 10. ed. Paris: Librairie Générale de Droit et de Jurisprudence. 1951. t. I e II.

SENA, J. C. Costa. Da responsabilidade de arquitetos e construtores perante terceiros. *Revista Forense*. vol. 87. p. 326-329. Rio de Janeiro: Forense, jul. 1941.

SILVA, João Calvão da. *Responsabilidade civil do produtor*. Coimbra: Almedina, 1990. Coleção Teses.

SILVA, José Afonso da. *Direito ambiental constitucional*. 2. ed. rev. São Paulo: Malheiros, 1995.

SILVA, José Marcelo Tossi. *Incorporação imobiliária*. São Paulo, Atlas. 2010.

SILVA, Manuel Gomes da. *O dever de prestar e o dever de indemnizar*. Lisboa: Cruz, 1944. vol. I.

SILVA, Wilson Melo da. *Responsabilidade sem culpa*. 2. ed. São Paulo: Saraiva, 1974.

SMITH FILHO, Fernando. *Fundo de investimento imobiliário*, in *Moderno Direito Imobiliário, Notarial e Registral*. São Paulo, Quartier Latin, 2011. Coordenação: Cláudia Fonseca Tutikian).

SOARES, Orlando. *Responsabilidade civil no direito brasileiro: teoria, prática forense e jurisprudência*. Rio de Janeiro: Forense, 1996.

SOUZA, Sérgio Iglesias Nunes de *Lesão nos contratos eletrônicos na sociedade de informação – Teoria e prática da juscibernética ao Código Civil*. São Paulo: Saraiva, 2009.

STIGLITZ, Rubén S.; STIGLITZ, Gabriel A. *Contratos por adhesión, cláusulas abusivas y protección al consumidor*. Buenos Aires: Depalma, 1985.

______. *Responsabilidad precontractual: incumplimiento del deber de información*. Buenos Aires: Abeledo-Perrot, 1992.

STOCO, Rui. *Tratado de responsabilidade civil*. 9. ed. rev. atual. e reformulada com comentários ao Código Civil. São Paulo: Ed. RT, 2013. Tomos I e II.

TARTUCE, Flávio; NEVES, Daniel Amorim Assumpção. *Manual de direito do consumidor*. São Paulo: Método, 2012.

TELLES JR., Goffredo. *O direito quântico – Ensaio sobre o fundamento da ordem jurídica*. 5. ed. rev. aum. São Paulo: Max Limonad, 1980.

TEPEDINO, Gustavo. *Multipropriedade imobiliária*. São Paulo, Saraiva, 1993.

TERRA, Marcelo. *Responsabilidade civil do incorporador e do construtor. Boletim de Direito Imobiliário*. 2.º decêndio. p. 10-12. mar. 1989.

______. *A venda de imóvel e o Código do Consumidor. Boletim de Direito Imobiliário*. vol. 21. p. 14-15. São Paulo, 3.º decêndio, jul. 1995.

______. *O leilão extrajudicial e as incorporações imobiliárias – Aspectos registrários. Revista dos Tribunais*. vol. 650. p. 234-246. São Paulo: Ed. RT, dez. 1989; Doutrinas Essenciais de Direito Registral. São Paulo: Ed. RT, 2011. vol. 2.

______. *O usucapião como modo de instituição da propriedade horizontal*, in *Registro de imóveis – estudos de Direito Registral Imobiliário*. Porto Alegre, IRIB – Sérgio Antônio Fabris Editor, 1997. XXIII Encontro de Oficiais de Registro de Imóveis do Brasil, Fortaleza – Ceará / 1996.

______. *Supercondomínio (uma tentativa de delineamento do conceito e da sistemática registraria do "desdobramento da incorporação imobiliária", in Registro de imóveis – Estudos de Direito Registral Imobiliário*. Porto Alegre, IRIB – Sérgio Antônio Fabris Editor, 1997. XXII Encontro de Oficiais de Registro de Imóveis do Brasil, Cuiabá – Mato Grosso / 1995.

______. *Alienação fiduciária de imóvel em garantia (Lei nº 9.514/97, primeiras linhas)*. Porto Alegre, Sérgio Antonio Fabris Editor, 1998.

______. *Permuta de terreno por área construída (art. 39 da Lei 4.591/1964), in Doutrinas Essenciais de Direito Registral – registro imobiliário: aquisição da propriedade*. 2ª ed. ampliada. São Paulo, Thomson Reuters – Revista dos Tribunais, 2013. Vol. III. Organizadores: Ricardo Dip, Sérgio Jacomino.

TERRA, Marcelo; BICALHO, Rodrigo Cury A fração ideal de terreno na incorporação imobiliária. *Temas jurídicos nos negócios imobiliários*. São Paulo: IOB, 1991.

THEODORO JUNIOR, Humberto. *Responsabilidade civil (doutrina e jurisprudência)*. 2. ed. Rio de Janeiro: Aide, 1989.

______. *Comentários ao novo Código Civil – Arts. 185 a 232*. 2. ed. Rio de Janeiro, Forense, 2003. vol. III, t. II. Coordenador: Sálvio de Figueiredo Teixeria.

TUCCI, Rogério Lauria. Contrato de incorporação imobiliária. *Revista de Direito Imobiliário*. vol. 3. p. 52-66. São Paulo: Ed. RT, jan. 1979.

VALLE, Christino Almeida do. *Dano moral: doutrina, modelos e jurisprudência*. Rio de Janeiro: Aide, 1994.

VALLIM, João Rabello de Aguiar. *Direito imobiliário brasileiro – Doutrina e prática*. 2. ed. rev. ampl. São Paulo: Ed. RT, 1984.

VARELA, João de Matos Antunes. *Das obrigações em geral*. 4. ed. rev. e act. Coimbra: Almedina, 1990. vol. II.

VARGAS, Valmir Antônio. *Responsabilidade civil pré-contratual*. Curitiba, Juruá Editora, 2006.

VAZ, Caroline. *Função da responsabilidade civil – da reparação à punição e dissuasão*. Porto Alegre, Livraria do Advogado, 2009.

VECCHIO, Giorgio Del. *Lições de filosofia do direito*. Trad. por Antônio José Brandão. 5. ed. Coimbra: Arménio Amado, 1979.

VENOSA, Silvio de Salvo. *Direito civil – Teoria geral das obrigações e teoria geral dos contratos*. 12. ed. São Paulo: Atlas, 2012. Vol. II.

______. *Direito civil – Contratos*. 17ª ed. São Paulo, Atlas, 2017.

______. *Direito civil*. 2. ed. São Paulo: Atlas, 1987. vol. I.

______. *Código Civil interpretado*. 2. ed. São Paulo, Atlas, 2011.

______. *Código Civil comentado – arts. 1.196 a 1.368*. São Paulo, Atlas, 2003. Vol. XII. Coordenador: Álvaro Villaça Azevedo.

VIANA, Marco Aurélio da Silva. *Contrato de construção e responsabilidade civil – Teoria e prática*. 2. ed. ampl. São Paulo: Saraiva, 1981.

______. *Manual do condomínio edilício*. Rio de Janeiro: Forense. 2009.

______. *Manual do condomínio e das incorporações imobiliárias*. 2. ed. São Paulo: Saraiva, 1982.

WAINER, Ann Helen. *Responsabilidade civil do construtor*. Rio de Janeiro: Forense, 1990.

______. Responsabilidade civil do construtor – Cláusula de exoneração da responsabilidade qüinqüenal. *Revista dos Tribunais*, vol. 665, p. 230. São Paulo: Ed. RT, mar/1991.

______. Responsabilidade civil do construtor – Natureza jurídica do prazo qüinqüenal. *Revista dos Tribunais*, vol. 643, p. 232. São Paulo: Ed. RT, mai/1989.

WALD, Arnoldo. *Questões de responsabilidade civil*. Belém: Cejup, 1990.

______. *Curso de direito civil brasileiro: obrigações e contratos*. 8. ed. rev. atual. São Paulo: Ed. RT, 1989. vol. II.

______. Da interpretação do artigo 1.245 do Código Civil. *Revista de Direito Civil*. vol. 59. p. 117-128. São Paulo: Ed. RT, 1991.

WAMBIER, Luiz Rodrigues. Responsabilidade civil do construtor. *Revista dos Tribunais*. vol. 639. p. 14-16. São Paulo: Ed. RT, jan. 1989; *Doutrinas Essenciais de Responsabilidade Civil*. São Paulo: Ed. RT, 2011. vol. 2. p. 14.

______. Direito de defesa – Cumulação de dano moral e material – Fixação do *quantum*. *Revista de Processo*. vol. 66. p. 206-216. São Paulo: Ed. RT, abr. 1992.

YAGUEZ, Ricardo de Angel. *Tratado de responsabilidad civil*. 3. ed. Madrid: Civitas, 1993.

Textos Utilizados

Código Civil alemão. Trad. por Souza Diniz. Rio de Janeiro: Record, 1960.

Código Civil alemão (BGB). https://www.gesetze-im-internet.de/englisch_bgb/

Código Napoleão ou *Código Civil dos Franceses*. Trad. por Souza Diniz. Rio de Janeiro: Record, 1962.

Código Civil francês. https://www.legifrance.gouv.fr/loda/id/LEGIARTI000006273130/-1979-01-01.

Código Civil português. Notas por Antônio Caeiro e José M. Meirim. Coimbra: Almedina, 1986.

Código Civil italiano. Trad. por Souza Diniz. Rio de Janeiro: Record, 1961.

Código Civil italiano. http://www.jus.unitn.it/cardozo/Obiter_Dictum/codciv/Codciv.htm.

Codice Civile e di Procedura Civile. 2. edizione aggiornata. Milano: Pirola, 1989.

Codigo Civil de España. Madrid: Civitas, 1995.

Código Civil da Espanha. https://www.boe.es/buscar/act.php?id=BOE-A-1889-4763.

Código Civil e Comercial argentino. Buenos Aires: Infojus, 2014.

Codigo Civil de la República Oriental del Uruguay. Montevideo: Barreiro y Ramos, 1994.

Ordenações Filipinas. Livros IV e V. Coimbra: Calouste Gulbenkian, 1985.

Código de Processo Civil brasileiro de 1939, in *Carteira da Revista Forense*. Rio de Janeiro: Forense, 1955.

Código de Hammurabi. 4. ed. Petrópolis: Vozes, 1987. (Introdução, tradução do texto cuneiforme e comentários de Emanuel Bouzon).

Regulamento n. 737, de 25 de novembro de 1850. Imprensa official de Minas Gerais, 1899. 315 p. (annotado pelo Des. Antonio Luiz Ferreira Tinôco).

Anexo I – Legislação

A) Código Civil Brasileiro – Lei 10.406, de 10 de Janeiro de 2002[1]

Capítulo VII

DO CONDOMÍNIO EDILÍCIO

Seção I

Disposições Gerais

Art. 1.331. Pode haver, em edificações, partes que são propriedade exclusiva, e partes que são propriedade comum dos condôminos.

§ 1.º As partes suscetíveis de utilização independente, tais como apartamentos, escritórios, salas, lojas e sobrelojas, com as respectivas frações ideais no solo e nas outras partes comuns, sujeitam-se a propriedade exclusiva, podendo ser alienadas e gravadas livremente por seus proprietários, exceto os abrigos para veículos, que não poderão ser alienados ou alugados a pessoas estranhas ao condomínio, salvo autorização expressa na convenção de condomínio. (Redação dada pela Lei nº 12.607/2012)

§ 2.º O solo, a estrutura do prédio, o telhado, a rede geral de distribuição de água, esgoto, gás e eletricidade, a calefação e refrigeração centrais, e as demais partes comuns, inclusive o acesso ao logradouro público, são utilizados em comum pelos condôminos, não podendo ser alienados separadamente, ou divididos.

§ 3.º A cada unidade imobiliária caberá, como parte inseparável, uma fração ideal no solo e nas outras partes comuns, que será identificada em forma decimal ou ordinária no instrumento de instituição do condomínio. (Redação dada pela Lei nº 10.931/2004)

1. Dispositivos específicos sobre Condomínio Edilício.

§ 4.º Nenhuma unidade imobiliária pode ser privada do acesso ao logradouro público.

§ 5.º O terraço de cobertura é parte comum, salvo disposição contrária da escritura de constituição do condomínio.

Art. 1.332. Institui-se o condomínio edilício por ato entre vivos ou testamento, registrado no Cartório de Registro de Imóveis, devendo constar daquele ato, além do disposto em lei especial:

I – a discriminação e individualização das unidades de propriedade exclusiva, estremadas uma das outras e das partes comuns;

II – a determinação da fração ideal atribuída a cada unidade, relativamente ao terreno e partes comuns;

III – o fim a que as unidades se destinam.

Art. 1.333. A convenção que constitui o condomínio edilício deve ser subscrita pelos titulares de, no mínimo, dois terços das frações ideais e torna-se, desde logo, obrigatória para os titulares de direito sobre as unidades, ou para quantos sobre elas tenham posse ou detenção.

Parágrafo único. Para ser oponível contra terceiros, a convenção do condomínio deverá ser registrada no Cartório de Registro de Imóveis.

Art. 1.334. Além das cláusulas referidas no art. 1.332 e das que os interessados houverem por bem estipular, a convenção determinará:

I – a quota proporcional e o modo de pagamento das contribuições dos condôminos para atender às despesas ordinárias e extraordinárias do condomínio;

II – sua forma de administração;

III – a competência das assembleias, forma de sua convocação e quorum exigido para as deliberações;

IV – as sanções a que estão sujeitos os condôminos, ou possuidores;

V – o regimento interno.

§ 1.º A convenção poderá ser feita por escritura pública ou por instrumento particular.

§ 2.º São equiparados aos proprietários, para os fins deste artigo, salvo disposição em contrário, os promitentes compradores e os cessionários de direitos relativos às unidades autônomas.

(...)

Do Condomínio de Lotes

(Incluído pela Lei nº 13.465, de 2017)

Art. 1.358-A. Pode haver, em terrenos, partes designadas de lotes que são propriedade exclusiva e partes que são propriedade comum dos condôminos.

§ 1º A fração ideal de cada condômino poderá ser proporcional à área do solo de cada unidade autônoma, ao respectivo potencial construtivo ou a outros critérios indicados no ato de instituição.

§ 2º Aplica-se, no que couber, ao condomínio de lotes o disposto sobre condomínio edilício neste Capítulo, respeitada a legislação urbanística.

§ 3º Para fins de incorporação imobiliária, a implantação de toda a infraestrutura ficará a cargo do empreendedor.

(...)

CAPÍTULO VII-A

(Incluído pela Lei nº 13.777, de 2018)

DO CONDOMÍNIO EM MULTIPROPRIEDADE

(...)

Seção VI

Disposições Específicas Relativas às Unidades Autônomas de Condomínios Edilícios

Art. 1.358-O. O condomínio edilício poderá adotar o regime de multipropriedade em parte ou na totalidade de suas unidades autônomas, mediante:

I – previsão no instrumento de instituição; ou

II – deliberação da maioria absoluta dos condôminos.

Parágrafo único. No caso previsto no inciso I do caput deste artigo, a iniciativa e a responsabilidade para a instituição do regime da multipropriedade serão atribuídas às mesmas pessoas e observarão os mesmos requisitos indicados nas alíneas a , b e c e no § 1º do art. 31 da Lei nº 4.591, de 16 de dezembro de 1964 .

Art. 1.358-P. Na hipótese do art. 1.358-O, a convenção de condomínio edilício deve prever, além das matérias elencadas nos arts. 1.332, 1.334 e, se for o caso, 1.358-G deste Código:

I – a identificação das unidades sujeitas ao regime da multipropriedade, no caso de empreendimentos mistos;

II – a indicação da duração das frações de tempo de cada unidade autônoma sujeita ao regime da multipropriedade;

III – a forma de rateio, entre os multiproprietários de uma mesma unidade autônoma, das contribuições condominiais relativas à unidade, que, salvo se disciplinada de forma diversa no instrumento de instituição ou na convenção de condomínio em multipropriedade, será proporcional à fração de tempo de cada multiproprietário;

IV – a especificação das despesas ordinárias, cujo custeio será obrigatório, independentemente do uso e gozo do imóvel e das áreas comuns;

V – os órgãos de administração da multipropriedade;

VI – a indicação, se for o caso, de que o empreendimento conta com sistema de administração de intercâmbio, na forma prevista no § 2º do art. 23 da Lei nº 11.771, de 17 de setembro de 2008 , seja do período de fruição da fração de tempo, seja do local de fruição, caso em que a responsabilidade e as obrigações da companhia de intercâmbio limitam-se ao contido na documentação de sua contratação;

VII – a competência para a imposição de sanções e o respectivo procedimento, especialmente nos casos de mora no cumprimento das obrigações de custeio e nos casos de descumprimento da obrigação de desocupar o imóvel até o dia e hora previstos;

VIII – o quórum exigido para a deliberação de adjudicação da fração de tempo na hipótese de inadimplemento do respectivo multiproprietário;

IX – o quórum exigido para a deliberação de alienação, pelo condomínio edilício, da fração de tempo adjudicada em virtude do inadimplemento do respectivo multiproprietário.

Art. 1.358-Q. Na hipótese do art. 1.358-O deste Código, o regimento interno do condomínio edilício deve prever:

I – os direitos dos multiproprietários sobre as partes comuns do condomínio edilício;

II – os direitos e obrigações do administrador, inclusive quanto ao acesso ao imóvel para cumprimento do dever de manutenção, conservação e limpeza;

III – as condições e regras para uso das áreas comuns;

IV – os procedimentos a serem observados para uso e gozo dos imóveis e das instalações, equipamentos e mobiliário destinados ao regime da multipropriedade;

V – o número máximo de pessoas que podem ocupar simultaneamente o imóvel no período correspondente a cada fração de tempo;

VI – as regras de convivência entre os multiproprietários e os ocupantes de unidades autônomas não sujeitas ao regime da multipropriedade, quando se tratar de empreendimentos mistos;

VII – a forma de contribuição, destinação e gestão do fundo de reserva específico para cada imóvel, para reposição e manutenção dos equipamentos, instalações e mobiliário, sem prejuízo do fundo de reserva do condomínio edilício;

VIII – a possibilidade de realização de assembleias não presenciais, inclusive por meio eletrônico;

IX – os mecanismos de participação e representação dos titulares;

X – o funcionamento do sistema de reserva, os meios de confirmação e os requisitos a serem cumpridos pelo multiproprietário quando não exercer diretamente sua faculdade de uso;

XI – a descrição dos serviços adicionais, se existentes, e as regras para seu uso e custeio.

Parágrafo único. O regimento interno poderá ser instituído por escritura pública ou por instrumento particular.

Art. 1.358-R. O condomínio edilício em que tenha sido instituído o regime de multipropriedade em parte ou na totalidade de suas unidades autônomas terá necessariamente um administrador profissional.

§ 1º O prazo de duração do contrato de administração será livremente convencionado.

§ 2º O administrador do condomínio referido no caput deste artigo será também o administrador de todos os condomínios em multipropriedade de suas unidades autônomas.

§ 3º O administrador será mandatário legal de todos os multiproprietários, exclusivamente para a realização dos atos de gestão ordinária da multipropriedade, incluindo manutenção, conservação e limpeza do imóvel e de suas instalações, equipamentos e mobiliário.

§ 4º O administrador poderá modificar o regimento interno quanto aos aspectos estritamente operacionais da gestão da multipropriedade no condomínio edilício.

§ 5º O administrador pode ser ou não um prestador de serviços de hospedagem.

Art. 1.358-S. Na hipótese de inadimplemento, por parte do multiproprietário, da obrigação de custeio das despesas ordinárias ou extraordinárias, é cabível, na forma da lei processual civil, a adjudicação ao condomínio edilício da fração de tempo correspondente.

Parágrafo único. Na hipótese de o imóvel objeto da multipropriedade ser parte integrante de empreendimento em que haja sistema de locação das frações de tempo no qual os titulares possam ou sejam obrigados a locar suas frações de tempo exclusivamente por meio de uma administração única, repartindo entre si as receitas das locações independentemente da efetiva ocupação de cada unidade autônoma, poderá a convenção do condomínio edilício regrar que em caso de inadimplência:

I – o inadimplente fique proibido de utilizar o imóvel até a integral quitação da dívida;

II – a fração de tempo do inadimplente passe a integrar o pool da administradora;

III – a administradora do sistema de locação fique automaticamente munida de poderes e obrigada a, por conta e ordem do inadimplente, utilizar a integralidade dos valores líquidos a que o inadimplente tiver direito para amortizar suas dívidas condominiais, seja do condomínio edilício, seja do condomínio em multipropriedade, até sua integral quitação, devendo eventual saldo ser imediatamente repassado ao multiproprietário.

Art. 1.358-T. O multiproprietário somente poderá renunciar de forma translativa a seu direito de multipropriedade em favor do condomínio edilício.

Parágrafo único. A renúncia de que trata o caput deste artigo só é admitida se o multiproprietário estiver em dia com as contribuições condominiais, com os tributos imobiliários e, se houver, com o foro ou a taxa de ocupação.

Art. 1.358-U. As convenções dos condomínios edilícios, os memoriais de loteamentos e os instrumentos de venda dos lotes em loteamentos urbanos poderão limitar ou impedir a instituição da multipropriedade nos respectivos imóveis, vedação que somente poderá ser alterada no mínimo pela maioria absoluta dos condôminos.

(...)

CAPÍTULO X

DO FUNDO DE INVESTIMENTO

(Incluído pela Lei nº 13.874, de 2019)

Art. 1.368-C. O fundo de investimento é uma comunhão de recursos, constituído sob a forma de condomínio de natureza especial, destinado à aplicação em ativos financeiros, bens e direitos de qualquer natureza.

§ 1º Não se aplicam ao fundo de investimento as disposições constantes dos arts. 1.314 ao 1.358-A deste Código.

§ 2º Competirá à Comissão de Valores Mobiliários disciplinar o disposto no caput deste artigo.

§ 3º O registro dos regulamentos dos fundos de investimentos na Comissão de Valores Mobiliários é condição suficiente para garantir a sua publicidade e a oponibilidade de efeitos em relação a terceiros.

B) Lei 4.591, de 16 de Dezembro de 1964[2]

(...)

TÍTULO II

DAS INCORPORAÇÕES

Capítulo I

DISPOSIÇÕES GERAIS

Art. 28. As incorporações imobiliárias, em todo o território nacional, reger-se-ão pela presente Lei.

2. Dispositivos específicos sobre deveres, direitos e responsabilidades do incorporador.

Art. 29. Considera-se incorporador a pessoa física ou jurídica, comerciante ou não, que, embora não efetuando a construção, compromisse ou efetive a venda de frações ideais de terreno objetivando a vinculação de tais frações a unidades autônomas (vetado), em edificações a serem construídas ou em construção sob regime condominial, ou que meramente aceita propostas para efetivação de tais transações, coordenando e levando a termo a incorporação e *responsabilizando-se*, conforme o caso, pela entrega, a certo prazo, preço e determinadas condições, das obras concluídas.

Parágrafo único. Presume-se a vinculação entre a alienação das frações do terreno e o negócio de construção, se, ao ser contratada a venda, ou promessa de venda ou de cessão das frações de terreno, já houver sido aprovado e estiver em vigor, ou pender de aprovação de autoridade administrativa, o respectivo projeto de construção, *respondendo* o alienante como incorporador.

Art. 30. Estende-se a condição de incorporador aos proprietários e titulares de direitos aquisitivos que contratem a construção de edifícios que se destinem a constituição em condomínio, sempre que iniciarem as alienações antes da conclusão das obras.

Art. 31. A iniciativa e a *responsabilidade* das incorporações imobiliárias caberão ao incorporador, que somente poderá ser:

a) o proprietário do terreno, o promitente comprador, o cessionário deste ou promitente cessionário com título que satisfaça os requisitos da alínea *a* do art. 32;

b) o construtor (Decretos 23.569, de 11.12.1933, Dec.-lei 3.995, de 31.12.1941, e Dec.-lei 8.620, de 10.01.1946) ou corretor de imóveis (Lei 6.530, de 12.05.1978);

c) o ente da Federação imitido na posse a partir de decisão proferida em processo judicial de desapropriação em curso ou o cessionário deste, conforme comprovado mediante registro no registro de imóveis competente. * Incluído pela Lei 12.424/2011

§ 1.º No caso da alínea *b*, o incorporador será investido, pelo proprietário do terreno, o promitente comprador e cessionário deste ou promitente cessionário, de mandato outorgado por instrumento público, onde se faça menção expressa desta Lei e se transcreva o disposto no § 4.º, do art. 35, para concluir todos os negócios tendentes à alienação das frações ideais de terreno, mas se obrigará pessoalmente pelos atos que praticar na qualidade de incorporador.

§ 2.º Nenhuma incorporação poderá ser proposta à venda sem a indicação expressa do incorporador, devendo também seu nome permanecer indicado ostensivamente no local da construção.

§ 3.º Toda e qualquer incorporação, independentemente da forma por que seja constituída, terá um ou mais incorporadores *solidariamente responsáveis*, ainda que em fase subordinada a período de carência, referido no art. 34.

Capítulo I-A
DO PATRIMÔNIO DE AFETAÇÃO
(Incluído pela Lei 10.931/2004)

Art. 31-A. A critério do incorporador, a incorporação poderá ser submetida ao regime da afetação, pelo qual o terreno e as acessões objeto de incorporação imobiliária, bem como os demais bens e direitos a ela vinculados, manter-se-ão apartados do patrimônio do incorporador e constituirão patrimônio de afetação, destinado à consecução da incorporação correspondente e à entrega das unidades imobiliárias aos respectivos adquirentes.(Incluído pela Lei 10.931, de 2004)

§ 1.º O patrimônio de afetação não se comunica com os demais bens, direitos e obrigações do patrimônio geral do incorporador ou de outros patrimônios de afetação por ele constituídos e só responde por dívidas e obrigações vinculadas à incorporação respectiva.

§ 2.º O incorporador responde pelos prejuízos que causar ao patrimônio de afetação.

§ 3.º Os bens e direitos integrantes do patrimônio de afetação somente poderão ser objeto de garantia real em operação de crédito cujo produto seja integralmente destinado à consecução da edificação correspondente e à entrega das unidades imobiliárias aos respectivos adquirentes.

§ 4.º No caso de cessão, plena ou fiduciária, de direitos creditórios oriundos da comercialização das unidades imobiliárias componentes da incorporação, o produto da cessão também passará a integrar o patrimônio de afetação, observado o disposto no § 6.º.

§ 5.º As quotas de construção correspondentes a acessões vinculadas a frações ideais serão pagas pelo incorporador até que a responsabilidade pela sua construção tenha sido assumida por terceiros, nos termos da parte final do § 6.º do art. 35.

§ 6.º Os recursos financeiros integrantes do patrimônio de afetação serão utilizados para pagamento ou reembolso das despesas inerentes à incorporação.

§ 7.º O reembolso do preço de aquisição do terreno somente poderá ser feito quando da alienação das unidades autônomas, na proporção das respectivas frações ideais, considerando-se tão somente os valores efetivamente recebidos pela alienação.

§ 8.º Excluem-se do patrimônio de afetação:

I – os recursos financeiros que excederem a importância necessária à conclusão da obra (art. 44), considerando-se os valores a receber até sua conclusão e, bem assim, os recursos necessários à quitação de financiamento para a construção, se houver; e

II – o valor referente ao preço de alienação da fração ideal de terreno de cada unidade vendida, no caso de incorporação em que a construção seja contratada sob o regime por empreitada (art. 55) ou por administração (art. 58).

§ 9.º No caso de conjuntos de edificações de que trata o art. 8.º, poderão ser constituídos patrimônios de afetação separados, tantos quantos forem os:

I – subconjuntos de casas para as quais esteja prevista a mesma data de conclusão (art. 8.º, alínea *a*); e

II – edifícios de dois ou mais pavimentos (art. 8.º, alínea *b*).

§ 10. A constituição de patrimônios de afetação separados de que trata o § 9.º deverá estar declarada no memorial de incorporação.

§ 11. Nas incorporações objeto de financiamento, a comercialização das unidades deverá contar com a anuência da instituição financiadora ou deverá ser a ela cientificada, conforme vier a ser estabelecido no contrato de financiamento.

§ 12. A contratação de financiamento e constituição de garantias, inclusive mediante transmissão, para o credor, da propriedade fiduciária sobre as unidades imobiliárias integrantes da incorporação, bem como a cessão, plena ou fiduciária, de direitos creditórios decorrentes da comercialização dessas unidades, não implicam a transferência para o credor de nenhuma das obrigações ou responsabilidades do cedente, do incorporador ou do construtor, permanecendo estes como únicos responsáveis pelas obrigações e pelos deveres que lhes são imputáveis.

Art. 31-B. Considera-se constituído o patrimônio de afetação mediante averbação, a qualquer tempo, no Registro de Imóveis, de termo firmado pelo incorporador e, quando for o caso, também pelos titulares de direitos reais de aquisição sobre o terreno. (Incluído pela Lei 10.931, de 2004)

Parágrafo único. A averbação não será obstada pela existência de ônus reais que tenham sido constituídos sobre o imóvel objeto da incorporação para garantia do pagamento do preço de sua aquisição ou do cumprimento de obrigação de construir o empreendimento. (Incluído pela Lei 10.931, de 2004)

Art. 31-C. A Comissão de Representantes e a instituição financiadora da construção poderão nomear, às suas expensas, pessoa física ou jurídica para fiscalizar e acompanhar o patrimônio de afetação. (Incluído pela Lei 10.931, de 2004)

§ 1.º A nomeação a que se refere o caput não transfere para o nomeante qualquer responsabilidade pela qualidade da obra, pelo prazo de entrega do imóvel ou por qualquer outra obrigação decorrente da responsabilidade do incorporador ou do construtor, seja legal ou a oriunda dos contratos de alienação das unidades imobiliárias, de construção e de outros contratos eventualmente vinculados à incorporação.

§ 2.º A pessoa que, em decorrência do exercício da fiscalização de que trata o caput deste artigo, obtiver acesso às informações comerciais, tributárias e de qualquer outra natureza referentes ao patrimônio afetado responderá pela falta de zelo, dedicação e sigilo destas informações.

§ 3.º A pessoa nomeada pela instituição financiadora deverá fornecer cópia de seu relatório ou parecer à Comissão de Representantes, a requerimento desta, não constituindo esse fornecimento quebra de sigilo de que trata o § 2.º deste artigo.

Art. 31-D. Incumbe ao incorporador: (Incluído pela Lei 10.931, de 2004)

I – promover todos os atos necessários à boa administração e à preservação do patrimônio de afetação, inclusive mediante adoção de medidas judiciais;

II – manter apartados os bens e direitos objeto de cada incorporação;

III – diligenciar a captação dos recursos necessários à incorporação e aplicá-los na forma prevista nesta Lei, cuidando de preservar os recursos necessários à conclusão da obra;

IV – entregar à Comissão de Representantes, no mínimo a cada três meses, demonstrativo do estado da obra e de sua correspondência com o prazo pactuado ou com os recursos financeiros que integrem o patrimônio de afetação recebidos no período, firmados por profissionais habilitados, ressalvadas eventuais modificações sugeridas pelo incorporador e aprovadas pela Comissão de Representantes;

V – manter e movimentar os recursos financeiros do patrimônio de afetação em conta de depósito aberta especificamente para tal fim;

VI – entregar à Comissão de Representantes balancetes coincidentes com o trimestre civil, relativos a cada patrimônio de afetação;

VII – assegurar à pessoa nomeada nos termos do art. 31-C o livre acesso à obra, bem como aos livros, contratos, movimentação da conta de depósito exclusiva referida no inciso V deste artigo e quaisquer outros documentos relativos ao patrimônio de afetação; e

VIII – manter escrituração contábil completa, ainda que esteja desobrigado pela legislação tributária.

Art. 31-E. O patrimônio de afetação extinguir-se-á pela: (Incluído pela Lei 10.931, de 2004)

I – averbação da construção, registro dos títulos de domínio ou de direito de aquisição em nome dos respectivos adquirentes e, quando for o caso, extinção das obrigações do incorporador perante a instituição financiadora do empreendimento;

II – revogação em razão de denúncia da incorporação, depois de restituídas aos adquirentes as quantias por eles pagas (art. 36), ou de outras hipóteses previstas em lei; e

III – liquidação deliberada pela assembleia geral nos termos do art. 31-F, § 1.º.

Art. 31-F. Os efeitos da decretação da falência ou da insolvência civil do incorporador não atingem os patrimônios de afetação constituídos, não integrando a massa concursal o terreno, as acessões e demais bens, direitos creditórios, obrigações e encargos objeto da incorporação. (Incluído pela Lei 10.931, de 2004)

§ 1.º Nos sessenta dias que se seguirem à decretação da falência ou da insolvência civil do incorporador, o condomínio dos adquirentes, por convocação da sua Comissão de Representantes ou, na sua falta, de um sexto dos titulares de frações ideais, ou, ainda, por determinação do juiz prolator da decisão, realizará assembleia geral, na qual, por maioria simples, ratificará o mandato da Comissão de Representantes ou elegerá novos membros, e, em primeira convocação, por dois terços dos votos dos adquirentes ou, em segunda convocação, pela maioria absoluta desses votos, instituirá o condomínio da construção, por instrumento público ou particular, e deliberará sobre os termos da continuação da obra ou da liquidação do patrimônio de afetação (art. 43, III); havendo financiamento para construção, a convocação poderá ser feita pela instituição financiadora.

§ 2.º O disposto no § 1.º aplica-se também à hipótese de paralisação das obras prevista no art. 43, inciso VI.

§ 3.º Na hipótese de que tratam os §§ 1.º e 2.º, a Comissão de Representantes ficará investida de mandato irrevogável para firmar com os adquirentes das unidades autônomas o contrato definitivo a que estiverem obrigados o incorporador, o titular do domínio e o titular dos direitos aquisitivos do imóvel objeto da incorporação em decorrência de contratos preliminares.

§ 4.º O mandato a que se refere o § 3.º será válido mesmo depois de concluída a obra

§ 5.º O mandato outorgado à Comissão de Representantes confere poderes para transmitir domínio, direito, posse e ação, manifestar a responsabilidade do alienante pela evicção e imitir os adquirentes na posse das unidades respectivas.

§ 6.º Os contratos definitivos serão celebrados mesmo com os adquirentes que tenham obrigações a cumprir perante o incorporador ou a instituição financiadora, desde que comprovadamente adimplentes, situação em que a outorga do contrato fica condicionada à constituição de garantia real sobre o imóvel, para assegurar o pagamento do débito remanescente.

§ 7.º Ainda na hipótese dos §§ 1.º e 2.º, a Comissão de Representantes ficará investida de mandato irrevogável para, em nome dos adquirentes, e em cumprimento da decisão da assembleia geral que deliberar pela liquidação do patrimônio de afetação, efetivar a alienação do terreno e das acessões, transmitindo posse, direito, domínio e ação, manifestar a responsabilidade pela evicção, imitir os futuros adquirentes na posse do terreno e das acessões.

§ 8.º Na hipótese do § 7.º, será firmado o respectivo contrato de venda, promessa de venda ou outra modalidade de contrato compatível com os direitos objeto da transmissão.

§ 9.º A Comissão de Representantes cumprirá o mandato nos termos e nos limites estabelecidos pela deliberação da assembleia geral e prestará contas aos adquirentes, entregando-lhes o produto líquido da alienação, no prazo de cinco dias da data em que tiver recebido o preço ou cada parcela do preço.

§ 10. Os valores pertencentes aos adquirentes não localizados deverão ser depositados em Juízo pela Comissão de Representantes.

§ 11. Caso decidam pela continuação da obra, os adquirentes ficarão automaticamente sub-rogados nos direitos, nas obrigações e nos encargos relativos à incorporação, inclusive aqueles relativos ao contrato de financiamento da obra, se houver.

§ 12. Para os efeitos do § 11 deste artigo, cada adquirente responderá individualmente pelo saldo porventura existente entre as receitas do empreendimento e o custo da conclusão da incorporação na proporção dos coeficientes de construção atribuíveis às respectivas unidades, se outro critério de rateio não for deliberado em assembleia geral por dois terços dos votos dos adquirentes, observado o seguinte:

I – os saldos dos preços das frações ideais e acessões integrantes da incorporação que não tenham sido pagos ao incorporador até a data da decretação da falência ou da insolvência civil passarão a ser pagos à Comissão de Representantes, permanecendo o somatório desses recursos submetido à afetação, nos termos do art. 31-A, até o limite necessário à conclusão da incorporação;

II – para cumprimento do seu encargo de administradora da incorporação, a Comissão de Representantes fica investida de mandato legal, em caráter irrevogável, para, em nome do incorporador ou do condomínio de construção, conforme o caso, receber as parcelas do saldo do preço e dar quitação, bem como promover as medidas extrajudiciais ou judiciais necessárias a esse recebimento, praticando todos os atos relativos ao leilão de que trata o art. 63 ou os atos relativos à consolidação da propriedade e ao leilão de que tratam os arts. 26 e 27 da Lei nº 9.514, de 20 de novembro de 1997, devendo realizar a garantia e aplicar na incorporação todo o produto do recebimento do saldo do preço e do leilão;

III – consideram-se receitas do empreendimento os valores das parcelas a receber, vincendas e vencidas e ainda não pagas, de cada adquirente, correspondentes ao preço de aquisição das respectivas unidades ou do preço de custeio de construção, bem como os recursos disponíveis afetados; e

IV – compreendem-se no custo de conclusão da incorporação todo o custeio da construção do edifício e a averbação da construção das edificações para efeito de individualização e discriminação das unidades, nos termos do art. 44.

§ 13. Havendo saldo positivo entre as receitas da incorporação e o custo da conclusão da incorporação, o valor correspondente a esse saldo deverá ser entregue à massa falida pela Comissão de Representantes.

§ 14. Para assegurar as medidas necessárias ao prosseguimento das obras ou à liquidação do patrimônio de afetação, a Comissão de Representantes, no prazo de sessenta dias, a contar da data de realização da assembleia geral de que trata o § 1.º, promoverá, em leilão público, com observância dos critérios estabelecidos pelo art. 63, a venda das frações ideais e respectivas acessões que, até a data da decretação da falência ou insolvência não tiverem sido alienadas pelo incorporador.

§ 15. Na hipótese de que trata o § 14, o arrematante ficará sub-rogado, na proporção atribuível à fração e acessões adquiridas, nos direitos e nas obrigações relativas ao empreendimento, inclusive nas obrigações de eventual financiamento, e, em se tratando da hipótese do art. 39 desta Lei, nas obrigações perante o proprietário do terreno.

§ 16. Dos documentos para anúncio da venda de que trata o § 14 e, bem assim, o inciso III do art. 43, constarão o valor das acessões não pagas pelo incorporador (art. 35, § 6º) e o preço da fração ideal do terreno e das acessões (arts. 40 e 41).

§ 17. No processo de venda de que trata o § 14, serão asseguradas, sucessivamente, em igualdade de condições com terceiros:

I – ao proprietário do terreno, nas hipóteses em que este seja pessoa distinta da pessoa do incorporador, a preferência para aquisição das acessões vinculadas à fração objeto da venda, a ser exercida nas vinte e quatro horas seguintes à data designada para a venda; e

II – ao condomínio, caso não exercida a preferência de que trata o inciso I, ou caso não haja licitantes, a preferência para aquisição da fração ideal e acessões, desde que deliberada em assembleia geral, pelo voto da maioria simples dos adquirentes presentes, e exercida no prazo de quarenta e oito horas a contar da data designada para a venda.

§ 18. Realizada a venda prevista no § 14, incumbirá à Comissão de Representantes, sucessivamente, nos cinco dias que se seguirem ao recebimento do preço:

I – pagar as obrigações trabalhistas, previdenciárias e tributárias, vinculadas ao respectivo patrimônio de afetação, observada a ordem de preferência prevista na legislação, em especial o disposto no art. 186 do Código Tributário Nacional;

II – reembolsar aos adquirentes as quantias que tenham adiantado, com recursos próprios, para pagamento das obrigações referidas no inciso I;

III – reembolsar à instituição financiadora a quantia que esta tiver entregue para a construção, salvo se outra forma for convencionada entre as partes interessadas;

IV – entregar ao condomínio o valor que este tiver desembolsado para construção das acessões de responsabilidade do incorporador (§ 6.º do art. 35 e § 5.º do art. 31-A), na proporção do valor obtido na venda;

V – entregar ao proprietário do terreno, nas hipóteses em que este seja pessoa distinta da pessoa do incorporador, o valor apurado na venda, em proporção ao valor atribuído à fração ideal; e

VI – entregar à massa falida o saldo que porventura remanescer.

§ 19. O incorporador deve assegurar à pessoa nomeada nos termos do art. 31-C, o acesso a todas as informações necessárias à verificação do montante das obrigações referidas no § 12, inciso I, do art. 31-F vinculadas ao respectivo patrimônio de afetação.

§ 20. Ficam excluídas da responsabilidade dos adquirentes as obrigações relativas, de maneira direta ou indireta, ao imposto de renda e à contribuição social sobre o lucro, devidas pela pessoa jurídica do incorporador, inclusive por equiparação, bem como as obrigações oriundas de outras atividades do incorporador não relacionadas diretamente com as incorporações objeto de afetação.

Capítulo II

DAS OBRIGAÇÕES E DIREITOS DO INCORPORADOR

Art. 32. O incorporador somente poderá negociar sobre unidades autônomas após ter arquivado, no cartório competente de Registro de Imóveis, os seguintes documentos:

a) título de propriedade de terreno ou de promessa, irrevogável e irretratável, de compra e venda ou de cessão de direitos ou de permuta, do qual conste cláusula de imissão na posse do imóvel, não haja estipulações impeditivas de sua alienação em frações ideais e inclua consentimento para demolição e construção, devidamente registrado;

b) certidões negativas de impostos federais, estaduais e municipais, de protesto de títulos, de ações cíveis e criminais e de ônus reais relativamente ao imóvel, aos alienantes do terreno e ao incorporador;

c) histórico dos títulos de propriedade do imóvel, abrangendo os últimos 20 (vinte) anos, acompanhado de certidões dos respectivos registros;

d) projeto de construção devidamente aprovado pelas autoridades competentes;

e) cálculo das áreas das edificações, discriminando, além da global, a das partes comuns, e indicando, para cada tipo de unidade, a respectiva metragem de área construída;

f) certidão negativa de débito com a Previdência Social, quando o titular de direitos sobre o terreno for responsável pela arrecadação das respectivas contribuições;

g) memorial descritivo das especificações da obra projetada, segundo modelo a que se refere o inciso IV, do art. 53, desta Lei;

h) avaliação do custo global da obra, atualizada à data do arquivamento, calculada de acordo com a norma do inciso III, do art. 53, com base nos custos unitários referidos no art. 54, discriminando-se, também, o custo de construção de cada unidade, devidamente autenticada pelo profissional *responsável* pela obra;

i) discriminação das frações ideais de terreno, com as unidades autônomas que a elas corresponderão;

j) minuta da futura Convenção de Condomínio que regerá a edificação ou o conjunto de edificações;

l) declaração em que se defina a parcela do preço de que trata o inciso II, do art. 39;

m) certidão do instrumento público de mandato, referido no § 1.º, do art. 31;

n) declaração expressa em que se fixe, se houver, o prazo de carência (art. 34);

o) atestado de idoneidade financeira, fornecido por estabelecimento de crédito que opere no país há mais de 5 (cinco) anos;

p) declaração, acompanhada de plantas elucidativas, sobre o número de veículos que a garagem comporta e os locais destinados à guarda dos mesmos.

§ 1.º A documentação referida neste artigo, após o exame do oficial de registro de imóveis, será arquivada em cartório, fazendo-se o competente registro.

§ 2.º Os contratos de compra e venda, promessa de venda, cessão ou promessa de cessão de unidades autônomas são irretratáveis e, uma vez registrados, conferem direito real oponível a terceiros, atribuindo direito a adjudicação compulsória perante o incorporador ou a quem o suceder, inclusive na hipótese de insolvência posterior ao término da obra. (Redação dada pela Lei 10.931, de 2004)

§ 3.º O número do registro referido no § 1.º, bem como a indicação do cartório competente, constará, obrigatoriamente, dos anúncios, impressos, publicações, propostas, contratos preliminares ou definitivos, referentes à incorporação, salvo dos anúncios "classificados".

(...)

§ 5.º A existência de ônus fiscais ou reais, salvo os impeditivos de alienação, não impedem o registro, que será feito com as devidas ressalvas, mencionando-se, em todos os documentos, extraídos do registro, a existência e a extensão dos ônus.

(...)

§ 9.º O oficial do registro de imóveis não *responde* pela exatidão dos documentos que lhe forem apresentados para arquivamento em obediência ao disposto nas alíneas *e*, *g*, *h*, *i* e *p* deste artigo, desde que assinalados pelo profissional *responsável* pela obra.

§ 10. As plantas do projeto aprovado (alínea *d* deste artigo) poderão ser apresentadas em cópia autenticada pelo profissional *responsável* pela obra, acompanhada de cópia de licença de construção.

§ 11. Até 30 de junho de 1966, se, dentro de 15 (quinze) dias da entrega ao Cartório do Registro de Imóveis da documentação completa prevista neste artigo, feita por carta enviada pelo Ofício de Títulos e Documentos, não tiver o Cartório de Imóveis entregue a certidão de arquivamento e registro, nem formulado, por escrito, as exigências previstas no § 6.º, considerar-se-á de pleno direito completado o registro provisório.

§ 12. O registro provisório previsto no parágrafo anterior autoriza o incorporador a negociar as unidades da incorporação, indicando na sua publicação o número de Registro de Títulos e Documentos referente à remessa dos documentos ao Cartório de Imóveis, sem prejuízo, todavia, da sua *responsabilidade* perante o adquirente da unidade e da obrigação de satisfazer às exigências posteriormente formuladas pelo Cartório, bem como de completar o registro definitivo.

§ 13. Na incorporação sobre imóvel objeto de imissão na posse registrada conforme item 36 do inciso I do art. 167 da Lei no 6.015, de 31 de dezembro de 1973, fica dispensada a apresentação, relativamente ao ente público, dos documentos mencionados nas alíneas *a, b, c, f* e *o* deste artigo, devendo o incorporador celebrar contrato de cessão de posse com os adquirentes das unidades autônomas, aplicando-se a regra prevista nos §§ 4.º ,5.º e 6.º do art. 26 da Lei no 6.766, de 19 de dezembro de 1979. (Incluído pela Lei 12.424, de 2011)

Art. 33. O registro da incorporação será válido pelo prazo de 120 dias, findo o qual, se ela ainda não se houver concretizado, o incorporador só poderá negociar unidades depois de atualizar a documentação a que se refere o artigo anterior, revalidando o registro por igual prazo.[3]

Art. 34. O incorporador poderá fixar, para efetivação da incorporação, prazo de carência dentro do qual lhe é lícito desistir do empreendimento.

§ 1.º A fixação do prazo de carência será feita pela declaração a que se refere a alínea *n*, do art. 32, onde se fixem as condições que autorizarão o incorporador a desistir do empreendimento.

§ 2.º Em caso algum poderá o prazo de carência ultrapassar o termo final do prazo de validade do registro ou, se for o caso, de sua revalidação.

§ 3.º Os documentos preliminares de ajuste, se houver, mencionarão, obrigatoriamente, o prazo de carência, inclusive para efeitos do art. 45.

---

3. Lei 4.864, de 29.11.1965, art. 12: "Fica elevado para 180 (cento e oitenta) dias o prazo de validade do registro da incorporação a que se refere o art. 33 da Lei 4.591, de 16.12.1964".

§ 4.º A desistência da incorporação será denunciada, por escrito, ao Registro de Imóveis... (vetado)... e comunicada por escrito, a cada um dos adquirentes ou candidatos à aquisição, sob pena de *responsabilidade* civil e criminal do incorporador.

(...)

§ 6.º O prazo de carência é improrrogável.

Art. 35. O incorporador terá o prazo máximo de 45 dias, a contar do termo final do prazo de carência, se houver, para promover a celebração do competente contrato relativo à fração ideal do terreno, e, bem assim, do contrato de construção e da Convenção do Condomínio, de acordo com discriminação da alínea *i*, do art. 32.[4]

§ 1.º No caso de não haver prazo de carência, o prazo acima se contará da data de qualquer documento de ajuste preliminar.

§ 2.º Quando houver prazo de carência, a obrigação somente deixará de existir se o incorporador tiver denunciado, dentro do mesmo prazo e nas condições previamente estabelecidas, por escrito, ao Registro de Imóveis, a não concretização do empreendimento.

§ 3.º Se, dentro do prazo de carência, o incorporador não denunciar a incorporação, embora não se tenham reunido as condições a que se refere o § 1.º, o outorgante do mandato, de que trata o § 1.º, do art. 31, poderá fazê-lo nos 5 (cinco) dias subsequentes ao prazo de carência, e nesse caso ficará *solidariamente responsável* com o incorporador pela devolução das quantias que os adquirentes ou candidatos à aquisição houverem entregue ao incorporador, resguardando o direito de regresso sobre eles, dispensando-se, então, do cumprimento da obrigação fixada no *caput* deste artigo.

§ 4.º Descumprida pelo incorporador e pelo mandante de que trata o § 1.º do art. 31 a obrigação da outorga dos contratos referidos no *caput* deste artigo, nos prazos ora fixados, a carta-proposta ou o documento de ajuste preliminar poderão ser averbados no Registro de Imóveis, averbação que conferirá direito real oponível a terceiros, com o consequente direito à obtenção compulsória do contrato correspondente.

§ 5.º Na hipótese do parágrafo anterior, o incorporador incorrerá também na multa de 50% (cinquenta por cento) sobre a quantia que efetivamente tiver recebido, cobrável por via executiva, em favor do adquirente ou candidato à aquisição.

§ 6.º Ressalvado o disposto no art. 43, do contrato de construção deverá constar expressamente a menção dos *responsáveis* pelo pagamento da construção de cada uma das unidades. O incorporador *responde*, em igualdade de condições, com os demais contratantes, pelo pagamento da construção das unidades que não

4. Lei 4.864, de 29.11.1965, art. 13: "é de 60 (sessenta) dias o prazo máximo concedido ao incorporador, no art. 35, da Lei 4.591, de 16.12.1964".

tenham tido a *responsabilidade* pela sua construção assumida por terceiros e até que o tenham.

Art. 35-A. Os contratos de compra e venda, promessa de venda, cessão ou promessa de cessão de unidades autônomas integrantes de incorporação imobiliária serão iniciados por quadro-resumo, que deverá conter:

I – o preço total a ser pago pelo imóvel;

II – o valor da parcela do preço a ser tratada como entrada, a sua forma de pagamento, com destaque para o valor pago à vista, e os seus percentuais sobre o valor total do contrato;

III – o valor referente à corretagem, suas condições de pagamento e a identificação precisa de seu beneficiário;

IV – a forma de pagamento do preço, com indicação clara dos valores e vencimentos das parcelas;

V – os índices de correção monetária aplicáveis ao contrato e, quando houver pluralidade de índices, o período de aplicação de cada um;

VI – as consequências do desfazimento do contrato, seja por meio de distrato, seja por meio de resolução contratual motivada por inadimplemento de obrigação do adquirente ou do incorporador, com destaque negritado para as penalidades aplicáveis e para os prazos para devolução de valores ao adquirente;

VII – as taxas de juros eventualmente aplicadas, se mensais ou anuais, se nominais ou efetivas, o seu período de incidência e o sistema de amortização;

VIII – as informações acerca da possibilidade do exercício, por parte do adquirente do imóvel, do direito de arrependimento previsto no art. 49 da Lei nº 8.078, de 11 de setembro de 1990 (Código de Defesa do Consumidor), em todos os contratos firmados em estandes de vendas e fora da sede do incorporador ou do estabelecimento comercial;

IX – o prazo para quitação das obrigações pelo adquirente após a obtenção do auto de conclusão da obra pelo incorporador;

X – as informações acerca dos ônus que recaiam sobre o imóvel, em especial quando o vinculem como garantia real do financiamento destinado à construção do investimento;

XI – o número do registro do memorial de incorporação, a matrícula do imóvel e a identificação do cartório de registro de imóveis competente;

XII – o termo final para obtenção do auto de conclusão da obra (habite-se) e os efeitos contratuais da intempestividade prevista no art. 43-A desta Lei.

§ 1º Identificada a ausência de quaisquer das informações previstas no caput deste artigo, será concedido prazo de 30 (trinta) dias para aditamento do contrato e saneamento da omissão, findo o qual, essa omissão, se não sanada, caracterizará justa causa para rescisão contratual por parte do adquirente.

§ 2º A efetivação das consequências do desfazimento do contrato, referidas no inciso VI do caput deste artigo, dependerá de anuência prévia e específica do adquirente a seu respeito, mediante assinatura junto a essas cláusulas, que deverão ser redigidas conforme o disposto no § 4º do art. 54 da Lei nº 8.078, de 11 de setembro de 1990 (Código de Defesa do Consumidor). (Incluído pela Lei nº 13.786, de 2018).

Art. 36. No caso de denúncia de incorporação, nos termos do art. 34, se o incorporador, até 30 (trinta) dias a contar da denúncia, não restituir aos adquirentes as importâncias pagas, estes poderão cobrá-la por via executiva, reajustado o seu valor a contar da data do recebimento, em função do índice geral de preços mensalmente publicado pelo Conselho Nacional de Economia, que reflita as variações no poder aquisitivo da moeda nacional, e acrescido de juros de 6% (seis por cento) ao ano, sobre o total corrigido.

Art. 37. Se o imóvel estiver gravado de ônus real ou fiscal ou se contra os alienantes houver qualquer ação que possa comprometê-lo, o fato será obrigatoriamente mencionado em todos os documentos de ajuste, com a indicação de sua natureza e das condições de liberação.

Art. 38. Também constará, obrigatoriamente, dos documentos de ajuste, se for o caso, o fato de encontrar-se ocupado o imóvel, esclarecendo-se a que título se deve esta ocupação e quais as condições de desocupação.

Art. 39. Nas incorporações em que a aquisição do terreno se der com pagamento total ou parcial em unidades a serem construídas, deverão ser discriminadas em todos os documentos de ajuste:

I – a parcela que, se houver, será paga em dinheiro;

II – a cota-parte da área das unidades a serem entregues em pagamento do terreno que corresponderá a cada uma das unidades, a qual deverá ser expressa em metros quadrados.

Parágrafo único – Deverá constar, também, de todos os documentos de ajuste, se o alienante do terreno ficou ou não sujeito a qualquer prestação ou encargo.

(...)

Art. 43. Quando o incorporador contratar a entrega da unidade a prazo e preços certos, determinados ou determináveis, mesmo quando pessoa física, ser-lhe-ão impostas as seguintes normas:

I informar obrigatoriamente aos adquirentes, por escrito, no mínimo de seis em seis meses, o estado da obra;

II – *responder* civilmente pela execução da incorporação, devendo indenizar os adquirentes ou compromissários, dos prejuízos que a estes advierem do fato de não se concluir a edificação ou de se retardar injustificadamente a conclusão das obras, cabendo-lhe ação regressiva contra o construtor, se for o caso e se a este couber a culpa;

III – em caso de falência do incorporador, pessoa física ou jurídica, e não ser possível à maioria prosseguir na construção das edificações, os subscritores ou candidatos à aquisição de unidades serão credores privilegiados pelas quantias que houverem pago ao incorporador, *respondendo* subsidiariamente os bens pessoais deste;

IV – é vedado ao incorporador alterar o projeto, especialmente no que se refere à unidade do adquirente e às partes comuns, modificar as especificações, ou desviar-se do plano da construção, salvo autorização unânime dos interessados ou exigência legal;

V – não poderá modificar as condições de pagamento nem reajustar o preço das unidades, ainda no caso de elevação dos preços dos materiais e da mão-de-obra, salvo se tiver sido expressamente ajustada a faculdade de reajustamento, procedendo-se, então, nas condições estipuladas;

VI – se o incorporador, sem justa causa devidamente comprovada, paralisar as obras por mais de 30 (trinta) dias, ou retardar-lhes excessivamente o andamento, poderá o juiz notificá-lo para que no prazo mínimo de 30 (trinta) dias as reinicie ou torne a dar-lhes o andamento normal. Desatendida a notificação, poderá o incorporador ser destituído pela maioria absoluta dos votos dos adquirentes, sem prejuízo da *responsabilidade* civil ou penal que couber, sujeito à cobrança executiva das importâncias comprovadamente devidas, facultando-se aos interessados prosseguir na obra... (vetado).

VII – em caso de insolvência do incorporador que tiver optado pelo regime da afetação e não sendo possível à maioria prosseguir na construção, a assembleia geral poderá, pelo voto de 2/3 (dois terços) dos adquirentes, deliberar pela venda do terreno, das acessões e demais bens e direitos integrantes do patrimônio de afetação, mediante leilão ou outra forma que estabelecer, distribuindo entre si, na proporção dos recursos que comprovadamente tiverem aportado, o resultado líquido da venda, depois de pagas as dívidas do patrimônio de afetação e deduzido e entregue ao proprietário do terreno a quantia que lhe couber, nos termos do art. 40; não se obtendo, na venda, a reposição dos aportes efetivados pelos adquirentes, reajustada na forma da lei e de acordo com os critérios do contrato celebrado com o incorporador, os adquirentes serão credores privilegiados pelos valores da diferença não reembolsada, respondendo subsidiariamente os bens pessoais do incorporador. (Incluído pela Lei 10.931, de 2004)

Art. 43-A. A entrega do imóvel em até 180 (cento e oitenta) dias corridos da data estipulada contratualmente como data prevista para conclusão do empreendimento, desde que expressamente pactuado, de forma clara e destacada, não dará causa à resolução do contrato por parte do adquirente nem ensejará o pagamento de qualquer penalidade pelo incorporador.

§ 1º Se a entrega do imóvel ultrapassar o prazo estabelecido no caput deste artigo, desde que o adquirente não tenha dado causa ao atraso, poderá ser promovida por este a resolução do contrato, sem prejuízo da devolução da integralidade de todos os valores pagos e da multa estabelecida, em até 60 (sessenta) dias corridos contados da resolução, corrigidos nos termos do § 8º do art. 67-A desta Lei.

§ 2º Na hipótese de a entrega do imóvel estender-se por prazo superior àquele previsto no caput deste artigo, e não se tratar de resolução do contrato, será devida ao adquirente adimplente, por ocasião da entrega da unidade, indenização de 1% (um por cento) do valor efetivamente pago à incorporadora, para cada mês de atraso, pro rata die, corrigido monetariamente conforme índice estipulado em contrato.

§ 3º A multa prevista no § 2º deste artigo, referente a mora no cumprimento da obrigação, em hipótese alguma poderá ser cumulada com a multa estabelecida no § 1º deste artigo, que trata da inexecução total da obrigação. (Incluído pela Lei nº 13.786, de 2018)

Art. 44. Após a concessão do "habite-se" pela autoridade administrativa, o incorporador deverá requerer (vetado) a averbação da construção das edificações, para efeito de individualização e discriminação das unidades, *respondendo* perante os adquirentes pelas perdas e danos que resultem da demora no cumprimento dessa obrigação.

§ 1.º Se o incorporador não requerer a averbação... (vetado)... o construtor requerê-la-á (vetado)... sob pena de ficar *solidariamente responsável* com o incorporador perante os adquirentes.

(...)

Art. 47. Quando se fixar no contrato que a obrigação do pagamento do Imposto sobre Lucro Imobiliário, acréscimos e adicionais devidos pelo alienante é transferida ao adquirente, dever-se-á explicitar o montante que tal obrigação atingiria, se sua satisfação se desse na data da escritura.

§ 1.º Neste caso, o adquirente será tido, para todos os efeitos, como *responsável* perante o Fisco.

§ 2.º Havendo parcela restituível, a restituição será feita ao adquirente e, se for o caso, em nome deste serão emitidas as Obrigações do Tesouro Nacional a que se refere o art. 4.º da Lei 4.357, de 16 de julho de 1964.

(...)

Capítulo III

DA CONSTRUÇÃO DE EDIFICAÇÕES EM CONDOMÍNIO

Seção I

Da construção em geral

Art. 48. A construção de imóveis, objeto de incorporação, nos moldes previstos nesta Lei, poderá ser contratada sob o regime da empreitada ou de administração, conforme adiante definidos, e poderá estar incluída no contrato com o incorporador (vetado), ou ser contratada diretamente entre os adquirentes e o construtor.

§ 1.º O projeto e o memorial descritivo das edificações farão parte integrante e complementar do contrato.

§ 2.º Do contrato deverá constar o prazo da entrega das obras e as condições e formas de sua eventual prorrogação.

Art. 49. Os contratantes da construção, inclusive no caso do art. 43, para tratar de seus interesses, com relação a ela, poderão reunir-se em assembleia, cujas deliberações, desde que aprovadas por maioria simples dos votos presentes, serão válidas e obrigatórias para todos eles, salvo no que afetar ao direito de propriedade previsto na legislação.

(...)

Art. 50. Será designada no contrato de construção ou eleita em assembleia geral uma Comissão de Representantes composta de três membros, pelo menos, escolhidos entre os adquirentes, para representá-los perante o construtor ou, no caso do art. 43, ao incorporador, em tudo o que interessar ao bom andamento da incorporação, e, em especial, perante terceiros, para praticar os atos resultantes da aplicação dos arts. 31-A a 31-F. (Redação dada pela Lei 10.931, de 2004)

§ 1.º Uma vez eleita a Comissão, cuja constituição se comprovará com a ata da assembleia, devidamente inscrita no Registro de Títulos e Documentos, esta ficará de pleno direito investida dos poderes necessários para exercer todas as atribuições e praticar todos os atos que esta Lei e o contrato de construção lhe deferirem, sem necessidade de instrumento especial outorgado pelos contratantes, ou, se for o caso, pelos que se sub-rogarem nos direitos e obrigações destes.

§ 2.º A assembleia geral poderá, pela maioria absoluta dos votos dos adquirentes, alterar a composição da Comissão de Representantes e revogar qualquer de suas decisões, ressalvados os direitos de terceiros quanto aos efeitos já produzidos. (Redação dada pela Lei 10.931, de 2004)

(...)

Art. 52. Cada contratante da construção só será imitido na posse de sua unidade se estiver em dia com as obrigações assumidas, inclusive as relativas à construção, exercendo o construtor e o condomínio, até então, o direito de retenção sobre a respectiva unidade; no caso do art. 43, este direito será exercido pelo incorporador.

Art. 53. O Poder Executivo, através do Banco Nacional da Habitação, promoverá a celebração de contratos com a Associação Brasileira de Normas Técnicas (ABNT), no sentido de que esta, tendo em vista o disposto na Lei 4.150, de novembro de 1962, prepare, no prazo máximo de 120 (cento e vinte) dias, normas que estabeleçam, para cada tipo de prédio que padronizar:

I – critérios e normas para cálculo de custos unitários de construção, para uso dos sindicatos, na forma do art. 54;

II – critérios e normas para execução de orçamentos de custo de construção, para fins do disposto no art. 59;

III – critérios e normas para avaliação de custo global de obra, para fins da alínea *h*, do art. 32;

IV – modelo de memorial descritivo dos acabamentos de edificação, para fins do disposto no art. 32;

V – critério para entrosamento entre o cronograma das obras e o pagamento das prestações, que poderá ser introduzido nos contratos de incorporação, inclusive para o efeito de aplicação do disposto no § 2.º do art. 48.

(...)

Seção II

Da construção por empreitada

Art. 55. Nas incorporações em que a construção seja feita pelo regime de empreitada, esta poderá ser a preço fixo, ou a preço reajustável por índices previamente determinados.

§ 1.º Na empreitada a preço fixo, o preço da construção será irreajustável, independentemente das variações que sofrer o custo efetivo das obras e quaisquer que sejam suas causas.

§ 2.º Na empreitada a preço reajustável, o preço fixado no contrato será reajustado na forma e nas épocas nele expressamente previstas, em função da variação dos índices adotados, também previstos obrigatoriamente no contrato.

§ 3.º Nos contratos de construção por empreitada, a Comissão de Representantes fiscalizará o andamento da obra e a obediência ao projeto e às especificações exercendo as demais obrigações inerentes à sua função representativa dos contratantes e fiscalizadora da construção.

§ 4.º Nos contratos de construção fixados sob regime de empreitada, reajustável, a Comissão de Representantes fiscalizará, também, o cálculo do reajustamento.

§ 5.º No contrato deverá ser mencionado o montante do orçamento atualizado da obra, calculado de acordo com as normas do inciso III do art. 53, com base nos custos unitários referidos no art. 54, quando o preço estipulado for inferior ao mesmo.

§ 6.º Na forma de expressa referência, os contratos de empreitada entendem-se como sendo a preço fixo.

(...)

Art. 57. Ao construtor que contratar, por empreitada a preço fixo, uma obra de incorporação, aplicar-se-á, no que couber, o disposto nos itens II, III, IV (vetado) e VI do art. 43.

Seção III

Da construção por administração

Art. 58. Nas incorporações em que a construção for contratada pelo regime de administração, também chamado "a preço de custo", será de *responsabilidade* dos proprietários ou adquirentes o pagamento do custo integral de obra, observadas as seguintes disposições:

I – todas as faturas, duplicatas, recibos e quaisquer documentos referentes às transações ou aquisições para construção, serão emitidos em nome do condomínio dos contratantes da construção;

II – todas as contribuições dos condôminos, para qualquer fim relacionado com a construção, serão depositadas em contas abertas em nome do condomínio dos contratantes em estabelecimentos bancários, as quais serão movimentadas pela forma que for fixada no contrato.

Art. 59. No regime de construção por administração será obrigatório constar do respectivo contrato o montante do orçamento do custo da obra, elaborado com estrita observância dos critérios e normas referidos no inciso II do art. 53, e a data em que se iniciará efetivamente a obra.

(...)

Art. 60. As revisões da estimativa de custo da obra serão efetuadas, pelo menos semestralmente, em comum entre a Comissão de Representantes e o construtor. O contrato poderá estipular que, em função das necessidades da obra, sejam alteráveis os esquemas de contribuições quanto ao total, ao número, ao valor e à distribuição no tempo das prestações.

Parágrafo único. Em caso de majoração de prestações, o novo esquema deverá ser comunicado aos contratantes, com antecedência mínima de 45 (quarenta e cinco) dias da data em que deverão ser efetuados os depósitos das primeiras prestações alteradas.

Art. 61. A Comissão de Representantes terá poderes para, em nome de todos os contratantes e na forma prevista no contrato:

a) examinar os balancetes organizados pelos construtores, dos recebimentos e despesas do condomínio dos contratantes, aprová-los ou impugná-los, examinando a documentação respectiva;

b) fiscalizar concorrências relativas às compras dos materiais necessários à obra ou aos serviços a ela pertinentes;

c) contratar, em nome do condomínio, com qualquer condômino, modificações por ele solicitadas em sua respectiva unidade, a serem administradas pelo construtor, desde que não prejudiquem unidade de outro condômino e não estejam em desacordo com o parecer técnico do construtor;

d) fiscalizar a arrecadação das contribuições destinadas à construção;

e) exercer as demais obrigações inerentes a sua função representativa dos contratantes e fiscalizadora da construção e praticar todos os atos necessários ao funcionamento regular do condomínio.

(...)

Capítulo IV
DAS INFRAÇÕES

Art. 63. É lícito estipular no contrato, sem prejuízo de outras sanções, que a falta de pagamento, por parte do adquirente ou contratante, de três prestações do preço da construção, quer estabelecidas inicialmente, quer alteradas ou criadas posteriormente, quando for o caso, depois de prévia notificação com o prazo de 10 (dez) dias para purgação da mora, implique na rescisão do contrato, conforme nele se fixar, ou que, na falta de pagamento pelo débito respondem os direitos à respectiva fração ideal de terreno e à parte construída adicionada, na forma abaixo estabelecida, se outra forma não fixar o contrato.

§ 1.º Se o débito não for liquidado no prazo de 10 (dez) dias, após solicitação da Comissão de Representantes, esta ficará, desde logo, de pleno direito, autorizada a efetuar, no prazo que fixar, em público leilão anunciado pela forma que o contrato previr, a venda, promessa de venda ou de cessão, ou a cessão da cota de terreno e correspondente parte construída e direitos, bem como a sub-rogação do contrato de construção.

(...)

Capítulo V
DAS DISPOSIÇÕES FINAIS E TRANSITÓRIAS

Art. 67. Os contratos poderão consignar exclusivamente as cláusulas, termos ou condições variáveis ou específicas.

§ 1.º As cláusulas comuns a todos os adquirentes não precisarão figurar expressamente nos respectivos contratos.

§ 2.º Os contratos, no entanto, consignarão obrigatoriamente que as partes contratantes adotam e se comprometam a cumprir as cláusulas, termos e condições contratuais a que se refere o parágrafo anterior, sempre transcritas, *verbo ad verbum*, no respectivo cartório ou ofício, mencionando, inclusive, o número do Livro e das folhas do competente registro.

§ 3.º Aos adquirentes, ao receberem os respectivos instrumentos, será obrigatoriamente entregue cópia, impressa ou mimeografada, autenticada, do contrato-padrão contendo as cláusulas, termos e condições referidas no § 1.º deste artigo.

§ 4.º Os Cartórios de Registro de Imóveis, para os devidos efeitos, receberão dos incorporadores, autenticadamente, o instrumento a que se refere o parágrafo anterior.

Art. 67-A. Em caso de desfazimento do contrato celebrado exclusivamente com o incorporador, mediante distrato ou resolução por inadimplemento absoluto de obrigação do adquirente, este fará jus à restituição das quantias que houver pago diretamente ao incorporador, atualizadas com base no índice contratualmente estabelecido para a correção monetária das parcelas do preço do imóvel, delas deduzidas, cumulativamente:

I – a integralidade da comissão de corretagem;

II – a pena convencional, que não poderá exceder a 25% (vinte e cinco por cento) da quantia paga.

§ 1º Para exigir a pena convencional, não é necessário que o incorporador alegue prejuízo.

§ 2º Em função do período em que teve disponibilizada a unidade imobiliária, responde ainda o adquirente, em caso de resolução ou de distrato, sem prejuízo do disposto no caput e no § 1º deste artigo, pelos seguintes valores:

I – quantias correspondentes aos impostos reais incidentes sobre o imóvel;

II – cotas de condomínio e contribuições devidas a associações de moradores;

III – valor correspondente à fruição do imóvel, equivalente à 0,5% (cinco décimos por cento) sobre o valor atualizado do contrato, pro rata die;

IV – demais encargos incidentes sobre o imóvel e despesas previstas no contrato.

§ 3º Os débitos do adquirente correspondentes às deduções de que trata o § 2º deste artigo poderão ser pagos mediante compensação com a quantia a ser restituída.

§ 4º Os descontos e as retenções de que trata este artigo, após o desfazimento do contrato, estão limitados aos valores efetivamente pagos pelo adquirente, salvo em relação às quantias relativas à fruição do imóvel.

§ 5º Quando a incorporação estiver submetida ao regime do patrimônio de afetação, de que tratam os arts. 31-A a 31-F desta Lei, o incorporador restituirá os valores pagos pelo adquirente, deduzidos os valores descritos neste artigo e atualizados com base no índice contratualmente estabelecido para a correção monetária das parcelas do preço do imóvel, no prazo máximo de 30 (trinta) dias após o habite-se ou documento equivalente expedido pelo órgão público municipal competente, admitindo-se, nessa hipótese, que a pena referida no inciso II do caput deste artigo seja estabelecida até o limite de 50% (cinquenta por cento) da quantia paga.

§ 6º Caso a incorporação não esteja submetida ao regime do patrimônio de afetação de que trata a Lei nº 10.931, de 2 de agosto de 2004, e após as deduções a que se referem os parágrafos anteriores, se houver remanescente a ser ressarcido ao adquirente, o pagamento será realizado em parcela única, após o prazo de 180 (cento e oitenta) dias, contado da data do desfazimento do contrato.

§ 7º Caso ocorra a revenda da unidade antes de transcorrido o prazo a que se referem os §§ 5º ou 6º deste artigo, o valor remanescente devido ao adquirente será pago em até 30 (trinta) dias da revenda.

§ 8º O valor remanescente a ser pago ao adquirente nos termos do § 7º deste artigo deve ser atualizado com base no índice contratualmente estabelecido para a correção monetária das parcelas do preço do imóvel.

§ 9º Não incidirá a cláusula penal contratualmente prevista na hipótese de o adquirente que der causa ao desfazimento do contrato encontrar comprador substituto que o sub-rogue nos direitos e obrigações originalmente assumidos, desde que haja a devida anuência do incorporador e a aprovação dos cadastros e da capacidade financeira e econômica do comprador substituto.

§ 10. Os contratos firmados em estandes de vendas e fora da sede do incorporador permitem ao adquirente o exercício do direito de arrependimento, durante o prazo improrrogável de 7 (sete) dias, com a devolução de todos os valores eventualmente antecipados, inclusive a comissão de corretagem.

§ 11. Caberá ao adquirente demonstrar o exercício tempestivo do direito de arrependimento por meio de carta registrada, com aviso de recebimento, considerada a data da postagem como data inicial da contagem do prazo a que se refere o § 10 deste artigo.

§ 12. Transcorrido o prazo de 7 (sete) dias a que se refere o § 10 deste artigo sem que tenha sido exercido o direito de arrependimento, será observada a irretratabilidade do contrato de incorporação imobiliária, conforme disposto no § 2º do art. 32 da Lei nº 4.591, de 16 de dezembro de 1964.

§ 13. Poderão as partes, em comum acordo, por meio de instrumento específico de distrato, definir condições diferenciadas das previstas nesta Lei.

§ 14. Nas hipóteses de leilão de imóvel objeto de contrato de compra e venda com pagamento parcelado, com ou sem garantia real, de promessa de compra e venda ou de cessão e de compra e venda com pacto adjeto de alienação fiduciária em garantia, realizado o leilão no contexto de execução judicial ou de procedimento extrajudicial de execução ou de resolução, a restituição far-se-á de acordo com os critérios estabelecidos na respectiva lei especial ou com as normas aplicáveis à execução em geral.

Art. 68. Os proprietários ou titulares de direito aquisitivo sobre as terras rurais ou os terrenos onde pretendam construir ou mandar construir habitações isoladas para aliená-las antes de concluídas, mediante pagamento do preço a prazo, deverão, previamente, satisfazer às exigências constantes no art. 32, ficando sujeitos ao regime instituído nesta Lei para os incorporadores, no que lhes for aplicável.

(...)

C) Lei 9.514, de 20 de novembro de 1997[5]

Capítulo II

DA ALIENAÇÃO FIDUCIÁRIA DE COISA IMÓVEL

Art. 22. A alienação fiduciária regulada por esta Lei é o negócio jurídico pelo qual o devedor, ou fiduciante, com o escopo de garantia, contrata a transferência ao credor, ou fiduciário, da propriedade resolúvel de coisa imóvel.

§ 1.º A alienação fiduciária poderá ser contratada por pessoa física ou jurídica, não sendo privativa das entidades que operam no SFI, podendo ter como objeto, além da propriedade plena: (Renumerado do parágrafo único pela Lei 11.481, de 2007)

I – bens enfitêuticos, hipótese em que será exigível o pagamento do laudêmio, se houver a consolidação do domínio útil no fiduciário; (Incluído pela Lei 11.481, de 2007)

II – o direito de uso especial para fins de moradia; (Incluído pela Lei 11.481, de 2007)

III – o direito real de uso, desde que suscetível de alienação; (Incluído pela Lei 11.481, de 2007)

IV – a propriedade superficiária. (Incluído pela Lei 11.481, de 2007)

§ 2.º Os direitos de garantia instituídos nas hipóteses dos incisos III e IV do § 1.º deste artigo ficam limitados à duração da concessão ou direito de superfície, caso tenham sido transferidos por período determinado. (Incluído pela Lei 11.481, de 2007)

5. Dispositivos específicos sobre alienação fiduciária de bem imóvel.

Art. 23. Constitui-se a propriedade fiduciária de coisa imóvel mediante registro, no competente Registro de Imóveis, do contrato que lhe serve de título.

Parágrafo único. Com a constituição da propriedade fiduciária, dá-se o desdobramento da posse, tornando-se o fiduciante possuidor direto e o fiduciário possuidor indireto da coisa imóvel.

Art. 24. O contrato que serve de título ao negócio fiduciário conterá:

I – o valor do principal da dívida;

II – o prazo e as condições de reposição do empréstimo ou do crédito do fiduciário;

III – a taxa de juros e os encargos incidentes;

IV – a cláusula de constituição da propriedade fiduciária, com a descrição do imóvel objeto da alienação fiduciária e a indicação do título e modo de aquisição;

V – a cláusula assegurando ao fiduciante, enquanto adimplente, a livre utilização, por sua conta e risco, do imóvel objeto da alienação fiduciária;

VI – a indicação, para efeito de venda em público leilão, do valor do imóvel e dos critérios para a respectiva revisão;

VII – a cláusula dispondo sobre os procedimentos de que trata o art. 27.

Parágrafo único. Caso o valor do imóvel convencionado pelas partes nos termos do inciso VI do caput deste artigo seja inferior ao utilizado pelo órgão competente como base de cálculo para a apuração do imposto sobre transmissão inter vivos, exigível por força da consolidação da propriedade em nome do credor fiduciário, este último será o valor mínimo para efeito de venda do imóvel no primeiro leilão. (Incluído pela Lei nº 13.465, de 2017)

Art. 25. Com o pagamento da dívida e seus encargos, resolve-se, nos termos deste artigo, a propriedade fiduciária do imóvel.

§ 1.º No prazo de trinta dias, a contar da data de liquidação da dívida, o fiduciário fornecerá o respectivo termo de quitação ao fiduciante, sob pena de multa em favor deste, equivalente a meio por cento ao mês, ou fração, sobre o valor do contrato.

§ 2.º À vista do termo de quitação de que trata o parágrafo anterior, o oficial do competente Registro de Imóveis efetuará o cancelamento do registro da propriedade fiduciária.

Art. 26. Vencida e não paga, no todo ou em parte, a dívida e constituído em mora o fiduciante, consolidar-se-á, nos termos deste artigo, a propriedade do imóvel em nome do fiduciário.

§ 1.º Para os fins do disposto neste artigo, o fiduciante, ou seu representante legal ou procurador regularmente constituído, será intimado, a requerimento do fiduciário, pelo oficial do competente Registro de Imóveis, a satisfazer, no prazo de quinze dias, a prestação vencida e as que se vencerem até a data do pagamento, os juros convencionais, as penalidades e os demais encargos contratuais, os encargos legais, inclusive tributos, as contribuições condominiais imputáveis ao imóvel, além das despesas de cobrança e de intimação.

§ 2.º O contrato definirá o prazo de carência após o qual será expedida a intimação.

§ 3.º A intimação far-se-á pessoalmente ao fiduciante, ou ao seu representante legal ou ao procurador regularmente constituído, podendo ser promovida, por solicitação do oficial do Registro de Imóveis, por oficial de Registro de Títulos e Documentos da comarca da situação do imóvel ou do domicílio de quem deva recebê-la, ou pelo correio, com aviso de recebimento.

§ 3º-A. Quando, por duas vezes, o oficial de registro de imóveis ou de registro de títulos e documentos ou o serventuário por eles credenciado houver procurado o intimando em seu domicílio ou residência sem o encontrar, deverá, havendo suspeita motivada de ocultação, intimar qualquer pessoa da família ou, em sua falta, qualquer vizinho de que, no dia útil imediato, retornará ao imóvel, a fim de efetuar a intimação, na hora que designar, aplicando-se subsidiariamente o disposto nos arts. 252, 253 e 254 da Lei no 13.105, de 16 de março de 2015 (Código de Processo Civil). (Incluído pela Lei nº 13.465, de 2017)

§ 3º-B. Nos condomínios edilícios ou outras espécies de conjuntos imobiliários com controle de acesso, a intimação de que trata o § 3o-A poderá ser feita ao funcionário da portaria responsável pelo recebimento de correspondência. (Incluído pela Lei nº 13.465, de 2017)

§ 4.º Quando o fiduciante, ou seu representante legal ou procurador regularmente constituído se encontrar em outro local, incerto e não sabido, o oficial certificará o fato, cabendo, então, ao oficial do competente Registro de Imóveis promover a intimação por edital, publicado por três dias, pelo menos, em um dos jornais de maior circulação local ou noutro de comarca de fácil acesso, se no local não houver imprensa diária.

§ 4º Quando o fiduciante, ou seu cessionário, ou seu representante legal ou procurador encontrar-se em local ignorado, incerto ou inacessível, o fato será certificado pelo serventuário encarregado da diligência e informado ao oficial de Registro de Imóveis, que, à vista da certidão, promoverá a intimação por edital publicado durante 3 (três) dias, pelo menos, em um dos jornais de maior circulação local ou noutro de comarca de fácil acesso, se no local não houver imprensa diária, contado o prazo para purgação da mora da data da última publicação do edital. (Redação dada pela Lei nº 13.043, de 2014)

§ 5.º Purgada a mora no Registro de Imóveis, convalescerá o contrato de alienação fiduciária.

§ 6.º O oficial do Registro de Imóveis, nos três dias seguintes à purgação da mora, entregará ao fiduciário as importâncias recebidas, deduzidas as despesas de cobrança e de intimação.

§ 7.º Decorrido o prazo de que trata o § 1º sem a purgação da mora, o oficial do competente Registro de Imóveis, certificando esse fato, promoverá a averbação, na matrícula do imóvel, da consolidação da propriedade em nome do fiduciário, à vista da prova do pagamento por este, do imposto de transmissão inter vivos e, se for o caso, do laudêmio. (Redação dada pela Lei 10.931, de 2004)

§ 8.º O fiduciante pode, com a anuência do fiduciário, dar seu direito eventual ao imóvel em pagamento da dívida, dispensados os procedimentos previstos no art. 27. (Incluído pela Lei 10.931, de 2004)

Art. 26-A. Os procedimentos de cobrança, purgação de mora e consolidação da propriedade fiduciária relativos às operações de financiamento habitacional, inclusive as operações do Programa Minha Casa, Minha Vida, instituído pela Lei no 11.977, de 7 de julho de 2009, com recursos advindos da integralização de cotas no Fundo de Arrendamento Residencial (FAR), sujeitam-se às normas especiais estabelecidas neste artigo.

§ 1º A consolidação da propriedade em nome do credor fiduciário será averbada no registro de imóveis trinta dias após a expiração do prazo para purgação da mora de que trata o § 1o do art. 26 desta Lei.

§ 2º Até a data da averbação da consolidação da propriedade fiduciária, é assegurado ao devedor fiduciante pagar as parcelas da dívida vencidas e as despesas de que trata o inciso II do § 3o do art. 27, hipótese em que convalescerá o contrato de alienação fiduciária. (Incluído pela Lei nº 13.465, de 2017)

Art. 27. Uma vez consolidada a propriedade em seu nome, o fiduciário, no prazo de trinta dias, contados da data do registro de que trata o § 7.º do artigo anterior, promoverá público leilão para a alienação do imóvel.

§ 1º Se no primeiro leilão público o maior lance oferecido for inferior ao valor do imóvel, estipulado na forma do inciso VI e do parágrafo único do art. 24 desta Lei, será realizado o segundo leilão nos quinze dias seguintes. (Redação dada pela Lei nº 13.465, de 2017)

§ 2.º No segundo leilão, será aceito o maior lance oferecido, desde que igual ou superior ao valor da dívida, das despesas, dos prêmios de seguro, dos encargos legais, inclusive tributos, e das contribuições condominiais.

§ 2º-A. Para os fins do disposto nos §§ 1o e 2o deste artigo, as datas, horários e locais dos leilões serão comunicados ao devedor mediante correspondência dirigida aos endereços constantes do contrato, inclusive ao endereço eletrônico. (Incluído pela Lei nº 13.465, de 2017)

§ 2º-B. Após a averbação da consolidação da propriedade fiduciária no patrimônio do credor fiduciário e até a data da realização do segundo leilão, é assegurado ao devedor fiduciante o direito de preferência para adquirir o imóvel por preço correspondente ao valor da dívida, somado aos encargos e despesas de que trata o § 2o deste artigo, aos valores correspondentes ao imposto sobre transmissão inter vivos e ao laudêmio, se for o caso, pagos para efeito de consolidação da propriedade fiduciária no patrimônio do credor fiduciário, e às despesas inerentes ao procedimento de cobrança e leilão, incumbindo, também, ao devedor fiduciante o pagamento dos encargos tributários e despesas exigíveis para a nova aquisição do imóvel, de que trata este parágrafo, inclusive custas e emolumentos. (Incluído pela Lei nº 13.465, de 2017)

§ 3.º Para os fins do disposto neste artigo, entende-se por:

I – dívida: o saldo devedor da operação de alienação fiduciária, na data do leilão, nele incluídos os juros convencionais, as penalidades e os demais encargos contratuais;

II – despesas: a soma das importâncias correspondentes aos encargos e custas de intimação e as necessárias à realização do público leilão, nestas compreendidas as relativas aos anúncios e à comissão do leiloeiro.

§ 4.º Nos cinco dias que se seguirem à venda do imóvel no leilão, o credor entregará ao devedor a importância que sobejar, considerando-se nela compreendido o valor da indenização de benfeitorias, depois de deduzidos os valores da dívida e das despesas e encargos de que tratam os §§ 2.º e 3.º, fato esse que importará em recíproca quitação, não se aplicando o disposto na parte final do art. 516 do Código Civil.

§ 5.º Se, no segundo leilão, o maior lance oferecido não for igual ou superior ao valor referido no § 2.º, considerar-se-á extinta a dívida e exonerado o credor da obrigação de que trata o § 4.º.

§ 6.º Na hipótese de que trata o parágrafo anterior, o credor, no prazo de cinco dias a contar da data do segundo leilão, dará ao devedor quitação da dívida, mediante termo próprio.

§ 7.º Se o imóvel estiver locado, a locação poderá ser denunciada com o prazo de trinta dias para desocupação, salvo se tiver havido aquiescência por escrito do fiduciário, devendo a denúncia ser realizada no prazo de noventa dias a contar da data da consolidação da propriedade no fiduciário, devendo essa condição constar expressamente em cláusula contratual específica, destacando-se das demais por sua apresentação gráfica. (Incluído pela Lei 10.931, de 2004)

§ 8.º Responde o fiduciante pelo pagamento dos impostos, taxas, contribuições condominiais e quaisquer outros encargos que recaiam ou venham a recair sobre o imóvel, cuja posse tenha sido transferida para o fiduciário, nos termos deste artigo, até a data em que o fiduciário vier a ser imitido na posse. (Incluído pela Lei 10.931, de 2004)

§ 9º O disposto no § 2º-B deste artigo aplica-se à consolidação da propriedade fiduciária de imóveis do FAR, na forma prevista na Lei no 11.977, de 7 de julho de 2009. (Incluído pela Lei nº 13.465, de 2017)

Art. 28. A cessão do crédito objeto da alienação fiduciária implicará a transferência, ao cessionário, de todos os direitos e obrigações inerentes à propriedade fiduciária em garantia.

Art. 29. O fiduciante, com anuência expressa do fiduciário, poderá transmitir os direitos de que seja titular sobre o imóvel objeto da alienação fiduciária em garantia, assumindo o adquirente as respectivas obrigações.

Art. 30. É assegurada ao fiduciário, seu cessionário ou sucessores, inclusive o adquirente do imóvel por força do público leilão de que tratam os §§ 1.º e 2.º do art. 27, a reintegração na posse do imóvel, que será concedida liminarmente, para desocupação em sessenta dias, desde que comprovada, na forma do disposto no art. 26, a consolidação da propriedade em seu nome.

Parágrafo único. Nas operações de financiamento imobiliário, inclusive nas operações do Programa Minha Casa, Minha Vida, instituído pela Lei nº 11.977, de 7 de julho de 2009, com recursos advindos da integralização de cotas no Fundo de Arrendamento Residencial (FAR), uma vez averbada a consolidação da propriedade fiduciária, as ações judiciais que tenham por objeto controvérsias sobre as estipulações contratuais ou os requisitos procedimentais de cobrança e leilão, excetuada a exigência de notificação do devedor fiduciante, serão resolvidas em perdas e danos e não obstarão a reintegração de posse de que trata este artigo. (Incluído pela Lei nº 13.465, de 2017)

Art. 31. O fiador ou terceiro interessado que pagar a dívida ficará sub-rogado, de pleno direito, no crédito e na propriedade fiduciária.

Parágrafo único. Nos casos de transferência de financiamento para outra instituição financeira, o pagamento da dívida à instituição credora original poderá ser feito, a favor do mutuário, pela nova instituição credora. (Incluído pela Lei 12.810, de 2013)

Art. 32. Na hipótese de insolvência do fiduciante, fica assegurada ao fiduciário a restituição do imóvel alienado fiduciariamente, na forma da legislação pertinente.

Art. 33. Aplicam-se à propriedade fiduciária, no que couber, as disposições dos arts. 647 e 648 do Código Civil. (...)

CAPÍTULO III

Disposições Gerais e Finais

Art. 34. Os contratos relativos ao financiamento imobiliário em geral poderão estipular que litígios ou controvérsias entre as partes sejam dirimidos mediante arbitragem, nos termos do disposto na Lei 9.307, de 24 de setembro de 1996.

Art. 35. Nas cessões de crédito a que aludem os arts. 3.º, 18 e 28, é dispensada a notificação do devedor.

Art. 36. Nos contratos de venda de imóveis a prazo, inclusive alienação fiduciária, de arrendamento mercantil de imóveis, de financiamento imobiliário em geral e nos títulos de que tratam os arts. 6.º, 7.º e 8.º, admitir-se-á, respeitada a legislação pertinente, a estipulação de cláusula de reajuste e das condições e critérios de sua aplicação.

Art. 37. Às operações de arrendamento mercantil de imóveis não se aplica a legislação pertinente à locação de imóveis residenciais, não residenciais ou comerciais.

Art. 37-A. O devedor fiduciante pagará ao credor fiduciário, ou a quem vier a sucedê-lo, a título de taxa de ocupação do imóvel, por mês ou fração, valor correspondente a 1% (um por cento) do valor a que se refere o inciso VI ou o parágrafo único do art. 24 desta Lei, computado e exigível desde a data da consolidação da propriedade fiduciária no patrimônio do credor fiduciante até a data em que este, ou seus sucessores, vier a ser imitido na posse do imóvel. (Redação dada pela Lei nº 13.465, de 2017)

Parágrafo único. O disposto no caput deste artigo aplica-se às operações do Programa Minha Casa, Minha Vida, instituído pela Lei nº 11.977, de 7 de julho de 2009, com recursos advindos da integralização de cotas no Fundo de Arrendamento Residencial (FAR). (Incluído pela Lei nº 13.465, de 2017)

Art. 37-B. Será considerada ineficaz, e sem qualquer efeito perante o fiduciário ou seus sucessores, a contratação ou a prorrogação de locação de imóvel alienado fiduciariamente por prazo superior a um ano sem concordância por escrito do fiduciário. (Incluído pela Lei 10.931, de 2004)

Art. 38. Os atos e contratos referidos nesta Lei ou resultantes da sua aplicação, mesmo aqueles que visem à constituição, transferência, modificação ou renúncia de direitos reais sobre imóveis, poderão ser celebrados por escritura pública ou por instrumento particular com efeitos de escritura pública. (Redação dada pela Lei 11.076, de 2004).

D) Lei 8.078, de 11 de Setembro de 1990[6]

TÍTULO I

DOS DIREITOS DO CONSUMIDOR

Capítulo I

DISPOSIÇÕES GERAIS

Art. 1.º O presente Código estabelece normas de proteção e defesa do consumidor, de ordem pública e interesse social, nos termos dos arts. 5.º, inciso XXXII, 170, inciso V, da Constituição Federal e art. 48 de suas Disposições Transitórias.

Art. 2.º Consumidor é toda pessoa física ou jurídica que adquire ou utiliza produto ou serviço como destinatário final.

Parágrafo único. Equipara-se a consumidor a coletividade de pessoas, ainda que indetermináveis, que haja intervindo nas relações de consumo.

Art. 3.º Fornecedor é toda pessoa física ou jurídica, pública ou privada, nacional ou estrangeira, bem como os entes despersonalizados, que desenvolvem atividades de produção, montagem, criação, construção, transformação, importação, exportação, distribuição ou comercialização de produtos ou prestações de serviços.

§ 1.º Produto é qualquer bem, móvel ou imóvel, material ou imaterial.

§ 2.º Serviço é qualquer atividade fornecida no mercado de consumo, mediante remuneração, inclusive as de natureza bancária, financeira, de crédito e securitária, salvo as decorrentes das relações de caráter trabalhista.

Capítulo II

DA POLÍTICA NACIONAL DE RELAÇÕES DE CONSUMO

Art. 4.º A Política Nacional das Relações de Consumo tem por objetivo o atendimento das necessidades dos consumidores, o respeito à sua dignidade, saúde e segurança, a proteção de seus interesses econômicos, a melhoria da sua qualidade de vida, bem como a transparência e a harmonia das relações de consumo, atendidos os seguintes princípios:

I – reconhecimento da vulnerabilidade do consumidor no mercado de consumo;

(...)

III – harmonização dos interesses dos participantes das relações de consumo e compatibilização da proteção do consumidor com a necessidade de desenvolvimento econômico e tecnológico, de modo a viabilizar os princípios nos quais se

---

6. Dispositivos selecionados atinentes à proteção ao consumidor.

funda a ordem econômica (art. 170 da Constituição Federal), sempre com base na boa-fé e equilíbrio nas relações entre consumidores e fornecedores;

(...)

* Redação dada pela Lei 9.008, de 21.03.1995

IX – fomento de ações direcionadas à educação financeira e ambiental dos consumidores; (Incluído pela Lei nº 14.181, de 2021)

X – prevenção e tratamento do superendividamento como forma de evitar a exclusão social do consumidor. (Incluído pela Lei nº 14.181, de 2021)

Capítulo III

DOS DIREITOS BÁSICOS DO CONSUMIDOR

Art. 6.º São direitos básicos do consumidor:

I – a proteção da vida, saúde e segurança contra os riscos provocados por práticas no fornecimento de produtos e serviços considerados perigosos ou nocivos;

(...)

III – a informação adequada e clara sobre os diferentes produtos e serviços, com especificação correta de quantidade, características, composição, qualidade, tributos incidentes e preço, bem como sobre os riscos que apresentem; (Redação dada pela Lei 12.741, de 2012)

IV – a proteção contra a publicidade enganosa e abusiva, métodos comerciais coercitivos ou desleais, bem como contra práticas e cláusulas abusivas ou impostas no fornecimento de produtos e serviços;

V – a modificação das cláusulas contratuais que estabeleçam prestações desproporcionais ou sua revisão em razão de fatos supervenientes que as tornem excessivamente onerosas;

VI – a efetiva prevenção e reparação de danos patrimoniais e morais, individuais, coletivos e difusos;

(...)

VIII – a facilitação da defesa de seus direitos, inclusive com a inversão do ônus da prova, a seu favor, no processo civil, quando, a critério do juiz, for verossímil a alegação ou quando for ele hipossuficiente, segundo as regras ordinárias de experiências;

(...)

XI – a garantia de práticas de crédito responsável, de educação financeira e de prevenção e tratamento de situações de superendividamento, preservado o mínimo existencial, nos termos da regulamentação, por meio da revisão e da repactuação da dívida, entre outras medidas; (Incluído pela Lei nº 14.181, de 2021)

XII – a preservação do mínimo existencial, nos termos da regulamentação, na repactuação de dívidas e na concessão de crédito; (Incluído pela Lei nº 14.181, de 2021)

XIII – a informação acerca dos preços dos produtos por unidade de medida, tal como por quilo, por litro, por metro ou por outra unidade, conforme o caso. (Incluído pela Lei nº 14.181, de 2021)

(...)

Art. 7.º Os direitos previstos neste Código não excluem outros decorrentes de tratados ou convenções internacionais de que o Brasil seja signatário, da legislação interna ordinária, de regulamentos expedidos pelas autoridades administrativas competentes, bem como dos que derivem dos princípios gerais do direito, analogia, costumes e equidade.

Parágrafo único. Tendo mais de um autor a ofensa, todos *responderão solidariamente* pela reparação dos danos previstos nas normas de consumo.

Capítulo IV

DA QUALIDADE DE PRODUTOS E SERVIÇOS, DA PREVENÇÃO E DA REPARAÇÃO DOS DANOS

Seção I

Da proteção à saúde e segurança

Art. 8.º Os produtos e serviços colocados no mercado de consumo não acarretarão riscos à saúde ou segurança dos consumidores, exceto os considerados normais e previsíveis em decorrência de sua natureza e fruição, obrigando-se os fornecedores, em qualquer hipótese, a dar as informações necessárias e adequadas a seu respeito.

§ 1º Em se tratando de produto industrial, ao fabricante cabe prestar as informações a que se refere este artigo, através de impressos apropriados que devam acompanhar o produto. (Redação dada pela Lei nº 13.486, de 2017)

§ 2º O fornecedor deverá higienizar os equipamentos e utensílios utilizados no fornecimento de produtos ou serviços, ou colocados à disposição do consumidor, e informar, de maneira ostensiva e adequada, quando for o caso, sobre o risco de contaminação. (Incluído pela Lei nº 13.486, de 2017)

(...)

Seção II

Da responsabilidade pelo fato do produto e do serviço

Art. 12. O fabricante, o produtor, o construtor, nacional ou estrangeiro, e o importador *respondem*, independentemente da existência de culpa, pela reparação dos danos causados aos consumidores por defeitos decorrentes de projeto, fabricação, construção, montagem, fórmulas, manipulação, apresentação ou acondicionamento de seus produtos, bem como por informações insuficientes ou inadequadas sobre sua utilização e riscos.

§ 1.º O produto é defeituoso quando não oferece a segurança que dele legitimamente se espera, levando-se em consideração as circunstâncias relevantes, entre as quais:

I – sua apresentação;

II – o uso e os riscos que razoavelmente dele se esperam;

III – a época em que foi colocado em circulação.

(...)

§ 3.º O fabricante, o construtor, o produtor ou importador só não será *responsabilizado* quando provar:

I – que não colocou o produto no mercado;

II – que, embora haja colocado o produto no mercado, o defeito inexiste;

III – a culpa exclusiva do consumidor ou de terceiro.

(...)

Art. 17. Para os efeitos desta Seção, equiparam-se aos consumidores todas as vítimas do evento.

Seção III

Da responsabilidade por vício do produto e do serviço

Art. 18. Os fornecedores de produtos de consumo duráveis ou não duráveis *respondem solidariamente* pelos vícios de qualidade ou quantidade que os tornem impróprios ou inadequados ao consumo a que se destinam ou lhes diminuam o valor, assim como por aqueles decorrentes da disparidade, com as indicações constantes do recipiente, da embalagem, rotulagem ou mensagem publicitária, respeitadas as variações decorrentes de sua natureza, podendo o consumidor exigir a substituição das partes viciadas.

§ 1.º Não sendo o vício sanado no prazo máximo de trinta dias, pode o consumidor exigir, alternativamente e à sua escolha:

I – a substituição do produto por outro da mesma espécie, em perfeitas condições de uso;

II – a restituição imediata da quantia paga, monetariamente atualizada, sem prejuízo de eventuais perdas e danos;

III – o abatimento proporcional do preço.

(...)

Art. 19. Os fornecedores *respondem solidariamente* pelos vícios de quantidade do produto sempre que, respeitadas as variações decorrentes de sua natureza, seu conteúdo líquido for inferior às indicações constantes do recipiente, da embalagem, rotulagem ou de mensagem publicitária, podendo o consumidor exigir, alternativamente e à sua escolha:

I – o abatimento proporcional do preço;

II – complementação do peso ou medida;

III – a substituição do produto por outro da mesma espécie, marca ou modelo, sem os aludidos vícios;

IV – a restituição imediata da quantia paga, monetariamente atualizada, sem prejuízo de eventuais perdas e danos.

§ 1.º Aplica-se a este artigo o disposto no § 4.º do artigo anterior.

§ 2.º O fornecedor imediato será *responsável* quando fizer a pesagem ou a medição e o instrumento utilizado não estiver aferido segundo os padrões oficiais.

(...)

Art. 24. A garantia legal de adequação do produto ou serviço independe de termo expresso, vedada a exoneração contratual do fornecedor.

Art. 25. É vedada a estipulação contratual de cláusula que impossibilite, exonere ou atenue a obrigação de indenizar prevista nesta e nas Seções anteriores.

§ 1.º Havendo mais de um *responsável* pela causação do dano, todos *responderão solidariamente* pela reparação prevista nesta e nas Seções anteriores.

§ 2.º Sendo o dano causado por componente ou peça incorporada ao produto ou serviço, são *responsáveis solidários* seu fabricante, construtor ou importador e o que realizou a incorporação.

Seção IV

Da decadência e da prescrição

Art. 26. O direito de reclamar pelos vícios aparentes ou de fácil constatação caduca em:

I – trinta dias, tratando-se de fornecimento de serviço e de produtos não duráveis;

II – noventa dias, tratando-se de fornecimento de serviço e de produtos duráveis.

§ 1.º Inicia-se a contagem do prazo decadencial a partir da entrega efetiva do produto ou do término da execução dos serviços.

§ 2.º Obstam a decadência:

I – a reclamação comprovadamente formulada pelo consumidor perante o fornecedor de produtos e serviços até a resposta negativa correspondente, que deve ser transmitida de forma inequívoca;

II – (Vetado);

III – a instauração de inquérito civil, até seu encerramento.

§ 3.º Tratando-se de vício oculto, o prazo decadencial inicia-se no momento em que ficar evidenciado o defeito.

Art. 27. Prescreve em cinco anos a pretensão à reparação pelos danos causados por fato do produto ou do serviço prevista na Seção II deste Capítulo, iniciando-se a contagem do prazo a partir do conhecimento do dano e de sua autoria.

Parágrafo único. (Vetado.)

(...)

Capítulo V

DAS PRÁTICAS COMERCIAIS

Seção I

Das disposições gerais

Art. 29. Para os fins deste Capítulo e do seguinte, equiparam-se aos consumidores todas as pessoas determináveis ou não, expostas às práticas nele previstas.

(...)

Art. 30. Toda informação ou publicidade, suficientemente precisa, veiculada por qualquer forma ou meio de comunicação com relação a produtos e serviços oferecidos ou apresentados, obriga o fornecedor que a fizer veicular ou dela se utilizar e integra o contrato que vier a ser celebrado.

(...)

Seção IV

Das práticas abusivas

Art. 39. É vedado ao fornecedor de produtos ou serviços, dentre outras práticas abusivas:

* Redação dada pela Lei 8.884, de 11.06.1994

(...)

IV – prevalecer-se da fraqueza ou ignorância do consumidor, tendo em vista sua idade, saúde, conhecimento ou condição social, para impingir-lhe seus produtos ou serviços;

V – exigir do consumidor vantagem manifestamente excessiva;

(...)

Seção V
Da cobrança de dívidas

Art. 42. Na cobrança de débitos, o consumidor inadimplente não será exposto a ridículo, nem será submetido a qualquer tipo de constrangimento ou ameaça.

Parágrafo único. O consumidor cobrado em quantia indevida tem direito à repetição do indébito, por valor igual ao dobro do que pagou em excesso, acrescido de correção monetária e juros legais, salvo hipótese de engano justificável.

Art. 42-A. Em todos os documentos de cobrança de débitos apresentados ao consumidor, deverão constar o nome, o endereço e o número de inscrição no Cadastro de Pessoas Físicas – CPF ou no Cadastro Nacional de Pessoa Jurídica – CNPJ do fornecedor do produto ou serviço correspondente.

* Incluído pela Lei 12.039, de 2009

(...)

Capítulo VI
DA PROTEÇÃO CONTRATUAL
Seção I
Disposições gerais

Art. 46. Os contratos que regulam as relações de consumo não obrigarão os consumidores, se não lhes for dada a oportunidade de tomar conhecimento prévio de seu conteúdo, ou se os respectivos instrumentos forem redigidos de modo a dificultar a compreensão de seu sentido e alcance.

Art. 47. As cláusulas contratuais serão interpretadas de maneira mais favorável ao consumidor.

Art. 48. As declarações de vontade constantes de escritos particulares, recibos e pré-contratos relativos às relações de consumo vinculam o fornecedor, ensejando inclusive execução específica, nos termos do art. 84 e parágrafos.

Art. 49. O consumidor pode desistir do contrato, no prazo de sete dias a contar de sua assinatura ou do ato de recebimento do produto ou serviço, sempre que a contratação de fornecimento de produtos e serviços ocorrer fora do estabelecimento comercial, especialmente por telefone ou a domicílio.

Parágrafo único. Se o consumidor exercitar o direito de arrependimento previsto neste artigo, os valores eventualmente pagos, a qualquer título, durante o prazo de reflexão, serão devolvidos, de imediato, monetariamente atualizados.

Art. 50. A garantia contratual é complementar à legal e será conferida mediante termo escrito.

(...)

Seção II

Das cláusulas abusivas

Art. 51. São nulas de pleno direito, entre outras, as cláusulas contratuais relativas ao fornecimento de produtos e serviços que:

I – impossibilitem, exonerem ou atenuem a *responsabilidade* do fornecedor por vícios de qualquer natureza dos produtos e serviços ou impliquem renúncia ou disposição de direitos. Nas relações de consumo entre o fornecedor e o consumidor-pessoa jurídica, a indenização poderá ser limitada, em situações justificáveis;

II – subtraiam ao consumidor a opção de reembolso da quantia já paga, nos casos previstos neste Código;

III – transfiram *responsabilidades* a terceiros;

(...)

IX – deixem ao fornecedor a opção de concluir ou não o contrato, embora obrigando o consumidor;

(...)

XI – autorizem o fornecedor a cancelar o contrato unilateralmente, sem que igual direito seja conferido ao consumidor;

(...)

XIV – infrinjam ou possibilitem a violação de normas ambientais;

XV – estejam em desacordo com o sistema de proteção ao consumidor;

XVI – possibilitem a renúncia do direito de indenização por benfeitorias necessárias;

XVII – condicionem ou limitem de qualquer forma o acesso aos órgãos do Poder Judiciário; (Incluído pela Lei nº 14.181, de 2021)

XVIII – estabeleçam prazos de carência em caso de impontualidade das prestações mensais ou impeçam o restabelecimento integral dos direitos do consumidor e de seus meios de pagamento a partir da purgação da mora ou do acordo com os credores; (Incluído pela Lei nº 14.181, de 2021).

§ 1.º Presume-se exagerada, entre outros casos, a vantagem que:

I – ofende os princípios fundamentais do sistema jurídico a que pertence;

II – restringe direitos ou obrigações fundamentais inerentes à natureza do contrato, de tal modo a ameaçar seu objeto ou o equilíbrio contratual;

III – se mostra excessivamente onerosa para o consumidor, considerando-se a natureza e conteúdo do contrato, o interesse das partes e outras circunstâncias peculiares ao caso.

(...)

Art. 53. Nos contratos de compra e venda de móveis ou imóveis mediante pagamento em prestações, bem como nas alienações fiduciárias em garantia, consideram-se nulas de pleno direito as cláusulas que estabeleçam a perda total das prestações pagas em benefício do credor que, em razão do inadimplemento, pleitear a resolução do contrato e a retomada do produto alienado.

(...)

Seção III

Dos contratos de adesão

Art. 54. Contrato de adesão é aquele cujas cláusulas tenham sido aprovadas pela autoridade competente ou estabelecidas unilateralmente pelo fornecedor de produtos ou serviços, sem que o consumidor possa discutir ou modificar substancialmente seu conteúdo.

§ 1.º A inserção de cláusula no formulário não desfigura a natureza de adesão do contrato.

§ 2.º Nos contratos de adesão admite-se cláusula resolutória, desde que alternativa, cabendo a escolha ao consumidor, ressalvando-se o disposto no § 2.º do artigo anterior.

§ 3.º Os contratos de adesão escritos serão redigidos em termos claros e com caracteres ostensivos e legíveis, cujo tamanho da fonte não será inferior ao corpo doze, de modo a facilitar sua compreensão pelo consumidor.

* Redação dada pela 11.785, de 2008

§ 4.º As cláusulas que implicarem limitação de direito do consumidor deverão ser redigidas com destaque, permitindo sua imediata e fácil compreensão.

§ 5.º (Vetado.)

E) Lei 8.212, de 24 de julho de 1991

Dispõe sobre a organização da Seguridade Social, institui Plano de Custeio, e dá outras providências.

Art. 30. A arrecadação e o recolhimento das contribuições ou de outras importâncias devidas à Seguridade Social obedecem às seguintes normas:

* *Caput* com redação determinada pela Lei 8.620/1993.

(...)

VI – o proprietário, o incorporador definido na Lei 4.591, de 16 de dezembro de 1964, o dono da obra ou condômino da unidade imobiliária, qualquer que seja a forma de contratação da construção, reforma ou acréscimo, são solidários com o construtor, e estes com a subempreiteira, pelo cumprimento das obrigações para com a Seguridade Social, ressalvado o seu direito regressivo contra o executor ou contratante da obra e admitida a retenção de importância a este devida para garantia do cumprimento dessas obrigações, não se aplicando, em qualquer hipótese, o benefício de ordem;

* Inciso VI com redação determinada pela Lei 9.528/1997.

VII – exclui-se da responsabilidade solidária perante a Seguridade Social o adquirente de prédio ou unidade imobiliária que realizar a operação com empresa de comercialização ou incorporador de imóveis, ficando estes solidariamente com o construtor.

(...)

Art. 49. A matrícula da empresa será efetuada nos termos e condições estabelecidos pela Secretaria da Receita Federal do Brasil.

(...)

§ 1.º No caso de obra de construção civil, a matrícula deverá ser efetuada mediante comunicação obrigatória do responsável por sua execução, no prazo de 30 (trinta) dias, contado do início de suas atividades, quando obterá número cadastral básico, de caráter permanente.

* Redação dada pela Lei 11.941, de 2009

(...)

Art. 50. Para fins de fiscalização do INSS, o Município, por intermédio do órgão competente, fornecerá relação de alvarás para construção civil e documentos de "habite-se" concedidos.

* Artigo com redação determinada pela Lei 9.476/1997.

F) Decreto 3.048, de 06 de Maio de 1999

Aprova o Regulamento da Previdência Social, e dá outras providências.

Art. 220. O proprietário, o incorporador definido na Lei 4.591, de 1964, o dono da obra ou condômino da unidade imobiliária cuja contratação da construção, reforma ou acréscimo não envolva cessão de mão-de-obra, são solidários com o construtor, e este e aqueles com a subempreiteira, pelo cumprimento das obrigações para com a seguridade social, ressalvado o seu direito regressivo contra o executor ou contratante da obra e admitida a retenção de importância a este devida para garantia do cumprimento dessas obrigações, não se aplicando, em qualquer hipótese, o benefício de ordem.

§ 1.º Não se considera cessão de mão de obra, para os fins deste artigo, a contratação de construção civil em que a empresa construtora assuma a responsabilidade direta e total pela obra ou repasse o contrato integralmente.

§ 2.º O executor da obra deverá elaborar, distintamente para cada estabelecimento ou obra de construção civil da empresa contratante, folha de pagamento, Guia de Recolhimento do Fundo de Garantia do Tempo de Serviço e Informações à Previdência Social e Guia da Previdência Social, cujas cópias deverão ser exigidas pela empresa contratante quando da quitação da nota fiscal ou fatura, juntamente com o comprovante de entrega daquela Guia.

§ 3.º A responsabilidade solidária de que trata o caput será elidida:

I – pela comprovação, na forma do parágrafo anterior, do recolhimento das contribuições incidentes sobre a remuneração dos segurados, incluída em nota fiscal ou fatura correspondente aos serviços executados, quando corroborada por escrituração contábil; e

II – pela comprovação do recolhimento das contribuições incidentes sobre a remuneração dos segurados, aferidas indiretamente nos termos, forma e percentuais previstos pelo Instituto Nacional do Seguro Social.

III – pela comprovação do recolhimento da retenção permitida no caput deste artigo, efetivada nos termos do art. 219. (Incluído pelo Decreto 4.032, de 2001)

§ 4.º Considera-se construtor, para os efeitos deste Regulamento, a pessoa física ou jurídica que executa obra sob sua responsabilidade, no todo ou em parte.

Art. 221. Exclui-se da responsabilidade solidária perante a seguridade social o adquirente de prédio ou unidade imobiliária que realize a operação com empresa de comercialização ou com incorporador de imóveis definido na Lei 4.591, de 1964, ficando estes solidariamente responsáveis com o construtor, na forma prevista no art. 220.

Art. 221-A. O instituto da responsabilidade solidária não se aplica à administração pública direta, autárquica e fundacional, quando contratante de serviços, inclusive de obra de construção civil, reforma ou acréscimo, independentemente da forma de contratação. (Incluído pelo Decreto nº 10.410, de 2020)

Parágrafo único. A administração pública contratante de serviços, inclusive de construção civil executados por meio de cessão de mão de obra ou empreitada parcial, efetuará a retenção prevista no art. 219. (Incluído pelo Decreto nº 10.410, de 2020)

G) Decreto 5.481, de 25 de junho de 1928 (revogado pela Lei nº 4.591/1964)

Dispõe sobre a alienação parcial dos edificios de mais de cinco andares e dá outras providencias

O Presidente da Republica dos Estados Unidos do Brasil: Faço saber que o Congresso Nacional decretou e eu sancciono a seguinte resolução:

Art. 1º Os edifícios de dois ou mais pavimentos construídos de cimento armado ou material similar incombustível, sob a forma de apartamentos isolados, entre si, que contiverem cada um, pelo menos, três peças, e destinados a escritórios ou residências particulares, poderão ser alienados, no todo ou em parte, objetivamente considerados, e constituíra cada apartamento propriedade autônoma sujeita às limitações estabelecidas nesta Lei. (Redação dada pela Lei nº 285, de 1948)

Art. 2º O terreno em que assentem o edificio e suas installações e o que lhe sirva a qualquer dependencia de fim proveitoso e uso commum dos condominos ou accupantes, constituirão cousa inalienavel e indivisivel de dominio de todos os proprietarios do predio.

Art. 3º E' facultado das em hypotheca, antichrese, arrendamento ou locação cada apartamento, observadas as regras em vigor para a propriedade em geral excluida a restricção do art. 4º § 8º, do decreto n. 169 A, de 19 de janeiro de 1890.

Art. 4º O condominio por meiação de paredes, soalhos e tectos dos apartamentos, regular-se-há pelo disposto no Codigo Civil, no que lhe fôr applicavel.

Art. 5º Os proprietarios de apartamentos contribuirão diretamente com as quotas relativas a quaesquer impostos ou taxas federaes, estados ou municipaes, pagando-as por meio de lançamento, como si se tratasse de predios isolados.

Art. 6º Si não fôr preferido o seguro em commum, cada proprietario de apartamento segural-o-ha obrigatoriamente contra incendio, terremoto, cyclone ou outro accidente physico, que o destrúa em todo ou em parte.

Paragrapho unico. A reconstrucção será sempre feita, guardadas obrigatoriamente a mesma fórma externa e a mesma disposição interna, salvo o accôrdo unanime de todos os condominios.

Art. 7º No caso de desapropriação, será a indemnização de cada proprietario regular pelo valor locativo de seu apartamento no anno anterior ao decreto que o declarar de utilidade ou necessidade publica.

Paragrapho unico. A desapropriação alcançará sempre a totalidade do edificio com todas as suas dependencias.

Art. 8º A administração do immovel, no que respeita aos serviços que interessam a todos os moradores, como sejam os de esgoto, agua, illuminação, telephone, elevador, asseio, desinfecções, vigilancia interna e portaria, caberá a um dos proprietarios do apartamento ou a terceiro, eleito biennalmente, ou antes, em caso de vaga, por maior de votos dos condominio.

Paragrapho unico. Taes funcções podem ser delegadas pelo mandatario a pessoa de sua confiança e sob sua responsabilidade.

Art. 9º Annualmente, os proprietarios de apartamentos votarão, por maioria, a verba para as despezas communs de conservação do edificio, concorrendo cada interessado, dentro do primeiro mez do trimestre, com a quota que lhe tocar para o custeio, de accôrdo com o valor de sua propriedade. As decisões da maioria em relação ao orçamento dessas despezas serão communicadas aos interessados ausentes por meio de carta registrada e edital.

Art. 10. As obras que interessarem á estructura integral do edifficio ou ao seu serviço commum serão feitas com o concurso pecuniario de todos os proprietarios de apartamentos, mediante um orçamento prévio approvado nos termos do artigo anterior, podendo dellas ser encarregado o administrador a que se refere o art. 8º

Art. 11. E' vedado a qualquer proprietario de apartamento:

a) mudar a fórma externa da fachada ou a distribuição interna dos compartimentos;

b) decorar as paredes e esquadrias externas com tonalidades ou côres diversas das empregadas no conjunto do edifício.

c) estabelecer enfermarias, afficinas, laboratorios ou installações perigosas ou que produzam ruido incommodo;

d) embaraçar o uso dos corredores e caminhos internos ou lançar-lhes detrictos, aguas ou impureza;

e) o emprego de qualquer processo de aquecimento susceptivel de ameaçar a segurança do edificio ou prejudicar-lhe a hygiene e a limpeza.

Paragrapho unico. A transgressão de qualquer dessas prohibições, verificada em processo judicial summario, importará na multa de 2:000$ a 5:000$, cabendo a metade ao interessado que intentar a competente acção e a outra á Municipalidade, e o dobro em caso de reincidencia.

Art. 12. Revogam-se as disposições em contrario.

Rio de Janeiro, em 25 de junho de 1928, 107º da Independencia e 40º da Republica.

WASHINGTON LUIS p. DE SOUZA.
Augusto de Vianna do Castello.

Anexo II – Parecer – Publicidade, Lançamento e Venda de Unidades de Edifícios sem Registro de Incorporação. Contrato de Incorporação Imobiliária. Lei nº 4.591/1964 (Dispõe sobre o Condomínio em Edificações e as Incorporações Imobiliárias). Código de Defesa do Consumidor

Parecer[1]

Consulta-nos a ASSOCIAÇÃO Y, por intermédio do Dr. W, a respeito das possíveis consequências jurídicas da publicidade, lançamento e vendas de unidades de edifícios sem registro de incorporação.

Para tanto, foram apresentados à nossa consideração os quesitos que, reproduzidos ao final do Parecer, ali estão respondidos. É certo, pelos parâmetros da consulta formulada, que este Parecer tratará, por excelência, da eficácia registrária do memorial de incorporação de imóveis quanto a atos preliminares de captação de clientela, razão pela qual, preliminarmente, cuidaremos de aspectos gerais da atividade incorporativa, bem como dos sujeitos incorporativos e a relação transitiva de consumo, de maneira a melhor respaldar as opiniões aqui expostas.

I – Da incorporação imobiliária e seu registro

Em obra de nossa lavra, *Incorporação Imobiliária – Ensaio de uma teoria geral*, tivemos a oportunidade de evocar o parágrafo único do art. 28 da Lei nº 4.591, de 16 de dezembro de 1964, e apresentar a definição de incorporação imobiliária:

1. Publicado em *Revista Forense* 400/333-343.

"[...] Considera-se incorporação imobiliária a atividade exercida com o intuito de promover e realizar a construção, para alienação total ou parcial, de edificações ou conjunto de edificações compostas de unidades autônomas".[2]

Em sentido geral e amplo, incorporação significa aquela atividade humana exercida no sentido de incluir, unir, introduzir ou ligar uma coisa ao corpo da outra, a que ficará pertencendo, geralmente com a finalidade de obtenção de ganho econômico. É o edifício que se constrói no imóvel para dele fazer parte, resultando a referida atividade humana da reunião de manifestações de vontade, exprimíveis em contratos, que mantêm uma relação de unidade entre si. A essa atividade denominamos incorporação imobiliária *lato sensu*.

Como atividade humana, a incorporação imobiliária pressupõe a coexistência de diversos relacionamentos entre pessoas físicas e jurídicas. Podemos dizer que, além do incorporador, diferentes sujeitos compartilham o universo do empreendimento imobiliário, *v.g.*, o proprietário do terreno (quando o próprio incorporador não é o titular do domínio), o projetista, o construtor (quando o incorporador não desenvolve essa atividade), o agente financeiro, o corretor de imóveis, o adquirente.

Em meio a toda essa atividade, exercida com o intuito de promover e realizar a construção de edificações ou conjunto de edificações compostas de unidades autônomas, podemos distinguir o núcleo da atividade incorporativa. Se é certo que a atividade incorporativa é realizada com o objetivo de promover e realizar a construção, é certo, também, que o fator econômico constitui a razão de ser de todo o empreendimento. Sem dúvida, salvo raras exceções, o incorporador pretende alienar, total ou parcialmente, as unidades autônomas, objetivando ganhos pecuniários, e esta é, em última instância, a razão de todos os seus esforços.

O núcleo da atividade incorporativa resume-se, a partir disso, em um negócio jurídico, denominado "contrato de incorporação imobiliária", por intermédio do qual, basicamente, alguém (o incorporador) obriga-se a promover a construção do edifício e a transferir a propriedade das unidades autônomas em que o mesmo foi dividido, cabendo à outra parte (o candidato a proprietário ou adquirente) pagar o preço previamente ajustado. A esse negócio jurídico denominamos incorporação imobiliária *stricto sensu*.

Contudo, de acordo com o *caput* do art. 32 da Lei nº 4.591/1964, o incorporador somente poderá negociar as unidades autônomas, antes ou durante a construção do empreendimento, após ter arquivado no cartório competente de Registro de Imóveis os documentos ali relacionados. Providenciada e registrada toda a documentação, teremos formalizado o registro da incorporação imobiliária.[3]

---

2. Everaldo Augusto Cambler, *Incorporação Imobiliária – Ensaio de uma Teoria Geral*, p. 19.
3. Cf. trabalho de nossa lavra, *Responsabilidade civil na incorporação imobiliária*, p. 50.

Nesse sentido, o registro da incorporação equivale ao arquivamento e registro dos documentos referidos no art. 32 da Lei nº 4.591/1964 e no art. 1.º do Dec. nº 55.815, de 08.03.1965 [revogado pelo Dec. nº 11/1991]. A documentação, referida nesses artigos, será antes examinada pelo oficial de registro de imóveis, que responderá, civil e criminalmente, caso efetue o arquivamento da documentação contraveniente à lei ou der certidão sem o arquivamento de todos os documentos exigidos, cabendo-lhe fiscalizar o cumprimento dos requisitos e exigências legais (§ 1.º do art. 32 da LCI).

Caso o incorporador efetue qualquer negócio relativo às unidades a serem incorporadas, sem providenciar o registro do "Memorial de Incorporação", além do eventual questionamento jurídico quanto à validade dos contratos firmados, estará sujeito às sanções previstas por contravenção à economia popular (art. 66, I, da LCI).

Com o prévio registro, os interessados podem examinar os papéis arquivados, com todos os dados relativos ao empreendimento, o que proporciona maior segurança quando da assinatura das propostas de compra e do início dos pagamentos. De fato, os documentos constantes do processo de incorporação dão uma noção de como será o edifício, indicam as dimensões das frações ideais, das unidades condominiais, as áreas de utilização comum, os materiais a serem utilizados, as especificações técnicas elementares etc.

Resulta inequivocamente do texto legal que o memorial registrado no Registro de Imóveis integra os contratos de incorporação, celebrados com os adquirentes das unidades autônomas (§ 3.º do art. 32 da LCI), não podendo ser unilateralmente modificado por qualquer das partes, de tal forma que, para garantia do adquirente, é como se todos os dados do memorial estivessem transcritos no contrato de incorporação.

Como a incorporação envolve o Incorporador e os adquirentes num sistema orgânico, a alteração do projeto (especialmente no que concerne às unidades condominiais e partes comuns), das especificações, do plano de construção, não pode ocorrer sem a autorização unânime dos interessados ou por expressa exigência legal (art. 43, IV, da LCI).

II – O INCORPORADOR COMO FORNECEDOR

As normas jurídicas do CDC dão guarida às relações jurídicas denominadas "de consumo". Essas relações, no dizer de Carlos Alberto Bittar,[4] compreendem aquelas referentes a atividades de produção, transformação, montagem, criação, construção, importação, exportação, distribuição ou comercialização de bens

4. Carlos Alberto Bittar, *Direitos do consumidor*, n. 14, p. 28.

e prestação de serviços, inclusive de natureza bancária, financeira, creditícia e securitária, excetuadas as de cunho trabalhista, e desenvolvidas por entidades privadas ou públicas.

Em sua obra *Da incorporação imobiliária*, Melhim Namem Chalhub observa que, apesar do regime especial de proteção do adquirente instituído pela Lei nº 4.591/1964, "o CDC veio a equiparar, de forma indireta, o contrato de incorporação ao contrato de consumo, ao classificar o *imóvel* como *produto* e incluir a *construção* e a *comercialização de produtos* entre as atividades que caracterizam a figura do *fornecedor*".[5]

Parece não haver dúvida de que a relação jurídica incorporativa, na maior parte das vezes, é alcançada pelas normas do CDC, principalmente quando o próprio Código, no § 1.º do art. 3.º, faz menção ao objeto da relação de consumo – o produto –, que poderá ser: qualquer bem, móvel ou imóvel, material ou imaterial.

Dissemos "na maior parte das vezes" porque, em algumas situações, muito embora estejamos diante de uma relação jurídica incorporativa, não conseguimos delinear a relação jurídica de consumo. Essas situações acontecem porque a relação jurídica de consumo somente é reconhecível em razão dos sujeitos que dela participam e à luz de uma situação que, em comum, lhes diz respeito. Toda vez que pudermos identificar o consumidor hipossuficiente como destinatário final do produto ou serviço, estaremos diante de uma relação de consumo (art. 2.º do CDC), tendo o Código do Consumidor equiparado aos consumidores todas as vítimas do evento, ainda que não tenham sido destinatárias finais (art. 17 do CDC), todas as pessoas determináveis ou não, expostas às práticas nele previstas (art. 29 do CDC) e a coletividade de pessoas, ainda que indetermináveis, que haja intervindo na relação de consumo (parágrafo único, do art. 2.º do CDC).

O que é importante perceber é que a relação jurídica de consumo não está afeta, exclusivamente, a uma situação objetiva, senão que envolve, também, uma direção subjetiva, determinável pela ligação dos sujeitos a essa situação. No dizer de Antônio Hermen Benjamin, o tratamento dado pelo CDC à responsabilidade pelos acidentes e vícios do produto ou serviço procurou superar, de uma vez por todas, a dicotomia clássica entre responsabilidades contratual e extracontratual, porquanto a responsabilidade civil do fornecedor deixa de ter por fundamento a relação contratual ou o fato ilícito para se materializar em razão da existência de um outro tipo de vínculo: a relação jurídica de consumo, seja ela contratual ou não.[6]

A relação jurídica incorporativa confunde-se com a relação jurídica de consumo toda vez que o incorporador, no exercício de sua atividade de produção – promover

---

5. Melhim Namem Chalhub, *Da incorporação imobiliária*, p. 290.
6. Cf. Toshio Mukai et al. *Comentários ao Código de Proteção ao Consumidor*, nota ao art. 12, p. 44.

e realizar a construção de edificações ou conjunto de edificações compostas de unidades autônomas –, oferece (nos termos do art. 30 do CDC, a oferta, desde que suficientemente precisa, obriga o incorporador, integrando o contrato que vier a ser celebrado) no mercado seu produto – bem imóvel e material – e o aliena ao interessado em adquirir, como destinatário final, o produto incorporável – frações ideais de terreno vinculadas a unidades autônomas, a serem construídas ou em construção, sob regime condominial.

O que irá determinar a ligação dos sujeitos incorporativos à situação jurídica de consumo será a qualificação subjetiva de vulnerabilidade e a qualidade objetiva de destinatário final fático.

De qualquer modo, a relação incorporativa pode ser identificada com a relação transitiva de consumo. "Transitiva" porque a identificação dessas relações jurídicas depende tanto da qualificação subjetiva do consumidor – que não possui o conhecimento específico, próprio, do negócio, o que sem dúvida o coloca em situação desvantajosa em relação ao incorporador – quanto da qualificação objetiva do adquirente, destinatário final do bem incorporável e responsável pelo pagamento das parcelas do preço.

O art. 3.º, *caput*, do CDC, apresenta o conceito de fornecedor como sendo toda pessoa física ou jurídica, pública ou privada, com ou sem personalidade jurídica (englobando os entes despersonalizados) que desenvolva atividades de produção, montagem, criação, construção, transformação, importação, exportação, distribuição ou comercialização de produtos ou prestação de serviços.

A partir desse conceito, podemos identificar o incorporador como sujeito da relação jurídica de consumo. Muito embora a norma não traga expressa referência à figura do incorporador, o conceito aí referido é de tal forma abrangente que também engloba o sujeito empreendedor da atividade incorporativa o qual, de certa forma, desenvolve quase todas as atividades descritas no art. 3.º, ou seja, realiza a produçao das unidades condominiais, planeja a montagem da incorporação, cria o produto imobiliário, promove a transformação do bem imóvel de modo a torná-lo atrativo à comercialização, além de ser potencialmente um prestador de serviços, desenvolvendo e lançando o produto no mercado de consumo.[7]

---

7. A série de atos coordenados e unificados que constitui a atividade desenvolvida pelo incorporador, muito embora não esteja expressamente mencionada no art. 3.º da Lei nº 8.078/1990, que define a configuração jurídica do "fornecedor", está, sem sombra de dúvida, inserida dentro da sistemática estabelecida pelo Código do Consumidor, desde que presente a relação jurídica de consumo.

   Essa norma do CDC procura dar a maior abrangência possível para o conceito de "fornecedor", de maneira que todo aquele que provisione o mercado de consumo, de produtos ou serviços, inclui-se no polo oposto ao do consumidor na relação jurídica de consumo (cf. Arruda Alvim et al, *Código do Consumidor Comentado*, p. 17).

De fato, o incorporador, nos termos da LCI, pode ser pessoa física ou jurídica, pública ou privada, nacional ou estrangeira, que desenvolve atividade de produção, montagem, criação, construção e comercialização de unidades condominiais, quando proprietário do imóvel incorporável. Quando não, o incorporador atua, igualmente, como prestador de serviços, intermediando as negociações entre os demais sujeitos incorporativos (dono do terreno, adquirentes, agente financeiro, construtora).

Desenvolver atividade significa que o incorporador é um profissional do ramo imobiliário, exercendo continuamente a sua atividade de maneira organizada, com o objetivo de comercializar as unidades condominiais. Diante disso, o incorporador constitui uma empresa, seja na condição de pessoa física ou jurídica, possuindo, para exercer sua atividade de maneira organizada, todo o conhecimento técnico relativo à sua área de atuação, o que o qualifica como um profissional do ramo imobiliário e não desqualifica as obrigações incorporativas como de resultado (as obrigações de meio são peculiares àqueles que exercem certas atividades laborativas, *v.g.*, médico, advogado).

O CDC refere-se a fornecedor como aquele que desenvolve "atividade" de produção, montagem, comercialização etc. Ora, como bem denota Carlos Roberto Gonçalves,[8] a "atividade" não significa a prática de atos isolados, mas a de atos continuados e habituais, o que caracteriza alguém como produtor. Portanto, é considerado fornecedor o incorporador que exerce de maneira organizada a atividade de promoção e coordenação da construção para a alienação de unidades condominiais, como não é fornecedor quem celebra um único contrato de venda de seu apartamento ou casa.

III – Extensão dos conceitos de oferta e aceitação

Entendida a relação jurídica incorporativa como integrante da sistemática encontrada no Código de Defesa do Consumidor, estenderemos nossos comentários a alguns princípios merecedores de especial atenção, incidentes nas relações jurídicas de consumo.

O Código de Defesa do Consumidor evidencia, no Capítulo III, quais são os direitos básicos do consumidor, distinguindo-se, entre eles, os contemplados em dois incisos do art. 6.º. Em primeiro lugar, o inc. IV assegura proteção contra a publicidade enganosa, além de mencionar os métodos comerciais coercitivos ou desleais. Importante destaque deve ser dado, neste passo, aos anúncios das unidades condominiais, que deverão conter as especificações reais de metragem, bem como o cuidado que deverá ser tomado na elaboração do memorial descritivo

8. Carlos Roberto Gonçalves, *Responsabilidade civil*, n. 56, p. 268-270.

da incorporação, especialmente na parte que faz referência à especificação de materiais, muito comumente encartados na categoria dos "similares".

Vale ressaltar que o art. 32, § 3.º, da Lei nº 4.591/1964 já previa o dever, por parte do incorporador, de indicar, nos anúncios, impressos, publicações, propostas, contratos preliminares ou definitivos, o número do registro realizado no registro de imóveis (§1.º), *in verbis:*

"§ 3.º O número do registro referido no § 1.º, bem como a indicação do cartório competente, constará, obrigatoriamente, dos anúncios, impressos, publicações, propostas, contratos, preliminares ou definitivos, referentes à incorporação, salvo dos anúncios 'classificados'".

Como o Código do Consumidor não faz qualquer ressalva a respeito do tipo de anúncio veiculado, classificado ou não, parece-nos que a exceção apontada na Lei nº 4.591/1964 não mais pode prevalecer.

Mais do que as condições de contratação contidas no memorial de incorporação, toda informação prestada ao adquirente, verbal ou escrita, desde que suficientemente precisa, seja ela fornecida diretamente, por intermédio de material promocional (*v.g.*, folhetos, *reprints*, propaganda etc.), seja através de prepostos ou representantes autônomos (*v.g.*, empresa corretora), vincula o incorporador ao benefício prometido, sujeitando-o ao sistema coercitivo estabelecido pelo Código de Defesa do Consumidor para obter-se o cumprimento da obrigação.

O Código de Defesa do Consumidor, hoje, consagra a responsabilidade pré-contratual, concedendo instrumentos de defesa contra o fornecedor de produtos ou serviços que se recusa a cumprir a oferta (art. 35) e considera prática abusiva "recusar atendimento às demandas dos consumidores, na exata medida de suas disponibilidades de estoque, e, ainda, de conformidade com os usos e costumes" (art. 39, II).

A lei de consumo dá à oferta e à aceitação, desde que obedecidos certos requisitos, uma extensão maior do que aquela enunciada pelo CC/2002, art. 429 ("A oferta ao público equivale a proposta quando encerra os requisitos essenciais ao contrato, salvo se o contrário resultar das circunstâncias ou dos usos. Parágrafo único. Pode revogar-se a oferta pela mesma via de sua divulgação, desde que ressalvada esta faculdade na oferta realizada").

A propósito do princípio da vinculação contratual da oferta e até mesmo de uma simples mensagem publicitária, observa Antônio Junqueira de Azevedo que, "apresentada a oferta, o fornecedor cria um direito potestativo para o consumidor; este pode aceitar, ou não, o negócio que se propõe; o fornecedor está em pura situação de sujeição. *Se houver aceitação pelo oblato, o contrato está concluído*".[9]

9. Antônio Junqueira de Azevedo, Responsabilidade pré-contratual no Código de Defesa do Consumidor: estudo comparativo com a responsabilidade pré-contratual no Direito Comum, *RDC* 8/30.

No que tange especificamente à atividade da incorporação imobiliária, a regra do Código de Defesa do Consumidor importa até mesmo na atribuição do *status* de promitente comprador àquele que aceitou a oferta, como observa Marco Aurélio Bezerra de Melo:

"A regra do CDC [arts. 30 e 35] vem completar a lei das incorporações, de tal modo que, mesmo que o consumidor não averbe o contrato no Registro de Imóveis, estará ele investido da condição de promitente comprador, com todos os direitos que essa espécie de contrato confere".[10]

O lançamento da incorporação, após o registro da documentação relacionada no art. 32 da Lei nº 4.591/1964, assume as feições de uma oferta ao público, que vincula o incorporador mesmo antes de ser efetivamente aceita pelo eventual interessado na aquisição. O incorporador está obrigado a respeitar os termos do memorial de incorporação, considerando-se que o mesmo integra, para todos os fins de direito, o contrato incorporativo que vier a ser celebrado (art. 30 da Lei nº 8.078/1990).

O legislador buscou disciplinar, em prol do consumidor, o conteúdo da oferta, devendo ser ela correta, clara, precisa, ostensiva e inteligível, sobre as características do produto ou serviço, qualidade, preço, garantia, entre outros dados específicos a cada tipo de produto – art. 31 do CDC.[11]

Realizada a oferta, esta vincula o ofertante, que deverá satisfazer os termos dela, sob pena de ver-se obrigado a cumpri-la de maneira coercitiva, podendo o consumidor, ainda, optar pela aceitação de outro produto ou prestação de serviço equivalente ou resolver o contrato, com direito à restituição de quantia eventualmente antecipada, com correção monetária, além das perdas e danos, por desventura sofridas pelo mesmo.

A lei permite ao consumidor, ainda, caso acione o fornecedor para exigir o cumprimento da oferta, optar entre diversas hipóteses, escolhendo aquela que lhe pareça mais vantajosa. Poderá inclusive, se assim desejar, formular pedidos em ordem sucessiva (art. 84 do CDC), sendo que o consumidor pleiteará o que deseja e, se não puder obter esse algo, fará com que o juiz aprecie o outro pedido na mesma sentença, tendo negado o pedido precedente.

Veiculada a oferta por intermédio de técnicas publicitárias, expressas em jornais, revistas, panfletos etc., esta deverá ser elaborada de tal forma que o adquirente fácil e imediatamente a identifique (art. 36 do CDC), integrando, da mesma forma que as negociações preliminares, o contrato incorporativo, constituindo elemento preponderante no convencimento do comprador, motivando a venda

---

10. Marco Aurélio Bezerra de Melo, Proteção do consumidor – Força vinculante da oferta na aquisição de lotes e unidades autônomas na incorporação imobiliária, *Carta Forense* 47/48.
11. Cf. Arruda Alvim et al, *Código do Consumidor comentado*, p. 191-192.

de um determinado bem e exercendo decisiva influência sobre o comportamento das pessoas, alterando ou reforçando valores e ideias.[12]

IV – Pesquisa de mercado

Refere-se, a consulta, à eventualidade de se realizar "pesquisa imobiliária" mediante anúncios antes do registro do memorial de incorporação.

Trata-se de prática que tem sido observada no mercado, ultimamente, que não se encontra regulamentada de maneira explícita.

Em princípio, a prática é lícita para qualquer atividade; visa a investigar as disponibilidades do mercado que se quer atingir e orientará o empresário em relação ao produto, ao preço e demais elementos típicos do negócio.

Embora a prática não esteja prevista na Lei nº 4.591/1964, esse diploma legal permite ao incorporador realizar uma espécie de "avaliação prévia" do mercado.

Trata-se de mecanismo denominado "prazo de carência" e está disciplinado no art. 34 da Lei nº 4.591/1964, limitado a seis meses, dentro do qual o incorporador poderá fazer oferta pública do empreendimento e, se nesse período concluir pela inviabilidade econômica do empreendimento, poderá desistir da realização do empreendimento, restituindo àqueles que aderiram ao negócio as quantias que tiver recebido a título de sinal e parcelas do preço.

O prazo de carência, entretanto, também pressupõe o prévio registro do memorial de incorporação e tem prazo de validade de seis meses, a contar da data do registro.

Em sua obra *Da incorporação imobiliária*, Melhim Namem Chalhub refere-se ao risco de inviabilidade econômico-financeira do futuro empreendimento e ao "prazo de carência" como mecanismo de avaliação do mercado, observando: "para resguardar o incorporador e os adquirentes desse risco de insucesso, a lei criou um mecanismo pelo qual o incorporador pode realizar uma avaliação prévia das condições de viabilidade econômico-financeira do negócio, uma espécie de 'consulta prévia', após a qual decidirá se irá, efetivamente, levar avante a incorporação ou se desistirá (...). A denúncia da incorporação, dentro do prazo de carência, é medida de avaliação da viabilidade do negócio, no contexto do mercado...".[13]

---

12. Cf. Toshio Mukai et al., op. cit., p. 158. Exemplificativamente, transcrevemos trecho do acórdão proferido pelo TACMG, Ap 192.134-8, rel. Salatiel Resende, 30.11.1995, nos termos seguintes: "As benfeitorias constantes de folheto publicitário como parte integrante de conjunto arquitetônico, por serem capazes de exercer influência decisiva no comportamento dos compradores, devem ser realizadas pela construtora, sob pena de se configurar propaganda enganosa, não se admitindo, para eximir-se do compromisso, a alegação de tratar-se de especificações estranhas ao contrato" (ADCOAS 8150495).
13. *Da incorporação imobiliária* cit., p. 56-58.

RESPOSTAS AOS QUESITOS

Formularam-se-nos os seguintes quesitos, os quais encontram-se, um a um, devidamente respondidos.

1. *É possível ao incorporador instalar e operar* stand *de vendas para o público consumidor mesmo sem proceder venda, apenas divulgando o produto, sem o registro da incorporação imobiliária?*

Em nosso sentir, a resposta é negativa a esse quesito, ainda que ausente qualquer atividade negocial, pois a lei de incorporações exige a divulgação do número do registro em todo tipo de publicidade articulada, estando aí englobada a veiculada no *stand de vendas*.

Vale lembrar, ainda, o que antes dissemos quanto à divulgação do produto através de prepostos ou representantes autônomos (v.g., empresa corretora), que vinculará o incorporador ao benefício prometido, sujeitando-o ao sistema coercitivo estabelecido pelo Código de Defesa do Consumidor para a obtenção do cumprimento da obrigação.

2. *É possível a incorporadora fazer reserva a qualquer título, com recebimento de valores ou garantias (cheques) de clientes, sem o registro da incorporação imobiliária? E sem o recebimento de valores ou garantias (cheques)?*

A chamada "reserva", com o recebimento de valores ou garantias constitui, na verdade, modalidade de contrato preliminar, hoje regulado nos arts. 462 e ss. do CC/2002, assim considerado aquele ajuste que, exceto quanto à forma, contém todos os requisitos essenciais ao contrato a ser celebrado. Essa espécie de ajuste, a nosso ver, afronta o *caput* do art. 32 da Lei de Condomínio e Incorporação, que abrange toda a negociação relativa a unidades condominiais autônomas.

Desde que não contenha qualquer requisito essencial inerente ao futuro contrato a ser celebrado, como a fixação ou o recebimento de valares ou garantias, a "reserva" não estará mascarando qualquer atuação negocial do incorporador, razão pela qual, a nosso ver, não constituirá afronta ao *caput* do art. 32 da Lei de Condomínio e Incorporação.

3. *É possível ao incorporador veicular algum tipo de publicidade em jornais, televisão, tapume de obra,* site, *panfletos, folhetos, folder,* outdoors, *sem o registro da incorporação imobiliária?*

Como procurou-se demonstrar, a lei exige a divulgação do número do registro em anúncios, impressos, publicações da incorporação imobiliária, estando, a nosso ver, aí englobada a veiculação de todo tipo de publicidade em jornais, televisão, tapumes de obra, *site*, panfletos, folhetos, folder, *outdoors*, razão pela qual entendemos que tal veiculação constituiria violação da norma do § 3.º do art. 32 da Lei nº 4.591/1964.

Logo, não é possível ao incorporador veicular qualquer tipo de publicidade sem o registro da incorporação.

4. Algumas incorporadoras têm distribuído folders com todas as informações do empreendimento imobiliário ainda sem registro de incorporação, fazendo constar a seguinte observação: "Este material destina-se a pesquisa imobiliária" ou "Este material destina-se a uso exclusivo dos corretores". Este procedimento é legal? As incorporadoras que utilizam desse expediente estão constituindo "reserva de mercado", em detrimento de outras, que participam do mercado com registros imobiliários?

Em nosso sentir, a mera afirmação "*Este material destina-se a pesquisa imobiliária*" ou "*Este material destina-se a uso exclusivo dos corretores*" não descaracteriza a natureza do material distribuído, verdadeiro anúncio, impresso ou publicação atinente à incorporação imobiliária, constituindo evidente afronta à legislação posta. Esse procedimento, portanto, é ilegal.

Cumpre observar, no entanto, que, entre as atividades exercidas pelo incorporador, não em sentido estrito, mas em sentido amplo, é perfeitamente lícita a realização de efetiva pesquisa de mercado, objetivando a avaliação da viabilidade econômica do empreendimento. Quando feita com lisura, a pesquisa de mercado mostra-se essencial ao sucesso do empreendimento, inclusive no que diz respeito à escolha do produto mais adequado às exigências contemporâneas do mercado.

A expressão "reserva de mercado" é ambígua, pois comporta diversos significados, como monopólio, dominação de mercado. A nosso ver, a ilegalidade dos expedientes, antes citados, aproximam a conduta descrita da concorrência desleal e ofendem a livre iniciativa, protegida constitucionalmente, devendo, esses procedimentos, ser denunciados junto ao Poder Público.

Destarte, as incorporadoras que utilizam desse expediente, além de ofenderem a Lei de Condomínio e Incorporações, estão agindo ilicitamente, em detrimento de outras empresas incorporadoras que atuam no mercado com o prévio registro do memorial de incorporação.

5. É possível ao incorporador instalar placas ou totens em terrenos de sua propriedade, anunciando a implantação de futuro lançamento de empreendimento imobiliário, sem o registro da incorporação, informando a tipologia e imagens do produto?

Reiterando o que antes foi dito na resposta ao terceiro quesito deste parecer, a lei exige a divulgação do número do registro em anúncios, impressos, publicações da incorporação imobiliária, estando, a nosso ver, aí englobados totens ou placas informadores da tipologia e imagens do produto, razão pela qual entendemos que tal veiculação constituiria violação da norma contida no § 3.º do art. 32 da Lei nº 4.591/1964.

Logo, não é possível ao incorporador instalar placas ou totens em terrenos de sua propriedade, anunciando a implantação de futuro lançamento de empreendimento imobiliário, sem o registro da incorporação, informando a tipologia e imagens do produto.

6. Em caso negativo, pode o incorporador instalar placa em terreno de sua propriedade, informando, apenas, a possibilidade de futuro lançamento sem qualquer identificação, tipologia ou imagens do produto a ser lançado naquele imóvel, exemplificativamente com a seguinte mensagem: "Aguarde breve lançamento imobiliário da Incorporadora X, telefone xxxx-xxxx?

Entendemos que, nessa hipótese, a situação mostra-se distinta das demais, pois, o recurso de *marketing* chamando a atenção para futuro empreendimento, sem qualquer vestígio de oferta, proposta ou condições negociais não afronta disposições da Lei de Condomínio e Incorporações ou do Código de Defesa do Consumidor.

7. Existe a possibilidade de se divulgar, por qualquer meio de comunicação, a venda de unidades imobiliárias sem o registro da incorporação, com as frases "futuro lançamento", "pré-lançamento", "aguarde lançamento", ou esclarecendo que o registro de incorporação está em andamento? Essa prática constitui uma "reserva legal de mercado"?

Como consta da resposta ao quarto quesito apresentado por V.Sas., entendemos que meras afirmações como "futuro lançamento", "pré-lançamento", "aguarde lançamento" ou o esclarecimento de que o registro da incorporação está em andamento, não descaracteriza a natureza do material distribuído, verdadeiro anúncio ou publicação atinente à incorporação imobiliária, constituindo evidente afronta à legislação posta.

Essa prática, assim como referido na resposta ao quarto quesito, nos parece ofensiva, não só à Lei de Condomínio e Incorporação e ao Código de Defesa do Consumidor, mas também caracteriza conduta geradora de concorrência desleal e atentatória à livre iniciativa.

Este é o nosso Parecer, s.m.j.

São Paulo, julho de 2008

Anexo III – Excertos de Jurisprudência

A) Superior Tribunal de Justiça (citando a presente obra)

STJ – REsp 884.367 – j. 06.03.2012 – rel. Raul Araújo

Recurso especial. Incorporação imobiliária. Construção de edifício. Vícios e defeitos surgidos após a entrega das unidades autônomas aos adquirentes. Responsabilidade solidária do incorporador e do construtor. Recurso parcialmente conhecido e, nessa parte, desprovido.

REsp 884.367 – DF (2006/0196037-6)
Relator: Min. Raul Araújo
Recorrente: Ananias Antonio da Silva
Advogado: Clécio Virgílio de Andrade – Defensor Público
Recorrido: Condomínio do Edifício Itália
Repr. Por: Winston Luiz de Oliveira Rodrigues – Síndico
Advogado: Adelson Viana da Silva

EMENTA – Recurso especial. Incorporação imobiliária. Construção de edifício. Vícios e defeitos surgidos após a entrega das unidades autônomas aos adquirentes. Responsabilidade solidária do incorporador e do construtor. Recurso parcialmente conhecido e, nessa parte, desprovido.

1. O incorporador, como impulsionador do empreendimento imobiliário em condomínio, atrai para si a responsabilidade pelos danos que possam resultar da inexecução ou da má execução do contrato de incorporação, incluindo-se aí os danos advindos de construção defeituosa.

2. A Lei 4.591/1964 estabelece, em seu art. 31, que a "iniciativa e a responsabilidade das incorporações imobiliárias caberão ao incorporador". Acerca do

envolvimento da responsabilidade do incorporador pela construção, dispõe que "nenhuma incorporação poderá ser proposta à venda sem a indicação expressa do incorporador, devendo também seu nome permanecer indicado ostensivamente no local da construção", acrescentando, ainda, que "toda e qualquer incorporação, independentemente da forma por que seja constituída, terá um ou mais incorporadores solidariamente responsáveis" (art. 31, §§ 2.º e 3.º).

3. Portanto, é o incorporador o principal garantidor do empreendimento no seu todo, solidariamente responsável com outros envolvidos nas diversas etapas da incorporação. Essa solidariedade decorre tanto da natureza da relação jurídica estabelecida entre o incorporador e o adquirente de unidades autônomas quanto de previsão legal, já que a solidariedade não pode ser presumida (CC/2002, *caput* do art. 942; CDC, art. 25, § 1.º; Lei 4.591/1964, arts. 31 e 43).

4. Mesmo quando o incorporador não é o executor direto da construção do empreendimento imobiliário, mas contrata construtor, fica, juntamente com este, responsável pela solidez e segurança da edificação (CC/2002, art. 618). Trata-se de obrigação de garantia assumida solidariamente com o construtor.

5. Recurso especial parcialmente conhecido e, nessa parte, desprovido.

ACÓRDÃO – Vistos e relatados estes autos, em que são partes as acima indicadas, decide a Quarta Turma, por unanimidade, conhecer em parte do recurso especial e, nessa parte, negar-lhe provimento, nos termos do voto do Sr. Ministro Relator. Os Srs. Ministros Maria Isabel Gallotti, Antonio Carlos Ferreira, Marco Buzzi e Luis Felipe Salomão votaram com o Sr. Ministro Relator.

Brasília, 06 de março de 2012 (Data do Julgamento) – RAUL ARAÚJO, relator.

RELATÓRIO – O Sr. Min. Raul Araújo: Trata-se de recurso especial interposto por Ananias Antonio da Silva, com fundamento no art. 105, III, *a* e *c*, da Constituição Federal, contra acórdão do colendo Tribunal de Justiça do Distrito Federal e Territórios, assim ementado:

"Apelação cível. Sentença de improcedência. Responsabilidade civil. Defeitos constatados na construção do edifício. Obrigação do construtor em entregar a obra com solidez e segurança. Responsabilidade solidária do proprietário e do incorporador do edifício. Provimento do recurso. Respondem pelos defeitos de construção surgidos no Edifício tanto o construtor quanto o incorporador em regime de solidariedade, pois este último, ainda que não tenha participado da sua construção, é aquele que aparece na relação contratual perante os adquirentes das unidades autônomas integrantes do empreendimento como o responsável pela entrega do imóvel com garantia de solidez e segurança. A responsabilidade solidária está consagrada no art. 942 do Código Civil vigente (correspondência legislativa: art. 1.518, parágrafo único do CC/1916) e na Lei 4.591/64, em seus arts. 29, 30 e 31.

Por esta razão que se impõe a reforma da sentença recorrida para julgar procedente o pedido constante da inicial, porquanto não haja dúvidas quanto à responsabilidade do réu, como incorporador do edifício, pelos defeitos apresentados na estrutura da construção do Edifício, surgidos em período inferior ao determinado pelo art. 618 do Código Civil (correspondência legislativa: art. 1.245 CC/1916). Recurso de apelação a que se dá provimento à unanimidade" (f., e-STJ).

Em suas razões recursais (f., e-STJ), o ora recorrente alega que o v. acórdão recorrido incorreu em divergência jurisprudencial e em ofensa ao art. 618 do Código Civil de 2002 e ao art. 44, *caput* e § 1.º da Lei 4.591/64. Sustenta, em síntese, que, na condição de mero incorporador, não pode responder, solidariamente com o construtor, pelos vícios que surgiram na construção do edifício, "mormente porque cumpriu todas incumbências determinadas na Lei 4.591/1964". Afirma, ademais, que "o art. 618 do Código Civil imputa a responsabilidade nos contratos de empreitada de edifícios e outras construções ao empreiteiro/construtor pelo prazo irredutível de cinco anos, respondendo pela solidez e segurança, assim como em razão dos materiais e do solo".

O ora recorrido, Condomínio do Edifício Itália, alega, preliminarmente, em suas contrarrazões, a intempestividade do recurso especial. No mérito, sustenta, além da incidência da Súmula 7 do STJ, que "basta uma superficial averiguação nos autos e constatar-se-á que: 'o ora recorrente era o proprietário do terreno' (f., R-3-1336); foi o instituidor do condomínio (f., R-1-24333 e f. R-6-1336); foi o construtor (f., Av-5-1336) e foi o vendedor das unidades autônomas. Enfim, do começo ao fim e sem intermediação alguma, foi o recorrente que tudo fez e, assim sendo, o r. acórdão a quo se mostra justo e irrepreensível" (f., e-STJ).

Admitido o recurso na origem, subiram os autos.

É o relatório.

VOTO – O Sr Min. Raul Araújo (relator): De início, fica afastada a alegada intempestividade do recurso especial. (...)

Quanto à alegada incidência do enunciado 7 da Súmula do STJ, cumpre salientar que a questão controvertida nos autos é meramente de direito, não necessitando o reexame do contexto fático-probatório dos autos.

Com efeito, no presente recurso especial, basta verificar se pode ser imputada ao incorporador responsabilidade solidária por vício na construção de edifício de apartamentos em condomínio, inclusive quando tal construção tenha sido realizada por terceiro contratado.

A respeito do tema, o d. Juízo sentenciante concluiu que a responsabilidade por vícios advindos da construção de imóvel seria apenas do construtor, e não do incorporador, pois não teria encontrado prova de que este tenha atuado também como construtor. Nesse contexto, entendeu que, conforme as provas trazidas aos autos, a parte ré, ora recorrente, atuando meramente como incorporadora, não poderia ser responsabilizada pelos defeitos da construção (f., e-STJ).

Por outro lado, o colendo Tribunal de Justiça do Distrito Federal e Territórios delineou ter "como certa a responsabilidade do apelado, ainda que não tenha sido o construtor do Edifício, mas por ter agido como incorporador do empreendimento, pelos defeitos nele apresentados por força da negociação que fez sobre as unidades autônomas (f.). Ainda que lhe remanesça, em razão da solidariedade, o seu direito de regresso contra aquele que de fato construiu o Edifício, caso se sinta prejudicado por ter que promover os devidos reparos em benefício do apelante". Concluiu que "respondem pelos defeitos de construção surgidos no Edifício tanto o construtor quanto o incorporador em regime de solidariedade, pois este último, ainda que não tenha participado da sua construção, é aquele que aparece na relação contratual perante os adquirentes das unidades autônomas integrantes do empreendimento como o responsável pela entrega do imóvel com garantia de solidez e segurança. A responsabilidade solidária está consagrada no art. 942 do Código Civil vigente (correspondência legislativa: art. 1.518, parágrafo único, do CC/1916 na Lei 4.591/1964, em seus arts. 29, 30 e 31" (f., e-STJ).

Para melhor exame da controvérsia, transcreve-se da Lei de Condomínio em Edificações e de Incorporações Imobiliárias (Lei 4.591/1964) os seguintes dispositivos, por serem mais relevantes para o caso sob exame, *in verbis:* (...)

De tais normas depreende-se que, para a caracterização da atividade de incorporação imobiliária, basta que a pessoa, física ou jurídica, assuma o compromisso de alienação ou efetive a venda de frações ideais de terreno vinculadas a unidades imobiliárias que integrarão, em condomínio, uma edificação coletiva, atuando, assim, na condição de incorporador.

Conforme delineia Melhim Namem Chalhub, "o texto legal fornece elementos para a caracterização da atividade de incorporação, permitindo conceituá-la como a atividade de coordenação e consecução de empreendimento imobiliário, compreendendo a alienação de unidades imobiliárias em construção e sua entrega aos adquirentes, depois de concluídas, com a adequada regularização no Registro de Imóveis competente (art. 44). Traço característico dessa atividade é a 'venda antecipada de apartamentos de um edifício a construir', que, do ponto de vista econômico e financeiro, constitui o meio pelo qual o incorporador promove a captação dos recursos necessários à consecução da incorporação" (*Da incorporação imobiliária*, 3. ed., rev. e atual., Rio de Janeiro: Revonar, 2010, p. 11).

Salienta, ademais, Hely Lopes Meirelles, que o "contrato de incorporação de condomínio é o ajuste pelo qual o incorporador se compromete a construir diretamente ou por terceiros e, ao final, transferir a propriedade horizontal de unidades autônomas ou um mesmo edifício de dois ou mais pavimentos, assim como as partes ideais do terreno das áreas de utilização comum, aos tomadores de apartamento, mediante preço fixo, ou ajustável ao custo da construção nas condições estabelecidas na convenção de condomínio (...). O incorporador é o elemento realizador do condomínio, donde lhe advém a designação, por analogia com o organizador das sociedades. Pode o incorporador ser o próprio dono do terreno, mas geralmente é o terceiro compromissário comprador ou simples titular da opção de compra e venda – que procura os interessados na aquisição de apartamentos; com eles combina o empreendimento, obtém os recursos financeiros necessários, contrata a construção e, a final, concretiza o negócio simultaneamente com o proprietário do terreno, com os tomadores de apartamentos, com o financiador da obra e com o construtor, num ajuste único, ou em sucessivos complementares de incorporação" (*Direito de construir.* 10. ed., São Paulo: Malheiros, 2011, p. 278-279).

A incorporação efetiva-se, assim, pela necessária atuação de um incorporador, sendo bastante que realize atos de coordenação e consecução do empreendimento imobiliário, consubstanciados no compromisso ou na venda de frações ideais do terreno objetivando a vinculação a unidades autônomas a serem entregues ao adquirente após concluída a construção.

O incorporador é, desse modo, a figura principal das relações jurídicas surgidas em decorrência da incorporação que promove. Embora o proprietário do terreno, o incorporador e o construtor da edificação possam ser pessoas distintas, a incorporação sempre terá no incorporador o responsável pelo papel principal no empreendimento.

Sendo o incorporador o principal responsável pela incorporação, está presente na relação jurídica com o proprietário do terreno, na venda das unidades autônomas correspondentes às frações ideais do terreno, diretamente ou por corretor de imóvel, nos licenciamentos perante os órgãos e entidades da administração pública e nos atos necessários à edificação da obra, diretamente ou por terceiro construtor. Estando presente em todas essas etapas da incorporação, resulta envolver o incorporador sua responsabilidade em todos os atos que coordena ou contrata. Embora a atividade de incorporação, em si, não se confunda com as demais, inclusive com a de construção da obra, com todas elas se vincula.

Há casos em que o incorporador é o próprio proprietário do terreno destinado ao empreendimento e até mesmo pratica a atividade de corretagem. Em outras hipóteses, o incorporador, além da atividade típica de incorporação, assume a responsabilidade pela execução direta da obra. Como esclarece Hely Lopes Meirelles, na "verdade, a figura do incorporador apresenta-se multiforme, ora mediando o negócio, ora financiando o empreendimento, ora construindo o edifício, ora adquirindo apartamentos para revenda futura – mas, em todas essas modalidades, a sua constante é ser o elemento propulsor do condomínio" (*Direito de construir*, 10. ed., São Paulo: Malheiros, 2011, p. 279).

Na hipótese dos autos, a eg. Corte Distrital entendeu irrelevante saber ao certo se o réu fora ou não diretamente o construtor do edifício, pois sua atuação como proprietário do terreno, idealizador e incorporador do empreendimento cuja construção veio a ser concluída – inclusive com os devidos registros imobiliários relativos à convenção de condomínio, à averbação da construção e individualização e discriminação das unidades – e alienante das unidades condominiais após concluída a construção era suficiente para caracterizar sua responsabilidade solidária com a do construtor.

Nesse contexto, em que o incorporador percorreu todas as etapas alusivas ao empreendimento como principal responsável pela efetivação do condomínio, sendo a figura central desde sua condição de proprietário do terreno disponível até a venda final das unidades já edificadas, concluídas, individualizadas e registradas, não parece mesmo haver razão plausível para afastar-se sua responsabilidade solitária pelos defeitos da construção que, se não realizou diretamente, pelo menos contratou, máxime se nenhum dispositivo legal é violado com tal entendimento.

O incorporador, como impulsionador do empreendimento imobiliário em condomínio, em todas as suas etapas, atrai para si a responsabilidade pelos danos que possam resultar da inexecução ou da má execução do contrato de incorporação, incluindo-se aí os danos advindos de construção defeituosa.

A propósito do tema, José de Aguiar Dias, interpretando a Lei 4.591/1964, acolhe a solidariedade entre o incorporador e o construtor por eventuais defeitos na construção. Afirma que o incorporador, ao contratar o construtor, por este se faz substituir na relação jurídica estabelecida com o adquirente da unidade construída e da fração ideal de um terreno, de maneira que deve ser responsabilizado pela má execução ou pelos defeitos da obra incorporada, ainda que decorrentes da atuação do substituído. Assinala, *in verbis:*

"(...) o contrato de incorporação, em face da Lei 4.591, contém todos os elementos para imposição de obrigação de reparar ao *incorporador*. Ele *é contratante, é ele que assume a obrigação de fazer, cujo último ato é a entrega de uma ou várias unidades construídas e correspondentes a frações ideais do terreno em que se erguem e assentam.*

Não há distinguir entre as várias espécies de dano que podem surgir da inexecução ou da má execução do contrato da incorporação. Trata-se de entrega retardada, de construção defeituosa, de inadimplemento total, o incorporador é o responsável, pois é ele quem figura no polo da relação contratual oposto a em que se coloca o adquirente da unidade ou das unidades autônomas.

Nem tem influência, igualmente, para o caso, o fato de ser a construção incumbida a terceiro, o construtor (...). Quando a inexecução ou execução defeituosa resulta da falta de terceiro, por quem o contratante se fez substituir, a responsabilidade decorre da simples substituição.

(...)

Em resumo: *quem se faz substituir na execução de uma tarefa é responsável pelos danos causados pelo substituto, quer decorram de falta contratual, quer de falta delitual, desde que relacionados com o exercício da substituição. A figura chamada no direito francês de terceiro cúmplice na inexecução do contrato, que preferimos chamar, por preocupação de melhor propriedade da expressão, de terceiro participante na execução, se confunde, por força da substituição, quando esta ocorre, com a figura do substituído, gerando a solidariedade, consagrada, entre outros textos, no parágrafo único do artigo 1.518 do Código Civil, aplicável, em matéria de reparação de dano, ao caso de responsabilidade contratual, dada a unidade da culpa, para esse efeito, sendo certo, por isso tudo, que o incorporador de edifício constituído de unidades autônomas responde civilmente pelos danos resultantes da má execução ou defeitos da obra incorporada, embora executada por terceiro, construtor, solidariamente responsável com aquele pela obrigação de ressarcir.*

Ao incorporador, nos termos da Lei 4.591, cabe a contratação da edificação do imóvel constituído de unidades autônomas e é exatamente por lhe caber essa tarefa que responde pela má ou defeituosa execução da obra, traduzida, na sua ruína ou ameaça de ruína, exigindo reparações de vulto ou reconstrução. É certo que, em caso de paralisação injustificada da obra ou de retardamento excessivo, pode ser destituído, com intervenção subsequente dos adquirentes para darem prosseguimento àquela, o que é faculdade comum às obrigações de fazer. Isso, porém, não prejudica o direito à exigência de perdas e danos por parte dos prejudicados, direito decorrente dos princípios da responsabilidade civil, que impõem a restituição do lesado à situação anterior ao dano, à custa do ofensor.

É induvidosa a admissão, direi, mesmo, a procedência da ação contra o incorporador e o construtor, por danos resultantes de erro, negligência ou imperícia de terceiro, encarregado das fundações, do cálculo arquitetônico ou de concreto ou de qualquer tarefa exigida pela construção e a ele entregue pelo incorporador ou construtor (...). *O mecanismo da substituição, que explica* juridicamente *a sua responsabilidade estabelece verdadeira identificação entre o cérebro e a direção, que orienta, e o braço que executa. O ato do preposto é ato do preponente. O ato do dirigido é ato do dirigente. O ato do substituto é ato do substituído. Daí, a consequência irremovível: a obrigação de reparar a cargo daquele que se faz substituir.* É evidente que, além dessa explicação da responsabilidade civil por fato de terceiro (seja porque a este foi delegada uma tarefa, seja porque ele pertence ao número das pessoas por fatos de quem legalmente nos é imposta a obrigação de reparar, seja o dano produzido no curso da execução de um contrato, seja por via extracontratual), milita no mesmo sentido a consideração, de fundo objetivo, mas sempre decisiva em matéria de responsabilidade civil, conforme a qual *àquele que recolhe os proveitos de determinada atividade corresponde o dever de compensá-los com a obrigação de reparar os danos dela decorrentes. A Lei 4.591 especificou, não criou direito novo. Seu sistema de responsabilidade está conforme aos princípios consagrados, aos quais nada acrescentou, tendo o mérito, todavia, de dissipar qualquer dúvida eventual, levantada por interessados, se não tivesse o cuidado de reiterar o* jus receptum" (*Responsabilidade civil em debate*. 1. ed., Rio de Janeiro: Forense, 1983, p. 54-59, grifou-se).

De forma geral, a doutrina tem reconhecido a solidariedade entre o incorporador e o construtor para responder pelos vícios e defeitos da obra, assim como por sua solidez e segurança.

Na lição de Everaldo Augusto Cambler:

"No contrato de construção, firmado entre o incorporador e a construtora, a contratada compromete-se, sob sua exclusiva responsabilidade profissional, a executar as obras ali especificadas, estando aí incluídos os cuidados quanto à natureza dos materiais, equipamentos, máquinas, ferramentas e pessoal necessários e tudo aquilo que possa afetar o bom andamento das obras.

Com efeito, não obstante sejam os projetos, especificações e demais informações e instruções fornecidos pelo incorporador-contratante, a construtora invariavelmente responsabiliza-se pela qualidade, exatidão de execução dos projetos e segurança das obras contratadas, devendo, inclusive, formalizar o pedido de providências necessárias para que sejam corrigidos os erros ou discrepâncias encontrados nos elementos fornecidos pelo incorporador.

Isto não obstante, tivemos a oportunidade de mencionar (cf. tópico 1.2.2.1 – Livro I, Parte I) que *o incorporador, como parte da relação jurídica incorporativa, tem a obrigação e o dever de movimentar a obra e manter a construção em ritmo normal, sendo-lhe facultado, inclusive, substituir o construtor na execução da construção, caso essa providência se faça necessária para que o cronograma originariamente traçado seja integralmente cumprido.*

Ao celebrar o contrato de construção, o incorporador estende a obrigação assumida junto aos adquirentes ao construtor, fazendo-se substituir por este passando ambos a responder pela obrigação de resultado perante o contratante. Em razão da substituição havida, quem se faz substituir é responsável, juntamente com o substituto, pelos danos decorrentes quer da falta contratual, quer de falta delitual, desde que relacionados com o exercício da substituição, gerando a solidariedade consagrada no art. 1.518, parágrafo único, do CC, aplicável também em matéria de reparação de dano contratual em face do princípio da unidade da culpa.

Assim, verificada a ofensa ou violação do direito do adquirente da unidade condominial, ou impossibilitando-se a prestação por culpa de um dos devedores solidários ligados à atividade incorporativa, subsiste para todos o encargo de reparar o dano ou pagar o equivalente acrescido das perdas e danos, pelos quais responderá aquele que for diretamente culpado pelo dano (art. 908 do CC).

Em ocorrendo vícios (redibitórios) ocultos ou vícios construtivos referentes à solidez e segurança no empreendimento incorporado, estes deverão ser imputados ao construtor e ao incorporador dentro dos prazos especificados no Código Civil (...).

Ao lado do Código e Defesa do Consumidor, a LCI (arts. 48 a 62) e, subsidiariamente, os arts. 1.237 a 1.247 do CC regem o contrato de incorporação de edifícios em condomínio, de maneira que o construtor-empreiteiro e o incorporador respondem pelos danos oriundos da execução do projeto construtivo e das especificações contratualmente estabelecidas em face dos adquirentes finais e, eventualmente, perante o dono do terreno" (*Responsabilidade civil na incorporação imobiliária*. São Paulo: Ed. RT, 1997, p. 219-222, grifou-se).

Também leciona Sérgio Cavalieri Filho:

"Em nada altera esta conclusão o fato de ter sido a construção cometida ao construtor. O incorporador continua responsável porque é o contratante. Responde também o construtor, porque é o causador direto do dano, e tem responsabilidade legal, de ordem pública, de garantir a solidez e segurança da obra em benefício do seu dono e da incolumidade coletiva, conforme já demonstrado.

Pondere-se, ainda, que o fim do contrato de incorporação é a edificação, e esta pertence, real e efetivamente, aos adquirentes de unidades autônomas e ao condomínio. Tanto é assim que, se a obra não é executada a contento, ou completamente, quem sofre os prejuízos, direta e imediatamente, são os adquirentes das unidades autônomas, e não o incorporador.

Desta forma, quando o incorporador celebra contrato com o construtor, nada mais faz que estender-lhe a sua obrigação, passando ambos a ser responsáveis pela construção. *O incorporador, na realidade, está apenas se fazendo substituir pelo construtor.*

(...)

Em conclusão: *nas incorporações de imóveis, respondem solidariamente pelos defeitos da construção o incorporador e o construtor. O primeiro por ser o contratante; o segundo, não só em razão da garantia legal imposta por questões de ordem pública, mas, também, por ser o substituto do incorporador na execução do contrato de construção.* Têm legitimidade para reclamar o ressarcimento os condôminos, em relação aos defeitos que se apresentarem em suas respectivas unidades, e o condomínio, no que respeita aos defeitos verificados nas partes comuns" (*Programa de responsabilidade civil*. 9. ed., rev. e ampl., São Paulo: Atlas, 2010, p. 373-374, grifou-se).

De fato, não se pode entender, em leitura isolada da norma do art. 44 da Lei de Incorporações, que a responsabilidade do incorporador limite-se à averbação da construção das edificações, após a concessão do "habite-se", somente respondendo até esse momento, não após a entrega da obra.

A Lei 4.591/1964 estabelece, em seu art. 31, que a "iniciativa e a responsabilidade das incorporações imobiliárias caberão ao incorporador". Acerca do envolvimento da responsabilidade do incorporador pela construção, dispõe que "nenhuma incorporação poderá ser proposta à venda sem a indicação expressa do incorporador, devendo também seu nome permanecer indicado ostensivamente no local da construção", acrescentando, ainda, que "toda e qualquer incorporação, independentemente da forma por que seja constituída, terá um ou mais incorporadores solidariamente responsáveis" (art. 31, §§ 2.º e 3.º). Portanto, é o incorporador o principal garantidor do empreendimento no seu todo, solidariamente responsável com outros envolvidos nas diversas etapas da incorporação.

Então, ainda que o incorporador não realize a execução direta da obra, contratando terceiro – construtor – para fazê-la, não se pode eximir da obrigação de entrega do edifício de acordo com o projeto de construção e o memorial descritivo das especificações da obra projetada, devidamente arquivados no competente registro de imóveis (Lei 4.591/1964, art. 32). A obrigação assumida pelo incorporador está consubstanciada, em última análise, na entrega ao adquirente de fração ideal do terreno da correspondente unidade imobiliária construída, garantindo a segurança, a solidez, a idoneidade e a qualidade da obra.

Destaca-se, pois, a responsabilidade solidária do incorporador pelos vícios surgidos na construção, após a entrega do empreendimento, consistentes em rachaduras nas lajes e paredes do imóvel, infiltrações e outros defeitos estruturais. Mesmo quando o incorporador não é o executor direto da construção do empreendimento imobiliário, mas contrata construtor para execução da obra, fica, juntamente com este, solidariamente responsável pela solidez e segurança da edificação, tanto em razão dos materiais como do solo (CC/2002, art. 618). Trata-se de uma verdadeira obrigação de garantia assumida solidariamente com o construtor. Entende-se, assim, aplicável ao incorporador, e não apenas ao empreiteiro/construtor direto, a regra do mencionado art. 618 do Código Civil de 2002.

Nesse sentido, de um lado, o *caput* do art. 942 do CC/2002 (que reproduziu a norma do art. 1.518 do CC/1916 estabelece que "os bens do responsável pela ofensa ou violação do direito de outrem ficam sujeitos à reparação do dano causado; e, se a ofensa tiver mais de um autor, todos responderão solidariamente pela reparação". De outro lado, o art. 25, § 1.º, do CDC – e aqui tem-se relação de consumo – dispõe que, "havendo mais de um responsável pela causação do dano, todos responderão solidariamente pela reparação prevista nesta e nas seções anteriores".

Quando o consumidor celebra contrato de compra e venda de apartamento com o incorporador – e aqui considere-se que a atividade de incorporação e construção encerra relação de consumo quando o adquirente do imóvel é o destinatário final – e este celebra outro contrato com construtor, visando à execução da obra, a relação que se estabelece é de confiança. O consumidor, certamente, espera que o incorporador cuide para que a obra seja executada, ainda que por construtor diverso, de maneira a garantir solidez e a segurança da edificação. Há aqui uma extensão, perante o consumidor, da responsabilidade do incorporador pelo resultado da construção. Na hipótese, o incorporador se faz substituir pelo construtor, tornando-se, assim, responsável pelo resultado dessa substituição. Por essa razão, fica caracterizada a responsabilidade solidária de ambos – construtor e incorporador – por eventuais defeitos surgidos na obra.

Como se vê, essa solidariedade decorre tanto da natureza da relação jurídica estabelecida entre o incorporador e o adquirente de unidades autônomas quanto de previsão legal, já que a solidariedade não pode ser presumida, devendo derivar de lei ou de vontade das partes (CC/2002, art. 265).

Os Códigos Civil e de Defesa do Consumidor consagram normas gerais a respeito da responsabilidade civil solidária daqueles que causam danos a outrem. Por outro lado, a referida lei especial – que trata da incorporação imobiliária (Lei 4.591/1964) – traz normas que invocam a responsabilidade do incorporador pela promoção do empreendimento imobiliário que resultará, ao final, na entrega do imóvel pronto, na forma contratada e com a qualidade e solidez esperada. Há determinação expressa de solidariedade do responsável pelos atos de incorporação.

Com base nessas reflexões, infere-se que o incorporador e o construtor são solidariamente responsáveis por eventuais vícios ou defeitos de construção surgidos no empreendimento imobiliário, de modo que o incorporador responde, ainda que não tenha assumido diretamente a execução da obra.

Por fim, cumpre apenas afastar o cabimento do recurso especial pela alínea *c* do permissivo constitucional, na medida em que o precedente trazido pelo recorrente, de relatoria da eminente Ministra Nancy Andrighi (REsp 441.236/RJ), em nada se assemelha à hipótese dos autos. Com efeito, nesse acórdão trazido como paradigma, a discussão limitou-se à verificação da responsabilidade solidária entre o incorporador e o construtor pela averbação das edificações no Registro de Imóveis, após a obtenção do "habite-se", e não a eventual responsabilidade de ambos por defeitos e vícios ocorridos na obra, após a entrega do imóvel.

Diante do exposto, conheço parcialmente do recurso especial e, nessa extensão, nego-lhe provimento.

É como voto.

B) Tribunal de Justiça do Estado de São Paulo

B.1) TJSP – Ap 9.270-4/1 – 8.ª Câmara – j. 26.08.1998 – rel. Debatin Cardoso – RT 759/202 (CITANDO A PRESENTE OBRA)

Compromisso de compra e venda – Estipulação de cláusulas conflitantes com o Código de Defesa do Consumidor – Aplicação da Lei 8.078/90, pois o incorporador e o adquirente se encaixam nas figuras de fornecedor e consumidor, previstas nos arts. 2.º e 3.º da mesma lei.

Consumidor – Empreendimento imobiliário – Propaganda enganosa – Caracterização – Vinculação, não autorizada, do empreendimento em construção a hotel já existente – Adquirente induzido a erro que pode rescindir o contrato e pedir a restituição da quantia paga – Inteligência dos arts. 30 e 35, III, da Lei 8.078/1990.

ACÓRDÃO – Vistos, relatados e discutidos estes autos de ApCiv 9.270-4/1, da Comarca de São Paulo, em que é apelante Marula Incorporadora Comercial Ltda., sendo apelada Fazenda de Métodos Agro Ecológicos: Acordam, em 8.ª Câm. de Direito Privado do TJSP, por v.u., rejeitar as preliminares e negar provimento ao recurso, de conformidade com o relatório e voto do relator, que ficam fazendo parte do acórdão.

O julgamento teve a participação dos Desembargadores Aldo Magalhães (pres.) e Ricardo Brancato.

São Paulo, 26 de agosto de 1998 – Debatin Cardoso, relator, com a seguinte declaração de voto: Fazenda de Métodos Agro Ecológicos Ltda. ajuizou ação de rescisão de contrato, cumulada com reparação de danos patrimoniais e morais, contra Marula Incorporadora Comercial Ltda. alegando, em síntese, que adquiriu duas unidades (n. 33 e 34) do Condomínio Toriba Resort Home Service, em construção, pelo regime de preço de custo, cujos serviços a serem prestados a esse empreendimento seriam de responsabilidade do Hotel Toriba, e, para tanto, desfez-se de uma propriedade rural. Portanto, afirma ter sido vítima de propaganda enganosa, bem como que o preço das unidades já ultrapassou, em muito, os valores iniciais apresentados e, ainda, nunca houve, por parte da ré, qualquer preocupação em elaborar um projeto ou plano de construção próximo da realidade. Pleiteia a rescisão do contrato, a devolução das parcelas efetivamente pagas, tanto pelo terreno quanto pela construção, e, ainda, indenização por danos patrimoniais e morais, além das custas, despesas processuais e honorários de advogado.

A r. sentença de f., cujo relatório adota-se, julgou a ação parcialmente procedente, deu por rescindido o contrato e condenou a ré a devolver os valores pagos pela autora, mas afastou o pedido de indenização.

Os embargos de declaração opostos pela ré foram rejeitados pela r. decisão de f.

Inconformada, recorreu a ré, alegando, preliminarmente, a nulidade da r. sentença, por cerceamento de defesa, face o julgamento antecipado da lide, bem como por falta de fundamentação. No mérito, afirma que não houve publicidade enganosa; que o contrato já havia sido rescindido por culpa da autora, que deixou de pagar as prestações avençadas; que o Código de Defesa do Consumidor não é aplicável ao contrato em tela, uma vez que existe lei específica regulando este tipo de avença, ou seja, a Lei 4.591/1964.

Foram apresentadas contrarrazões (f.).

Com preparo anotado (f.), subiram os autos.

É o relatório. (...)

Isto posto, rejeitam-se as preliminares.

No mérito, o recurso, também, não merece acolhida.

Trata-se, no caso, de ação de rescisão de compromisso de venda e compra de imóvel, em construção, pelo regime de administração, também chamado a preço de custo, cumulada com pedido de devolução das importâncias pagas e indenização por danos patrimoniais e morais, onde a autora alega ter sido vítima de propaganda enganosa, porquanto descobriu, posteriormente à assinatura do contrato, que a ré teria se utilizado, indevidamente, do nome do Hotel Toriba para divulgar o empreendimento e aumentar as vendas. Alega, ainda, que o custo da construção já ultrapassou, em muito, a previsão inicial.

O MM. Juiz, entendendo ter havido, realmente, a propaganda enganosa, deu por rescindido o contrato e determinou a devolução das parcelas pagas, julgando parcialmente procedente a ação, afastando o pedido de indenização.

Inicialmente, cabe salientar que ao contrato em questão, regido pela Lei 4.591/1964, aplica-se, também, o Código de Defesa do Consumidor, quando forem estipuladas cláusulas com ele conflitantes, não havendo que se falar que o incorporador e o adquirente não se encaixam nas figuras de fornecedor e consumidor de produtos e serviços.

Como ensina o Prof. Everaldo Augusto Cambler, *verbis*:

"*O incorporador como fornecedor*

O art. 3.º do CDC define o fornecedor como "toda pessoa física ou jurídica, pública ou privada, nacional ou estrangeira, bem como os entes despersonalizados, que desenvolvem atividades de produção, montagem, criação, construção, transformação, importação, exportação, distribuição ou comercialização de produtos ou prestação de serviços".

A partir deste conceito, podemos identificar o incorporador como sujeito ativo da relação jurídica de consumo. De fato, o incorporador, nos termos da LCI, pode ser pessoa física ou jurídica, pública ou privada, nacional ou estrangeira, que desenvolve atividade de produção, montagem, criação, construção e comercialização de unidades condominiais, quando proprietário do imóvel incorporável. Quando não, o incorporador atua mais como prestador de serviços, intermediando as negociações entre os sujeitos incorporativos (dono do terreno, adquirentes, agente financeiro, construtora).

"Desenvolver atividade" significa que o incorporador é um profissional do ramo imobiliário, exercendo continuadamente a sua atividade de maneira organizada, com o objetivo de comercializar as unidades condominiais. Diante disto, como já referido anteriormente, o incorporador constitui uma empresa, seja na condição de pessoa física ou jurídica.

O incorporador necessita dominar, para exercer sua atividade de maneira organizada, todo o conhecimento técnico relativo à sua área de atuação, o que o qualifica como um profissional do ramo imobiliário.

O adquirente como consumidor

A princípio toda pessoa que adquire ou usa produto ou serviço é consumidor. Contudo, o art. 2.º do Código de Proteção ao Consumidor restringe o conceito, reconhecendo como consumidor somente aquele que for o destinatário final. Destarte, aquele que serve de intermediário, mediando negócios dentro da cadeia produtiva, não ingressa no conceito de consumidor. A expressão como consumidor final exclui o que intermedeia.

O adquirente da unidade condominial é o consumidor na relação jurídica incorporativa. Ele adquire o produto imobiliário como destinatário final do bem durável..." (*Incorporação imobiliária – Ensaio de uma teoria geral*. Ed. RT, p. 241-242).

Portanto, perfeitamente cabível a aplicação das disposições contidas no Código do Consumidor, na relação de consumo e prestação de serviços aqui estabelecida, em tudo o que com ele conflitar.

Quanto à alegação de que o contrato já havia sido rescindido, razão alguma assiste à apelante.

Apesar da notificação, tem-se que o contrato, ao contrário do alegado pela apelante, não estava rescindido. A notificação foi feita por edital, porque a autora não foi localizada no Estado de Goiás, já que as terras de sua propriedade haviam sido vendidas à terceira pessoa. No entanto, verifica-se que não foram esgotados todos os meios para se proceder à regular notificação da autora, a fim de constituí-la em mora, pois, conforme se verifica do contrato (f.), o representante legal da apelada deu, como endereço para correspondência, o de sua casa em Brasília e, não tendo sido possível notificá-la em Goiás, esta deveria ter sido remetida para o Distrito Federal para, somente depois de frustrada a localização do representante da autora, proceder-se a notificação, via edital (arts. 231, II, e 870, II, CPC). Tem-se, então, que, viciada a notificação, eis que não atendidos os fins a que se destinava, qual seja, constituir o devedor em mora, não pode esta prevalecer.

No que tange à publicidade enganosa, da mesma forma, não assiste razão à apelante.

"Diz o Código de Defesa do Consumidor que um dos princípios regedores das relações de consumo é o da transparência, de molde a permitir que o consumidor não só tenha consciência exata da obrigação assumida ao adquirir um produto, como, também, possa saber quais sejam suas qualidades, os fins a que se destina e os riscos que seu uso oferece.

A conduta do fornecedor – em todo o ciclo da produção-comercialização – não só deve pautar-se pela honestidade, mas, por igual, pelo esforço visando ao esclarecimento do consumidor sobre o produto que lhe é oferecido" (*Comentários ao Código de Defesa do Consumidor*, Eduardo Gabriel Saad, 2. ed., Ed. LTr, art. 31, p. 289).

"É enganosa qualquer modalidade de informação ou comunicação de caráter publicitário, inteira ou parcialmente falsa ou que, mesmo por omissão, induza em erro o consumidor, fazendo-o adquirir produto ou contratar serviço de natureza, características, qualidade, propriedades, origem, preço e quaisquer outros dados inverídicos...

É ainda enganosa a publicidade que deixa de informar sobre dado essencial do produto ou do serviço" (op. cit., art. 60, p. 454).

No caso, a publicidade do empreendimento deixou claro que este estava vinculado ao Hotel Toriba. Entretanto, o referido hotel, embora seja de propriedade da apelante, há muitos anos estava arrendado pela Companhia Paulista de Hotéis, que não concordou em prestar serviços àquele empreendimento. Tal fato foi omitido na publicidade veiculada pela ré, induzindo a autora em erro.

Como salientado na r. sentença, "sendo a compradora pessoa jurídica, é evidente que a publicidade enganosa vinculando o empreendimento a um estabelecimento já existente e em funcionamento, levava a crer tratar-se de um bom investimento, motivando certamente a compra. Houve, sem dúvida, um erro, provocado pela ré, viciando a formação de vontade de um dos contratantes, o que torna anulável o contrato".

"Na caracterização da publicidade enganosa não se exige a intenção de enganar por parte do anunciante. É irrelevante, pois, sua boa ou má-fé. A intenção (dolo) e a prudência (culpa) só ganham destaque no tratamento penal do fenômeno. Logo, sempre que o anúncio for capaz de induzir o consumidor em erro mesmo que tal não tenha sido querido pelo anunciante, caracterizada está a publicidade enganosa. Assim ocorre porque o que se busca é a proteção do consumidor e não a repressão do comportamento enganoso do fornecedor. E para fins daquela, o que importa é uma análise do anúncio em si mesmo, objetivamente considerado. Já para esta, diversamente, a intenção ou culpa do agente é sopesada" (Antonio Herman de Vasconcellos e Benjamin, "Das práticas comerciais", *Código Brasileiro de Defesa do Consumidor*, Forense Universitária, 1991, p. 195).

Assim, independentemente dos outros fundamentos, alternativamente invocados na inicial, ligados ao preço e descumprimento a prazos, estando caracterizada a publicidade enganosa e considerando-se que, nos termos do art. 30 do CDC, esta obriga o fornecedor como se estivesse escrita no contrato, pode o consumidor valer-se do disposto no art. 35, III, seguinte, obtendo a rescisão do contrato com restituição da quantia antecipada devidamente atualizada.

Como se vê, nenhum reparo merece a r. sentença, que resta mantida por seus próprios e jurídicos fundamentos.

Face ao exposto, nega-se provimento ao recurso.

Aldo Magalhães, vencedor, com a seguinte declaração de voto: 1. Cuida-se de ação da rescisão contratual aforada por promitente compradora antecipadamente julgada procedente em razão da propaganda enganosa de que se valeu a ré, incorporadora do empreendimento.

2. Recurso da ré vencida, buscando o reconhecimento de nulidades processuais ou a inversão do julgado, ao qual o relator nega provimento.

3. As alegações da recorrente comportam as seguintes observações.

4. Rejeito as invocadas nulidades por cerceamento de defesa e por falta de fundamentação da sentença pelos motivos deduzidos pelo relator. O julgamento antecipado justificava-se na hipótese em razão da matéria fática estar suficientemente elucidada. A prova oral que a recorrente pretendia produzir quando muito demonstraria que não agiu com dolo, questão irrelevante para que responda por propaganda enganosa. Dessarte, o julgamento antecipado, em última análise, apenas prejudicou a autora que restou impedida de comprovar outros prejuízos além dos decorrentes do pagamento de parcelas do preço. De outra parte, a sentença contém fundamentação suficiente, podendo, no particular, ser falha e até lacunosa, mas não nula por desfundamentada.

5. Tenho por manifesto cuidar-se de uma relação de consumo, a implicar incidência do Código de Defesa do Consumidor, o que obviamente não significa inaplicação dos dispositivos da Lei 4.591/1964.

6. A alegação de que a sentença rescindiu contrato já rescindido de pleno direito pela mora da adquirente não procede, e isso não só apenas pelo fundamento deduzido pelo relator, de que a irregular notificação por edital da devedora não a constituiu em mora. É que nos termos do art. 63 e parágrafos da Lei 4.591/1964 não basta que o devedor sejam constituído em mora por notificação, sendo indispensável que os seus direitos sejam em seguida levados a leilão, com a devolução do que sobrar após o pagamento dos débitos e despesas legalmente acrescíveis, o que não se providenciou na hipótese, como reconhece a própria apelante ao aduzir: "Não há, pois, como rescindir contrato inexistente, na medida em que a unidade condominial atingida pela rescisão apenas *se encontra na dependência de público leilão*, conforme restou enfatizado pelo *condomínio*, em referida notificação judicial" (f. – as versais são do original; não porém o grifo).

7. A propaganda enganosa também restou provada, posto demonstrado que foi dado amplo destaque que o empreendimento resultante da incorporação seria um hotel do tipo "flat" administrado pelo Hotel Toriba, o que não correspondia à verdade. No particular, pouco importa que as instalações físicas do Hotel Toriba e que a marca Toriba pertençam à empresa Hotel Toriba Ltda. e importa muito fosse insinuado que ao empreendimento se assegurasse a qualidade dos serviços do Hotel Toriba, que comprovadamente há cerca de 30 anos vinha sendo administrado pela Companhia Paulista de Hotéis como arrendatária de suas instalações

físicas (cf. documento de f.). E importa muito, outrossim, que a propaganda se referisse ao estabelecimento comercial Hotel Toriba, há mais de 30 anos administrado e explorado pela Companhia Paulista de Hotéis e nem sequer mencionasse a empresa Hotel Toriba Ltda., então mera proprietária da edificação e titular da marca. Sintomático, aliás, que a administração do empreendimento resultante da incorporação tenha sido oferecido à Companhia Paulista de Hotéis, que por ela não se interessou, e que, embora tardiamente, tenha sido alterada a propaganda para tornar expresso que da hotelaria cuidaria a empresa Hotel Toriba Ltda. e não aquela que então administrava o estabelecimento comercial Hotel Toriba.

8. Assim, pelo exposto e pelo que mais aduziu o eminente relator, acompanho o voto deste e também nego provimento ao recurso, anotando que a decisão aplica o Código de Defesa do Consumidor não como panaceia para todo e qualquer mal, mas com a finalidade precípua de reprimir a propaganda enganosa, sancionando quem dela fez uso também com o intuito, talvez irreal, de servir de contraestímulo geral ao uso do condenável expediente.

B.2) TJSP – Ap. com revisão nº 9046105-48.2001.8.26.0000 – rel. Pedro Baccarat – 7ª Câmara de Direito Privado – data do julgamento: 10/08/2011

Compromisso de Compra e Venda. Inadimplemento da construtora promitente vendedora. Ausência de incorporação registrada que acarreta a invalidade do contrato. Ausência de instituição do condomínio edilício, passados mais de quinze anos da assinatura do compromisso de compra e venda. Efeito "ex tunc" da sentença resolutória. Recurso desprovido.

ACÓRDÃO – Vistos, relatados e discutidos estes autos de Apelação nº 9046105-48.2001.8.26.0000, da Comarca de Araraquara, em que é apelante JAKEF ENGENHARIA E COMÉRCIO LTDA sendo apelado JULIMAR JOSÉ FRANCISCO. ACORDAM, em 7ª Câmara de Direito Privado do Tribunal de Justiça de São Paulo, proferir a seguinte decisão: "NEGARAM PROVIMENTO AO RECURSO. V. U.", de conformidade com o voto do(a) Relator(a), que integra este acórdão. O julgamento teve a participação dos Desembargadores SOUSA LIMA (Presidente) e ELCIO TRUJILLO. São Paulo, 10 de agosto de 2011. PEDRO BACCARAT, Relator.

Cuida-se de recurso de apelação interposto contra sentença que julgou improcedente ação de rescisão de compromisso de compra e venda cumulada com reintegração de posse. O magistrado, Doutor Heitor Luiz Ferreira de Amparo, reconheceu que há prova nos autos da ausência do registro da incorporação imobiliária, o que fulmina de nulidade o contrato de compromisso de compra e venda. Imputou à Autora o pagamento das verbas de sucumbência com honorários advocatícios arbitrados em 15% do valor da causa.

Apela a Autora alegando que apesar da falta do registro da incorporação imobiliária, as obras tiveram normal andamento e as unidades foram entregues aos adquirentes, razão pela qual sanado fica o vício. Recurso preparado, tempestivo e respondido. É o relatório.

A respeitável sentença decretou a resolução do contrato por inadimplemento da Construtora, em razão da ausência do registro do negócio de incorporação imobiliária. Fácil ver que o prévio inadimplemento da Construtora impossibilita o reconhecimento do simultâneo inadimplemento do promitente comprador, em razão da exceptio non adimpleti contractus.

Passados mais de quinze anos da assinatura do compromisso de compra e venda, não se tem notícia do registro da incorporação e da instituição do condomínio edilício, para que possa ser regularizada a situação jurídica do Apelado e demais adquirentes. Disso decorre que os promitentes compradores, que já receberam as chaves de seus imóveis, não têm como promover os registros imobiliários das unidades, regularizando a situação dominial.

Evidente que o empreendimento nem sequer poderia ter sido lançado ao público antes do registro prévio da incorporação imobiliária, a teor do que dispõe o artigo 32 da L. 4.591/64. A rigor, o contrato é nulo de pleno direito, por vulnerar norma cogente, que a um só tempo constitui também ilícito penal.

É certo que corrente mais liberal do Superior Tribunal de Justiça afasta a nulidade do contrato de compromisso de venda e compra, que pode convalescer se o registro tiver sido efetuado antes, ou até mesmo no curso da demanda. Não é, porém, o caso dos autos. Da análise dos autos se extrai que até a presente data não foi feito o registro da incorporação e da instituição do condomínio edilício. São obrigações da empreendedora: entregar fisicamente as unidades e zelar por sua perfeição jurídica.

O entendimento do Superior Tribunal de Justiça é no sentido de que "a jurisprudência desta Corte afasta a nulidade ou a anulabilidade (nulidade relativa) do contrato de promessa de compra e venda por descumprimento do art. 32 da Lei n. 4.591/64, que exige o registro do memorial da incorporação no Cartório de Imóveis. Todavia, se não sanada a irregularidade, pode o promissário comprador postular a resolução do contrato de promessa de compra e venda, em face do inadimplemento da obrigação por parte da incorporadora" (REsp 192315/MG, Ministro Sálvio de Figueiredo Teixeira).

É por isso que "tendo os autores pleiteado a nulidade/rescisão da avença por ausência de arquivamento da incorporação no registro imobiliário, a avença, de todo modo, não tem como subsistir, ainda que o fato possa não constituir motivo para a decretação da nulidade do mesmo contrato" (REsp 201457/MG Ministro Barros Monteiro). Em suma, o inadimplemento foi da Construtora apelante – promitente vendedora – e não do Réu promitente comprador. Ante o exposto, nega-se provimento ao recurso. Pedro Baccarat, Relator

---

Diagramação eletrônica:
Linotec Fotocomposição e Fotolito Ltda., CNPJ 60.442.175/0001-80
Impressão e encadernação:
DEK Comércio e Serviços Ltda., CNPJ 01.036.332/0001-99